Y CANU GOFYN A DIOLCH

c. 1350–*c.* 1630

Y Canu Gofyn a Diolch
c. *1350–*c. *1630*

BLEDDYN OWEN HUWS

Cyhoeddwyd ar ran Pwyllgor Iaith a Llên,
Bwrdd Gwybodau Celtaidd Prifysgol Cymru

GWASG PRIFYSGOL CYMRU
CAERDYDD
1998

© Bleddyn Owen Huws ⓑ, 1998

Manylion Catalogio Cyhoeddi'r Llyfrgell Brydeinig

Mae cofnod catalogio'r gyfrol hon ar gael gan y Llyfrgell Brydeinig

ISBN 0-7083-1432-5

Cysodwyd yng Ngwasg Prifysgol Cymru, Caerdydd
Dyluniwyd y siaced gan Chris Neale
Argraffwyd gan Wasg Dinefwr, Llandybïe

I Mam a Nhad

Cynnwys

Rhagair

Yr Athro Gruffydd Aled Williams a awgrymodd gyntaf fy mod yn dechrau gweithio ar y canu gofyn a diolch pan oeddwn yn fyfyriwr ymchwil iddo yn Adran y Gymraeg, Prifysgol Cymru Bangor. Ef bellach yw fy mhennaeth yn Adran y Gymraeg, Prifysgol Cymru Aberystwyth, ac mae'n dda gennyf gael cydnabod fy nyled iddo am ei arweiniad a'i gefnogaeth gyson. Cymwynaswr arall yw'r Athro D. J. Bowen a fu mor garedig â darllen drafft o'r gwaith terfynol a chynnig sylwadau gwerthfawr arno. Pleser hefyd yw cydnabod fy nyled i ddwy o olygyddion Gwasg Prifysgol Cymru, sef Susan Jenkins a Ruth Dennis-Jones, am eu gwaith manwl a gofalus wrth lywio'r gyfrol trwy'r wasg. Yr wyf yn dra diolchgar i Bwyllgor Iaith a Llên y Bwrdd Gwybodau Celtaidd am ymgymryd â chyhoeddi'r gyfrol hon, ac i Bwyllgor Gwobrau David Hughes Parry ym Mhrifysgol Cymru Aberystwyth am ei nawdd.

Fe wêl y darllenydd imi ddewis glynu wrth yr arfer cydnabyddedig o gynnwys y dyfyniadau o gywyddau yn orgraff y ffynonellau y codwyd hwy ohonynt heb eu diwygio na'u golygu. Dylwn esbonio hefyd paham y dewiswyd y flwyddyn 1630 yn ffin ar gyfer yr astudiaeth hon. Gan fod gwaith Tomas Prys o Blas Iolyn yn cynrychioli trobwynt arwyddocaol yn hanes y cywyddau gofyn a diolch, penderfynwyd terfynu'r ymdriniaeth ychydig cyn blwyddyn ei farw ef yn 1634. Erbyn hynny yr oedd un cyfnod yn hanes y *genre* yn dod i ben, a chyfnod newydd ar gychwyn.

Yn olaf, carwn ddiolch o galon i'm gwraig, Delyth, am ei chefnogaeth a'i chymorth parod, yn enwedig wrth lunio'r mynegai.

BLEDDYN OWEN HUWS

1 Rhagfyr 1997

Byrfoddau

I. Llawysgrifau

BL	Y Llyfrgell Brydeinig.
Ba	Bangor (yn Llyfrgell Prifysgol Cymru, Bangor).
Ba(M)	Bangor Mostyn (yn Llyfrgell Prifysgol Cymru, Bangor).
Bod	Bodewryd (yn Llyfrgell Genedlaethol Cymru, Aberystwyth).
Brog	Brogyntyn (yn Llyfrgell Genedlaethol Cymru, Aberystwyth).
C	Caerdydd (Llyfrgell Ganolog Caerdydd).
Cw	Cwrtmawr (yn Llyfrgell Genedlaethol Cymru, Aberystwyth).
G	Gwyneddon Davies (yn Llyfrgell Prifysgol Cymru, Bangor).
H	Hafod (Llyfrgell Ganolog Caerdydd).
He	Heythrop (yn Llyfrgell Genedlaethol Cymru, Aberystwyth).
Ll	Llansteffan (yn Llyfrgell Genedlaethol Cymru, Aberystwyth).
LlGC	Llawysgrifau Ychwanegol Llyfrgell Genedlaethol Cymru, Aberystwyth.
M	Mostyn (yn Llyfrgell Genedlaethol Cymru, Aberystwyth).
P	Peniarth (yn Llyfrgell Genedlaethol Cymru, Aberystwyth).
Pa	Panton (yn Llyfrgell Genedlaethol Cymru, Aberystwyth).
S	Swansea (yn Llyfrgell Genedlaethol Cymru, Aberystwyth – Mân Adneuon 55–7).

II. Llyfrau a Chylchgronau

AP D. Gwenallt Jones, *Yr Areithiau Pros* (Caerdydd, 1934).

B *Bwletin Bwrdd y Gwybodau Celtaidd* (Caerdydd, 1921–).

BBBGDd Dafydd Johnston (gol.), *Blodeugerdd Barddas o'r Bedwaredd Ganrif ar Ddeg* (Llandybïe, 1989).

BC *Y Bywgraffiadur Cymreig*, ail argraffiad (Llundain, 1953).

CCHChSF *Cylchgrawn Cymdeithas Hanes a Chofnodion Sir Feirionnydd* (1949–).

CLlGC *Cylchgrawn Llyfrgell Genedlaethol Cymru* (Aberystwyth, 1939–).

CMCS *Cambridge Medieval Celtic Studies* (Caergrawnt, 1981–93); *Cambrian Medieval Celtic Studies* (Aberystwyth, 1993–).

DGG² Ifor Williams a T. Roberts (goln), *Cywyddau Dafydd ap Gwilym a'i Gyfoeswyr*, ail argraffiad (Bangor, 1935).

GDE Thomas Roberts (gol.), *Gwaith Dafydd ab Edmwnd* (Bangor, 1914).

GDG³ Thomas Parry (gol.), *Gwaith Dafydd ap Gwilym,* trydydd argraffiad (Caerdydd, 1979).

GDIDGIH A. Eleri Davies (gol.), *Gwaith Deio ab Ieuan Du a Gwilym ab Ieuan Hen* (Caerdydd, 1992).

GDLlF W. Leslie Richards (gol.), *Gwaith Dafydd Llwyd o Fathafarn* (Caerdydd, 1964).

GGDTE N. G. Costigan, R. Iestyn Daniel a Dafydd Johnston (goln), *Gwaith Gruffudd ap Dafydd ap Tudur ac Eraill* (Aberystwyth, 1995).

GGGl J. Llywelyn Williams ac Ifor Williams (goln), *Gwaith Guto'r Glyn* (Caerdydd, 1939).

GGH D. J. Bowen (gol.), *Gwaith Gruffudd Hiraethog* (Caerdydd, 1990).

GHCEM Huw Ceiriog Jones (gol.), *Gwaith Huw Ceiriog ac Edward Maelor* (Caerdydd, 1990).

GHCLlE Leslie Harries (gol.), *Gwaith Huw Cae Llwyd ac Eraill* (Caerdydd, 1953).

GHDLlM A. Cynfael Lake (gol.), *Gwaith Huw ap Dafydd ap Llywelyn ap Madog* (Aberystwyth, 1995).

GID Ifor Williams (gol.), *Casgliad o Waith Ieuan Deulwyn* (Bangor, 1909).

GIF Howell Ll. Jones ac E. I. Rowlands (goln), *Gwaith Iorwerth Fynglwyd* (Caerdydd, 1975).

GIG D. R. Johnston (gol.), *Gwaith Iolo Goch* (Caerdydd, 1988).

GLGC Dafydd Johnston (gol.), *Gwaith Lewys Glyn Cothi* (Caerdydd, 1995).

GLM Eurys Rowlands (gol.), *Gwaith Lewys Môn* (Caerdydd, 1975).

GOLlM Eurys Rolant (gol.), *Gwaith Owain ap Llywelyn ab y Moel* (Caerdydd, 1984).

GP G. J. Williams ac E. J. Jones (goln), *Gramadegau'r Penceirddiaid* (Caerdydd, 1934).

GPC *Geiriadur Prifysgol Cymru* (Caerdydd, 1951–).

GSC A. Cynfael Lake (gol.), *Gwaith Siôn Ceri* (Aberystwyth, 1996).

GSRhE Nerys Ann Jones ac Erwain Haf Rheinallt (goln), *Gwaith Sefnyn, Rhisierdyn ac Eraill* (Aberystwyth, 1995).

GST Enid Roberts (gol.), *Gwaith Siôn Tudur*, 2 gyfrol (Caerdydd, 1981).

GTA T. Gwynn Jones (gol.), *Gwaith Tudur Aled*, 2 gyfrol (Caerdydd, 1926).

GTPITP Thomas Roberts (gol.), *Gwaith Tudur Penllyn ac Ieuan ap Tudur Penllyn* (Caerdydd, 1958).

IGE⁴ Henry Lewis, Thomas Roberts ac Ifor Williams (goln), *Cywyddau Iolo Goch ac Eraill*, argraffiad newydd (Caerdydd, 1979).

LOPGO É. Bachellery (gol.), *L'Œuvre Poétique de Gutun Owain* (Paris, 1950–1).

LlC *Llên Cymru* (Caerdydd, 1950–).

MFGLl *Mynegai i Farddoniaeth Gaeth y Llawysgrifau*, 12 cyfrol (Aberystwyth, 1978).

OBWV Thomas Parry (gol.), *The Oxford Book of Welsh Verse* (Rhydychen, 1962).

OED *The Oxford English Dictionary*, ail argraffiad (Rhydychen, 1989).

PKM Ifor Williams (gol.), *Pedeir Keinc y Mabinogi* (Caerdydd, 1930).

PWDN	Thomas Roberts ac Ifor Williams (goln), *Poetical Works of Dafydd Nanmor* (Caerdydd, 1923).
RBH	J. Gwenogvryn Evans (gol.), *The Poetry in the Red Book of Hergest* (Llanbedrog, 1911).
RWM	J. Gwenogvryn Evans, *Report on Manuscripts in the Welsh Language* (Llundain, 1898–1910).
SC	*Studia Celtica* (Caerdydd, 1966–)
TCHNM	*Trafodion Cymdeithas Hanes a Naturiaethwyr Môn* (1913–).
TrCy	*Transactions of the Honourable Society of Cymmrodorion* (Llundain, 1892–).
TrDinb	*Trafodion Cymdeithas Hanes Sir Ddinbych* (1952–).
TYP	Rachel Bromwich (gol.), *Trioedd Ynys Prydein* (Caerdydd, 1961).
YB	J. E. Caerwyn Williams (gol.), *Ysgrifau Beirniadol* (Dinbych, 1965–).
YEPWC	Gruffydd Aled Williams (gol.), *Ymryson Edmwnd Prys a Wiliam Cynwal* (Caerdydd, 1986).

III. Traethodau Ymchwil

ACGD	Bleddyn Owen Huws, 'Astudiaeth o'r Canu Gofyn a Diolch rhwng *c.*1350 a *c.*1630', Traethawd Ph.D. Prifysgol Cymru, 1995.
BLlRhN	Mary Gwendoline Headley, 'Barddoniaeth Llawdden a Rhys Nanmor', Traethawd M.A. Prifysgol Cymru, 1938.
CSB	Rose Marie Kerr, 'Cywyddau Siôn Brwynog', Traethawd M.A. Prifysgol Cymru, 1960.
GHA	John Afan Jones, 'Gweithiau barddonol Huw Arwystl', Traethawd M.A. Prifysgol Cymru, 1926.
GHM	Daniel Lynn James, 'Bywyd a gwaith Huw Machno', Traethawd M.A. Prifysgol Cymru, 1960.
GHRh	Elsbeth W. O. Davies, 'Testun beirniadol o waith Hywel Rheinallt ynghyd â rhagymadrodd, nodiadau a geirfa', Traethawd M.A. Prifysgol Cymru, 1967.
GLE	R. W. McDonald, 'Bywyd a gwaith Lewis ab Edward', Traethawd M.A. Prifysgol Lerpwl, 1960–1.
GLMorg	E. J. Saunders, 'Gweithiau Lewys Morgannwg', Traethawd M.A. Prifysgol Cymru, 1922.

GMD	Owen Owens, 'Gweithiau barddonol Morus Dwyfech', Traethawd M.A. Prifysgol Cymru, 1944.
GOG	David Roy Saer, 'Testun beirniadol o waith Owain Gwynedd ynghyd â rhagymadrodd, nodiadau a geirfa', Traethawd M.A. Prifysgol Cymru, 1961.
GSM	John Dyfrig Davies, 'Astudiaeth destunol o waith Siôn Mawddwy', Traethawd M.A. Prifysgol Cymru, 1965.
GWC (1)	Richard Lewis Jones, 'Astudiaeth destunol o awdlau, cywyddau ac englynion gan Wiliam Cynwal', Traethawd M.A. Prifysgol Cymru, 1969.
GWC (2)	Geraint Percy Jones, 'Astudiaeth destunol o ganu Wiliam Cynwal yn llawysgrif (Bangor) Mostyn 4', Traethawd M.A. Prifysgol Cymru, 1965.
GWC (Mostyn 111)	Sarah Rhiannon Williams, 'Testun beirniadol o gasgliad Mostyn 111 o waith Wiliam Cynwal ynghyd â rhagymadrodd, nodiadau a geirfa', Traethawd M.A. Prifysgol Cymru, 1965.
GWLl	Roy Stephens, 'Gwaith Wiliam Llŷn', Traethawd Ph.D. Prifysgol Cymru, 1983.
ITBI	William Basil Davies, 'Testun beirniadol o farddoniaeth Ieuan Tew Brydydd Ieuanc gyda rhagymadrodd, nodiadau a geirfa', Traethawd M.A. Prifysgol Cymru, 1971.
LWDB	D. H. Evans, 'The Life and Work of Dafydd Benwyn', Traethawd D.Phil. Prifysgol Rhydychen, 1981.
SOapG	David Gwilym Williams, 'Testun beirniadol ac astudiaeth o gerddi Syr Owain ap Gwilym', Traethawd M.A. Prifysgol Cymru, 1962.

IV. Geiriau

c.	*circa*	ll.	llinell
col.	colofn	llau	llinellau
cymh.	cymharer	llsgr.	llawysgrif
et al.	*et alii*	llsgrau	llawysgrifau
fl.	*floruit*	m.	marw
gol.	golygydd	n.	nodyn
goln	golygyddion	trn.	troednodyn
gw.	gweler		

Rhan I

Arolwg

~ 1 ~

Rhagarweiniad

Ar wahân i'r canu mawl a marwnad a fu'n ben-conglfaen y traddodiad barddol Cymraeg er dyddiau 'Taliesin Ben Beirdd', fe erys hefyd gorff sylweddol o ganu gofyn a diolch a gadwyd inni o gyfnod y Cywyddwyr. Teifl y dosbarth hwn o gywyddau oleuni diddorol ar alwedigaeth a chrefft y bardd, yn ogystal ag ar y gyfundrefn farddol a'r gymdeithas yn gyffredinol o oes Dafydd ap Gwilym hyd at tua chanol yr ail ganrif ar bymtheg, sef pan ddaeth cyfnod y Cywyddwyr i ben.

Casglwyd cyfeiriadau at ymhell dros chwe chant o gywyddau gofyn a diolch i gyd drwy archwilio deuddeg cyfrol y *Mynegai i Farddoniaeth Gaeth y Llawysgrifau*, a'r cofnodion yn y Mynegai cyfrifiadurol, *Maldwyn*, a thrwy rannu'r cyfnod yn ddwy ran hwylus, gallwn ddosbarthu'r niferoedd a ddarllenwyd fel a ganlyn:

Rhwng c. 1350 a c. 1500:

Gofyn	187
Diolch	30
Cyfanswm	217

Rhwng c. 1500 a c. 1630:

Gofyn	415
Diolch	18
Cyfanswm	433

Ni honnir bod y ffigurau hyn yn derfynol o bell ffordd – y tebyg ydyw fod mwy o gywyddau gofyn a diolch dibennawd ar ôl yn y llawysgrifau – ond dyma ddosbarthiad ar niferoedd y cywyddau y seiliwyd yr astudiaeth hon arnynt.

Cadwyd dwy awdl ofyn a thair awdl ddiolch o'r bymthegfed ganrif yn ogystal. Canodd Lewys Glyn Cothi awdl i ofyn llen gwely,[1] a chanodd Gwilym Tew awdl i erchi ceffyl.[2] Lewys Glyn Cothi hefyd biau'r awdl i ddiolch am farch ynghyd â'r awdl i ddiolch am baderau sydd ar glawr,[3] a Bedo Brwynllys biau'r awdl i ddiolch am sbectol.[4] Yn ychwanegol at hyn, fe erys mwy nag un gyfres o englynion yn erchi rhodd. Digon yw cyfeirio at y gyfres a ganodd Guto'r Glyn i erchi bidog dros Hywel Grythor,[5] a'r gosteg o englynion gan Ddafydd Benwyn i erchi 'brethyn pais lifrai' dros Ifan Deio Bach.[6] Gwelir, felly, nad trafod canu sydd ar ymylon y traddodiad barddol yr ydym, ond ein bod yn ymdrin â *genre* sy'n ganolog i waith y Cywyddwyr.

Prin iawn yw'r canu gofyn a diolch a gadwyd o gyfnod y Cywyddwyr cynnar. Fe erys cywydd enwog Dafydd ap Gwilym yn diolch i Ifor Hael am fenig.[7] Cadwyd tri chywydd o'r eiddo Iolo Goch, un yn gofyn am farch gan Ithel ap Robert ynghyd â'r cywydd a ganodd i ddiolch amdano wedi ei gael, ac un arall yn diolch am gyllell.[8] Cywydd yn gofyn am faslart yw un o'r cywyddau a gadwyd o waith Rhys Goch Eryri,[9] a'r cywydd a ganodd i yrru'r Ddraig Goch at Syr Wiliam Tomas o Raglan i ofyn gwregys yw'r llall.[10] Tadogir dau gywydd gofyn ar un arall o feirdd blaenllaw'r bedwaredd ganrif ar ddeg, sef Llywelyn Goch Amheurig Hen, y naill yn gofyn am filgi du a'r llall am adar, ond y tebyg yw mai perthyn i feirdd diweddarach y maent.[11] Yr unig gywydd gofyn arall a ganwyd cyn *c.* 1390 sy'n hysbys yw hwnnw a ganodd Gruffudd Fychan i ofyn am delyn gan Risiart ap Syr Rhosier Pilstwn o Emral ym Maelor Saesneg.[12]

Cadwyd cnwd toreithiog o gywyddau o'r bymthegfed ganrif, yn arbennig felly o'r ail hanner. Anodd yw rhoi cyfrif am brinder y cywyddau gofyn yn hanner cyntaf y ganrif. Yn wir, wrth edrych ar gorpws barddoniaeth y ganrif fe welir bod prinder canu o'r cyfnod rhwng 1400 a 1440. Wrth drafod y canu serch rhwng 1450 a 1525, mae Eurys Rowlands, yntau, yn nodi bod cerddi'r hanner canrif blaenorol yn brin er nad yw'n bwrw ati i egluro paham:

> Nid wyf am drafod y cwestiwn pam mai cymharol brin yw barddoniaeth hanner cyntaf y bymthegfed ganrif a pham fod cyfnod mor doreithiog ac mor werthfawr yn dilyn. A dweud y gwir nid wyf yn gwybod pam, er y gallwn sôn am rai ystyriaethau perthnasol. Rhaid bodloni am y tro ar dderbyn mai felly y mae, – fod gennym gorff eithriadol oludog o farddoniaeth yn perthyn i gyfnod yn dilyn cyfnod arall pryd yr oedd y cynnyrch barddonol naill ai'n brin neu wedi'i golli gan mwyaf.[13]

Gall fod cysgod gwrthryfel Owain Glyndŵr ar ddegawdau cyntaf y ganrif. Rhaid cofio am effaith bosibl y Deddfau Penyd ar y beirdd, ac ni ellir ychwaith osgoi effaith bosibl amgylchiadau economaidd dyrys ar y gyfundrefn farddol, gan fod canu'r beirdd yn ei hanfod yn ganu cymdeithasol. Y mae'n anochel hefyd fod cywyddau wedi eu colli oherwydd yr esgeuluso a'r difrod a fu ar lawysgrifau. Boed a fo am hynny, dyma restr o enwau'r beirdd y cadwyd pump neu fwy o gywyddau gofyn neu ddiolch o'u gwaith:[14]

Dafydd ab Edmwnd	5 gofyn
Dafydd Llwyd o Fathafarn	2 gofyn a 3 diolch
Syr Dafydd Trefor	7 gofyn
Guto'r Glyn	11 gofyn a 5 diolch
Gutun Owain	10 gofyn
Huw Cae Llwyd	5 gofyn
Hywel Rheinallt	6 gofyn
Ieuan Tew Brydydd Hen	4 gofyn ac 1 diolch
Lewys Glyn Cothi	14 gofyn a 3 diolch
Llawdden	13 gofyn ac 1 diolch
Owain ap Llywelyn ab y Moel	7 gofyn
Tudur Aled	22 gofyn a 2 diolch
Tudur Penllyn	5 gofyn

Anodd yw esbonio paham mai dim ond pum cywydd gofyn sydd wrth enw Dafydd ab Edmwnd, a oedd yn un o ffigurau amlycaf y Ganrif Fawr, a bod pedwar ar ddeg o gywyddau gofyn wrth enw Lewys Glyn Cothi, ac un ar ddeg wrth enw Guto'r Glyn. Gall yn hawdd fod nifer o gywyddau Dafydd ab Edmwnd wedi eu colli, ond ni ellir peidio â gofyn tybed ai'r ffaith fod y ddau arall yn feirdd a ffitiai'r darlun poblogaidd o'r Cywyddwyr nodweddiadol fel beirdd crwydrol sydd i gyfrif am nifer eu cywyddau gofyn? Nid hawdd derbyn hynny yn llwyr ychwaith, oherwydd canran fechan iawn o waith Lewys Môn sy'n gywyddau gofyn – tri chywydd i gyd – ac yr oedd yntau hefyd yn fardd a arferai fynd ar deithiau clera.[15] Un bardd y mae ei absenoldeb o'r rhestr yn amlwg yw Dafydd Nanmor, am nad oes odid yr un cywydd gofyn o'i waith ef wedi goroesi.[16] Disgwylid iddo fod wedi canu llawer ohonynt ac yntau, mae'n amlwg, mor hoff o ddyfaliadau. Yn wir, awgrymodd Gilbert Ruddock y gellid dadlau mai cerddi dyfalu yn hytrach na cherddi serch yw ei gywyddau i ferched.[17] Paham, tybed, nad oes yr un cywydd gofyn ymhlith y cerddi o'i eiddo sydd ar glawr? Gellir cynnig un ystyriaeth berthnasol. Gan ei fod ef yn fwy na'r un bardd arall wedi'i gysylltu ei hun â theulu penodol, sef teulu'r Tywyn ym mhlwyf y Ferwig, efallai fod ei berthynas â'r teulu hwnnw'n golygu nad oedd angen iddo ganu cywyddau gofyn o gwbl, am y byddai, o bosibl, yn cael rhoddion heb eu gofyn. Er hynny, mae'n anodd credu iddo fwrw heibio'r cyfle i ganu cerddi dyfalu o ystyried ei hoffter mawr o ddyfaliadau. Posibilrwydd arall, wrth gwrs, yw ei fod ef wedi neilltuo ei holl allu a'i egni i ddyfalu ar gyfer y canu serch.

Mae nifer y cywyddau a gadwyd o'r unfed ganrif ar bymtheg a thro'r ail ganrif ar bymtheg yn fwy toreithiog fyth. Dyma restr o enwau'r beirdd o'r cyfnod y cadwyd pump neu fwy o'u cywyddau gofyn neu ddiolch:

Dafydd Benwyn	14 gofyn
Edmwnd Prys	4 gofyn ac 1 diolch
Gruffudd Hiraethog	23 gofyn
Gruffudd Phylip	7 gofyn
Huw Arwystl	24 gofyn
Huw Machno	8 gofyn ac 1 diolch
Huw Pennant	10 gofyn
Syr Huw Roberts Llên	5 gofyn
Ieuan Tew Brydydd Ieuanc	21 gofyn
Lewis ab Edward	5 gofyn
Morus Dwyfech	5 gofyn
Owain Gwynedd	8 gofyn
Rhisiart Cynwal	11 gofyn ac 1 diolch
Robert ap Dafydd Llwyd	5 gofyn
Rhisiart Phylip	13 gofyn ac 1 diolch
Rhys Cain	9 gofyn
Siôn Ceri	7 gofyn
Siôn Mawddwy	13 gofyn
Siôn Phylip	28 gofyn a 2 diolch
Siôn Tudur	22 gofyn a 2 diolch
Tomas Prys o Blas Iolyn	24 gofyn ac 1 diolch
Wiliam Cynwal	43 gofyn a 2 diolch
Wiliam Llŷn	13 gofyn a 3 diolch

Sylwn fod enwau'r rhan fwyaf o raddedigion ail eisteddfod Caerwys yn y rhestr hon, gydag un eithriad amlwg efallai, sef Simwnt Fychan a raddiodd yn bencerdd yno.[18] Nid oes ond tri chywydd gofyn o'i eiddo ef ar glawr, yn wahanol i feirdd fel Wiliam Llŷn, a raddiodd yn bencerdd yn yr un eisteddfod, a Siôn Tudur a Wiliam Cynwal a raddiodd yn ddisgyblion penceirddaidd.

Er prinned yw'r enghreifftiau o gerddi gofyn a gadwyd inni cyn dyddiau Dafydd ap Gwilym ac Iolo Goch, y mae tystiolaeth gadarn fod i'r arfer o erchi hir draddodiad ymhlith y beirdd yng Nghymru. Dylid cofio am y dystiolaeth werthfawr a geir am yr arfer yn y cyfnod rhwng *c.* 1050 a 1120 sy'n digwydd ym mhedwaredd gainc y Mabinogi pan yw Gwydion a Gilfaethwy, ynghyd â deg gŵr arall, yn teithio yn rhith beirdd o Wynedd i lys Pryderi yn Rhuddlan Teifi i erchi moch.[19] Mae'n ymddangos mai'r gerdd ofyn gynharaf sydd ar glawr yw'r gerdd yn Llyfr Du Caerfyrddin gan ryw Ogynfardd anhysbys i Guhelyn Fardd, a oedd yn un o hynafiaid Dafydd ap Gwilym ac a drigai yng nghantref Cemais yn Nyfed yn nechrau'r ddeuddegfed ganrif.[20] Ni ddywedir yn union am beth y mae'r bardd yn gofyn, a phrin y galwem hi'n gerdd ofyn mewn gwirionedd gan mor anamlwg, ar yr olwg gyntaf o leiaf, yw'r elfen o erchi ynddi. Ond wrth ddal ar ambell awgrym pendant yn y trydydd caniad gwelir yn glir mai enghraifft o gerdd ofyn gynnar sydd yma:

> Rec rysiolaw Rec a archaw . . .[21]
> (Rheg rhysiolaf, rheg a archaf . . .)

Un peth arwyddocaol y dylid ei nodi yw fod yr awdur, a oedd yn fardd llys, yn pwysleisio anrheg mor addas yw ei gerdd ef. Rhinwedd y dylid ei gydnabod â mawl yw haelioni Cuhelyn, a chydnabyddiaeth a werthfawrogid yn fawr gan awdur y gerdd fuasai derbyn anrheg gan Guhelyn yn gyfnewid. Archiad cwmpasog, anuniongyrchol yn hytrach nag archiad uniongyrchol a gawn ni yn y gerdd hon, ac ni ddywedir am ba rodd y gofynnir.

Erys tair o gerddi byrion ymddangosiadol ddiaddurn yng nghanu englynol Cynddelw Brydydd Mawr sydd yn diolch am roddion arbennig:[22]

(i) Cerdd i ddiolch am gorn hela a gafodd y bardd yn anrheg gan Lywelyn ap Madog, mab hynaf Madog ap Maredudd. Canwyd y gerdd cyn 1160.

(ii) Cerdd i ddiolch i uchelwr o'r enw Hywel ab Ieuaf am darw. Canwyd y gerdd cyn 1185.

(iii) Cerdd a ganwyd i Ririd Flaidd i ddiolch am gleddyf.

Nodwedd ar y tair cerdd yw fod y llinellau sy'n disgrifio'r gwrthrych mewn rhyw fodd yn dechrau gyda chymeriad geiriol.

Mae cael cymeriad geiriol mewn englyn yn unigryw, ym marn Nerys Ann Jones. Dyma ei sylw hi ar y tair cerdd:

> These three features, the brevity of the poems, the lack of linking devices and the distinctive pattern of the descriptive stanzas, as well as the similarity in the content of each of them, suggested to me the possibility of a special genre of thanking poems, quite distinct from the usual eulogies to patrons.[23]

Cadwyd cerdd ddiolch fer arall ar ffurf tri englyn gan Lywarch y Nam sy'n cynnwys disgrifiad o gŵn hela a gafodd yn anrheg gan Lywelyn ap Madog.[24] O safbwynt yr ymchwil i ddechreuadau'r cerddi gofyn a diolch yng nghyfnod y Cywyddwyr, yr hyn sy'n bwysig yw fod cynseiliau iddynt yn bodoli yn y ddeuddegfed ganrif a'i bod yn ymddangos nad datblygiad newydd oedd y *genre* yn y bedwaredd ganrif ar ddeg ond parhad o draddodiad hirhoedlog.

Er bod un ysgolhaig wedi dadlau'n wahanol yn ddiweddar, credir mai enghraifft o gerdd ofyn deuluaidd o waith y Gogynfeirdd yw'r gyfres englynion a ganodd Llywarch Llaety i Lywelyn ap Madog ap Maredudd.[25] Buddiol yw dyfynnu sylw J. Lloyd-Jones arni:

> ... the only begging-poem among the works of the Gogynfeirdd is one for a horse addressed to Llywelyn ap Madawg (therefore before 1160) by Llywarch Llaety, and inasmuch as it consists of *englynion*, it is, presumably, the work of a *bardd teulu*.[26]

Efallai fod a wnelo'r ffaith mai dim ond dwy awdl ofyn o'r bymthegfed ganrif sydd ar glawr rywbeth â'r ymdeimlad posibl ymhlith y beirdd mai gweithgarwch teuluaidd oedd llunio cerdd ofyn. Buasai hynny'n sicr yn gyson â datganiad y Trioedd yng Ngramadegau'r penceirddiaid am swyddogaeth y teuluwr:

> Tri pheth a berthynant ar deuluwr: kyvanhedu, a haelyoni, ac eruyn da yn devlveid heb rwy ymbil amdanaw.[27]

Awgryma'r dyfyniad y cydnabyddid y canu gofyn yn swyddogol yn y bedwaredd ganrif ar ddeg wrth i'r pencerdd fabwysiadu rhai o *genres* poblogaidd y bardd teulu, er bod cywair lled anffurfiol cywyddau gofyn y Cywyddwyr cynnar yn awgrymu nad oedd y *genre* wedi ymsefydlu'n rhan gyflawn o'r math o gerddi y disgwylid

i bencerdd cerdd dafod eu datgan. Efallai fod y teimlad mai cerddi
achlysurol a phoblogaidd oedd y cerddi gofyn a diolch wedi parhau
hyd ddiwedd y bedwaredd ganrif ar ddeg a thro'r bymthegfed, ac
mai yn ail hanner y ganrif honno y gwelwn ni'r canu wedi hen
ymsefydlu'n rhan annatod o *repertoire* y penceirddiaid mewn
gwirionedd.

A bwrw mai cerdd ofyn yw cyfres englynion Llywarch Llaety,
nid hyhi yw'r unig enghraifft a gadwyd o waith y Gogynfeirdd.
Erys awdl Gruffudd ap Dafydd ap Tudur (*fl. c.* 1300) o gyfnod y
Gogynfeirdd diweddar yn erchi'n daer am fwa melyn. Mae'n
debygol mai awdl a ganwyd i ŵr eglwysig o'r enw Hywel a drigai yn
esgobaeth Llanelwy yw hon, lle y mae'r bardd yn gofyn drosto ef ei
hun.[28] Yr hyn sy'n drawiadol ynglŷn â'r gerdd yw fod y bardd fel
petai'n hanner ymddiheuro am ei chanu ac yn awgrymu mai
gweithgarwch a gysylltid â'r canu clerwrol oedd gofyn am rodd. Y
rheswm a rydd ef dros ganu'r awdl yw fod arno angen bwa ac, felly,
fod arfer y glêr yn ei boeni:

Erfid newid nwyf, arfer clêr a'm clwyf,
Erfyniaid i'm rhwyf ydd wyf ei dda.[29]

Y mae ei ddefnydd o'r berfenw *erfyniaid* yn arwyddocaol iawn yn y
cyd-destun, oherwydd fel y gwelsom yn barod yng ngosodiad un
o'r Trioedd Cerdd am swyddogaeth y teuluwr, 'erfyn' da yn deulu-
aidd y disgwylid iddo ef ei wneud nid 'ymbil' yn ormodol amdano
fel y gwnâi'r clerwr. Gan fod y Gramadeg yn gwahaniaethu mor
bendant rhwng natur cerddi'r teuluwr a'r clerwr, ac yn deddfu na
ddylai'r ddau fath o ŵr wrth gerdd ymddwyn mewn modd a oedd
yn anghydnaws â'u statws, gellir awgrymu mai ymdeimlad o
weddustra a gyfrifai am ddefnydd Gruffudd ap Dafydd ap Tudur
o'r berfenw *erfyniaid*. Tybed a oedd yn ymarweddu fel teuluwr
rhag iddo ymdebygu i'r glêr ymgreingar? Diddorol yw sylwi
mai'r un berfenw a ddefnyddia Iolo Goch yn ei gywydd i ddiolch
am farch.[30]

Y mae tair cerdd yn Llyfr Coch Hergest y talai inni eu hystyried
am eu bod yn cynnwys rhyw elfen o erchi ynghyd â dogn go helaeth
o ddychan. Buasem yn disgwyl i'r beirdd crwydrol ganu cerddi
gofyn, a'r rheini'n aml iawn yn rhai digywilydd a hy. Priodol yn
gyntaf yw dyfynnu datganiad un o Drioedd y Gramadeg am
swyddogaeth y clerwr:

Tri pheth a berthynant ar glerwr: ymbil, a goganu, a gwarthrudaw.[31]

Enghraifft o gerdd ofyn glerwraidd a geir yn awdl fasweddus Iocyn Ddu ab Ithel Grach (*c.* 1350–1400), sy'n adrodd hanes taith glera yng ngogledd-ddwyrain Cymru, ac yntau'n dweud ei fod yn 'ymbil am beis vottymawc'.[32] Nid ymhelaethir ar y cais, eithr gwell gan Iocyn ganolbwyntio ar adrodd hanes ei gampau rhywiol! Wrth gloi'r awdl mae'n sôn am deithio i lys arall yn Llanferres, ac yn gofyn: 'O Fair, pwy a bair ym bais?'[33]

Awdl ddychanol i ryw glerigwr am iddo wrthod rhoi dilledyn yn rhodd a geir gan yr Ustus Llwyd (*c.* 1380–1400).[34] Beirniedir cybydd-dod y clerigwr yn hallt, er na ellir amau nad mewn ysbryd cellweirus y canwyd y gerdd. Y drydedd awdl yw cerdd Madog Dwygraig (*c.* 1360–80) sy'n dychanu un o'i noddwyr am iddo roi llo gwael a phiblyd yn anrheg i'r bardd ar ôl addo rhoi ych.[35] Gall fod yr Ustus Llwyd a Madog Dwygraig ill dau wedi canu cerddi i ofyn am y rhoddion ond nad ydynt, ysywaeth, ar glawr.

Yn awr, os tybiwn fod y defnydd o'r berfenw *erfyn* / *erfyniaid* yn awdl Gruffydd ap Dafydd ap Tudur yn dynodi mai fel teuluwr yr ymarweddai ef, yna mae'n rhesymol tybio bod defnydd Iocyn Ddu ab Ithel Grach o'r berfenw *ymbil* yn dynodi mai clerwr oedd yntau.[36] Y mae gennym enghreifftiau eraill o'r defnydd o'r berfenw hwn mewn cerddi dychan clerwraidd:

    (i) Madog Dwygraig mewn awdl i ddychanu 'mab y gof' ac i'w gynghori i geisio nifer o feddyginiaethau er mwyn ei iacháu ei hun o'i glefyd: 'ymbil amwer yth ffereu'.[37]

    (ii) Hywel Ystorym (*fl.* yn gynnar yn y bedwaredd ganrif ar ddeg) yn dychanu rhyw grythor: 'Cafyngeu uaed codeu kadyr ebyr amba6r. ae/ymbil ny6 hepkyr'.[38]

    (iii) Yr Ustus Llwyd mewn awdl ddychan i Ruffudd de la Pole, arglwydd Mawddwy, am na chafodd ddim gwin na hosanau: 'gwae ageis ymbil ae gas henbeth'.[39]

Gallai'r berfenwau *ymbil* ac *erfyn* fod yn nodau gwahaniaethol yn y canu gofyn cynnar, yn gyfrwng i wahaniaethu rhwng y canu gofyn teuluaidd a'r canu gofyn clerwraidd. Ond o ddarllen a chymharu awdl Gruffudd ap Dafydd ap Tudur ag awdl Iocyn Ddu, gwelir bod Gruffudd yn canolbwyntio mwy ar y cais tra bo Iocyn Ddu fel petai'n gwyro oddi wrth brif ddiben y gerdd ac yn

· troi at ddiddanu'i gynulleidfa gyda'r hanes am ei anturiaethau a'i brofedigaethau. Eto, fe wyddom mai cerdd ofyn o fath yw hi, gan fod Iocyn yn crybwyll y bais yr oedd yn ei cheisio wrth gloi'r awdl. Er bod awdl Gruffudd yn rhoi'r argraff nad oedd yn rhy ymgreingar, hon yw'r gerdd fwyaf taer o'r ddwy gan nad yw'n colli golwg ar yr archiad am un eiliad.

Y dernyn o dystiolaeth arwyddocaol nesaf yw'r enghraifft o gywydd deuair hirion a geir yng Ngramadeg Einion Offeiriad, ac y ceir y fersiwn gorau ohono yn nhestun Peniarth 20:

> Breichfyrf, archgrwnn, byrr y flew,
> Llyfn, llygatrwth, pedreindew,
> Kyflwyd, kofleit, kyrch amkaff,
> Kyflym, kefnvyrr, karn geugraff,
> Kyflawn o galon a chic,
> Kyfliw blodeu'r banadlvric.[40]

Bernir yn gyffredinol mai dyfyniad o gerdd ofyn neu ddiolch am farch ydyw, ac awgrymodd Saunders Lewis mai Iolo Goch a'i canodd: 'Yn wir mae'n anodd peidio â barnu mai darn coll o waith cynnar Iolo Goch yw'r cywydd deuair hirion yn P.20.'[41] Digwydd y disgrifiad 'carn geugraff' yn y cywydd a ganodd Iolo i ddiolch am farch i Ithel ap Robert,[42] ond nid yw hynny ynddo'i hun yn ddigon o reswm dros briodoli'r dernyn iddo ef, yn enwedig o sylwi nad oes ynddo gymaint ag un llinell o gynghanedd ac nad yw mor ddatblygedig â thraethodl 'Y Bardd a'r Brawd Llwyd', dyweder.[43] Diogelach yn fy marn i yw pwyso ar ddyfarniad Dafydd Johnston: 'Y mae'n debyg fod Iolo'n gyfarwydd â'r gerdd y dyfynnwyd ohoni yn y Gramadeg, ond nid oes digon o dystiolaeth i gasglu mai ef oedd ei hawdur.'[44] O gadw mewn cof farn Rachel Bromwich fod y gwahanol ddyfyniadau o gerddi yn y Gramadeg yn cynrychioli'r 'detholiad mwyaf cynhwysfawr a drosglwyddwyd inni o gerddi'r glêr a oedd yn cylchredeg ar lafar drwy Gymru',[45] gellid awgrymu mai enghraifft o gerdd ofyn neu ddiolch o waith rhyw ddeuluwr – neu glerwr efallai – sydd gennym yma. Un peth sy'n sicr, gellid bwrw ymlaen a dweud yn lled ddiogel mai broc môr corff ehangach o ganu gofyn sydd wedi'i golli yw'r dyfyniad.

Yn y fan hon fe'n gorfodir i ofyn nifer o gwestiynau perthnasol. Ai dim ond y glêr a ganai gerddi gofyn yn wreiddiol? A fenthyciodd y penceirddiaid y *genre* gan y glêr yn y cyfnod wedi'r Goncwest pan aeth y ffin rhwng y gwahanol raddau o feirdd yn deneuach? Ynteu a oedd dau draddodiad annibynnol o ganu gofyn a diolch yn cydfodoli, y naill yn ymbilgar a'r llall yn fwy cwrtais a gweddus? Anodd yw cynnig ateb diamwys. Diffyg tystiolaeth gynhwysfawr am natur y *genres* yng ngwaith y glêr, neu feirdd y traddodiad islenyddol, yw'r rhwystr mwyaf. Daeth Jenny Rowland ar draws yr un rhwystr wrth astudio *genres* o gyfnod cynharach yn hanes y traddodiad barddol.[46] Buasid yn disgwyl gweld mathau gwahanol o gerddi yn ein llawysgrifau cynnar megis cerddi gwaith, cerddi yfed, cerddi doniol a cherddi serch, ond ni welwyd yn dda gofnodi'r mathau hyn ar glawr gan mai perthyn i ddosbarth islenyddol a phoblogaidd a wnaent. Dangosodd D. J. Bowen trwy gyhoeddi rhestr faith o gyfeiriadau yng ngwaith y Gogynfeirdd a'r Cywyddwyr cynnar fod lluosogrwydd o feirdd yn llysoedd y tywysogion a'r uchelwyr yn cynnal traddodiad bywiog a grymus.[47] Mae'n debygol, felly, fod dosbarth helaeth o gerddi gofyn a diolch o'r Oesoedd Canol na chofnodwyd mohonynt.

Mae Édouard Bachellery, wrth geisio mapio datblygiad y canu gofyn, yn cyfeirio at y bedwaredd ganrif ar ddeg fel cyfnod cyntaf y canu, sef pan ddechreuodd y penceirddiaid fyned ar deithiau clera wedi iddynt golli nawdd sefydlog llysoedd y tywysogion:

Dans cette première période connue du poème de demande – au XIVe s., nous voyons le poète, réduit à faire le 'circuit poétique', ayant perdu son office stable de poète de cour du temps de l'indépendance, se mettre à demander des objets par nécessité, parce qu'il en a besoin.[48]

Ond y mae posibilrwydd fod y gorgyffwrdd rhwng deunydd a chynnwys y math o gerddi a ganai'r pencerdd a'r clerwr yng nghyswllt y canu gofyn a diolch i'w olrhain yn ôl i gyfnod cynharach na dechrau'r bedwaredd ganrif ar ddeg. Gwelsom eisoes fod cynseiliau cynnar i'w cael yn y ddeuddegfed ganrif.

Nodiadau

1. *GLGC*, rhif 119.
2. Gw. *MFGLl*, t. 1248: 'Tecaf gwlad a gad i gael', awdl i Harri Ddu o Ewias i erchi ceffyl.
3. *GLGC*, rhifau 175 a 185.

4. Gw. *MFGLl*, t. 61: 'Rhoddion Watcyn yn ynad eurgleddau', awdl i ddiolch i Watcyn Fychan o Hergest am sbectol.
5. *GGGl*, rhif CII.
6. *LWDB*, rhif CXXXIII.
7. *GDG³*, rhif 9.
8. *GIG*, rhifau XI; XII; XIII.
9. *IGE⁴*, rhif CVIII. Gw. hefyd *ACGD*, rhif 1 yn y Detholiad.
10. *IGE⁴*, rhif LVII.
11. *DGG²*, rhif LXXXVI. Gw. hefyd y nodyn ar d. 243. Yn ôl *MFGLl*, t. 1521, priodolir y cywydd gofyn milgi mewn 21 o gopïau i Huw Pennal. Mae'n bosibl ei fod wedi ei dadogi ar Lywelyn Goch ar gam yn P 93, 170, oherwydd ei gysylltiad ef â Lleucu Llwyd o Bennal. Ceir y cywydd gofyn adar a briodolir iddo yn P 57, 68.
12. *GSRhE*, rhif 11.
13. Gw. Eurys Rowlands, 'Canu Serch 1450–1525', *B*, XXXI, t. 31.
14. Am restr gyflawnach o enwau'r beirdd a ganodd gywyddau gofyn a diolch, gw. Atodiad I. Pwysleisir mai enwau'r beirdd y darllenwyd eu gwaith ar gyfer yr astudiaeth hon yn unig a gynhwysir yn y rhestr. Daeth ychydig gywyddau ychwanegol i'm sylw ar ôl imi gwblhau'r ymdriniaeth, gan gynnwys dau gywydd gofyn o'r eiddo Dafydd Gorlech, gw. Erwain Haf Rheinallt, 'Cywyddau Dafydd Gorlech', Traethawd M.A. Prifysgol Cymru, 1995, rhifau 1 a 2.
15. Gw. Eurys Rowlands, 'Lewys Môn', *LlC*, 4, tt. 26–38. Ystyrier y ganran o gywyddau gofyn sydd yng ngwaith dau fardd fel Guto'r Glyn a ·Gutun Owain o'i chymharu â'r ganran yng ngwaith Lewys Môn: Guto'r Glyn – mae ei gywyddau gofyn ef yn cyfrif am 10 y cant o'i holl gywyddau, sef 11 cywydd allan o gyfanswm o 110. Gutun Owain – mae ei gywyddau gofyn ef yn cyfrif am 18 y cant o'i holl gywyddau, sef 10 cywydd allan o gyfanswm o 54. Ochr yn ochr â'r ffigurau hyn, bychan iawn yw'r ganran o gywyddau Lewys Môn sy'n gywyddau gofyn, 3.3 y cant, sef 3 chywydd o'r cyfanswm o 90. Mae canran y cywyddau marwnad yn ei waith ef yn sylweddol uwch na'r ganran o gywyddau gofyn, sef 32.2 y cant. Yn ôl yr hyn a ddywed ef ei hun mewn un cywydd, yr oedd cryn alw am farwnadau, gw. *ibid.*, t. 33. Nid yw'r ffigurau hyn yn profi dim yn derfynol oherwydd fe all nad yw pob cywydd a ganodd y beirdd wedi'i gadw. Y cyfan a wnânt yw dangos tuedd gyffredinol.
16. Y mae llsgr. H 20, 157a yn priodoli cywydd gofyn march i Ddafydd Nanmor: 'Be rodiyd ynys brydain'. Ond y mae'r dystiolaeth lawysgrifol yn gadarnach o blaid Gwilym Tew fel yr awdur gan fod wyth o lawysgrifau'n tadogi'r cywydd arno ef. Fe ganodd Dafydd Nanmor gywydd i erchi cae bedw, ond cywydd serch yw hwnnw mewn gwirionedd, gw. *PWDN*, XXVIII.

17. Gw. Gilbert Ruddock, *Dafydd Nanmor*, Llên y Llenor (Caernarfon, 1992), t. 50.
18. Gw. D. J. Bowen, 'Graddedigion Eisteddfodau Caerwys, 1523 a 1567/8', *LlC*, 2, tt. 129–34.
19. *PKM*, tt. 68–9.
20. R. Geraint Gruffydd, 'A Poem in Praise of Cuhelyn Fardd from the Black Book of Carmarthen', *SC*, X/XI, tt. 198–208.
21. *Ibid.*, t. 205, ll. 30.
22. Nerys Ann Jones, 'Canu Englynol Cynddelw Brydydd Mawr', Traethawd Ph.D., Prifysgol Cymru, 1987, rhifau 6, 22, 23.
23. 'The Thanking Poems of Cynddelw Brydydd Mawr', darlith a draddodwyd mewn cynhadledd ym Maynooth yn Iwerddon, 14 Gorffennaf 1989. Yr wyf yn ddiolchgar i Nerys Ann Jones am gael benthyg copi o'r ddarlith hon.
24. Gw. Kathleen Anne Bramley *et al.* (gol.), *Gwaith Llywelyn Fardd I ac eraill o feirdd y ddeuddegfed ganrif*, Cyfres Beirdd y Tywysogion II (Caerdydd, 1994), rhif 17.
25. Yn y ddarlith y cyfeirir ati uchod mae Nerys Ann Jones yn dadlau mai cerdd fawl yn hytrach na cherdd ofyn a ganodd Llywarch Llaety i Lywelyn. Dibynna'r cyfan ar y dehongliad o'r ddwy linell hyn: 'Cyrch farch er Llywarch llew cad/Ar Lywelyn llawroddiad'; dadleuir mai goddrych y ferf 'cyrch' yw 'march'. Cyrchu at Lywelyn yn hytrach na chyrchu gan Lywelyn yw neges y bardd. Am destun o'r gerdd, gw. Kathleen Anne Bramley *et al.* (gol.), *Gwaith Llywelyn Fardd I*, rhif 16.
26. J. Lloyd-Jones, 'The Court Poets of the Welsh Princes', The Sir John Rhŷs Memorial Lecture, 1948, *Proceedings of the British Academy* (1948), t. 175.
27. *GP*, t. 17, llau 9–10.
28. Gw. *GGDTE*, rhif 2.
29. *Ibid.*, rhif 2, llau 1–2.
30. *GIG*, rhif XIII, ll. 23.
31. *GP*, t. 17, llau 7–8.
32. *RBH*, col. 1358, llau 28–9. Ceir testun o'r awdl yn *BBBGDd*, rhif 70, tt. 149–51.
33. Dyfynnir o *BBBGDd*, rhif 70, ll. 56.
34. Gw. Dafydd H. Evans, 'Yr Ustus Llwyd a'r Swrcod', *YB*, XVII, tt. 63–92.
35. O. Jones, E. Williams, W. O. Pughe (goln), *The Myvyrian Archaiology of Wales*, Volume I, t. 323.
36. Gw. awgrym i'r un perwyl gan Huw M. Edwards yn 'Rhodiwr fydd clerwr: Sylwadau ar Gerdd Ymffrost o'r Bedwaredd Ganrif ar Ddeg', *Y Traethodydd*, CXLIX, t. 51.

37. *RBH*, col. 1270, ll. 21.
38. *Ibid.*, col. 1345, llau 22–3.
39. *Ibid.*, col. 1364, ll. 4. Gw. hefyd *BBBGDd*, rhif 71, tt. 51–3.
40. *GP*, t. 52, llau 16–21.
41. 'Y Cywyddwyr Cyntaf' yn R. Geraint Gruffydd (gol.), *Meistri'r Canrifoedd* (Caerdydd, 1973), t. 62.
42. *GIG*, rhif XIII, ll. 35.
43. Dyma sylw Thomas Parry ar chwe llinell y dyfyniad: 'Ni chyfatebant o gwbl i gywydd canol y bedwaredd ganrif ar ddeg, nid hyd yn oed i'w ffurf fwyaf elfennol oll, sef yr hyn a elwir yn draethodl', gw. 'Datblygiad y Cywydd', *TrCy* (1939), t. 216. Am sylwadau ar y traethodl yn gyffredinol, gw. Gwyn Thomas, 'Dau Fater yn Ymwneud â Dafydd ap Gwilym', *Y Traethodydd*, CXLIII, tt. 99–105.
44. *GIG*, t. 251.
45. Rachel Bromwich, 'Gwaith Einion Offeiriad a Barddoniaeth Dafydd ap Gwilym', *YB*, X, t. 177.
46. Jenny Rowland, 'Genres' yn Brynley F. Roberts (gol.), *Early Welsh Poetry: Studies in the Book of Aneirin* (Aberystwyth, 1988), tt. 179–208.
47. D. J. Bowen, 'Y Cywyddwyr a'r Noddwyr Cynnar', *YB*, XI, tt. 70–2.
48. Édouard Bachellery, 'La Poesie de Demande dans la Littérature Galloise', *Études Celtiques*, XXVII, t. 290. Yr wyf yn ddiolchgar i Ceridwen Lloyd-Morgan am gyfieithu'r erthygl hon ar fy nghyfer: 'Yng nghyfnod cyntaf y canu gofyn – yn y 14eg gan., gwelwn fod y bardd, wedi ei orfodi i fynd ar y gylchdaith farddol, ac wedi colli'r swydd ddiogel a oedd gan y bardd llys yng nghyfnod annibyniaeth Cymru, yn dechrau gofyn am bethau, o reidrwydd, gan fod eu hangen arno.'

~ 2 ~

Tystiolaeth Statud Gruffudd ap Cynan

Trown yn awr i ystyried yr hyn a ddywed Statud Gruffudd ap Cynan wrthym am hawliau'r beirdd. Dogfen yw hon a luniwyd adeg eisteddfod gyntaf Caerwys a gynhaliwyd yn 1523 'er gwnaethur ordr a llywyodraeth ar wyr wrth gerdd ac ar i kelvyddyd'.[1] Mae'n siŵr fod y Statud yn adlewyrchu'r drefn a oedd wedi datblygu ymhlith y gwŷr wrth gerdd dafod a thant yn ystod y bedwaredd ganrif ar ddeg a'r bymthegfed, ac y mae'n bosibl fod fersiynau ohoni i'w cael cyn yr Eisteddfod, ond bernir mai drych o'r ymateb i gyflwr pethau ar ddechrau'r unfed ganrif ar bymtheg ydyw yn bennaf.

Credir bod y beirdd proffesiynol wedi gorfod ymgodymu â chystadleuaeth o du rhigymwyr a minstreliaid a oedd, yng ngeiriau Hywel Bangor, 'yn rrith beirdd yn anrheithio byd'.[2] Byddai lluosogrwydd o berfformwyr a âi ar ofyn yr uchelwyr yn rhwym o beryglu galwedigaeth y beirdd. Nid yn unig yr oedd perygl i safonau'r gelfyddyd ostwng, ond yr oedd bygythiad gwirioneddol i seiliau economaidd y gyfundrefn farddol yn ogystal. Bernir bod hon yn broblem y bu'n rhaid i'r beirdd ei hwynebu yn fuan ar ôl 1282 pan gollwyd nawdd y tywysogion annibynnol a'r diogelwch statws a gynigid iddynt dan adain Cyfraith Hywel. Yn ôl D. Myrddin Lloyd, mynegiant o'r ymateb i'r broblem hon a welir yn awdl Iorwerth Beli i esgob Bangor 'I Ymliw Ac Ef Am Esceulusso Beirdd A Mawrhau Cerddorion' a ganwyd yn gynnar yn y bedwaredd ganrif ar ddeg:[3]

> Yn awdl Iorwerth Beli, ceir cipdrem ar gyflwr a safbwynt beirdd y cyfnod wedi cwymp Llywelyn. Bellach y mae'r beirdd a ymfalchï**a**in yn nhraddodiad y penceirddiaid yn troi at yr esgob, gan ddisgwyl iddo ef mwyach ymddwyn fel 'Pendefig, gwledig gwlad y Brython,' a chan ei atgoffa o urddas y bardd yn llys Maelgwn gynt. Ond nid yw'r esgob yn dewis cynnal y traddodiad hwn o gwbl. Esgeulusa feirdd, a rhydd urddas a dillad gwych ar 'wehilion' cerdd, ac i 'iangwyr Saeson' . . .[4]

Yr oedd y gynghanedd a'r mesurau eisoes wedi eu caethiwo gan Ddafydd ab Edmwnd yn Eisteddfod Caerfyrddin tua chanol y bymthegfed ganrif.[5] Cadarnhau graddau a roddwyd i feirdd ynghyd â graddio rhai o'r newydd a wnaed yng Nghaerwys.[6] Yr oedd trwyddedu beirdd yn gam pwysig yn yr ymdrech i ddisodli llawer o'r clerwyr a oedd yn cystadlu â'r prifeirdd am nawdd, ond yr oedd sicrhau trwydded a arwyddwyd gan ustus heddwch hefyd yn fater o raid os oedd y beirdd am barhau â'u teithiau clera, gan na chaniateid i neb nad oedd yn berchen ar drwydded neu warant i deithio a chrwydro'r wlad gan dderbyn tâl am eu gwaith dan boen cael eu herlyn a'u cosbi. Mae'n arwyddocaol, felly, fod mwy nag un o'r uchelwyr a eisteddai mewn barn ar y beirdd yng Nghaerwys yn ustus heddwch.[7] Yn wir, yn ôl y copi llawnaf a manylaf o'r Statud a feddwn, sydd yn llaw Siôn Dafydd Rhys yn llawysgrif Peniarth 270, nid oedd y beirdd i ofyn da am gerdd heb yn gyntaf feddu ar drwydded ddilys i brofi eu cymhwyster:

Hebhyd, o daw gwr wrth gerdh i glera, nac i le aralh i obhyn da wrth gerdh heb yscribhen ei athro i dhangos beth a bho ei radh, a pheth a bho ei rodh; myned heb ei rodh, ac yntev yn dhyphygiawl.[8]

Cadwyd dwy drwydded farddol o'r unfed ganrif ar bymtheg lle y cyfeirir at hawliau gwarantedig y beirdd. Dyfynnir o drwydded Gruffudd Hiraethog fel disgybl penceirddaidd i ddechrau, gwarant sydd yn llaw ei athro barddol, Lewys Morgannwg, ac a lofnodwyd ganddo:

Yr ym ni wrth rym yr vn komisiwn yn tystiolaethv wrth ystatvd twysogion kymrv ymhvm llyfyr kerddwriaeth kelfyddyd kerdd dafod y vod ef yn abl diddiffic y gael gradd disgybl pennkeirddiaidd y gerdded y gael ac y ovyn ac y gymeryd Roddion ac o ewyllys da boneddigion a chyffredin val y perthyno y radd disgybl pennkeirddieidd y gaffael . . . [9]

A dyma ddatganiad o hawliau'r pencerdd mewn copi o drwydded neu warant Simwnt Fychan:

An bod ni yr henwededic Eisteddwyr drwy Gomvsiwnn Gras y Vrenhin-es ai chynghoriaid yn Rhoi ac yn kenathau i Simwnt Vychan prydydd radd pencerdd ag i bawb i Gynnwys ai groesawu i bob lle kyfleus i fyned ac i ddyfod ac i gael rodd wrth ei radd yn ol y dywyssogawl ystatus . . . [10]

Byddai rhoi trefn a dosbarth ar y gwŷr wrth gerdd o fantais i'r beirdd a'r uchelwyr fel ei gilydd, fel y rhagwelwyd yng nghomisiwn eisteddfod 1567:

> ... vagraunt and idle persons naming theim selfes mynstrelles Rithmers and Barthes, are lately growen into such an intollerable multitude within the principalitee of north wales, that not only gentlemen and other by theire shameles disorders are oftentymes disquieted in theire habitacions/But also thexpert mynstrelles and musicions in tonge and Conyng therby much discouraged to travail in thexercise and practize of their knowledges and also not a litle hyndred in theire Lyvinges and prefermentes.[11]

Mae'n ddealladwy y byddai'r uchelwyr yn awyddus i reoli'r 'rapsgaliwns dihyfforddiant' a fyddai'n dod ar eu gofyn.[12] Dichon y byddai'r awdurdodau hefyd yn awyddus i wastrodi'r beirdd rhag iddynt gynhyrfu'r dyfroedd a lledaenu syniadau gwrthryfelgar wrth deithio o'r naill gwr o Gymru i'r llall; yn sicr ddigon, yr oedd ar yr awdurdodau ofn grym ffrwydrol y canu brud yn y canrifoedd cynt.[13] Ac os teimlai'r beirdd y pryd hynny fod pethau'n dechrau mynd rhwng y cŵn a'r brain, yna buasent hwythau'n croesawu ffurf ar ymyrraeth a fuasai'n debygol o ddiogelu eu statws a'u hunaniaeth fel gwŷr proffesiynol.

Efallai y cawn ryw syniad am gyflwr pethau yn hanner olaf y bymthegfed ganrif wrth ystyried y cerddi a gadwyd o waith y clerwr a adwaenid fel 'Y Nant', neu 'Ddafydd Nant' fel y'i galwai ei hun. Cyhoeddodd G. J. Williams chwe cherdd o'i eiddo, a phump o'r rheini'n gerddi gofyn.[14] Sylwn ei fod yn gofyn am yr un math o wrthrychau ag yr arferai'r penceirddiaid ei wneud, sef cist, clog, gŵn, cleddyf a tharw:

    (i) Gofyn am gist dros Siancyn ap Llywelyn i ŵr o'r enw Gwilym ab Ieuan.

    (ii) Gofyn i Syr Dafydd Fychan o Ystradfellte am glog iddo'i hun.

    (iii) Gofyn i'r abad Wiliam am ŵn iddo'i hun.

    (iv) Gofyn am gleddyf dros Rys ap Llywelyn i'w ewythr, Rhys ap Dafydd ab Ieuan Fwyaf.

    (v) Gofyn am darw i Domas ap Dafydd ap Siancyn ab Ieuan ap Hywel.

Os yw'r cerddi hyn yn arwydd o'r gystadleuaeth a wynebai'r beirdd o du'r beirdd dihyfforddiant yn hanner olaf y bymthegfed ganrif, ac os ydynt yn awgrymu bod lliaws o eirchiaid yn tyrru i blastai'r uchelwyr, nid rhyfedd mai diogelu detholusrwydd yr alwedigaeth farddol drwy gyfyngu ar y gyfundrefn a chreu rheolau caeth i lywodraethu perthynas bardd a'i noddwr a wnaed yng Nghaerwys. Efallai mai dyna paham y deddfir yn y Statud na châi yr un bardd ganu cerdd ofyn heb ganiatâd y perchennog, oherwydd dyma'r datganiad mwyaf diddorol a geir yn y Statud o safbwynt y canu gofyn yng nghyfnod y Cywyddwyr:

> Hevyd na bo prydydd a wnel kerdd i erchi march neu vilgi neu gyvryw anwyldlws nodedic heb gennad y perchennoc . . . [15]

Mae'n anodd dweud a oedd yr amod hwn yn bodoli cyn 1523 ai peidio. Mae'n ddigon posibl ei fod, wrth gwrs, ond ni ddarganfuwyd yr un cyfeiriad ato yn y cywyddau a ganwyd cyn eisteddfod gyntaf Caerwys.[16] Serch hynny, fe drawyd ar gyfeiriadau ato mewn cyfnod diweddarach. Yn ei gywydd i ofyn march gan Alis ferch Dafydd ab Ieuan, gwraig Lewys Owain ap Meurig o'r Fron-deg, Llangaffo, dros Ddafydd Llwyd, dywed Siôn Brwynog:

> Gofyn rhodd a gaf yn rhad,
> A chanu gyda chennad:
> March Alis im orchwyliwr,
> Yn rhad, drwy gennad ei gŵr.[17]

Ceir cyfeiriad hefyd yn y traethiad ar ddechrau'r ymryson rhwng Edmwnd Prys a Wiliam Cynwal, lle y sonnir am Rys Wyn o Hendre'r Mur yn annog Edmwnd Prys i ofyn ar gerdd i Gynwal am fwa:

> Yno y doedai Wiliam fod gantho fo fwa a dynnai Rys a'i fys bach a gyrhavddai ddeg ar hugain. A Rys a eiliodd ymadrodd wrtho: 'Mi a baraf i'r gwr yma wneythur i chwi gywydd i'w ofyn, os rhowch i gennad.'[18]

Mewn cywydd a ganodd Wiliam Cynwal ei hunan i ateb Ieuan Penllyn y gwelwyd y trydydd cyfeiriad at yr amod, lle y mae Cynwal yn sôn am y cywydd a ganodd i erchi clog gan Birs Gruffudd:

Gwnevthvm I hwnn gwnn nas gwad
Gwawd genav gidai genad
kael eb ffrek gann hydd deckaingk
kloc ffres o liw keilioc ffraingk.[19]

Ac mewn pennawd a geir uwchben yr ail gywydd a ganodd Thomas
Evans, Hendreforfudd, i ofyn march i rai o wŷr plwyf Llanfair
Dyffryn Clwyd y gwelwyd y cyfeiriad olaf hwn:

Yr ail kowydd i ofvn y march ag i goffa gael kenad i wnevthvr y kynta
gan orevgwyr y plwy 1605.[20]

Ar bwys y cyfeiriadau hyn, gellir dweud bod y beirdd, neu o leiaf
rai ohonynt, yn parchu'r rheol a osodwyd yn y Statud. Os oedd yn
angenrheidiol cael caniatâd cyn canu cerdd ofyn, yna mae'n
debygol mai cytundeb llafar ydoedd gan amlaf. Ni ellir, fodd
bynnag, frasgamu ymlaen a dweud bod caniatâd wedi ei roi cyn
canu pob cywydd gofyn. Mae'n rhesymol tybio bod cytundeb
wedi'i wneud ymlaen llaw pan ganodd Guto'r Glyn i ofyn am
lwyth llong o ysglatys gan ddeon Bangor dros Syr Gruffudd ab
Einion o Degeingl,[21] ond beth am y tro hwnnw pan ganodd Ieuan
Deulwyn i ofyn gosog gan Huw Lewys o Fôn dros abad Tal-
yllychau?[22] A fu'n rhaid i'r abad ddisgwyl am neges o Fôn cyn rhoi
Ieuan Deulwyn ar waith, ynteu a fu iddo gymryd yn ganiataol y
câi'r gosog pan oedd y bardd ar ei daith glera yng Ngwynedd? Pa
un bynnag am hynny, yr wyf fi o'r farn fod elfen gref o gyd-
ddealltwriaeth yn bodoli rhwng y bardd a'i noddwr cyn y mentrai
ofyn am rodd drosto ef ei hun. Nid amherthnasol ychwaith yw
cofio bod y cywyddau a gyfansoddai'r beirdd i ofyn rhodd dros
rywun arall yn fynych wedi eu cyfeirio naill ai at aelodau agos o'r
un teulu neu at gyfeillion agos.

Nid yw'r amod fel y'i ceir yn y Statud yn gwahaniaethu rhwng y
ddau fath o gerdd erchi, sef pan oedd y bardd ar y naill law yn gofyn
am rodd drosto ef ei hun, a phan oedd yn gofyn am rodd dros rywun
arall. Yng nghopi Siôn Dafydd Rhys o'r Statud, fodd bynnag, y mae
geiriad yr amod arbennig sy'n cyfeirio at gerdd ofyn ychydig yn
wahanol, ac mae'n bosibl fod y fersiwn hwn yn cyfeirio at y ddau fath.
Yn anffodus, nid yw'r paragraff sy'n sôn am erchi yn gyflawn, gan fod
conglau'r dalennau yn y llawysgrif wreiddiol wedi eu difrodi; pe baem
am fentro llenwi rhai o'r bylchau efallai mai fel hyn y darllenai:

[. . .] erchi na march, na milgi, na gwalch na'r [. . .]/[*anwyldlws no*]dedic
heb gennad a chybharch y pethev yn gyntabh drosto/[*ef ei hun a thros
rywun ar*]alh, dan boen o phin a charchar a cholli ei radh.[23]

Ni wyddom i ba raddau y cedwid at lythyren y Statud, ond fe
drawyd ar gyfeiriad arall yr ymddengys ei fod yn cyfeirio'n benodol
at yr amod ynglŷn â chyfansoddi cerdd i erchi rhodd mewn cywydd
gan Ruffudd Hiraethog yn ateb cywydd gan Risiart ap Hywel ap
Dafydd ab Einion dros Robert ap Morys o Langedwyn. Canasai
Rhisiart ap Hywel gywydd yn gofyn am y clerwr Siôn ab Elis gan
Robert ap Morys dros Elisau ap Wiliam o Riwedog, ac yn ei
gywydd ateb dywed Gruffudd Hiraethog:

> Cwyn Robert, acw, 'n rhybell,
> Amhorys, bwnc mawr sy bell.
> Gruffudd, yn wir, graffddawn wedd,
> Ab Cynan, benaig Gwynedd,
> A wnaeth ystatud i ni,
> Chwithau'i ŵyr gwnewch ei thorri.
> Erchi'i drysor, gyngor gwawd,
> A'i anwyldlws manyldlawd,
> Dibys henw Dobys hynod,
> Dybys nad rhyglyddus glod.[24]

Y cyhuddiad oedd fod Elisau ap Wiliam, a olrheiniai ei ach i
Ruffudd ap Cynan, wedi torri'r Statud, ond ni ddywedir yn union
sut na pha fodd y torrwyd hi. Y cwpled allweddol yw: 'Erchi'i
drysor, gyngor gwawd,/A'i anwyldlws manyldlawd'. Digwydd y
term *anwyldlws* yng ngeiriad yr amod yn y Statud ei hun: 'neu
gyvryw anwyldlws nodedic'. Tybed ai'r cyhuddiad oedd fod Elisau
ap Wiliam wedi gofyn am y clerwr Dibys Dobys, sef llysenw Siôn
ab Elis, heb ofyn caniatâd? Eto, cofier mai mewn cywair digon
ysgafn a chellweirus y dygir y cyhuddiad yn erbyn Elisau ap
Wiliam. Yn ôl D. J. Bowen, diddanu gwyrda oedd diben y cywydd-
au a fu rhwng Gruffudd Hiraethog a Rhisiart ap Hywel ap Dafydd
ab Einion.[25]

Hawdd yw dychmygu y gallasai'r arfer o erchi rhodd fod yn bwn
ac yn faich ar y noddwyr wrth i'r beirdd fod yn rhy fachog a
gorfanteisio ar eu haelioni. Ond nid ar chwarae bach y mae
cyhuddo'r penceirddiaid o fod yn bla ar y gymdeithas uchelwrol,

yn enwedig o gofio bod llawer ohonynt yn hanfod o'r un dosbarth â'u noddwyr. Buddiol yw dyfynnu sylwadau Enid Roberts ar y pwnc hwn:

> Y mae'r beirdd gorau yn perthyn i haen uchel mewn cymdeithas, ac yn canu i haen uchel mewn cymdeithas; canu urddasol i bobl urddasol gan wŷr urddasol, tebyg yn cyfarch ei debyg sydd yma bob tro.[26]

Nid oes dim tystiolaeth fod yr arfer o erchi ymhlith y beirdd proffesiynol wedi mynd yn rhemp yn ystod y bymthegfed ganrif nes bod dybryd angen deddfu ei bod yn ofynnol cael caniatâd cyn canu cywydd gofyn. Nid oes ond tua 32 y cant o gywyddau gofyn hysbys y bymthegfed ganrif sy'n gerddi a ganwyd i ofyn rhodd dros y bardd ei hun. Ymateb i alw'r uchelwyr am eu gwasanaeth i ganu ar eu rhan a wnâi'r beirdd fynychaf yn y ganrif honno. Awgrymaf, felly, mai'r awydd i reoli'r gyfundrefn farddol yn gyffredinol ac i osod trefn arni a gyfrifai am fodolaeth y rheol neu'r amod ynglŷn â gofyn caniatâd cyn canu cerdd ofyn. Diddorol iawn yw'r hyn a ddywed Gruffudd ab Ieuan ap Llywelyn Fychan o Leweni Fechan, neu'r Llannerch, y bardd-uchelwr a oedd, ynghyd â Thudur Aled, i gynghori'r uchelwyr a eisteddai mewn barn ar y gwŷr wrth gerdd yn eisteddfod 1523, mewn cywydd i ddangos 'pa gyfrwyddyd a ddylai fod mewn bardd':

> nag aed mwngler i glera
> a gwan ddysc o gofyn dda
> Raid yw kyn govyn Rodd
> medrv wythran ymadrodd.[27]

Awgrymir yn y Rhagymadrodd i *Gramadegau'r Penceirddiaid* mai ar achlysur cynnal yr eisteddfod y'i canwyd.[28] Os gwir hynny, gallwn ystyried bod y dyfyniad yn tanlinellu'r duedd gyffredinol a oedd y pryd hwnnw i gyfyngu ar aelodaeth urdd y beirdd ac i reoleiddio perthynas y bardd â'i noddwr. Y mae'r dyfyniad o leiaf yn gyson â'r hyn a geir yng nhestun Peniarth 270 o'r Statud, lle y dywedir na ddylai neb ond y sawl a fyddai wedi graddio'n ddisgybl ysbâs graddol ofyn rhodd wrth gerdd:

> Hebhyd, ny dhyly gobhyn da wrth gerdh nai gael ond a bhedro canv rhann dyscybl yspas gradhawl, na dyscybl cerdh dabhawd na cherdh

dant bho, na bod mywn cybhribh nai gynnwys ym mysc gwyr wrth gerdh.[29]

Gwelir yr un duedd gref i gaethiwo a chyfyngu ar weithgarwch y beirdd ar waith pan yw'r Statud yn deddfu nad oedd prydydd i lunio mwy na phedwar cywydd mawl mewn blwyddyn oni bai ei fod yn derbyn gwahoddiad i wneud hynny, ac nad oedd i fynd â'r gerdd adref ond yn ystod y tair gŵyl arbennig, sef y Nadolig, y Pasg a'r Sulgwyn. Eithr yn achos marwnadau a cherddi dyfalu, nid oedd cyfyngiad ar y nifer o gerddi y gallai'r prydydd eu llunio a'u dwyn adref:

> Hevyd na wnel prydydd ond 4 kywydd yn y vlwyddyn o voliant i wr oni bydd gwahawdd neu ddamuniad ac yn enwedic nad eler ar gerdd adref ond ar wyl arbennic . . . neithr ef all wnaethur a vynno val y digwyddo yr achos o varwnadau a dyvaliadau a dyvod ac hwynt adref pann vynno ar amser y diwyddo vod yn dda.[30]

A bwrw mai cerddi gofyn a olygir wrth ddyfaliadau yn y dyfyniad (er y geill olygu cerddi natur, serch a llatai hefyd) yr oedd y bardd yn rhydd i ymateb i'r galw ar y pryd wrth lunio cerddi o'r fath, gan yr ystyrid hwy yn gerddi achlysurol ac amgylchiadol. Felly, er bod y Statud yn mynnu mai dim ond gan y sawl a oedd wedi llwyddo i ennill cymhwyster o fewn y gyfundrefn farddol yr oedd yr hawl i erchi ar gerdd, hyd y gellir barnu, nid oedd math o gyfyngiad ar y nifer o gerddi gofyn y gellid eu llunio.

Nodiadau

1. J. H. Davies, 'The Roll of the Caerwys Eisteddfod of 1523', *Transactions of the Liverpool Welsh Nationalist Society* (1908–9), t. 92.
2. Dyfynnir gan D. J. Bowen yn 'Graddedigion Eisteddfodau Caerwys, 1523 a 1567/8', *LlC*, 2, t. 130.
3. Dyma bennawd y copi a geir yn O. Jones ac E. Williams ac W. O. Pughe (goln), *The Myvyrian Archaiology of Wales*, Volume I, t. 317. Gw. hefyd *GGDTE*, rhif 15.
4. *BC*, t. 392.
5. Gw. G. J. Williams, 'Eisteddfod Caerfyrddin', *Y Llenor*, V, tt. 94–102.

6. Am restr o raddedigion y ddwy eisteddfod gw. D. J. Bowen, 'Graddedigion Eisteddfod Caerwys, 1523 a 1567/8', *LlC*, 2, tt. 128–34. Gw. hefyd Dyfrig Davies, 'Graddedigion ail eisteddfod Caerwys', *B*, XXIV, tt. 30–9.

7. Ceir manylion am y deuddeg gŵr a enwir ym mhroclomasiwn yr ail eisteddfod gan Enid Roberts, 'Eisteddfod Caerwys 1567', *TrDinb*, XVI, tt. 23–61.

8. Thomas Parry, 'Statud Gruffudd ap Cynan', *B*, V, t. 32.

9. Dyfynnir o Ragymadrodd *GGH*, t. xxvi.

10. E. D. Jones, 'Simwnt Fychan a Theulu Plas-y-ward', *B*, VII, t. 142. Copi ydyw a wnaeth William Maurice o Gefn-y-braich o'r drwydded wreiddiol ym Mhlas-y-ward.

11. *RWM*, i, t. 291.

12. Gw. Gwyn Thomas, *Eisteddfodau Caerwys* (Caerdydd, 1968), t. 14.

13. Ar ddylanwad canu proffwydol y beirdd, gw. Eurys Rowlands, 'Dilid y Broffwydoliaeth', *Trivium*, II, tt. 37–46. Am sylwadau ar y canu i'r mab darogan yn palmantu'r ffordd ar gyfer dyfodiad Harri VII o deulu Penmynydd, gw. Gruffydd Aled Williams, 'The Bardic Road to Bosworth: A Welsh View of Henry Tudor', *TrCy* (1986), tt. 7–31.

14. G. J. Williams, 'Cerddi'r Nant', *B*, XVII, tt. 177–89.

15. J. H. Davies, 'The Roll of the Caerwys Eisteddfod of 1523', t. 96.

16. Sylwyd bod E. D. Jones yn 'Three Fifteenth Century Peniarth Poems', *CCHChSF*, 10, tt. 157–68, yn dehongli un cwpled yn y cywydd gofyn carw a ganodd Rhys Pennardd i Rys ap Gruffudd ab Aron dros Huw Trygarn fel cyfeiriad at ofyn caniatâd cyn canu'r cywydd. Dyma'r cwpled dan sylw: 'Dros go' ni ad Rys gywydd/i meistr Huw moes di yr hydd' (rhif III, t. 165). Dyma'r nodyn a geir ar *go'*: 'cof, memory. Rhys would not forget that permission to address a poem for a gift was a promise to comply with the request.' (t. 168) Ymestyn pethau braidd a wna'r dehongliad hwn. Gwell gennyf dderbyn dehongliad y cyfieithiad Saesneg a gynigir: 'Rhys will not let a *cywydd* be forgotten,/give the stag to Mr. Hugh'. Credaf mai dweud y mae'r bardd na fyddai'r darpar roddwr yn anghofio y byddai'n cael cywydd yn gyfnewid am y rhodd.

17. *CSB*, rhif X, llau 69–72.

18. *YEPWC*, t. 1.

19. Ba(M) 4, 128.

20. C 12, 385. Llawysgrif yn llaw yr awdur ei hun.

21. *GGGl*, rhif XCVII.

22. *GID*, rhif XXIII, a hefyd *ACGD*, rhif 12 yn y Detholiad.

23. Thomas Parry, 'Statud Gruffudd ap Cynan', t. 30.

24. *GGH*, rhif 131, llau 19–28.

25. D. J. Bowen 'Y cywyddau a fu rhwng Gruffudd Hiraethog a beirdd eraill', *B*, XXVII, t. 362.

26. Enid Roberts, *Y Beirdd a'u Noddwyr ym Maelor*, Darlith Lenyddol Eisteddfod Genedlaethol Wrecsam, 1977, t. 4.
27. Ceir copi o'r cywydd yn J. C. Morrice, *Detholiad o Waith Gruffudd ab Ieuan ab Llywelyn Vychan* (Bangor, 1910), rhif VIII, tt. 18–21, ond dyfynnwyd o'r testun mwy dibynadwy a geir yn *GP*, t. ciii.
28. Gw. *GP*, t. cv.
29. Thomas Parry, 'Statud Gruffudd ap Cynan', t. 31.
30. J. H. Davies, 'The Roll of the Caerwys Eisteddfod of 1523', tt. 96–7.

3

Cyfnewid da dros dda

Y mae cynsail hynafol i'r weithred o estyn a derbyn rhodd neu anrheg. Mewn cymdeithasau cynnar gallai fod yn arwydd o gymod ac o ewyllys da, o gyfeillgarwch a chariad yn ogystal ag o gytundeb. Mae'r darn hynaf o Gymraeg ysgrifenedig, gweithred a elwir 'Memorandwm y *Surexit*' ac sy'n dyddio o'r wythfed ganrif, yn tystio i'r arfer o gynnig anifeiliaid er mwyn selio cytundeb mewn modd cymodlon.[1] Mae'n amlwg hefyd fod arferiad o rannu anrhegion mewn cylchoedd brenhinol a bonheddig, arferiad y ceir tystiolaeth iddo ym Mhedair Cainc y Mabinogi. Byddai cyfnewid anrhegion yn weithred foesgar a fyddai'n cryfhau ac yn tynhau rhwymau cyfeillgarwch a theyrngarwch. Yn achos Pwyll ac Arawn yn y gainc gyntaf, er enghraifft, yr oedd '. . . anuon o pop un y gilid meirch a milgwn a hebogeu a fob gyfryw dlws . . .' yn fodd i '. . . [d]dechrau cadarnhau kedymdeithas y ryngthunt . . .'[2]

O droi at y farddoniaeth Gymraeg gynharaf gwelir bod canu Taliesin yn gyforiog o gyfeiriadau at y gwrthrychau lluosog a dderbyniai'r Cynfardd pan oeddid yn rhannu ysbail ar ôl cyrch.[3] Ac wrth farwnadu Owain ab Urien, myn Taliesin gyfeirio at ei haelioni diarbed:

> Gwr gwiw uch y amliw seirch.
> a rodei veirch y eircheit.[4]

Mae rhai o'r Gogynfeirdd hefyd yn hoff o bwysleisio haelioni'r tywysogion drwy gyfeirio at yr anrhegion a dderbynient ganddynt.[5] Yn ôl Cyfraith Hywel, yr oedd march yn un o'r rhoddion y gallai'r bardd teulu eu derbyn gan y brenin:

> Uythued yv e bard teylu; ef a dely e tyr en ryd a'e uarch bressvel a'e urethenwysc e gan e brenhyn a'e lyeynwysc e gan e urenhynes.[6]

Ceir nifer o gyfeiriadau trawiadol yng nghanu Prydydd y Moch at y rhoddion o feirch a dderbyniai ef, ac yn eu plith y mae'r cyfeiriad hwn yn ei awdl foliant i Ddafydd ab Owain o Wynedd:

Maith y rhydd yr hyn ni'm adug:
Meirch breisgir uwch brasgeirch haflug,
Mwth, myng-gan, hirllam, haerllug:—na bwynt gynt
No rhywynt uch Rhyd Nug![7]

Gallai beirdd proffesiynol mewn sawl gwlad hawlio tâl am gerdd
ar ffurf rhodd o dir neu geffyl, neu feddiannau materol eraill. Yn
wir, lle bynnag y ceid olyniaeth o feirdd mewn teulu, yr oedd
perthynas yn bodoli rhwng statws cymdeithasol y bardd a'i grefft
fel prydydd neu saer gwawd.[8] Yn ôl pob argoel, yr oedd y taliadau
a dderbyniai rhai o'r beirdd yn Iwerddon yn anrhydeddus iawn:

Neither record will surprise us if we recollect that sometimes a poet
received as much as a hundred marks (£600) for a poem or *abhran*: and
Tadgh Og Ó Huigin, who lived in the fifteenth century, says that he
never received less than twenty cows for a poem from Tadhg Mac
Cathal O'Connor-Sligo.[9]

Dywedir bod Tadhg Mor Ó Cobhthaigh wedi cyflwyno cerdd fol-
iant ac ynddi ddau ar hugain o benillion i ŵr o'r enw Maghnas Ó
Domhnaill, a'i fod wedi derbyn dau ar hugain o feirch yn dâl, sef
march am bob pennill, a chael llestr arian i'w canlyn.[10] Mae'n
ddiddorol nodi bod Tadhg Dall Ó hUiginn, y bardd enwog o'r
unfed ganrif ar bymtheg, wedi derbyn anrhegion gan feirdd eraill
a oedd yn bresennol mewn gwledd yn nhŷ Maol Mordha Mhac
Suibhne.[11]
Nid oes brinder cyfeiriadau at daliadau yng ngwaith y
Cywyddwyr ychwaith. Derbyniai'r beirdd groeso pan ymwelent â
neuaddau'r uchelwyr lletygar, caent eu gwala o fwyd a llyn, a thelid
arian iddynt am eu cerddi. Yn ei gywydd ymryson â Syr Rhys o
Garno, dywed Guto'r Glyn am y gynhaliaeth a gâi gan yr Abad
Siôn ap Rhisiart o Lyn-y-groes:

Gwledd gŵyl gan yr Arglwydd a gawn
Llan Egwestl fal llanw eigiawn,
Lle rhydd, gwerthu cywydd cain,
Pe drwg, er pedwar ugain.[12]

Mae Gruffudd Hiraethog, yntau, mewn englyn yn sôn am y
rhoddion a gafodd yng Ngloddaith, cartref Tomas a Siân Mostyn:

Rhywiog asgell het, gwregys, rhiain—Mostyn
A chan y meistr chweugain,
A siaced o'r melfed main,
A dager o bris deugain.[13]

Yn ôl Statud Gruffudd ap Cynan, yr oedd gan y prydyddion hawl
i ymweld â thai'r uchelwyr ar adegau arbennig o'r flwyddyn a elwid
y 'pum erw rydd'. Cyfeiriwyd eisoes at y tair gŵyl arbennig, neu'n
fanylach: y 'nadolic a chylchwyl yn i ol hyd wyl vair y kanhwyllau'
(sef yr ail ddydd o fis Chwefror); y 'pasg ai gylchwyl hyd ddydd iau
dyrchavael', a'r 'pasg ai gylchwyl hyd dydd [*sic*] sul y kreiriau'.[14] Yn
ychwanegol, arferid croesawu beirdd pan oeddid wedi codi tŷ
newydd, ond disodlwyd hynny drwy gynnwys gwyliau mabsant fel
un o'r 'erwau' rhydd. Y bumed erw rydd oedd gwledd briodas neu
neithior. Telid arian i'r beirdd yn ystod y gwyliau hyn, a châi athro
o bencerdd wobr ychwanegol megis tlws, arf neu ddillad; pe gwneid
cyff clêr ohono, yr oedd ei rodd i'w dyblu.[15] Dadleuodd Proinsias
Mac Cana y dylid cysylltu'r cyfeiriad a geir yn y Statud at bencerdd
yn derbyn swrcot neu ddwbled yn rhodd gan briodfab pan wneid
cyff clêr ohono mewn 'neithior reiol' â'r hen arfer a nodir yn y
Cyfreithiau o roi tâl morwyndod priodasferch i'r pencerdd, sef y
'cyfarws neithior'.[16] Olion defod hynafol a oedd hefyd yn bodoli yn
Iwerddon, yr Alban, a'r India a geir yn y cymal hwn. Yn Iwerddon,
yr oedd gan yr *ollamh* (sef y pencerdd) hawl i ddillad priodas pob
merch o fewn ei dalaith, ac yn yr India estynnid y wisg briodasol i'r
brahman fel rhan o ddefod ystyrlon. Gyda threigl amser edwinodd
arwyddocâd y 'cyfarws neithior' yng Nghymru, a daethpwyd i
ystyried y neithior yn ddim ond un o'r achlysuron hynny pryd y
gellid cynnig cydnabyddiaeth briodol i fardd.

Yr oedd y beirdd yn arfer mynychu neithiorau felly, ac yr oedd
yn gyfreithlon i raddio beirdd ar yr achlysuron hynny. Mae'n
ddiddorol nodi bod Tudur Aled yn ei farwnad i Ieuan ap Dafydd
ab Ithel Fychan o Laneurgain yn dweud mai yn neithior y gŵr
hwnnw y graddiodd ef am y tro cyntaf, a'i fod wedi cael tair rhodd
am ei wybodaeth o'r tri chof:

Cyntaf neuadd y'm graddwyd
Fu oror llys f'eryr llwyd;
Am dri chof y'm drychafodd
Yn neithior hwn, â thair rhodd.[17]

Gan y byddai'n arferol i feirdd dderbyn rhoddion mewn neithiorau, mae'n naturiol tybio, felly, y gallai'r beirdd graddedig deimlo'n eofn ac yn rhydd wrth ganu cywydd yn benodol i erchi rhodd ar yr achlysuron hynny. Ar sail yr hyn a ddywed Rhys Wyn ap Cadwaladr yn ei gywydd dychan i Siôn Phylip, ymddengys mai dim ond gan fardd graddedig yr oedd yr hawl i gael rhodd beth bynnag. Rhys Wyn sydd yn edliw:

> Nid wyd brydydd rhydd rhoddfawr
> I gael gŵn fyth galennig fawr
> Am dy fod byr ystod baw
> Budr wedd heb dy raddiaw.[18]

Ceir cyfeiriadau yn amryw o'r cywyddau eu hunain sy'n nodi mai yn ystod un o'r gwyliau cydnabyddedig y gofynnid am ryw wrthrych arbennig. Dywed Meurig Dafydd o Lanisien wrth ofyn i Rosier fab Siôn am delyn:

> af yno i Rodio r wyl
> etto vinav at vannwyl
> y geissio Rhodd gwas aur hael
> ail jfor hyloyw afael
> archaf ir gwr ail meirchiawn
> Rhodd hael i delyn Rhawn.[19]

Mae gan Wiliam Alaw, y bardd-uchelwr o Fôn, gywydd yn gofyn i Robert Wyn ap Morys o Abertanad am siaced, lle y gwelir mai yn ystod rhyw ŵyl y gofynnodd amdani:

> rhowch ym drwsiad tyladwy
> eich prydydd awenydd wy
> Wiliam Alaw ail milwr
> wyf brydydd ar gywydd gwr
> gwisg hardd a gais y cerddawr
> siaced gwell nor melfed mawr
> chwi ai rhydd vcha o roddion
> ai lliw hardd i fardd o Fon
> llyna fardd llawen wyfi
> os caid hon siaced tawni
> oi chael ysta fael a fydd
> ni bv reidiach i brydydd

siaced lan a fydd anwyl
dyna rodd da iawn yr wyl.[20]

Dywed Lewys Glyn Cothi, yntau, yn y cywydd a ganodd i erchi march gan Siôn ap Phylib o Gil-sant fod y glêr yn cyrchu arwyl a neithiorau, ond na allai ef gystadlu â hwy am nad oedd ganddo farch:

Y glêr fân ni fynnan' fod
esywaeth heb rwnsïod.
Ymofyn ydd ŷn' bob ddau
nyth arwyl a neithiorau;
dwyrod o bob priodas
ar eu hacnai gâi bob gwas.
Minnau ar draed mewn ordr og
ban ganwn heb un geiniog.[21]

Gall fod dau gywydd gofyn o'r eiddo Siôn Tudur wedi eu canu mewn priodasau hefyd. Y cyntaf yw'r cywydd i ofyn march gan Forys Wynn o Wedir a'i drydedd wraig, sef Catrin o Ferain, ac Enid Roberts yn ei nodiadau ar y cywydd sy'n gofyn: 'Ai cywydd priodas yw hwn, i ofyn am rodd ar yr achlysur?'[22] Dyna'r union gwestiwn a ofyn hefyd yn ei nodiadau ar y cywydd i ofyn gown gan Syr Rhys Gruffudd o'r Penrhyn.[23]

Mae'n amlwg, felly, ei bod yn arferiad i estyn llawroddion i feirdd fel cydnabyddiaeth, yn ogystal ag i dalu arian iddynt. Ceir cofnod yn llawysgrif Wynnstay 92 o'r taliadau a dderbyniodd Siôn Brwynog a gwŷr wrth gerdd eraill gan Syr Siôn Salesbury yn Llewani yn ystod Nadolig 1555,[24] a cheir rhestr o'r taliadau a dderbyniodd Rhys Cain ar gwrs clera yn nechrau'r ail ganrif ar bymtheg yn llawysgrif Peniarth 178.[25] Ymwelasai ag wyth a thrigain o dai yn siroedd Maldwyn, Meirionnydd, Dinbych, y Fflint a Swydd Amwythig, ac yr oedd cyfanswm ei enillion yn ôl ei gyfrif ef ei hun yn £23 2s. 6d., swm go sylweddol yn yr oes honno. Cofier bod y Statud hefyd yn nodi graddfeydd y taliadau y dylai'r gwahanol raddau o feirdd eu cael ar y tair gŵyl arbennig, a chan y deddfwyd na ddylent ddilyn crefft arall, mae'n amlwg y disgwylid iddynt fyw ar yr enillion a gaent ar eu teithiau clera.

Yr oedd yn arferiad ymhlith penaethiaid yn Iwerddon hyd ddiwedd yr Oesoedd Canol i gynnal gwleddoedd cyhoeddus ac i

wahodd beirdd iddynt. Gofelid nad elai'r un bardd oddi yno'n
waglaw.[26] Byddai anrhegu'r beirdd yng ngŵydd gwesteion y wledd
yn gyfle i'r noddwr ennill enw da iddo'i hun fel gŵr hael, a diau y
byddai'r beirdd wedyn yn hau ei glod ar led. Nid afresymol yw
tybio y byddai noddwyr y Cywyddwyr yn y bymthegfed ganrif a'r
unfed ar bymtheg hefyd yn awyddus i'w clod gerdded ymhell, a
barnu wrth yr hyn a ddywed Llywelyn ab y Moel wrth Syr Wiliam
Tomas o Raglan wedi iddo roi gwregys yn rhodd i Rys Goch Eryri:

> Da i gerddwr, Dewdwr didwyll,
> Fuost, hael bost, hylaw bwyll;
> Prynu anrheg o wregys
> A'i roi dros gywydd i Rys,
> Taliesin, a melin mawl
> Tud Gwynedd, tai digonawl.
> Bellach nid rhaid eiriach d'aur,
> Am y rhodd emau rhuddaur,
> Mae gan feirdd a phenceirddion
> Ni'm dawr, yt air mawr ym Môn.[27]

Yr oedd ystyriaeth a ddylid canu am dâl o gwbl. Mae Gruffudd
Llwyd yn ei gywydd i Hywel ap Meurig Fychan o Nannau a
Meurig Llwyd, ei frawd, yn dweud bod yr *Elucidarium* yn honni: 'Y
mae baich ym o bechawd/Oedd brydu a gwerthu gwawd'.[28] Heria'r
bardd yr honiad hwn, gan ddweud mai mater o gyfnewid 'Da dros
da' oedd derbyn rhoddion am ganu mawl.[29] Mae'r syniad o gyf-
newid i'w gael yn gyson yn y cywyddau gofyn a diolch, ac yn
dangos yr ystyrid mai ar y colyn hwn y trôi perthynas bardd a
noddwr. Drychfeddwl amlwg oedd fod y moliant a wëid mewn
cerdd yn dâl llawn a digonol am y rhodd a erchid. Ni fodlonai'r
bardd ar ofyn yn ffurfiol ac yn uniongyrchol am y rhodd yn unig.
Gosodid yr archiad ei hun o fewn ffrâm ehangach y gerdd foliant
fel y gellid cyflwyno'r cyfan fel tâl i'r un y gofynnid iddo am rodd.
Ceir y syniad hwn ym marddoniaeth y Gwyddyl hefyd: 'Poet and
patron', meddai Calvert Watkins, 'exist on a reciprocal gift-giving
basis; the poet's gift is his poem.'[30] Dau dâl 'a pheth mwy' a gâi
Robert ab Hywel Fychan o Lanuwchllyn am farch, meddai Wiliam
Cynwal mewn un cywydd:

> Asio'i fydr, clod safadwy,
> A phwyth y march a pheth mwy.[31]

Ymdrin yr ydym, wrth gwrs, ag ethos y canu mawl. Mewn cymdeithasau Celtaidd ac Indo-Ewropeaidd, dim ond y bardd a allai gynnig i noddwr foliant a chlod anfarwol, peth a brisid uwchlaw popeth arall, gan gynnwys bywyd ei hun, yn aml iawn.[32] Dyna oedd hanfod y delfryd arwrol. Gwyddai arwyr Homer yn yr *Iliad* am rym parhaol cynnyrch awen y bardd, ac yr oedd yr awydd am glod parhaol ymhlith y pethau a borthai wrhydri a balchder arwyr *Y Gododdin*.[33] Mewn cymdeithasau prin eu hadnoddau materol, bodolai apêl gyffredinol i gerddi mawl a fyddai'n trosgynnu amgylchiadau a chyfyngderau tymhorol am y rhoddid cryn bwyslais mewn cymdeithasau o'r fath ar werth moliant. Dyma a ddywed Katharine Simms am y sefyllfa yn Iwerddon:

The subsistence economy and disturbed political conditions of Gaelic Ireland did not lend themselves to investment in material possessions, but a poem could be neither stolen nor destroyed, and could ensure a more widespread and lasting fame for its patron than any object, however beautiful or costly.[34]

Ymhlith y mynych gyfeiriadau a geir at yr arfer o gyfnewid cerdd am rodd yn y cywyddau eu hunain, y mae sylwadau Lewis ab Edward mewn cywydd i erchi milgi du gan Risiart Thelwall o Blas-y-ward dros Edward Salbri o Fachymbyd pan yw'n llefaru yng ngenau'r eirchiad:

Dyma'ch cerdd, rhowch ym erddi,
Dâl am wawd du lun i mi.[35]

Yn niweddglo ei gywydd enwog i ofyn march gan abad Aberconwy, gofyn Tudur Aled yntau:

Oes dâl am y sud elain
Amgen na mawl am gnyw main?[36]

Mynegir y syniad yn drosiadol-gelfydd gan Ruffudd Hiraethog yn ei gywydd i ofyn ceiliog coed dros Rys Fychan o Gorsygedol:

Disgwyl dal mewn dewisgoed
 magl cerdd mae geiliog coed.[37]

Syniad arall a fynegir weithiau yw y bydd y gerdd ofyn ei hun yn goroesi'r rhodd a erchir. Mewn cywydd i ofyn march gan Iolo Goch y digwydd y cyfeiriad cynharaf:

> Hwy y pery na haearn
> Gwawd na march, gwydn yw fy marn.[38]

Parhaodd y syniad hwn yn ei rym drwy gydol y cyfnod dan sylw ac fe ymddengys mai math ar abwyd a ddefnyddiai'r beirdd i ddwyn perswâd ar eu noddwyr i estyn rhoddion ydoedd, gan y credai'r beirdd fod cerdd foliant yn fwy gwerthfawr na dim meddiant bydol. Mae Gruffudd Hiraethog mewn cywydd i ofyn sircyn o groen moelrhon dros Gadwaladr ap Robert o'r Rhiwlas yn dweud wrth y darpar roddwr, sef Syr Robert Pigod, person Derwen:

> Er bod, ac nad arbedir,
> Iawn, berhôn, hon, barhau'n hir,
> E bery cerdd o burion
> Yn gyd, a hwy, nog oed hon.[39]

Y berthynas arbennig a seiliwyd ar gyfnewid rhoddion sydd i gyfrif am hyder a sicrwydd Huw Arwystl pan yw'n dweud wrth Ddafydd ap Siencyn ab Ieuan ap Rhys: 'am ych march i kyvarchaf/o gany kerdd gwnn i kaf',[40] ac medd Siôn Tudur mewn cywydd i Syr Rhys Gruffudd o'r Penrhyn: 'Rhydd im own yn rhodd am wawd'.[41] Mae'n werth dyfynnu sylwadau pellach Calvert Watkins am y drefn yn Iwerddon:

> We have established for the social context of poetry in Ireland the existence of a system of reciprocity, of mutual gift-giving: the poet gives *duana* [cerdd], the patron gives *duas* [rhodd], with generosity to the point of prodigality.[42]

Gellir ymdeimlo ag agosrwydd y berthynas rhwng bardd a noddwr yn rhai o'r cywyddau diolch, ac yn arbennig felly yn y cywydd a ganodd Dafydd ap Gwilym i ddiolch i Ifor Hael am fenig, y cywydd diolch cynharaf sydd ar glawr, ond odid.[43] Fe ddichon fod awgrym o ddefodaeth yma pan yw'r bardd yn cael ei anrhegu, a phan yw'n diolch yn ffurfiol am y rhodd. Gan fod y weithred o estyn y menig wedi'i chofnodi mewn mydr, mae'r cyfan yn magu arwyddocâd ehangach. Mae Dafydd ei hun, fel 'gwehydd gwawd', yn dathlu'r ymrwymiad personol a oedd wrth wraidd yr anrhegu, ac yn cyflwyno'r gerdd fel math ar gofnod i arwyddo ac i goffáu haelioni Ifor. Yn gyfnewid am y rhodd, rhan y bardd yw rhoi:

> Bendith Taliesin wingost,
> A bery byth heb air bost.[44]

Gallwn ystyried y cywydd afieithus a ganodd Ieuan Du'r Bilwg i ddiolch am ŵn coch hefyd fel ymgais i gofnodi haelioni ei noddwr, ond y tro hwn, drwy roi disgrifiad trawiadol iawn o'r anrheg ei hun y gweneir hynny. Ni ellir llai nag edmygu'r gamp sydd ar ddyfaliadau'r gerdd hon, lle y mae'r bardd yn ymroi'n llawn gorfoledd i gyfleu tanbeidrwydd lliw'r gŵn.[45] Ar bwys y cyfeiriadau a geir yng nghywydd 'Ymddiddan rhwng y Bardd a'r Henwr a'r Cyngor' gan Huw Machno, gwelir bod beirdd yr unfed ganrif ar bymtheg yn gwybod bod nifer o'u rhagflaenwyr wedi derbyn dilladau'n anrhegion gan eu noddwyr. Drwy ddatgan ei fod yntau wedi derbyn rhoddion gwych gan Siôn Wynn o Wedir, mae Huw Machno'n awgrymu bod ei noddwr yn deilwng o gael ei osod yn yr olyniaeth nodedig y cyfeiria ati.[46] Mae'n amlwg, felly, mai un ffon fesur wrth ystyried teilyngdod noddwr oedd ei barodrwydd i estyn rhoddion.

Ni ellir gorbwysleisio pa mor bwysig oedd y broses o gyfnewid yng nghyswllt y canu gofyn. Aeth J. E. Caerwyn Williams mor bell ag awgrymu bod gwreiddyn y cywydd gofyn yn tarddu o'r syniad fod y cywydd ei hun yn rhodd a haeddai ei had-dalu:

> It is probable that the origin of the request-*cywydd* must be sought in the idea that the request-*cywydd* itself was a gift which merited a return gift.[47]

Cymaint oedd pwysigrwydd y weithred o anrhegu, a'r weithred honno'n gosod math o rwymedigaeth ar y sawl a dderbyniai'r anrheg i roi gwrthrodd, nes bod hanesydd fel Felicity Heal, wrth sôn am werthoedd y math o gymdeithas uchelwrol a geid yng Nghymru yn yr Oesoedd Canol a'r Cyfnod Modern cynnar, yn gallu dweud:

> Reciprocity was designed to keep these qualities of liberality and civility in motion: to reify and fructify them by constant interchange . . .

Largess was essential to the noble, and largess implies the giving of rewards without immediate return. When return was made, it would be in terms of an enhanced sentiment of loyalty, which issued in political action . . . gift-giving involved in patronage bound the recipient to an enhanced return . . .[48]

Cyhoeddid llyfrau yn Lloegr a oedd yn rhoi cyfarwyddyd i uchelwyr ynglŷn ag ymddygiad ac arferion cymdeithasol. Mae llyfr Thomas Cooper, *The Art of Giving*, a gyhoeddwyd yn Llundain yn 1615, yn rhoi pwyslais ar bwysigrwydd gwleddoedd cyhoeddus, lletygarwch a chroeso i gyfeillion a charennydd.[49] Dylid ystyried y berthynas a fodolai rhwng bardd a'i noddwr yn y cyd-destun hwn hefyd.

Nodiadau

1. Gw. J. Morris-Jones, 'The Surrexit Memorandum', *Y Cymmrodor*, XXVIII, t. 270: '. . . rodesit guetig equs tres uache, tres uache nouidligi nam ir ni be cas igridu dimedichat guedig hit did braut . . .'
2. *PKM*, t. 8. Gw. hefyd t. 37: 'Ny doey wr mawr, na gwreic da yn Iwerdon, e ymw[e]let a Branwen, ni rodei hi ae cae, ae modrwy, ae teyrndlws cadwedic ydaw, a uei aebennic y welet yn mynet e ymdaith.'
3. Gw. Ifor Williams (gol.), *Canu Taliesin* (Caerdydd, 1960), rhif I, llau 1–6, a rhif IV, llau 1–6, er enghraifft.
4. *Ibid.*, rhif X, llau 19–20.
5. Gw. J. E. Caerwyn Williams, 'Beirdd y Tywysogion: Arolwg', *LlC*, 11, t. 40.
6. Aled Rhys Wiliam (gol.), *Llyfr Iorwerth* (Caerdydd, 1960), adran 13, llau 1–2. Fe ddalai inni nodi awgrym D. J. Bowen am yr arfer o gynnig march yn rhodd: 'Yr oedd yn arfer yn y cyfnod i frenin neu dywysog roi ceffylau'n rhoddion i aelodau o'i osgordd yn lle'r rhai a gollent mewn brwydr, ac y mae'n bosibl mai hyn yw'r esboniad ar y ddefod a nodir yn y Cyfreithiau gan yr âi'r beirdd ar ymgyrchoedd gyda'r milwyr.' ('Agweddau ar Ganu'r Unfed Ganrif ar Bymtheg', *TrCy* (1969), tt. 284–5.)
7. Elin M. Jones a N. A. Jones (goln), *Gwaith Llywarch ap Llywelyn*, Cyfres Beirdd y Tywysogion V (Caerdydd, 1991), rhif I, llau 125–8. Gw. hefyd rifau 11, llau 35–6; 23, llau 55–6.
8. Gw. J. E. Caerwyn Williams, 'Beirdd y Tywysogion: Arolwg', tt. 39–40.

9. D. Corkery, *The Hidden Ireland* (Dulyn, 1925), tt. 72–3.
10. Gw. Pádraig A. Breatnach, 'In Praise of Maghnas Ó Domhnaill', *Celtica*, XVI, tt. 63–72.
11. Douglas Hyde, *A Literary History of Ireland*, t. 520: 'Not only did the chieftain himself, Mac Sweeny, pay him homage, but he received presents – acknowledgment evidently of his admitted genius – from the poets as well. Mac Sweeny gave to him a dappled horse, one of the best steeds in Ireland, Brian mac Angus gave him a wolf-dog that might be matched against any; while from Brian mac Owen he received a book . . .'
12. *GGGl*, rhif CIX, llau 5–8. Ceir cyfeiriadau at werthu a phrynu gwawd yng ngwaith Lewys Glyn Cothi a Gwilym Tew:
    (i) 'O'r mau y prynaist gywydd deuair/fal pryniad ar dda'r farchnad ŵyl Fair', *GLGC*, rhif 180, llau 21–2.
    (ii) 'Ar werth mae llawer o wir,/Ac oi wrthyf y gwerthir', gw. G. J. Williams, *Traddodiad Llenyddol Morgannwg* (Caerdydd, 1948), t. 45.
13. *GGH*, rhif 137, t. 439. Fe ganodd Gruffudd Hiraethog o leiaf ddau gywydd gofyn dros Siân Mostyn: (i) Gofyn i Gadwaladr ap Robert o'r Rhiwlas am hwrdd: *GGH*, rhif 112, t. 364. (ii) Gofyn i Elis Prys o Blas Iolyn am fwrdd: *GGH*, rhif 104, t. 337.
14. Gw. J. H. Davies, 'The Roll of the Caerwys Eisteddfod of 1523', t. 101.
15. *Ibid.*, t. 102: '. . . pennkerdd kerdd davod a ddychon sialens am i gywydd geinioc a 80 ac os athraw vydd ef a ddylai gael ryw dlws arf neu ddillad neu beth arall val y bai syberwyd y roddwr ac os neithior reiol vydd a gwnaethur kyff kler yr athro neu y pennkerdd avo kyff kerdd a ddyly ddyblu i rodd neu swrkod sef yw honno y ddwbled nessaf ir orau ir mab a brioder.'
16. Proinsias Mac Cana, 'Elfennau Cyn-Gristnogol yn y Cyfreithiau', *B*, XXIII, tt. 316–19.
17. *GTA*, rhif LXXVII, llau 63–6. Gw. hefyd D. J. Bowen, 'Graddau Barddol Tudur Aled', *LlC*, 18, tt. 90–103.
18. LlGC 17528, 209.
19. Gw. LlGC 13066, 79.
20. Erys yr unig gopi o'r cywydd hwn yn Ll 125, 265.
21. *GLGC*, rhif 70, llau 39–46.
22. *GST*, rhif 29. Gw. y nodyn ar d. 120 yr ail gyfrol.
23. *Ibid.*, rhif 86. Gw. n. 51 ar d. 309 yr ail gyfrol.
24. Gw. J. E. Caerwyn Williams, 'Anglesey's Contribution to Welsh Literature', *TCHNM* (1959), t. 17. Rhannwyd 28s. 8d. rhwng pum 'mynstrelles': 'John Broynock (10s.), Dd. ap Hoell. Grygor (5s.), John Tuder (6s. 8d.), Hoell Lloid (5s.), John ap Saunders (2s.)'.
25. *RWM*, i, tt. 993–4.

26. J. E. Caerwyn Williams, 'The Court Poet in Medieval Ireland' (The Sir John Rhŷs Memorial Lecture, 1971), *Proceedings of the British Academy*, LVII, tt. 105–6.

27. *IGE⁴*, rhif LIX, llau 15–24.

28. *Ibid.*, rhif XL, llau 9–10.

29. *Ibid.*, ll. 79.

30. Calvert Watkins, 'The Etymology of Irish *Duan*', *Celtica*, XI, t. 272.

31. *GWC(Mostyn 111)*, rhif 55, t. 171. Yn ddiddorol iawn, mae gan Ruffudd Hiraethog gwpled tebyg i hwn yn ei gywydd i ofyn meini melin dros Elis Prys o Blas Iolyn: 'Cair ddwys fydr cerdd safadwy,/Cair pwyth y main; cair peth mwy.' *GGH*, rhif 101, llau 87–8. Mae'n ddigon posibl mai adlais bwriadol o'r cwpled hwn a gawn gan Gynwal, canys o gywydd cynnar gan Ruffudd Hiraethog y daw, gw. D. J. Bowen, *Gruffudd Hiraethog a'i Oes* (Caerdydd, 1958), t. 29.

32. Gw. E. R. Curtius, *European Literature and the Latin Middle Ages* (cyfieithiad W. R. Trask, Llundain, 1953), pennod IX, 'Poetry as Perpetuation', tt. 476–7.

33. Gw. Ifor Williams (gol.), *Canu Aneirin*, (pedwerydd argraffiad, Caerdydd, 1978), t. 9, llau 212–14: '. . . mab syvno; sywyedyd ae gwydyei./a werthws e eneit/ er wyneb grybwyllyeit', ac *ibid.*, t. 47, llau 1190–5: 'em ladaut lu maur/iguert i adraut/ladaut map nuithon/o eur dorchogyon/cant o deyrnet/hit pan grimbuiller . . .'

34. Katharine Simms, 'Guesting and Feasting in Gaelic Ireland', *Journal of the Royal Society of Antiquaries of Ireland*, 108, t. 93.

35. *GLE*, rhif 39, llau 73–4.

36. *GTA*, rhif CVI, llau 59–6.

37. *GGH*, rhif 96, llau 31–2.

38. *GIG*, rhif XII, llau 15–16.

39. *GGH*, rhif 102, llau 81–4.

40. *GHA*, rhif XC (a), llau 51–2.

41. *GST*, rhif 86, ll. 76.

42. Calvert Watkins, 'The Etymology of Irish *Duan*', t. 275.

43. *GDG³*, rhif 9, t. 24. Am enghraifft arall o fardd yn derbyn menig yn rhodd am ganu, gw. *GLM*, rhif XVII, llau 9–12, ynghyd â sylwadau'r golygydd ar d. 404.

44. *GDG³*, rhif 9, llau 35–6.

45. Gw. *OBWV*, rhif 83, a hefyd *ACGD*, rhif 13 yn y Detholiad.

46. *GHM*, rhif XXIX, llau 89–104. Dywed yr Henwr wrth y bardd: 'Dafydd, rhwng mynydd a môr,/A gafas fenig Ifor;/Ag i Iorwerth, deg eurwedd,/Bu lân wisg mab o Lyn Nedd;/A gwregys i Rys i'w ran,/Goch ruglwaed gwych o Raglan;/A hug arian am ganu/Oll i hen fardd Penllyn fu./O Dowyn, gwisgoedd diwael/Âi'r hen Ddafydd Nanmor hael;/Syr Rys i Rys a roesai/Nanmor wisg, mewn

enw mawr âi./Os mowrwych ffres a mirain/Gwisg Aled mewn melfed main/Wyd w'chach, da a'i dichyn,/Fardd diffrost, ar gost y Gwyn.'

47. J. E. Caerwyn Williams, 'Guto'r Glyn', yn A. O. H. Jarman a Gwilym Rees Hughes (goln), *A Guide to Welsh Literature, volume 2* (ail argraffiad, Llandybïe, 1984), t. 237.

48. Felicity Heal, *Hospitality in Early Modern England* (Rhydychen, 1990), tt. 20–1.

49. Gw. *ibid.*, t. 36.

4

Gofyn a diolch mewn llenyddiaethau eraill

Cynnyrch cymdeithas lle'r oedd y bardd yn ddibynnol ar nawdd yw'r canu gofyn yn gyffredinol, math ar ganu y cawn enghreifftiau ohono yng ngwaith beirdd llys Iwerddon, ym marddoniaeth glasurol Gaeleg yr Alban, yng nghanu sgaldig Gwlad yr Iâ ac ym marddoniaeth Ladin yr Oesoedd Canol. Mae'r ysgolhaig Americanaidd Norman E. Eliason wedi dadlau mai cerddi gofyn yw'r ddwy gerdd Hen Saesneg, *Widsith* a *Deor*.[1] Ond nid yw'n ymddangos bod y gerdd ofyn fel *genre* yn y gwledydd hyn wedi datblygu i'r un graddau ag y datblygodd yma yng Nghymru, gan fod y bardd Cymraeg o tua 1450 ymlaen yn ymddwyn fel canolwr ac yn gofyn i uchelwr am rodd dros uchelwr arall yn ogystal â'i fod yn gofyn drosto ef ei hun. Ni ddaethpwyd o hyd i unrhyw enghraifft y tu allan i'r traddodiad barddol Cymraeg lle'r oedd y bardd yn gweithredu yn y modd hwn.

Ceid cyfatebiaethau lawer rhwng y cyfundrefnau barddol yng Nghymru ac Iwerddon. Tynnwyd sylw at y tebygrwydd a oedd rhyngddynt gan E. C. Quiggin yn ei ragarweiniad i astudiaeth o waith y beirdd Gwyddeleg rhwng 1200 a 1500,[2] a chan J. E. Caerwyn Williams yn ei ddarlith gynhwysfawr ar y bardd llys Gwyddeleg yn yr Oesoedd Canol.[3] Gan fod barddoniaeth Wyddeleg y cyfnod yn drwyadl gymdeithasol, a'r beirdd, hwythau, i raddau helaeth iawn yn ddibynnol ar haelioni ac ewyllys da eu noddwyr am eu bywoliaeth, buasid yn disgwyl i'r canu gofyn Gwyddeleg fod mor doreithiog ag ydoedd yng Nghymru. Ond nid felly y bu. Mae'n werth dyfynnu sylw o'r eiddo Pádraig A. Breatnach:

The type of poem you describe in Welsh tradition has unfortunately few analogues in Irish. Casual references to the usual rewards a poet might expect to receive (cattle, horses) are frequent enough . . . but seldom is a whole poem given over to the theme of reward.[4]

Gallwn gyfeirio at gerddi diolch Gwyddeleg sydd yn cydnabod derbyn anrheg a dderbyniasai'r beirdd gan eu noddwyr. Hyd yn

oed mor gynnar â'r chweched ganrif, fe ganodd bardd o'r enw
Colmán Mac Lénéni gerdd i ddiolch am gleddyf.[5] Ceir dwy
enghraifft ddiweddarach mewn casgliad o farddoniaeth Wyddeleg
a olygwyd gan Osborn Bergin, y naill gan fardd anhysbys yn diolch
am ddagr, a'r llall gan Brian Ó Corcran yn diolch am sbectol.[6]
Haera'r bardd yn y gerdd ddiolch am sbectol na chlywsai am yr
un prydydd arall a dderbyniasai anrheg cystal â honno, gan i'r
gwydrau fod yn fodd i adfer ei olwg. Tua diwedd y gerdd, cynigia ei
wasanaeth am weddill ei oes i'w noddwr, pe dymunai hynny, ac
eidduna fendith Duw arno am ei alluogi i ddarllen llythyr ac ysgrif-
ennu cerdd. Yn y gerdd ddiolch am ddagr y cyfeiriwyd ati eisoes,
personoli'r erfyn a'i ddisgrifio a wna'r bardd, ac mae'n amlwg i'r
anrheg fod yn gyfrwng i selio perthynas y bardd a'r noddwr a'i
rhoesai. Yr unig gerdd ddiolch Wyddeleg arall y trawyd arni yw
honno a ganodd Aodhagáin Uí Raithaille i ddiolch am bâr o
esgidiau; ond y mae'n perthyn i gyfnod diweddarach o lawer.[7]

Yn Llyfr Magauran, ceir cerdd ofyn o'r drydedd ganrif ar ddeg
gan Giolla Pádraig Mac Naimhin, lle y mae'n erchi march gan ei
noddwr, Brian Mág Shamradháin (m. 1298). Cerdd ar ffurf archiad
cwynfanus yw hi lle y mae'r bardd crwydrol yn cwyno am arafwch
ei farch ac yn dweud yr hoffai gael gan ei noddwr farch tipyn mwy
bywiog:

> Each beag mall fhuil againne
> ro badh earr linn each amhail
> an uair bhim ['n] bhar ndeaghaidhse
> mar do measgtha mé ar lathaigh
> ó chosaibh bhar n-eachraidhe,
> cuirthear otrach fam aghaidh;
> is é glór fhuil aguinne:
> 'Brian is an Coimdhe ar gcabhair'.[8]

Rhoddir pwyslais mawr yn y gerdd ar y cytundeb a fodolai rhwng y
bardd a'i noddwr, ac oherwydd y cytundeb a olygai ei bod yn
ddealladwy fod y noddwr yn rhoi a'r bardd yn derbyn, cyn cyflwyno
ei anrheg ef (sef y gerdd ei hun), yr oedd y cais uniongyrchol hwn yn
bosibl. Fe'i cyflwynir mewn modd na allai'r noddwr yn hawdd ei
wrthod. Pe bai'n gwrthod, fe ymddangosai'r nacâd fel sarhad o'r
mwyaf, nid yn unig ar y bardd ond ar farddoniaeth yn ogystal. Bron
na allem ddweud bod rhywbeth yn gyfrwys yn y cais.

Cadwyd cerdd ddiddorol arall o'r eiddo Giolla Pádraig Mac Naimhin yn yr un llawysgrif, lle y mae'n cynghori ei fab i fynd at yr un noddwr ag y canasai ef iddo i ofyn am farch ar ei daith glera. Cyngor y tad i'w fab yw mynd â cherdd at Brian Mág Shamhradháin, fel y gallai gael march yn gyfnewid amdani:

> Eirighse ar ceann eich duid féin,
> gabh umud red chléir ar cuairt,
> acht go mbeara tú laoidh leat
> do-gheabha tú each n-a duais.[9]

Y mae dwy gerdd a geir yng nghasgliad golygedig Eleanor Knott o waith Tadhg Dall Ó hUiggin (1550–91) sy'n haeddu sylw.[10] Marwnad i Cathal Ó Conchobhair yw'r gyntaf, lle y mae'r bardd fel petai'n bwrw'r draul ar derfyn rhawd y gwrthrych wrth gydnabod iddo dderbyn llu o anrhegion ar bwys yr anrhydedd o fod yn fardd iddo. Er bod yr elfen ormodieithol yn hollbresennol, gellir casglu bod i estyn a derbyn rhoddion le canolog ym mherthynas y ddau. Yn yr ail gerdd, annerch dagr dra nodedig o'r eiddo Aodh Óg a wna'r bardd, a dywed nad oedd yn bosibl i neb, ac eithrio gŵr wrth gerdd, ei meddiannu. Daw'n amlwg tua diwedd y gerdd fod y bardd ei hun yn deisyfu'r ddagr, ac fe ymddengys, felly, y gellir ei galw'n gerdd ofyn.

Ond y gerdd Wyddeleg a ddaw agosaf at y cywydd gofyn a adwaenwn ni yw honno a ganwyd gan Irial Ó hUiginn i Cormac Ó hEadhra (m. 1612).[11] Cerdd yn gofyn march ydyw. Wedi iddo sicrhau clust ei noddwr y mae'r bardd yn lleisio'i gŵyn. Y syniad llywodraethol yw ei fod yn cynnig i'w noddwr foliant safadwy yn dâl am y march. Synia am y cyfnewid fel math ar gytundeb ffurfiol na fyddai'n rhaid i'r noddwr edifarhau o'i blegid. Yn wahanol iawn i'r cerddi gofyn march Cymraeg o'r un cyfnod, ni cheir yma ddisgrifiad o'r anifail; yr unig beth a ddywedir yw fod y bardd yn chwilio am farch chwimwth a chryf. Canolbwyntir ar y cyfnewid, ynghyd â phwysleisio bod y bardd yn llygad ei le wrth ofyn am rodd ac yntau'n cynnig i'w noddwr foliant a bery am ddau gan mlynedd. Diddorol hefyd yw nodi bod awdur y gerdd hon yn datgan, fel y gwna Iolo Goch ac eraill, y bydd unrhyw rodd o fawl yn goroesi'r march a erchir.[12]

Wrth droi ein golygon at farddoniaeth lys Aeleg yr Alban yn yr Oesoedd Canol diweddar, gwelwn fod i'r gyfundrefn farddol yr un pwysigrwydd cymdeithasol ag a oedd i'r cyfundrefnau barddol yng Nghymru ac Iwerddon. Yr oedd y beirdd Albanaidd yr un mor ddibynnol ar nawdd gwyrda ag ydoedd eu cymrodyr Celtaidd.[13] Mae W. J. Watson yn dyfynnu sylwadau Martin Martin yn ei *Description of the Western Islands* (1703), lle y mae'n sôn am yr 'areithyddion':

The Orators by the force of their eloquence had a powerful ascendant over the greatest men in their time, for if any Orator did but ask the Habit, Arms, Horse, or any other being belonging to the greatest Man in these Islands, it was readily granted them, sometimes out of respect, and sometimes for fear of being exclaimed against by a Satyr . . .[14]

Nid yw hwn o anghenraid yn gyfeiriad at ganu gofyn. Ond fe geir enghreifftiau o gerddi gofyn yn Llyfr Deon Lismore, sef y casgliad pwysicaf o farddoniaeth lys Aeleg sydd ar glawr, ac sy'n dyddio o'r unfed ganrif ar bymtheg.[15] Tra oedd Giolla Críost Brúilingeach ar ymweliad ag Iwerddon, fe ganodd gerdd foliant i ŵr bonheddig o'r enw Tomaltach Mac Diarmada (m. 1458). Nid peth anghyffredin oedd gweld beirdd a gwŷr dysgedig eraill yn teithio o'r Alban i Iwerddon ac yn ennill nawdd yno.[16] Yn gymysg â'r mawl arferol a gyflwyna Giolla Críost, ceir cais uniongyrchol am delyn, ond nid oes odid ddim disgrifiad ohoni. Gwyddom fod ei gais wedi'i ateb, oherwydd mewn cerdd arall a gyflwynodd i Tomaltach, naill ai wrth iddo ymadael â'i lys neu wedi hynny, cydnebydd ei fod wedi derbyn y delyn, a hynny fel tâl am ei wasanaeth.[17] Yr ail gerdd ofyn yw honno gan Fionnlagh Ruadh an Bard yn gofyn i Eoin, pennaeth tylwyth Gregor, am fwa yw newydd.[18] Dywed y bardd mai ei ddyletswydd ef yw moli Eoin am ei nawdd parod i'r ysgolion barddol. Nid yw'r gerdd hon ychwaith yn cynnwys disgrifiad o'r gwrthrych a erchir; eithr ymddiheuro a wna'r bardd ei fod wedi anghofio ei hen fwa ar faes y gad.

Mae'r dystiolaeth o'r tu hwnt i ffiniau'r gwledydd Celtaidd yn awgrymu mai ymdroi gydag ystyriaethau ynghylch cael deupen llinyn ynghyd a wnâi canu gofyn yr Oesoedd Canol. Yr oedd yn rhaid i fardd, fel pawb arall, ennill ei fara, fel y mae Ernst Curtius yn ein hatgoffa:

But finding economic security could be a tormenting preoccupation to the poet in those days too. He was thrown back on gifts from his patrons, and he often begs in moving tones for the necessities of life.[19]

Yn y ddeuddegfed ganrif, canodd *jongleur* o'r enw Colin Muset gân yn dannod i un o'i noddwyr nad oedd wedi derbyn tâl am ei wasanaeth yn ei lys, a chwyna fod ei bwrs yn wag. Try wedyn i grefu ar y noddwr i roi rhodd iddo gan y byddai ei wraig a'i blant yn disgwyl yn awchus am ei enillion pan gyrhaeddai adref.[20] Yn ôl Peter Dronke, yr oedd clywed beirdd yn pledio tlodi ac angen yn eu cerddi gofyn yn beth mor gyffredin nes y gellid cyfiawnhau ystyried cerddi o'r fath yn *genre* ynddo'i hun.[21] Pan âi'n fain ar ambell fardd, gallai fod yn ddigon taer ei ddeisyfiad.[22] Mae'n deg dweud bod llawer o feirdd crwydrad y cyfnod hwnnw ymhlith rheidusion y gymdeithas, a'u bod wedi tyfu'n gryn bwn nes y teimlai rhai awdurdodau ar y Cyfandir y dylid eu gwastrodi.[23] Fe ddeddfwyd yn erbyn y beirdd yng Nghymru hefyd, ond bernir mai am resymau gwleidyddol yn bennaf y gwnaed hynny.[24] Mae'n rhaid inni wahaniaethu rhwng y weithred o ofyn cardod a geid yn y canu Lladin a'r gofyn defodol a geid yma yng Nghymru. Cwbl ddieithr yw unrhyw ymgreinio uniongyrchol am rodd yn ysbryd y canu gofyn Cymraeg. Defod lenyddol a oedd wrth wraidd y cywyddau gofyn, nid tlodi.

Y mae gennym, serch hynny, enghreifftiau o gywyddau cymhortha lle y mae'r beirdd yn pledio tlodi wrth fynd ar ofyn nifer o bobl. Canodd Ieuan Môn Hen gywydd i ofyn cymhortha ym Môn pan oedd yn dlawd.[25] Moliant i dir Môn ac i rai o drigolion yr ynys y dywedir eu bod yn geraint ac yn frodyr maeth i'r bardd a geir yn y cywydd hwn. Fel yr estynnodd Morgannwg ei nawdd i Ddafydd ap Gwilym, felly hefyd y dylai Môn ei wneud iddo ef, meddai.[26] Gallai cymhortha ddwyn moddion cynhaliaeth i fardd a sawl math o gerddor, a cheir trafodaeth ar y cyfryw bwnc yn yr ymryson rhwng Dafydd Llwyd o Fathafarn a Llywelyn ap Gutun.[27] Dafydd Llwyd sy'n bwrw'r cwch i'r dŵr trwy gyhuddo Llywelyn o geinioca, wyna, defeita ac arianna'n ddiarbed ymhob cwr o'r wlad wedi iddo golli'i farch. Mae'n edliw bod 'ab y Gutun' yn arddel dwy grefft, sef cerdd dafod a cherdd dannau, a'i fod yn fawr ei chwant am eiddo. Priodol yw nodi bod ar glawr dri chywydd gofyn o'i waith, sef cywyddau i ofyn ci, geifr a bwch, a dwy sbectol, y naill iddo ef a'r llall i Lywelyn ab y Moel.[28] Wrth ateb cyhuddiad Dafydd Llwyd, dywed Llywelyn fod y ddau ohonynt yn erchi ond nad oedd y rhoddion a archent yn gyfwerth o ran eu gwerth:

> Eirchiaid ŷm fal dwy wrach deg,
> Nid unrhyw ein dwy anrheg.

O chawn oen ucho'n anwych
Erchi a wnâi ef farch neu ych.[29]

Credai W. J. Gruffydd mai dau fardd yn dweud y 'gwir plaen' wrth ei gilydd a gawn ni yn yr ymryson, ond yr ydys yn tueddu i gytuno â barn Henry Lewis pan yw'n dweud mai 'canu celfyddydol yw'r cwbl'.[30] Enghraifft o dynnu coes prydyddol ar gorn arfer y beirdd o erchi rhoddion gan wyrda yw'r ymryson hwn, bid siŵr, ac nid enghraifft o ffrae faleisus ynghylch clera a chardota.

Yr oedd Hugh Primas o Orleans yn hoff iawn o gyflwyno darlun ohono'i hun fel gŵr anghenus yn byw ar groen ei ddannedd. Ond pan gafodd glogyn heb leinin yn anrheg gan ryw esgob, yr oedd yn ddigon brwnt ei dafod wrth edliw hynny iddo.[31] Cyfansoddai'r Archfardd, yr *Archipoeta* (m. 1165), gerddi i'w noddwyr hefyd, er mwyn eu denu i roi ffafrau iddo. Cyflwynai ddarlun truenus ohono'i hun fel creadur rhynllyd wrth ofyn i noddwr eglwysig am glogyn i'w gadw'n gynnes.[32] Mae'r cerddi hyn yn ein hatgoffa am y gerdd a gyfansoddodd y *scald* Þórarinn stuttfeldr (*fl.* yn y ddeuddegfed ganrif) i ofyn am glogyn gan ei frenin, lle y mae yntau'n ei gyflwyno'i hun fel crwydryn tlawd.[33] Ond y mae un awdur yn ein cynghori i fod yn wyliadwrus cyn llyncu honiadau'r beirdd yn gwbl ddihalen:

... the picture of a vagabond poet forced to beg from his royal patron may owe more to literary convention, a desire to entertain the international courtier set, than to naked need.[34]

Derbyniodd *scald* arall wäeg yn rhodd am gerdd a gyfansoddodd i drigolion Gwlad yr Iâ, ac mae'n amlwg y gallai beirdd llys y gwledydd Sgandinafaidd ymagweddu'n hyderus wrth erchi rhoddion mewn cymdeithas lle'r oedd i'r rhoddion hynny arwyddocâd ysbrydol; yr oeddynt yn arwydd o'r rhwymau rhwng y bardd a'r brenin, rhwymau a ystyrid yn briodasol.[35]

Cynigiwyd dehongliad diddorol odiaeth gan un ysgolhaig o ddwy gerdd sy'n enghreifftiau o gynnyrch y *scop*, sef y bardd llys yn y gymdeithas Diwtonig.[36] Craidd y dehongliad yw mai creadigaethau dychmygol yw'r ddau *scop* a ddisgrifir yn *Widsith* a *Deor*. Creodd awdur *Widsith* ddarlun dychmygol o yrfa'r *scop* delfrydol a dderbyniai anrhegion gwerthfawr (megis modrwyau a breichledau) gan wahanol noddwyr, yn y gobaith y byddai ei noddwr yntau yn ei anrhegu â'r cyffelyb dlysau ar ôl ei glywed yn datgan ei gerdd:

> mid þyringum ic wæs *ond* mid þrowendum
> *ond* mid burgendum þær ic beag geþeah.
> me þær guðhere forgeaf glædlicne maþþum
> songes to leane næs þæt sæne cyning.[37]

Mae haeriad y bardd ynghylch ei deithiau ar hyd ac ar led y gwledydd, gan ddiystyru ffiniau amseryddol, yn dwyn ar gof honiadau syfrdanol Glewlwyd Gafaelfawr, porthor llys Arthur yn *Culhwch ac Olwen*,[38] a honiadau'r bardd sy'n llefaru yn un o'r caneuon a gysylltir â Chwedl Taliesin.[39]

Yn ôl y dehongliad y cyfeiriwyd ato, y mae adeiledd y ddwy gerdd yn gyfryw ag i osgoi'r argraff mai'r awduron eu hunain sydd yn gofyn. Rhyw daro'r post i'r pared glywed a wnaent. Mae'r awdur yn *Widsith*, er enghraifft, yn ei eithrio'i hun yn fedrus o'r gerdd er mwyn celu ei wir fwriad, yn dilladu'r gofyn â mantell arbennig rhag ennyn llid cynulleidfa nad oedd ganddi fawr ddim amynedd gydag eirchiaid a fyddai'n ei llibindio ac yn ei phlagio. Priodol yw dyfynnu'r hyn a ddywedir am briodoleddau'r gerdd ofyn yn gyffredinol:

> Of begging, the one thing we cannot expect is the truth – certainly not always the truth and often not the truth at all. We expect instead and almost invariably get some sort of cock-and-bull story which, stripped of its embellishments, is usually reducible to three essentials: (1) a subterfuge of some kind enabling the beggar to disclaim that he is begging, (2) an exaggerated claim of his need and merit, and (3) a canny reluctance to specify exactly what he wants or hopes to get . . .

> A scop, a professional entertainer with a reputation for being clever with words and skilled in the telling of tales, might reasonably be counted on for something better than simply a hard-luck yarn or a wheedling plea for a handout. His audience – the court, the king, or whomever else he was addressing – would expect to be entertained rather than pestered.[40]

Prin y gellir cymhwyso'r pwyntiau hyn i gyd at gywyddau gofyn y bymthegfed ganrif a'r unfed ar bymtheg, ond y mae'r trydydd pwynt ynglŷn â pheidio â nodi'n glir am beth y gofynnir yn

berthnasol i'r gerdd gan ryw Ogynfardd anhysbys i Guhelyn Fardd
y soniwyd amdani eisoes. Ac y mae'r sylw olaf a wneir ynghylch
diddanu cynulleidfa ar draul yr erchi ei hun yn ddigon perthnasol
i'r cywyddau gofyn, lle'r oedd cymaint o bwyslais ar rithio'r
gwrthrych y gofynnid amdano yn fyw o flaen y llygaid gyda chyfres
o ddyfaliadau llachar.

Mae ysgolhaig arall, wrth gyfeirio at rai cerddi gofyn o'r
Oesoedd Canol, yn pwysleisio na fyddai beirdd llys, yn wahanol i
finstreliaid diurddas, am golli eu hanrhydedd trwy ymddangos yn
rhy ymgreingar. Awgrymwyd mai'r hyn a wnaent fyddai cyflwyno
cais ar gân er mwyn rhoi mêl ar y wermod:

> To ask a great lord for money, no matter what the service, was no doubt
> a delicate business – 'a gentil herte,' as Hoccleve says, 'for to begge haþ
> schame' (Regiment 4698) – and perhaps that framing one's request in
> verse was merely a way of coating the bitter pill.[41]

Serch hynny, fe geir yn Saesneg enghreifftiau o gerddi gofyn
didrimins gan feirdd parchus ddigon. Er bod Thomas Hoccleve
(*c*. 1370–*c*. 1426) yn un o weision y Goron, yr oedd yn aml iawn
yn brin o arian. Ceir ganddo nifer o gerddi a anfonodd at y
Canghellor yn gofyn am arian,[42] ac anfonodd cyfoeswr iddo, John
Lydgate (*c*. 1370–1450), lythyr ymddiheurol ar ffurf cerdd at Ddug
Humphrey yn gofyn am dâl:

> Riht myghty prynce, and it be your wille,
> Condescende leiser for to take
> To seen the content of this litil bille,
> Which whan I wrot myn hand I felte quake.
> Tokne of mornyng, [I] weryd clothys blake
> Cause my purs was fal in gret rerage,
> Lynyng outward, his guttys wer out-shake:
> Oonly for lak of plate and of coignage.[43]

Daw'r sôn am bwrs yn y pennill uchod â ni at ddosbarth o gerddi
gan feirdd yn Lloegr ac yng Nghymru y dylid ei grybwyll, sef cerddi
i bwrs y bardd. Canodd Geoffrey Chaucer ei gerdd *Complaint to his
Purse* tua 1399, lle y mae'n cyfarch ei bwrs gwag fel ei gydymaith.[44]
Ceir o leiaf dair cerdd Gymraeg i'r pwrs o gyfnod y Cywyddwyr:
cywydd a briodolir i Siôn Cent, 'Fy mhwrs gormersi am hyn', sydd

yn rhyw fath o gerdd ddiolchgarwch am nawdd;[45] cywydd gan Lywelyn ab y Moel yn cwyno fod ei bwrs yn wag,[46] a chywydd tebyg gan Syr Dafydd Llwyd.[47] Fe all y personoli sydd ar y pwrs yng nghywyddau Llywelyn a Syr Dafydd fod yn ddyfais hwylus i ddiddanu cynulleidfa a chuddio gwir fwriad y cywydd, sef gofyn am nawdd.

Wrth inni fwrw golwg dros y canu gofyn a diolch mewn llenyddiaethau eraill, fe ddaw'n amlwg nad yw'r traddodiad mor ddatblygedig â'r corff o ganu a berthyn i Gymru. Yr hyn sy'n eithriadol yn y cywyddau yw'r arfer a ddatblygodd o ganu ar ran person arall. Gellid awgrymu i'r arfer hwnnw ddeillio o amgylchiadau arbennig lle'r oedd gan farddoniaeth ran mor ganolog ym mywyd diwylliannol y gymdeithas y cyfansoddid ynddi ac erddi. Digwyddodd yn ystod y cyfnod mwyaf llewyrchus o ddigon yn hanes barddoniaeth y cywydd er dyddiau'r arloeswyr Dafydd ap Gwilym ac Iolo Goch.

Nodiadau

1. Gw. Norman Eliason, ' "Deor" – A Begging Poem?' yn D. A. Pearsall and R. A. Waldron (goln), *Medieval Literature and Civilization* (Llundain, 1969), tt. 55–61.
2. E. C. Quiggin, 'Prologomena to the study of the Later Irish Bards 1200–1500', *Proceedings of the British Academy*, V, tt. 89–142.
3. J. E. Caerwyn Williams 'The Court Poet in Medieval Ireland', t. 89. Gw. hefyd *idem, Traddodiad Llenyddol Iwerddon* (Caerdydd, 1958), tt. 38–9, 149–50.
4. Mewn llythyr ataf, 8 Tachwedd 1988.
5. James Carney, 'Society and the Bardic Poet', *Studies*, LXII, t. 250, trn. 4. Gw. hefyd R. Thurneysen, 'Colmán mac Lénéni und Senchán Torpéist', *Zeitschrift für Celtische Philologie*, XIX, tt. 193–207.
6. Osborn Bergin, *Irish Bardic Poetry* (Dulyn, 1970), rhif 14 a rhif 52. Perthyn y gerdd gan y bardd anhysbys naill ai i'r ddeuddegfed ganrif neu i'r drydedd ar ddeg, a pherthyn cerdd Ó Corcrán naill ai i ran olaf yr unfed ganrif ar bymtheg neu i flynyddoedd cynnar yr ail ar bymtheg.
7. P. S. Dinneen (gol.), *The Poems of Egan O'Rahilly*, Irish Texts Society Vol. III (Llundain, 1900), tt. 96–103. Yn ôl y copi a geir mewn un llawysgrif, tua 1724 y cyfansoddwyd y gerdd.
8. Dyfynnir o destun safonol Lambert McKenna (gol.), *The Book of Magauran* (Dulyn, 1947), rhif VI, pennill 5, t. 55. Cyfieithir i'r Saesneg

fel hyn: 'This small horse slow-paced horse of mine – should I prefer a
... horse when I ride after you, as I used to be covered with mud cast
up from your steed's hooves, and filth is thrown up on my face; my
prayer now is: "May Brian and the Lord come to my aid".' (t. 310)

9. *Ibid.*, rhif VII, pennill 4, t. 59. Cyfieithir i'r Saesneg fel hyn: 'Go and
get a horse for yourself; put on your (poet's) dress and go thy round
with thy poets; if thou takest a poem with thee thou shalt surely get a
horse in return.' (t. 311)

10. Eleanor Knott (gol.), *The Bardic Poems of Tadhg Dall Ó Huiginn*,
Irish Texts Society Vol. XXII (Llundain, 1922), rhif 14 a rhif 33.

11. Lambert McKenna (gol.), *The Book of O Hara: Leabhar Í Eadhra*
(Dulyn, 1951), rhif XV.

12. *Ibid.*, pennill 11.

13. Gw. y bennod 'The Bardic Poets' yn Derick Thomson, *An
Introduction to Gaelic Poetry* (Llundain, 1974), tt. 19–56.

14. W. J. Watson, 'Classic Gaelic Poetry of Panegyric in Scotland',
Transactions of the Gaelic Society of Inverness, XXIX, t. 202.

15. Gw. W. J. Watson, *Scottish Verse from The Book of the Dean of
Lismore* (Caeredin, 1937).

16. Gw. Derick Thomson, 'Gaelic Learned Orders and Literati', *Scottish
Studies*, XII, t. 72.

17. Gw. W. J. Watson, *Scottish Verse*, rhif VII, pennill 21. Cyfieitha
Watson y pennill fel a ganlyn: 'Tomaltach, not paltry of vow, has
given me his food and bragget, a harp besides to reward my song; that
hand is the best I have experienced.'

18. *Ibid.*, rhif XVIII, t. 144. Cyfansoddwyd y gerdd hon cyn 1519, sef
dyddiad marw Eoin.

19. E. R. Curtius, *European Literature and the Latin Middle Ages* (cyfieith-
iad o'r Almaeneg gan Willard R. Trask, Llundain, 1953), t. 470 .

20. Frederick Goldin, *Lyrics of the Troubadours and Trouvères* (Efrog
Newydd, 1973), tt. 426–8.

21. Peter Dronke, *The Medieval Lyric* (ail argraffiad, Llundain, 1978), t. 217.

22. Gw. E. R. Curtius, *European Literature and the Latin Middle Ages*, t. 471.

23. George F. Whicher, *The Goliard Poets* (Connecticut, 1979), t. 3.

24. I. Bowen, *The Statutes of Wales* (Llundain a Leipsic, 1908), t. 34. Gw.
hefyd y rhagymadrodd, t. xlvi. Mae Eurys Rowlands yn ymdrin peth
â gwleidyddiaeth yng nghanu'r beirdd yn ei erthygl 'Nodiadau ar y
Traddodiad Moliant a'r Cywydd', *LlC*, 7, tt. 217–43.

25. *MFGLl*, t. 1817: '(Girad) Oernad yw'r chwedl cyd gorwyf'. Cymh. y
'cywydd cymhortha i dir Môn ac i holl Wynedd' a ganodd Llywelyn
ap Gutun, *MFGLl*, t. 2438: 'Dwy wlad a dâl dylodion'.

26. Gw. Brog 4, 112: '. . . Morganwg mvriav gwnion/teiroes ir bobl ar
tiroedd/talaith iawn tevlvaidd oedd/dros Ddafydd draws ei ddefawd/

fab Gwilym Gam fv glain gwawd/tal dithav mygr weddav Mon/yr arres sydd yrowron'.
27. *GDLlF*, rhifau 69–72.
28. *MFGLl*, t. 2438: 'Mewn lleuad mae un llawen'; *ibid.*, t. 2439: 'Troi y bûm ar anturiaw byd'; *ibid.*, t. 2438: 'Myfyrio bûm i fwrw byd'. Golygwyd yr olaf gan Eurys Rolant, *GOLlM*, tt. 52–3.
29. *GDLlF*, rhif 70, llau 51–4.
30. Henry Lewis, 'Ymrysonau Dafydd Llwyd a Llywelyn ap Gutun', *B*, IV, t. 313. Am ymdriniaeth W. J. Gruffydd â'r ymryson gweler *Llenyddiaeth Cymru o 1450 hyd 1600* (Lerpwl, 1922), t. 41.
31. F. J. E. Raby, *A History of Secular Latin Poetry in the Middle Ages* (Rhydychen, 1934), Cyfrol II, t. 176.
32. *Ibid.*, tt. 181–3.
33. Roberta Frank, *Old Norse Court Poetry: The Dróttkvætt Stanza* (Ithaca a Llundain, 1978), t. 127.
34. *Ibid.*, t. 127.
35. Gw. *ibid.*, t. 115. Gw. hefyd t. 56: 'The treasure with which the king rewarded his skald had a spiritual significance, concrete evidence that the pair were harmoniously and irreversibly wed.'
36. Gw. Norman Eliason, 'Two Old English Scop Poems', *Publications of the Modern Language Association of America*, LXXXI, tt. 185–92.
37. W. S. Mackie (gol.), *The Exeter Book part II: poems IX–XXXII*, Early English Texts Society (Llundain, 1934), t. 21, llau 64–7. Trosa Mackie'r llau fel a ganlyn: 'I was among the Thuringians and among the men of Drontheim/and among the Burgundians, where I received a bracelet;/there Guthhere gave me the shining jewel/as a reward for my song—That was no niggardly king.'
38. Rachel Bromwich a D. Simon Evans (goln), *Culhwch ac Olwen* (Caerdydd, 1988), t. 5, llau 116–28.
39. Gw. Patrick K. Ford (gol.), *Ystoria Taliesin* (Caerdydd, 1992), tt. 76–8, llau 391–461.
40. Norman Eliason, ' "Deor" – A Begging Poem?', tt. 55–6.
41. Richard Firth Green, *Poets and Princepleasers: Literature and the English Court in the Later Middle Ages* (Toronto, 1980), t. 206.
42. Gw. V. J. Scattergood, *Politics and Poetry in the Fifteenth Century, 1399-1485* (Llundain, 1971), t. 16; t. 123.
43. John Norton-Smith, *John Lydgate: Poems* (Rhydychen, 1966), rhif 1, llau 1–8.
44. F. N. Robinson, *The Works of Geoffrey Chaucer* (Boston, 1933), tt. 539–40.
45. *IGE⁴*, rhif LXXXVI, tt. 259–61.
46. *Ibid.*, rhif LXV, tt. 195–7.
47. Ceir testun o'r gerdd ynghyd ag ymdriniaeth gan A. T. E. Matonis, 'Cywydd y Pwrs', *B*, XXIX, tt. 441–52.

5

Swyddogaeth y bardd

Oherwydd prinder tystiolaeth amgen am union swyddogaeth y bardd yn y ddefod o erchi amryfal roddion ar fydr, bu'n rhaid cribo drwy'r cywyddau eu hunain er mwyn cael darlun gweddol gyflawn o'r drefn a oedd ohoni. Yr ydym eisoes wedi gweld mai cywyddau lle'r oedd y bardd yn gofyn am rodd drosto'i hun yw'r rhai cynharaf sydd ar glawr. Onid cam digon naturiol wedyn fyddai i'r arfer ddatblygu ac i'r bardd gyflawni swydd gyfryngol fel negesydd wrth erchi rhodd gan un noddwr ar ran noddwr arall? Hawdd yw dychmygu y byddai o gryn fantais i'r beirdd a oedd yn clera am eu bywoliaeth ddatblygu a hyrwyddo'r math hwn o gywydd gofyn, gan y byddai cyfle i ymweld ag aelwyd dau uchelwr yn dyblu'r posibilrwydd o ennill nawdd. Ac eto, gallwn gyfeirio at feirdd-uchelwyr fel Gutun Owain a Thudur Aled, gwŷr nad oedd yn rheidrwydd arnynt glera am eu bywoliaeth – gallem dybio – ond a oedd ill dau yn canu cywyddau i ofyn am roddion drostynt eu hunain yn ogystal â gofyn dros eraill.[1]

A barnu wrth dystiolaeth y farddoniaeth a gadwyd inni, rhywbryd tua chanol y bymthegfed ganrif y daeth y cywydd i erchi ar ran uchelwr yn boblogaidd. Mae'n deg maentumio bod y cywydd defodol a ganai'r beirdd i'w noddwyr i geisio cydnabyddiaeth wedi'i addasu'n bragmataidd at ddibenion y gymdeithas uchelwrol Gymreig lle'r oedd ceraint a chyfeillion yn cyfnewid rhoddion. Gellir dweud mai'r hyn a gawn yma yw ateg i ddamcaniaeth D. J. Bowen, sef y gallai galwadau'r noddwyr eu hunain weithiau greu ffasiwn lenyddol newydd.[2] Ond cyn bodloni'n derfynol ar y dybiaeth hon, buddiol yw dyfynnu sylw gan yr Athro Bowen mewn nodyn ar y cyfeiriadau at Syr Richard de la Bere yng Nghofrestr y Tywysog Du:

Tybiaf fod yma ystyriaeth bosibl ynglŷn â chywyddau gofyn neu ddiolch y cyfnodau cynnar. Dichon i'r arfer o'u canu gael ei himpio ar arfer o anrhegu a oedd yn bodoli eisoes ymhlith pendefigion a'u tebyg yn hytrach na bod cerddi o'r fath yn gonfensiwn ynddynt eu hunain.

Cenid ar ran noddwr arbennig i ofyn drosto am rodd gan ei gydradd weithiau, fel nad yr arfer draddodiadol o estyn cydnabyddiaeth i fardd yn unig a welir yn y cywyddau hyn, beth bynnag, efallai hyd yn oed pan ganai'r bardd drosto ef ei hun. Yn ôl Ystatud Gruffudd ap Cynan, yr oedd yn ofynnol cael cennad y perchennog cyn eu canu.[3]

Hyd y gwyddys, nid oes dim tystiolaeth lethol dros gredu nad parhad o ganu gofyn y Gogynfeirdd, er cyn lleied ohono a gadwyd inni, yw'r cywyddau gofyn cynharaf. Mae'n ddigon posibl i'r arfer o anrhegu yn y gymdeithas bendefigaidd gydfodoli â'r arfer o ofyn am rodd a oedd yn draddodiad ymhlith y beirdd. Cynnig ystyriaeth a wna'r Athro Bowen, wrth gwrs, a'i gwerth pennaf o safbwynt yr astudiaeth hon yw ei bod yn debygol mai'r arfer o anrhegu a oedd eisoes yn bodoli a greodd y galw am y math o gywydd gofyn yr ymddengys iddo ddatblygu tua chanol y bymthegfed ganrif. Ond cynsail y ffurf lenyddol hon, o bosibl, oedd y cywydd a ganai'r bardd i erchi rhodd drosto'i hun.

Nid amherthnasol mo'r ffeithiau canlynol am ddosraniad y ddau fath o gywydd gofyn. Y mae tua 67 y cant o'r cywyddau a ganwyd cyn *c.* 1500 yn rhai a ganodd y beirdd i erchi rhodd dros eu noddwyr. Y mae canran y math hwn o gywydd gofyn yn llawer uwch yn yr ail gyfnod, yn arwain at *c.* 1630, sef tua 84 y cant. Mae dosraniad y cywyddau diolch, hwythau, yr un mor ddadlennol. O blith cywyddau diolch y cyfnod yn arwain at *c.* 1500, un yn unig a erys lle y mae'r bardd yn canu i ddiolch ar ran rhywun, sef y cywydd a ganodd Ieuan ap Hywel Swrdwal i ddiolch am hugan ar ran Guto ap Siancyn.[4] Yn yr ail gyfnod, gwelwn fod nifer y math hwn o gywydd wedi cynyddu i saith. Dengys y dystiolaeth yn ddigon eglur mai tuedd gynyddol y beirdd yn yr unfed ganrif ar bymtheg oedd ymateb i'r galw a oedd arnynt i erchi rhodd ar gerdd ar ran eu noddwyr, a hynny ar draul canu i erchi drostynt eu hunain.

Dosbarth arall o gywyddau lle y byddai'r beirdd yn cyflawni swydd gyfryngol ynddynt yw'r cywyddau gofyn cymod, yn arbennig felly pan oeddid yn ceisio cymodi rhwng dau berson. Ni ellir honni bod y rhain yn gywyddau comisiwn, eithr awgryma Enid Roberts mai o'i ben a'i bastwn ei hun yr âi bardd ati i geisio adfer perthynas rhwng dwy garfan ranedig.[5] Ond yr hyn sy'n ddiddorol o safbwynt y math o ddatblygiad a gafwyd yn hanes y cywydd gofyn yw mai yn ail hanner y bymthegfed ganrif yr ymddangosodd y cywyddau i ofyn cymod lle'r oedd y bardd yn gweithredu fel cyfryngwr. Y mae'r ffaith ddarfod i ddatblygiad tebyg ymddangos yn y ddau ddosbarth o gywyddau tua'r un cyfnod yn arwyddocaol iawn, er bod Eurys Rowlands yn tybio mai parhad o ganu tebyg nad yw wedi goroesi yw'r datblygiad yn y cywydd gofyn cymod.[6] Mae'n ffaith gydnabyddedig mai mewn cyfnod o lewyrch a ffyniant y bydd ffasiynau a ffurfiau llenyddol yn datblygu gan amlaf, ac yn sicr gallai amgylchiadau ffafriol y Ganrif Fawr yn hanes cerdd dafod fod wedi esgor ar y math o ddatblygiad a gafwyd yn y cywyddau dan sylw.

Anodd yw dweud pryd yn union yr ymddangosodd y math o gywydd gofyn mwyaf poblogaidd oll, sef hwnnw a genid i erchi dros y noddwyr, ond mae'n werth crybwyll y cywydd gofyn a briodolir i Lywelyn Goch yn llawysgrif Peniarth 57. Er bod y llinellau agoriadol yn darllen fel cywydd o'r bedwaredd ganrif ar ddeg, canran isel iawn o gynganeddion sain sydd ynddo, sef 18.9 y cant. Cywydd ydyw a ganwyd i Wiliam ap Tomas ap Gwilym ap Rhun o Forgannwg i erchi adar – peunod yn ôl pob golwg – yn rhodd dros ei gyfyrder, Dafydd ap Hopcyn o deulu Ynystawe.[7] Yr oedd yr eirchiad, felly, yn ei flodau yn gynnar yn y bymthegfed ganrif, a rhan o bwysigrwydd y cywydd hwn yw ei fod yn cynnwys cyfeiriad at y rhoddwr yn ymladd ym myddin Owain Glyndŵr:

> Pan oeddvt lorf evt lein
> Gwaet gawat gyda gywein
> Dileddf arglwydd rwng devlynn
> Dewis kerdd dy wysawc gwynn.[8]

Ni ellir derbyn mai Llywelyn Goch Amheurig Hen oedd awdur y cywydd, fel yr atega Dafydd Johnston: 'Go brin mai Llywelyn Goch ap Meurig Hen oedd ei awdur, gan fod cymaint o dystiolaeth iddo ddechrau ei yrfa yng nghanol y 14eg ganrif. Fe ddichon mai rhyw fardd arall o'r enw Llywelyn Goch oedd hwn, neu fod y llawysgrif yn anghywir yn ei briodoli iddo ef.'[9] A chymryd ei fod wedi ei ganu yn go gynnar yn y bymthegfed ganrif, yn fuan ar ôl gwrthryfel Owain Glyndŵr o bosibl, mae'n gywydd hynod bwysig o'n safbwynt ni gan y gall mai dyma'r enghraifft gynharaf a feddwn o gywydd lle'r ymddengys y bardd yn gyfryngwr. Cywydd gweddol gynnar arall, a ganwyd, o bosibl, yn ail chwarter y bymthegfed ganrif, yw eiddo Cynfrig ap Dafydd Goch yn gofyn paun a pheunes.[10]

Wrth geisio olrhain y datblygiad o ganu dros uchelwr, fe'n harweinir nesaf at waith Guto'r Glyn. Byddai'n wironeddol gynhyrfus pe gellid priodoli'r datblygiad hwn i Guto'r Glyn, a'i alw'n bensaer y cywydd gofyn ar ran uchelwr. Fel y gwyddom, dewisodd arbenigo ar gywyddau moliant mab, ac yr oedd ganddo'r math o bersonoliaeth farddol egnïol a fuasai'n chwannog i dorri'i chŵys ei hun.[11] Ond anodd yw dyddio yr un cywydd gofyn o'i eiddo yn gynharach na 1450. Serch hynny, y mae lle i gredu bod y datblygiad o leiaf yn gyfoes â chenhedlaeth Guto'r Glyn. Ystyrier sylwadau Guto ei hun yn y cywydd a ganodd i Robert ab Ifan Fychan o Goetmor i erchi milgwn dros Sieffrai Cyffin, cwnstabl Croesoswallt:

> Eirchiaid yw'n penaethiaid ni,
> Ni wnânt orchwyl ond d'erchi.
> Clerwyr, rhuadwyr ydynt,
> Clera nis gwnâi'r gwyrda gynt;
> Erchi pob rhyw dywarchawr,
> Erchi'r eleirch a'r meirch mawr.[12]

Tybiaf mai cyfeirio at y beirdd a wna Guto pan yw'n llefaru yn y person cyntaf lluosog, a 'phenaethiaid' y beirdd fyddai'r noddwyr. Y llinell allweddol, wrth gwrs, yw honno sy'n datgan nad oedd y 'gwyrda', sef yr uchelwyr, yn arfer gofyn neu glera ar gerdd. Yr awgrym yma yw fod galw cynyddol am wasanaeth y prydyddion.

Yn sicr ddigon, nid profiad dieithr i'r beirdd oedd derbyn comisiwn gan eu noddwyr i gyfansoddi cywyddau, fel y dywed Gruffydd Aled Williams wrth drafod y cywydd brud: 'Poetry in medieval Wales – where the eulogistic tradition predominated – was very much a purchasable commodity.'[13] Yr oedd y Cywyddwyr yn dra chyfarwydd â derbyn ceisiadau i gyfansoddi am dâl ar ran eglwysi a mynachlogydd pan fynnid cerddi i greiriau, crogau a seintiau. Byddai gan gerddi'r beirdd ran ymarferol go bwysig yn y gwaith o hysbysebu a hyrwyddo'r mannau cysegredig er mwyn i bererinion dyrru yno.[14] Cyflogid y beirdd hefyd i gofnodi achau'r uchelwyr, gan fod cadw cofnod o linach y bendefigaeth, yn ôl y traethawd Saesneg ar 'Tri Chof Ynys Brydain', yn un o hanfodion yr alwedigaeth farddol.[15] Ceir traddodiad, er enghraifft, ddarfod i Edward IV gomisiynu pedwar bardd, sef Hywel Dafi, Hywel Swrdwal, Ieuan Deulwyn ac Ieuan Brechfa, i lunio cart achau'r

Herbertiaid.[16] Mae'r math o gywydd a gyfansoddai'r beirdd i erchi ar ran gwahanol noddwyr, felly, yn enghraifft deg o ganu comisiwn.

Yr unig gyfeiriad at fardd yn derbyn y fath gomisiwn a feddwn yw hwnnw a geir yn llaw John Jones o'r Gellilyfdy yn llawysgrif Mostyn 131:

Gwraig Rvffydd ap Nikolas a/yrrodd i geissio gan Ddafydd Nan=/mor hen ganv kywydd i ywain/Dwnn i brawd hi oedd yn Iwer=/ddon yn trigo i erchi mantell wy=/ddelig a chynnig nobl ir prydydd/dros y wnaethyr ag ve gymerth/Grvffyth ap Nikolas y nobl/ag a ganodd fel hynn . . .[17]

Mae'n anodd gwybod faint o goel i'w roi ar yr hanesyn hwn, ond o leiaf y mae'n arwyddo'r math o ddefod y byddai pobl y cyfnod yn gyfarwydd â hi.

Diddorol yw nodi bod yr arfer o gyfnewid rhoddion yn bodoli ymysg bonedd Lloegr tua'r un cyfnod hefyd. Ymhlith llythyrau'r teulu Paston yn Swydd Norfolk, y mae tri llythyr diddorol a ysgrifennodd John Paston III at berthynas iddo a oedd yng ngwasanaeth y Goron yng Nghalais yn gofyn am osog neu walch. Anfonwyd y llythyr cyntaf ym mis Medi 1472:

I ask no more goods of you for all the service that I shall do you while the world stands, but a goshawk . . . that is a mewed [caged] hawk, for she may make you sport when you come into England for a dozen years hence: I call upon you hourly, nightly, daily at dinner and supper for this hawk . . . [18]

Anfonodd John Paston III lythyr arall ymhen y mis i atgoffa'i berthynas am ei gais, ac wedi iddo dderbyn y gosog anfonodd lythyr ar 24 Tachwedd 1472 i ddiolch amdano:

Right worshipful sir, I recommend me to you, thanking you most heartily for the diligence and cost which you have had in getting of the hawk which you sent me, for I know well that your labour and trouble in the matter were as much as if she had been the best in the world. But, so help me God, as far as the most cunning falconers that I have spoken with can imagine, she will never serve but to lay eggs, for she is not only a mew de haye [hedge-hawk] but also has been so bruised by bad carrying that she is as good as lame in both her legs, as every man's eye may see.[19]

Dyna inni gipolwg ar y math o gyfnewid cyfeillgar a ddigwyddai rhwng pendefigion Lloegr yn yr un cyfnod. Ceir enghraifft arall mewn llythyr a anfonodd naill ai Henry Northumberland yr hynaf (1446–89), neu'r ieuengaf (fe'i ganed yn 1478), at ei gefnder, Syr Robert Plumpton. Dyfynnir y llythyr yn ei gyfanrwydd:

Right hartely beloved cosin, I comaund me unto you. And for as much as I am distetute of runyng hounds, I desire and pray you to send me a copple with my servant, this bringer. And of thing like I have for your pleasure, it shal be redy. Written in my lodging at Spetell of the street, the .xxix. day of October. Over this, Cousin, I pray you to send me your tame haert, for myne dere are dead. Your Cousin, Hen: Northumberland.[20]

Yma yng Nghymru byddid yn cyfleu cais o'r fath drwy gyflogi bardd i lunio cywydd gofyn ar ran yr ymofynnydd. Fel y dywedodd Huw Arwystl wrth Siôn ap Huw o Fathafarn yn y cywydd a anfonodd ato i ofyn hebog dros Siôn Prys ap Mathau Goch:

E gâr defod gŵr difalch
Roi chwi gerdd i erchi gwalch.[21]

Defod gwŷr difalch, pendefigion da-eu-byd yr oedd ganddynt ddigon o fodd i noddi beirdd, oedd y canu gofyn.

Ceir sawl cyfeiriad yn y cywyddau eu hunain at y rhan a chwaraeai'r bardd yn y ddefod arbennig hon. Yn y lle cyntaf, câi bardd ei gyflogi neu ei 'hurio'. Mae Owain Gwynedd mewn cywydd i ofyn tarw gan Hywel Fychan o Lan-llyn dros Siôn ap Huw o Fathafarn yn dweud:

Ei brydydd obry ydwyf,
A huriwyd, a'i herod wyf;
Brau wawdydd lle ni bydd barn,
Bardd maeth wyf bwrdd Mathafarn.[22]

Er y geill *herod(r)* olygu croniclwr achau, barnaf mai'r ystyr gan Owain Gwynedd yma yw 'negesydd'.[23] Fel arfer, *cennad* yw'r term a ddefnyddia'r beirdd wrth gyfeirio atynt eu hunain yn dwyn cais. Digon yw dyfynnu enghraifft o waith Wiliam Llŷn pan yw'n ceisio men dros Elisau ap Wiliam Llwyd o Riwedog:

Cennad wyf acw'n dyfod
Tros ŵr glân, trysor y glod.[24]

Mae'r amrywiad ar *cennad* sydd gan Ruffudd Hiraethog yn ei gywydd i ofyn march gan Siôn Wyn ap Maredudd o Wedir dros y Mastr Tomas Iâl yn werth ei nodi:

Y cun dewr, cenadwri
Ydwyf, â cherdd dof i chwi,
A'r swydd ofyn, wres ddyfal,
Ym sy dros y Mastr Iâl.[25]

Yr argraff a gawn yw fod y bardd yn cael ei gyflogi'n unswydd i gyfansoddi cerdd ofyn ac yna, megis negesydd, ei chludo i'r sawl y gofynnid iddo am y rhodd. Nid peth dieithr i'r beirdd yn Iwerddon oedd gweithredu fel negeswyr ar ran eu noddwyr. Yr oedd yr *ollamh*, er enghraifft, yn gyfarwydd iawn â gweld noddwr yn ymddiried iddo ddyletswyddau llysgennad.[26] Ceid lliaws o negeswyr yn teithio o fan i fan yn yr Oesoedd Canol, a dangosodd D. J. Bowen mai tynnu ar arfer cyffredin yn ei ddydd a wnaeth Dafydd ap Gwilym yn ei gywydd i yrru'r gwynt yn llatai at Forfudd:

Yr oedd gweld negeseuwyr yn prysuro ar eu siwrnai yn beth gweddol gyffredin yn yr Oesoedd Canol . . . Dygent lythyrau a negeseuau ar ran abadau, esgobion, gwyrda, siryfion a'r brenin – ni allai neb ond y cyfoethog fforddio eu gwasanaeth.[27]

Efallai nad damweiniol yw mai yn awdl ofyn Gruffudd ap Dafydd ap Tudur y digwydd yr enghraifft gynharaf o'r gair *llatai*, a hynny yn y ffurf luosog *llateion*,[28] ond yr hyn sy'n fwy perthnasol wrth ystyried y canu yw'r hyn sy'n gyffredin i'r ddwy gerdd ofyn o gyfnod y Gogynfeirdd. Mae'r ddau fardd, Llywarch Llaety a Gruffudd ap Dafydd ap Tudur, yn annog rhyw gennad i fynd â'r neges ar eu rhan. Medd Llywarch Llaety:

Dygychwyn, gennat, ar ureint keinyat—kall
A'th dyall a'th dyat!
Kyrch, uarch, yr Llywarch, lle6 kat,
Ar Llywelyn llawrodyat![29]

Ar ddiwedd ei awdl ofyn am fwa dywed Gruffudd ap Dafydd:

> Dos gennad teithfad, tuthfa—poenddethol,
> Poni ddeuthost etwa?
> Duw a rydd i ddedwydd ei dda;
> Diau mi biau'r bwa![30]

Anodd egluro'r cyfeiriadau. Fe all mai dyfais neu gonfensiwn llenyddol ydoedd, ac eto i gyd gallai'r cennad y cyfeirir ato fod yn fath ar negesydd neu ddatgeiniad a weithredai ar ran y bardd. Y mae lle cryf i gredu y byddai Beirdd yr Uchelwyr yn gyfarwydd â gweithredu fel negeswyr. Cofiwn fod y beirdd yn elfen symudol yn y gymdeithas gan eu bod yn crwydro'r wlad ar eu cylchoedd clera. Yr oeddynt yn dra chyfarwydd â daearyddiaeth Cymru. Cywydd Iolo Goch, 'Ymddiddan yr Enaid a'r Corff', yw'r dystiolaeth lawn gynharaf a feddwn i'r arfer o glera.[31] Cofier hefyd am gywydd Deio ab Ieuan Du ganrif yn ddiweddarach, cywydd sy'n olrhain taith glera trwy wahanol gymydau Ceredigion, sef rhwng afonydd Teifi a Dyfi.[32] Os yw tystiolaeth y ddau gywydd hyn yn adlewyrchiad dilys o deithiau clera y mwyafrif o'r beirdd yn y bedwaredd ganrif ar ddeg a'r bymthegfed, yna mae'n gwbl resymol tybio y byddai'r beirdd yn cludo negeseuon o un llys i'r llall ar ran ceraint a chydnabod. Efallai y ceir llygedyn o dystiolaeth am y swyddogaeth hon yn yr unfed ganrif ar bymtheg yn y cywydd a ganodd Siôn Tudur i Syr Rhys Gruffudd o'r Penrhyn i ofyn am own iddo'i hun:

> Gwas oeddwn, hwyliwn helynt,
> A negeswr i'r gŵr gynt.[33]

Perthnasol iawn yn y cyd-destun hwn yw'r cerddi a ganwyd i deulu'r Morfa Mawr ym mhlwyf Llansanffraid, Ceredigion, cartref Huw Gwyn (m. 1601) a'i wraig Mari, oherwydd fe geir yn eu plith fwy nag un cywydd sy'n anfon cyfarchion a negeseuon i'r Morfa Mawr o'r Chwaen a'r Plasnewydd ym Môn, lle y trigai teulu Mari.[34] Ac yn ychwanegol at hynny, fe ganodd Syr Huw Roberts Llên gywydd yn gofyn am filgi ganddi dros ei hewythr, Edward Gruffudd o Fôn.[35]

Daw'r wedd hon ar swyddogaeth y bardd yn fwy ystyrlon fyth pan ystyriwn y cyfeiriadau a geir yn rhai o'r cywyddau gofyn at ddwyn llythyr: 'Gwrando lythr dy ewythr du', meddai Tudur Penllyn wrth

erchi milgi du gan Feurig ap Rhys o Lanrwst dros ei ewythr.[36]
Cyfryngu rhwng nai ac ewythr a wnâi Dafydd Glyndyfrdwy, yntau,
pan ganodd:

> Gweaf raddlawn, gyfrwyddlythr,
> Gywydd rhwng nai ac ewythr.[37]

Ac meddai Siôn Phylip yn ei gywydd i erchi pum caseg ac ystalwyn
gan bum mab Huw ab Ifan o Dywyn ym Meirionnydd dros Robert
Wynn o Ardudwy:

> Iach ddadl i'ch erchi ddydwyf
> A gweithiwr anrheithiwr wyf
> Rhof fy llythyr felly weithian
> A gair o glod i'r gwŷr glân.[38]

Yr hyn sy'n ddiddorol yw fod gennym dystiolaeth sy'n awgrymu
y byddai gan y bardd ran weithredol ac ymarferol ychwanegol ar
wahân i ddatgan a chyflwyno cenadwri ar ran ei noddwr.
Gorchwyl y bardd weithiau fyddai cyrchu neu gludo'r rhodd i'r
sawl a ofynnodd amdani. Ceir dau gyfeiriad yng ngwaith Ieuan
Tew Brydydd Ieuanc sy'n sôn yn benodol am hyn. Daw'r dyfyniad
cyntaf o'r cywydd a ganodd i ofyn ceiliog y coed ac iâr gan Siôn
Prys o'r Drenewydd dros Watcyn Tomas, Llwyniorwerth, Llan-
badarn Fawr:

> Da dylai wedi delych,
> Eu dwyn a gaf i'r dyn gwych.[39]

Daw'r ail ddyfyniad o'r cywydd a ganodd i ofyn cleddyf gan
Wiliam Gilbert o blwyf Castell Caereinion dros Syr Gruffydd Siôn,
rheithor Aberhafesb, ac yr oedd fel petai trefniant arbennig wedi ei
wneud rhwng y bardd a'r eirchiad nes bod y weithred o gludo'r
cleddyf yn rhan ddealledig o'r gwasanaeth:

> O chaf hi, moes ei diasg,
> Ei dwyn i hwn ydyw 'nhasg.[40]

Dro arall dywedir mai'r eirchiad ei hun a fyddai'n cyrchu'r rhodd.
Wrth ofyn i Owen Elis o Ystumllyn am rapier a phwynadwy dros

Owen Pŵl, dywed Rhisiart Phylip: 'dewlafn awch dêl ef i'w nôl'.[41] Nid oedd yn rhaid i'r bardd fod yn bresennol bob amser yng nghartref yr un y gofynnid iddo am rodd, hyd yn oed pan oedd yn gofyn drosto'i hun, gan y gallai anfon datgeiniad yn ei le. Dywed Lewys Glyn Cothi, er enghraifft, y byddai'n gyrru datgeiniad i dŷ Dafydd Llwyd o Abertanad gyda'i gerdd wrth ofyn am fwa:

> Gyrraf ddatgeiniad, Dafydd,
> Â mydr hwnt am dy yw rhudd.[42]

Defnyddiai'r *ollamh* Gwyddelig, yntau, ddatgeiniad, neu *reacaire*, i ddwyn ei gerdd adref ac i'w datgan gerbron y cynulliad yno.[43]

Cyn cloi'r ymdriniaeth hon â swyddogaeth y bardd, rhaid crybwyll bod gennym enghreifftiau o gywyddau dychan a anfonwyd at wŷr a oedd yn gomedd rhoi rhodd. Yr oedd dychan yn rhan o arfogaeth draddodiadol y bardd Celtaidd, a hysbys ddigon yw'r traddodiad ddarfod i Ddafydd ap Gwilym ganu awdl ddychan i Rys Meigen ac i honno fod yn ddigon amdano.[44] Gallai bardd gyflwyno moliant hael hyd afradlonedd i noddwr wrth ofyn am rodd, ond hawdd y gallai hefyd droi y tu min ato a dad-wneud y mawl. Mae Ruth Finnegan yn cyfeirio at feirdd cyfoes yng ngorllewin Affrica sy'n ennill eu tamaid drwy grwydro'r wlad yn canu mawl gwŷr cefnog am arian. Os nad yw'r tâl yn unol â'u disgwyliadau, gallant dywallt dychan ac enllib yn genllif am ben y sawl a'u gwobrwyodd.[45]

Mae gennym enghreifftiau o gywyddau dychan sy'n cwyno am grintachrwydd a chybydd-dod rhai y cyflwynwyd iddynt gywyddau'n gofyn am rodd. Canodd Morus Dwyfech, er enghraifft, gywydd i ddeuddeg o wŷr Llŷn yn gofyn am ddwsin o gychod gwenyn ar ran Lowri ferch Huw ap Siôn o Aberdaron. Yn ôl pob argoel, fe ymatebodd tri yn ffafriol i'r cais, ond ni chafwyd dim o groen y naw arall. Cyfansoddodd y bardd ail gywydd yn dychanu'r naw cyndyn a moli'r triwyr hael.[46] Lluniodd Morus Dwyfech gywydd dychan hefyd i Siôn Gruffudd o Gefnamwlch yn Llŷn yn edliw iddo'i gybydd-dod. Wrth odre un copi llawysgrif o'r cywydd hwn ceir y nodyn canlynol:

> fo wnaethai Forys gowydd or blaen dros Forys Davies a Wiliam Spicer o Garnarfon i ofyn cwch gan Sion Gruffydd. yn yr hwn meddai Sion Gruffydd ni ddarfasai iddo osod i lawr ei holl gampav ef, nar gwyr dros pa rai yr oedd yn canv . . .[47]

Cadwyd cywydd dychan a gyflwynodd Tomas Prys o Blas Iolyn i
Syr Siôn Wynn o Wedir am na chawsai gleddyf ar ôl canu cywydd
i'w geisio. Dyma gŵyn y bardd:

> eiliais wawd heb les ydoedd
> o fair wen mor ofer oedd
> kanv i gerdd kynig vrddas
> kan frav am i gleddav glas
> a dwyn i iach dyna waith
> ai dilyd drwy ddwy dalaith
> ag er hyn mewn gwir hanes
> ni chawn i draw oi law les.[48]

Oherwydd yr anfoesgarwch hwn haeddai Syr Siôn anghlod oesol:

> rhwydd achos ir haedd ddychan
> am nakav oi gleddav glan
> e bery dychan i anael
> kyd a chlod hynod i hael.[49]

Gall, yn wir, mai mewn ysbryd digon chwareus y dangosodd
Tomas Prys ei ddannedd, ond gan fod dychan yn draddodiadol yn
rhywbeth na ddylai neb ei gymryd yn ysgafn, nid oes amheuaeth
nad oedd ergyd y gerdd yn ddigon amcanus ac yn ateb y diben.
Cyfeiriad arall sy'n werth ei nodi (er ei fod ychydig yn ddiwedd-
arach na'n cyfnod ni) yw hwnnw a geir mewn llythyr a anfonodd
Rowland Fychan o Gaer-gai at Owen Salbri o'r Rug rywbryd
rhwng 1645 a 1657 lle y mae'n cwyno bod cerdd ofyn o'i eiddo heb
ei hateb:

> Fe ddigwyddodd i mi wrth ddisgyn gida'ch tenantes weled brethyn
> llwyd da, a hyn o gerdd frys a wneuthum ar hyder cael gwisg o hono.
> Och nid oes mor clera ond dowad adref. Ni wn pa fodd y canaf
> ddychan, pa fodd y tawaf, ond rhaid i mi ddysgu ammynedd am hynny
> fel am beth arall . . . [50]

Yr oedd Rowland Fychan o leiaf yn ystyried dychan fel cyfrwng
bygythiol i orfodi ei gais.

Nodiadau

1. O'r naw cywydd gofyn a gadwyd o waith Gutun Owain, dim ond mewn un yn unig y gofyn am rodd drosto'i hun. Cadwyd dau ar hugain o gywyddau gofyn o'r eiddo Tudur Aled, gydag un yn unig o'r rheini'n erfyn am rodd i'r bardd ei hun.

2. D. J. Bowen, 'Agweddau ar Ganu'r Unfed Ganrif ar Bymtheg', *TrCy* (1969), tt. 293–4: 'Rhaid yw ystyried y noddwyr hefyd fel cyfryngau creu ffasiynau llenyddol newydd, gan y byddent yn galw – ac yn creu galw – am y math o gerddi yr oeddynt yn ymserchu ynddynt ar y pryd.'

3. Gw. D. J. Bowen, 'Nodiadau ar Waith y Cywyddwyr', *B*, XXV, t. 20.

4. Gw. J. C. Morrice (gol.), *Gwaith Barddonol Howel Swrdwal a'i Fab Ieuan* (Bangor, 1908), tt. 25–7.

5. Enid Roberts, 'Cywydd Cymod Hwmffre ap Siencyn a'i Geraint', *CCHChSF*, IV, t. 302: 'Ac os digwyddai anghydfod o fewn y teulu teimlai'r bardd hi'n ddyletswydd arno geisio cyfannu'r rhwyg a dwyn heddwch i'r gymdeithas.'

6. Eurys Rowlands, 'The Continuing Tradition', yn A. O. H. Jarman a Gwilym Rees Hughes (goln), *A Guide to Welsh Literature, volume 2* (ail argraffiad, Llandybïe, 1984), t. 318.

7. Am ach Gwilym ap Tomas, gw. Peter C. Bartrum, *Welsh Genealogies A.D. 300-1400* (Caerdydd, 1974), dan Bleddyn ap Cynfyn 56, ac ach Dafydd ap Hopcyn dan Gruffudd Gethin 1.

8. E. Stanton Roberts (gol.), *Peniarth MS. 57*, rhif XXVII, llau 25–8.

9. Mewn llythyr ataf 17 Medi 1993.

10. Gw. *ACGD*, rhif 2 yn y Detholiad ynghyd â fy nodyn arno.

11. Am drafodaeth ar ysbryd canu Guto, gw. Bobi Jones, *Guto'r Glyn a'i Gyfnod*, Cyfres Pamffledi Llenyddol Cyfadran Addysg Aberystwyth, rhif 6, 1963 (adargraffwyd yn Bobi Jones, *Llên Cymru a Chrefydd* (Abertawe, 1977), tt. 282–301).

12. *GGGl*, rhif LXXIII, llau 25–30.

13. Gruffydd Aled Williams, 'The Bardic Road to Bosworth: A Welsh View of Henry Tudor', *TrCy* (1986), t. 15.

14. Gw. ysgrif oludog Glanmor Williams, 'Poets and Pilgrims in Fifteenth and Sixteenth-Century Wales', *TrCy* (1991), tt. 90–2.

15. G. J. Williams, 'Tri Chof Ynys Brydain', *LlC*, 3, tt. 234–9.

16. Gw. William Gwyn Lewis, 'Astudiaeth o Ganu'r Beirdd i'r Herbertiaid hyd Ddechrau'r Unfed Ganrif ar Bymtheg', Traethawd Ph.D., Prifysgol Cymru, 1982, Atodiad II, t. 273.

17. M 131, 80. Llawysgrif a adwaenir fel 'Llyfr Englynion Gellilyfdy', ac a ysgrifennwyd rhwng 1605 a 1618, gw. *RWM*, i, t. 87.

18. Roger Virgoe (gol.), *Private Life in the 15th Century: Illustrated Letters of the Paston Family* (Llundain, 1989), t. 218.

19. *Ibid.*, t. 223.
20. Douglas Gray (gol.), *The Oxford Book of Late Medieval Verse and Prose* (Rhydychen, 1985), t. 46.
21. *GHA*, rhif LXXXVI, llau 47–8.
22. *GOG*, rhif 74, llau 37–40. Cymh. y defnydd o'r gair *hurio* am gyflogi'r beirdd a geir gan Ieuan Tew Brydydd Ieuanc: 'Nefol wyd er yn ifanc/ Yn hurio beirdd yn nhor banc;' gw. *ITBI*, t. 238. Digwydd yr un gair hefyd yng ngwaith Dafydd ab Edmwnd: 'hvriodd feirdd ai hoyw ariant/a ganant a rhai gweinion', *GDE*, rhif XLVI, t. 91.
23. Gw. y gwahanol ystyron yn *GPC*, t. 1858 a'r enghreifftiau a roir yno. Cymh. hefyd y defnydd o'r gair yn yr enghreifftiau hyn: (i) Dywed Robert Llwyd ap Dafydd: '... herod wyf fi/tros bennaeth ...', Brog 6, 916. (ii) Dywed Gruffudd Hiraethog: 'Herod wyf, hoywfrad afael,/ A'i dasg rhwng dau sgwier hael', *GGH*, rhif 96, llau 1–2. Cf. *OED*, VII, t. 152: 'An officer having the special duty of making royal or state proclamations, and of bearing ceremonial messages between princes or sovereign powers.'
24. *GWLl*, rhif 144, llau 33–4.
25. *GGH*, rhif 91, llau 43–6.
26. Gw. Pádraig A. Breatnach, 'The Chief's Poet', *Proceedings of the Royal Irish Academy* (1983), t. 55 ymlaen.
27. D. J. Bowen, 'Nodiadau ar Waith y Cywyddwyr: (i) Cywydd y Gwynt, GDG, 117', *LlC*, 10, tt. 113–14.
28. *GGDTE*, rhif 2, ll. 14. Gw. hefyd ymdriniaeth J. E. Caerwyn Williams â'r cyfeiriadau at 'peddestrig iolydd' yng nghanu'r Gogynfeirdd yn 'Cerddi'r Gogynfeirdd i Wragedd a Merched, a'u Cefndir yng Nghymru a'r Cyfandir', *LlC*, 13, tt. 87–8, ac yn arbennig trn. 416.
29. Kathleen Anne Bramley *et al.* (gol.), *Gwaith Llywelyn Fardd I*, rhif 16, llau 53–6.
30. *GGDTE*, rhif 2, llau 37–40.
31. *GIG*, rhif XIV.
32. Gw. *GDIDGIH*, rhif 11, tt. 26–8.
33. *GST*, rhif 86, llau 33–4.
34. Gw. D. Hywel E. Roberts, 'Noddwyr y Beirdd yn Sir Aberteifi', *LlC*, 10, t. 98.
35. Gw. Ll 118, 40: 'Y wreigdda lân rywogaeth'.
36. *GTPITP*, rhif 33, ll. 16.
37. Golygwyd y cywydd hwn gan Dafydd Wyn Wiliam yn 'Mawl y Beirdd i Deulu Castell Bylchgwyn, Llanddyfnan', *TCHNM* (1987), tt. 36–8.
38. Cw 454, 161: 'Y llwyn irwyn llawn aeron'. Am enghraifft arall gw. *GGH*, rhif 96, ll. 3: '... llythyr-ddygiad lles'.
39. *ITBI*, rhif 57, llau 101–2.

40. *Ibid.*, rhif 71, llau 67–8.
41. Ll 124, 164. Y dyddiad a geir wrth odre'r cywydd yn y llsgr. hon yw 1617.
42. *GLGC*, rhif 211, llau 55–6.
43. Gw. Eleanor Knott, *Irish Classical Poetry* (Dulyn, 1957), t. 46.
44. Gw. *GDG³*, tt. xl–xli.
45. Ruth Finnegan, *Oral Poetry* (Caergrawnt, 1977), t. 191.
46. *GMD*, rhif 27, t. 153.
47. *Ibid.*, rhif 29, t. 161. Codwyd y dyfyniad o *RWM*, i, t. 161.
48. M 122, 234: 'Cenais gerdd cynnes i gant'.
49. *Ibid.*
50. W. J. Smith, *Calendar of Salusbury Correspondence 1553–c.1700* (Caerdydd, 1954), t. 173.

6

Amryfal wrthrychau

Dengys y rhestrau yn Atodiad II yr amrediad eang o wrthrychau y gofynnid ac y diolchid amdanynt yn y cyfnod dan sylw, boed yn gynnyrch dwylo dyn neu'n wrthrychau o fyd Natur, a diau fod y rhestrau'n taflu goleuni diddorol ar gefndir economaidd a chymdeithasol y farddoniaeth, yn ogystal â'u bod yn cyflwyno darlun byw o fywyd beunyddiol y beirdd a'r uchelwyr.

Mae cynnwys barddoniaeth y bymthegfed ganrif, yn enwedig, yn brawf o ddiddordeb y beirdd mewn gwrthrychau a thrugareddau materol. Brithir llawer o'u cywyddau gan ddisgrifiadau o adeiladwaith neuaddau a phlastai'r uchelwyr ynghyd â manylion am gyflawnder y ddarpariaeth mewn gwleddoedd. Ymddengys mai adlewyrchiad o'r un meddylfryd yw'r ymhyfrydu mewn gwrthrychau materol a geir yn y cywyddau gofyn, ac nid yw'r ymhyfrydu hwn yn ei dro yn ddim namyn agwedd ar 'ysbryd diriaethol y ganrif' y soniodd Saunders Lewis amdano.[1] Ef yn bennaf hefyd a sylweddolodd bwysiced oedd sylwadaeth fanwl y beirdd a'u gorawen wrth ddisgrifio rhai o wrthrychau'r byd pan ddywedodd: 'Os ceisiwn eiriau i ddiffinio *ethos* neu naws barddoniaeth y cyfnod hwn, diau mai'r gair cyntaf yn ein diffiniad fydd: llawenydd.'[2] Dehongli'r canu gofyn yng ngoleuni'r symudiad athronyddol oddi wrth Blatoniaeth at Aristoteliaeth – oddi wrth y cyffredinol a'r haniaethol at yr unigol a'r diriaethol – a wnaeth Saunders Lewis, heb ystyried y gallai fod wedi blodeuo am resymau economaidd. Yr oedd ail hanner y bymthegfed ganrif yn gyfnod a welodd gryn lewyrch a ffyniant economaidd, ac adlewyrchiad o hynny'n sicr yw twf y cywyddau i dai ysblennydd yr uchelwyr ynghyd â'r moliant i rinweddau perchentyaeth.[3] Gellid dweud bod y cywyddau gofyn hefyd yn arwydd o hyder y gymdeithas uchelwrol yn nigonedd ei hadnoddau materol.

Yn ei hanfod, cymdeithas amaethyddol fugeiliol oedd cymdeithas Gymreig yr Oesoedd Canol diweddar a'r Cyfnod Modern cynnar. Yr oedd bod yn berchen tiroedd yn un o hanfodion uchelwriaeth, a chan fod gan yr uchelwyr ddigon o fodd i'w galluogi i fyw'n gyfforddus, hawdd y medrent ganlyn diddordebau megis marchogaeth, helwriaeth a thrin arfau – y tair celfyddyd fonheddig.[4] Adlewyrchu'n deg weithgarwch amser hamdden yr uchelwyr a wna nifer o'r gwrthrychau, ac o graffu ar restr o'r pedair camp ar hugain sy'n nodi'r gorchestion y disgwylid i'r uchelwr delfrydol ymddiddori a thra-rhagori ynddynt, gwelir bod llawer o'r gwrthrychau yn gysylltiedig â'r campau:

10 gwrolgamp: 6 o rym corff, sef cryfder, rhedeg, neidio, nofio, ymafael, marchogaeth, a 4 o rym arfau, sef saethu, chwarae cleddau a bwcled, chwarae cleddau deuddwrn, chwarae ffon ddwybig.

10 mabolgamp: 3 helwriaeth, sef hela â milgi, hela pysg, hela aderyn; a 7 gamp teuluaidd, barddoniaeth, canu telyn, darllain Cymraeg, canu cywydd gan dant, canu cywydd pedwar ac acenu, tynnu arfau, herodraeth.

4 gogampau: chwarae gwyddbwyll, chwarae tawlbwrdd, chwarae ffristial, cyweirio telyn.[5]

Y mae a wnelo llawer iawn o'r gwrthrychau â bywyd yr awyr agored. Gofynnid am anifeiliaid megis ychen, teirw a meirch, a diau fod rhai o'r cywyddau gofyn yn brawf o'r bri a oedd ar fagu creaduriaid go ddethol. Wrth ddiolch am darw coch ac anner a gafodd gan Siôn ap Rhys o Aberpergwm yng Nglyn-nedd, gobaith Deio ab Ieuan Du oedd y medrai fagu stoc o safon:

> Dreigiau ŷnt o rywogaeth
> I ennill lloi ynn a llaeth . . .
> Llyma haf lliw Mehefin
> A lloi a gaf â lliw gwin.[6]

Gellir cysylltu amryw byd o'r gwrthrychau, megis milgwn, bytheiaid a gweilch, ag un o hoffterau mawr y bendefigaeth, sef hela. Rhydd Dafydd ap Gwilym, er enghraifft, ddarlun inni o'r difyrrwch ym Masaleg, ac ymddengys na pheidiodd y diddordeb mewn ymlid ceirw drwy gydol y cyfnod:

> Mawr anrhydedd a'm deddyw:
> Mi a gaf, o byddaf byw,
> Hely â chŵn, nid haelach iôr,
> Ac yfed gydag Ifor,
> A saethu rhygeirw sythynt,
> Bwrw gweilch i wybr a gwynt . . .[7]

O fwrw golwg ar y rhestrau o wrthrychau o gyfnod i gyfnod, sylwir bod y prif ddosbarthiadau drwodd a thro yn dal eu tir: anifeiliaid, arfau, dillad a gwisgoedd, adar ac offerynnau cerdd. Ffaith drawiadol iawn yw fod y canrannau yn achos tri o'r dosbarthiadau mwyaf niferus yn aros yn hynod o gyson o'r naill gyfnod i'r llall. Rhoddir isod ganrannau sy'n seiliedig ar nifer y cywyddau gofyn a diolch yn Atodiad II. Dylid cadw y ffigurau hyn mewn cof:

Cyfanswm y cywyddau gofyn a diolch rhwng *c.* 1350 a *c.* 1500	= 217
Cyfanswm y cywyddau gofyn a diolch rhwng *c.* 1500 a *c.* 1630	= 433
Cyfanswm y cywyddau gofyn a diolch dros y cyfnod i gyd	= 650

Anifeiliaid

Rhwng *c.* 1350 a *c.* 1500:	103 / 217 = 47.4%
Rhwng *c.* 1350 a *c.* 1630:	196 / 433 = 45.2%
Dros yr holl gyfnod:	299 / 650 = 46.0%

Arfau

Rhwng *c.* 1350 a *c.* 1500:	44 / 217 = 20.2%
Rhwng *c.* 1500 a *c.* 1630:	79 / 433 = 18.2%
Dros yr holl gyfnod:	123 / 650 = 18.9%

Dillad a Gwisgoedd

Rhwng *c.* 1350 a *c.* 1500:	15 / 217 = 6.9%
Rhwng *c.* 1500 a *c.* 1630:	42 / 433 = 9.6%
Dros yr holl gyfnod:	57 / 650 = 8.7%

Y cywyddau mwyaf niferus o ddigon ymhlith dosbarth yr anifeiliaid yw'r cywyddau sy'n gofyn am feirch. Maent yn cyfrif am 57.1 y cant o'r holl gywyddau sy'n ymwneud ag anifeiliaid. Nodir isod ganran y cywyddau gofyn a diolch am geffylau, yn feirch, cesig ac ebolion o blith cywyddau'r cyfnod:

Rhwng *c.* 1350 a *c.* 1500:	47 / 217 = 21.6%
Rhwng *c.* 1500 a *c.* 1630:	124 / 433 = 28.6%
Dros yr holl gyfnod:	171 / 650 = 26.3%

Sylwer pa mor gyson yw'r ganran. O ddyddiau cynnar iawn, bodolai cryn fri ar feirch ymhlith y Cymry. Adlewyrchiad o'u pwysigrwydd yn y gymdeithas yw'r modd y trysorid y cof am y meirch enwocaf yn Nhrioedd y Meirch[8] ac yng Nghanu'r Meirch yn Llyfr Taliesin.[9] Gellid harneisio ceffylau ar gyfer nifer o or-chwylion ar y tir, eu marchogaeth i ryfel neu, yn fwyaf arbennig, eu defnyddio i deithio o fan i fan. Yr oedd ar Ddafydd Benwyn angen march, meddai ef:

> . . . y gario dyn i Gaerdyf
> yn dda i awydd, yn ddiwall
> er lles, o naithior y'r llall.[10]

Dylid pwysleisio nad ffenomenon sy'n gyfyngedig i Gymru'n unig yw'r hoffter mawr hwn o feirch. Ceir enghraifft dda o gerdd yn disgrifio rhyfelfarch gan Fionnlagh an Bard Ruadh yn Llyfr Deon Lismore.[11] Yng Ngwlad yr Iâ ceid math arbennig o gerdd, sef yr hyn a elwid yn *hestavísa*, cerdd yn moli meirch.[12] Yr oedd hi'n go fain ar fardd yn yr Oesoedd Canol os nad oedd ganddo farch dibynadwy i'w gludo ar ei deithiau clera. Cadwyd hanesyn am Ddafydd Epynt, bardd o ail hanner y bymthegfed ganrif, yn rhodio'r wlad yn ddi-farch nes ennyn tosturi prydydd Watcyn Fychan o Hergest:

> K. Davydd Epynt i ddiolch march i Dd ap Holl prydydd Watkyn Fychan o Hergest canys Dd Epynt a ddaeth i glera rhwng Gwy a Hafren ar i draed, a Dd ap Holl ai gwelas yn glairch trwm, ag a ddisgynodd i lawr oddiar i farch, ag a roes y march ar ffrwyn ar ysbardynav ar bwysgyns i Dd Epynt.[13]

Sylwn hefyd fod rhai o'r gwrthrychau unigol mwyaf poblogaidd yn parhau, er eu bod yn fwy niferus, yn yr unfed ganrif ar bymtheg a thro'r ail ar bymtheg: meirch/ceffylau, teirw, milgwn, bwcledi, gweilch a thelynau. Yr unig eithriad annisgwyl yn hyn o beth yw ychen. Cadwyd dwsin o gywyddau gofyn ychen o'r bymthegfed ganrif, ond un yn unig a erys o'r unfed ar bymtheg. Tybed a ddywed hyn wrthym fod y patrwm amaethu yng Nghymru wedi newid erbyn y cyfnod hwn? Efallai ei fod yn arwyddocaol fod mwy o alw am gesig yn yr unfed ganrif ar bymtheg, ac am re o gesig yn amlach na pheidio. Ond hyd y gellir barnu, gofyn am gesig i fagu a wneir yn ddieithriad: 'Mamogau, yma magant', medd Siôn Tudur wrth ofyn am bedair caseg gan wŷr o Bowys.[14] Fe welir yn llyfr Ffransis G. Payne, *Yr Aradr Gymreig*, mai'n ddiweddarach y dechreuwyd defnyddio ceffylau yn y wedd:

> Ac yn awr yn niwedd yr unfed ganrif ar bymtheg dechreuwyd torri ar draddodiad Celtaidd hynafol arall drwy ychwanegu ceffylau at y wedd aredig. Y mae'n wir bod sôn am geffylau gwedd yn nogfennau maenorydd yr Oesoedd Canol, ond nid ymddengys fod mynych arfer o geffylau mewn gweddoedd *aredig*.[15]

O graffu ar y rhestrau yn Atodiad II gwelir bod cryn alw am arfau o wahanol fathau trwy gydol y cyfnod. Ar un wedd, y mae poblogrwydd arfau'n awgrymu mai cymdeithas dreisiol a geid yng Nghymru yn yr Oesoedd Canol diweddar a'r Cyfnod Modern cynnar. Hawdd yw deall y byddai awydd i geisio arfau mewn cyfnod o ryfela – un o'r cywyddau mwyaf diddorol yn hyn o beth yw hwnnw a ganodd Edmwnd Prys i ddiolch i Edward Llwyd o Lysfasi am faril gwn adeg ymosodiad yr Armada[16] – ond mae'r dystiolaeth yn awgrymu bod cryn alw am arfau mewn cyfnod o heddwch yn ogystal. Mewn cymdeithas lle'r oedd ymosodiadau treisgar yn ddigwyddiadau cyffredin, yr oedd mawr angen i fforddolion wisgo arfau er mwyn eu hamddiffyn eu hunain rhag lladron a gwylliaid, yn arbennig felly pan oeddid yn teithio ar draws gwlad goediog neu drwy ddyffrynnoedd culion. Fe gofiwn am sylw Syr Siôn Wynn o Wedir wrth iddo sôn am yr herwr Dafydd ap Siancyn: 'all the whole country then was but a forest'.[17]

Mewn ambell ardal torrwyd rhai coedwigoedd fel na fyddent mwyach yn ymguddfeydd neu'n llochesydd i ladron. Sylwodd John Leland ar ei daith drwy Gymru tua 1536–9 ar foncyffion coed ar y rhostir y tu cefn i Abaty Ystrad-fflur: 'Thirddely men for the nonys destroied the great woddis that thei shuld not harborow theves.'[18] Ymguddiai sawl aderyn brith yn y fforestydd, ac yr oedd nifer o ladron pen-ffordd y cyfnod yn gyn-filwyr a oedd yn hen gynefin â thrin arfau. Yng ngeiriau un hanesydd:

> When we recall that soldiers on active service were badly paid (if they were paid at all) and discharged with only their weapons and uniforms, we are unlikely to be surprised that so many of them turned to vagabondage or robbery with violence. They had the training, resources and the opportunity to do little else.[19]

Gellir ystyried rhifedi'r arfau a ddeisyfid, felly, yn ddrych o aflywodraeth ac anhrefn yr oes. Ategir hyn gan dystiolaeth cofnodion troseddol Sir Ddinbych yng nghyfnod y Tuduriaid, cofnodion a ddengys mai cymdeithas dreisgar lle'r oedd angen bod ar wyliadwriaeth rhag ymosodiadau a geid yn y sir.[20] Nid syndod, felly, fod pobl yn arfer cludo cleddyf, bwcled neu ddagr i'w canlyn wrth deithio o fan i fan fel modd o sicrhau eu diogelwch personol. Peidiwn ag anghofio ychwaith y byddai defnydd mwy dof i erfyn fel cyllell neu ddagr, megis blingo anifeiliaid a thorri cig neu fwyd yn gyffredinol. Fel yr eglura Siôn Tudur wrth ofyn am ddagr gerfio gan Hywel ap Siôn ap Harri o Ysgeifiog: 'Nid i ymladd, nod amlwg,/Na throi draw i wneuthur drwg' y ceisid hi, ond yn hytrach i dorri cig hydd.[21]

Gallwn gysylltu dau o'r gwrthrychau y bu galw cyson amdanynt drwy gydol y cyfnod â dau ranbarth yn arbennig. Mae rhai o'r cywyddau a ganwyd i geisio meini melin a bwcledi yn ddrych o bwysigrwydd Môn ac ardal Rhiwabon a Wrecsam fel canolfannau cynhyrchu'r gwrthrychau hynny. O'r pedwar ar ddeg o gywyddau gofyn meini melin a ddarllenwyd, y mae un ar ddeg yn gofyn am feini o Fôn. Yr oedd y meini hyn ymhlith cynhyrchion pwysicaf ac enwocaf yr ynys yn yr Oesoedd Canol. Ar dir y priordy ym Mhenmon yr oedd y chwarel bwysicaf, a chan fod y graig yno o safon uchel, mawr oedd y galw am feini melin a naddid ohoni.[22] Canodd Gruffudd Hiraethog bump o gywyddau yn gofyn am feini o Fôn, gyda dau o'r rheini'n erchi dros Elis Prys o Blas Iolyn.[23] Canodd Wiliam Cynwal gywydd i ddiolch am feini o Fôn dros y Doctor Coch hefyd.[24] Yn ôl A. D. Carr, mae'n ymddangos ei bod yn rhaid adnewyddu'r meini melin yn aml gan eu bod yn tueddu i dreulio gydag amser.[25]

Gellir cysylltu o leiaf wyth o blith y tri ar hugain o gywyddau gofyn a diolch am fwcledi ag ardal Rhiwabon a Wrecsam. Er enghraifft, wrth ddiolch i Ddafydd ab Ieuan ab Iorwerth, abad Glyn-y-groes, am fwcled, 'Pricswng y siop o Wrecsam' y galwodd Guto'r Glyn y darian addurnedig.[26] Mae gan Dudur Aled gywydd yn gofyn am fwcled i Ieuan ap Deicws y gof, a oedd yn berchen ar efail yn Rhiwabon.[27] Dyry'r ddwy enghraifft hyn gipolwg inni ar bwysigrwydd y gornel hon o Gymru fel canolfan i grefft ffyniannus. Ond gwelir lleihad yn nifer y bwcledi a geisid yn yr ail ganrif ar bymtheg, sy'n awgrymu efallai eu bod yn llai poblogaidd erbyn y cyfnod hwnnw. Rhwng *c.* 1350 a *c.* 1500, mae canran y cywyddau gofyn a diolch am fwcled o blith y cywyddau'n ymwneud ag arfau yn 34 y cant. Rhwng *c.* 1500 a *c.* 1630 mae'r ganran yn 10.1 y cant. Mae'r ffigurau hyn yn cadarnhau'r dybiaeth a nodir yn astudiaeth Ifor Edwards a Claude Blair o fwcledi Cymreig:

We thus arrive at *c.* 1440–1580 as the period during which we can be reasonably certain Wrexham bucklers were being made. The actual period of manufacture may, of course, have been very much longer, but it is likely to have come to an end before the Civil Wars, since the use of bucklers in this country, other than for gladiatorial contests, seems already to have been dying out by the early seventeenth century.[28]

Mae'n werth oedi am ychydig i sylwi ar y math o wrthrychau y gofynnai ac y diolchai'r beirdd amdanynt drostynt eu hunain gan y gallant ddangos inni natur haelioni'r noddwyr. Er bod y Cywyddwyr yn hoff o gyfeirio atynt eu hunain fel 'seiri gwawd', gan ymhyfrydu yn eu galwedigaeth fel crefft, ni ellir dweud i sicrwydd i ba raddau yr oeddynt yn llwyr ddibynnol ar y grefft honno am eu cynhaliaeth. Gwyddom fod rhai yn cyfuno eu swydd fel beirdd â galwedigaeth arall. Gwasanaethodd Guto'r Glyn, er enghraifft, fel milwr am gyfnod a bu'n porthmona defaid.[29] Yn ogystal â bod yn uchelwr, yr oedd Tudur Penllyn, yntau, hefyd yn borthmon defaid.[30] Hyd yn oed os nad oedd rhai beirdd yn llwyr ddibynnol ar glera am eu bywoliaeth, gallent fanteisio ar yr arferiad o gynnig ffafrau iddynt yn rhinwedd eu swydd. Diddorol yw sylwi mai gofyn ar ei ran ef ei hun a wnâi Dafydd ab Edmwnd bob gafael, bardd y dywedir amdano ei fod yn '. . . vab i uchelwr o blwy Hanmer, ag yn eiddo ef yr Owredd, sef y lle y mae plas yn Hanmer yn sefyll arno . . . a llawer o diroedd yn y wlad honno'.[31] Y mae dau gywydd o'i eiddo sy'n gofyn daeargwn, un cywydd yn gofyn am fantell a chywydd arall yn gofyn am chwech o ychen gan chwe mab Dafydd ab Ithel Fychan.[32]

Ymhlith yr anrhegion a dderbyniai beirdd crwydrad y Cyfandir yr oedd dillad, tlysau o bob gradd, arfau a cheffylau. Yn aml iawn, yr oedd gan finstrel hawl i nodi'r anrheg a fyddai wrth fodd ei galon.[33] Nid profiad dieithr i'r clerwyr hyn oedd mynd ar ofyn eu noddwyr am rai o angenrheidiau bywyd, hyd yn oed, ac fe ymddengys mai'r egwyddor lywodraethol a oedd wrth wraidd eu caniadau gofyn oedd 'gofynnwch ac fe roddir i chwi'. Perthynai statws breintiedig i'r bardd mewn sawl gwlad, gan gynnwys

Cymru. Anrhydeddid a pherchid ef am ei ddawn a'i wybodaeth, gan mai ef wedi'r cyfan oedd cynheiliad dysg a thraddodiadau'i genedl. Ceir hanesyn diddorol am y *scald* Gunnlaug pan oedd ar ymweliad ag Iwerddon yn datgan cerdd foliant i'r brenin. Diolchodd y brenin yn wresog amdani a gofyn i'w drysorydd ai gormod fyddai cynnig dwy long fel cydnabyddiaeth i Gunnlaug. Cynghorodd yntau'r brenin i gymedroli peth ar ei haelioni, gan ddweud bod brenhinoedd eraill yn cynnig i'w beirdd anrhegion da, cleddyfau heirdd a modrwyau aur.[34] Dibynnai ansawdd a maint y nawdd yn amlach na pheidio ar gyfoeth y sawl a'i hestynnai. Cynigiai rhai noddwyr anrhegion i feirdd am eu gwasanaeth, ac oherwydd bodolaeth y gerdd ofyn Gymraeg a natur unigryw gwasanaeth y Cywyddwyr, yr oedd mwy o gyfle i'w gwobrwyo hwy ymhellach. Ymddengys fod rhai noddwyr yn estyn rhoddion yn gwbl ddigymell, ond bod yr haelioni hwn yn dibynnu ar berthynas y bardd â noddwr arbennig. Gan fod perthynas waed rhwng Iolo Goch ac Ithel ap Robert o Goedymynydd, a chan fod y ddau wedi bod yn cydefrydu, geill nad gormodiaith mo honiad Iolo:

> Ardreth dichwith gan Ithael
> Y sydd yn gyflym i'w gael,
> Pensiwn balch, gwalch gwehelyth,
> Diwallu cleirch ar feirch fyth,
> A chael ar bob uchelwyl
> Anrheg a gwahawdd, hawdd hwyl.
> Teilyngorff tawel angerdd,
> Talm a'i gŵyr, da y tâl am gerdd;
> Rhoddai arian a rhuddaur,
> Marchog wyf, a meirch ac aur.[35]

Ffaith y dylid ei nodi yn y fan hon yw fod chwarter y cerddi gofyn a diolch am feirch, 24.5 y cant a bod yn fanwl gywir, wedi eu canu gan y beirdd drostynt eu hunain. A barnu wrth y rhestrau yn Atodiad III, anrheg boblogaidd arall i fardd oedd gwisg o ryw fath. Dichon, felly, mai march a gwisg, boed yn glogyn, mantell neu hugan, oedd rhoddion traddodiadol y beirdd, ac nad oedd y noddwyr yn gwarafun eu rhoi. Buddiol yw dyfynnu'r hyn a ddywed Katharine Simms am y taliad blynyddol a gâi'r bardd llys yn Iwerddon yn draddodiadol bob Calan Mai:

I have recently argued in relation to praise-poems addressed to Gaelic chieftains, that the weight of evidence suggests strongly that bardic poems were tailor-made to reflect the individual patron's preoccupations. They were, after all, expensive items to purchase. A first-class bardic ode was a complex metrical structure, and its composition was an art confined to trained professionals, who charged heavily for their services. The single annual eulogy with which a court poet discharged his obligation to his permanent employer was traditionally paid for with a gift of twenty milch cows every May Day, and a tax-free farm of land.[36]

Er nad oes unrhyw gyfeiriad at y Cywyddwyr yn hawlio gwartheg yn flynyddol, ac er ei bod yn ymddangos, felly, mai eithriad yw'r cywydd a ganodd Lewys Glyn Cothi i erchi dwy fuwch yn rhodd gan ddwy ferch, Annes Owbre ac Isbel ferch Rhys,[37] yr oedd y Cywyddwyr yn gofyn am anifeiliaid costus y gallent yn hawdd fod yn eu herchi yn lle taliad ariannol. Fel y dengys y rhestrau, gofynnid am deirw ac ychen yn ogystal ag am feirch.

Y cwestiwn a gyfyd yn aml yw a ddylem lyncu tystiolaeth y cywyddau gofyn am yr hyn a ymddengys i ni fel haelioni diarbed yr uchelwyr yn gwbl ddihalen? Teg yw gofyn faint o dreth ar adnoddau'r gwyrda ydoedd y ceisiadau am rai gwrthrychau? Yn naturiol, yr oedd rhai gwŷr yn well eu byd nag eraill. Mae'r dystiolaeth am faint cyfoeth gwŷr o Fôn yn yr Oesoedd Canol diweddar, er enghraifft, yn amrywio o eiddo Madog ab Ieuan ap Hywel o Lanedwen, a fu farw yn 1447 – 2 ych, 5 buwch, 4 heffer, 6 dafad, 1 march ac 1 mochyn – i eiddo sylweddol Dafydd ab Ieuan Moel o gwmwd Menai – 13 o feirch ac ebolion, 11 o ychen, 22 o fuchod, 14 o fustych, 176 o ddefaid a 2 fochyn.[38] Rhaid bod llawer o'r gwrthrychau y gofynnid amdanynt yn adlewyrchiad o amrywiaeth cyfoeth a meddiannau'r uchelwyr ar y pryd. Diddorol iawn yn y cyswllt hwn yw cynnwys ewyllys iwmon o Loegr, Robert Nottingham, a fu farw yn 1498:

. . . my great pan, best spit, with all the apparel of the hall, to remain and abide to my tenement. To my son Vincent, a feather bed, bolster, pair of blankets, a horse, a cow, cart, plough, harrow and all the bacon hanging in the roof and all the wheat growing at Colwood, and as much corn as will sow his lands . . . to the wife of my brother William, a pair of coral beads, and to William a piece of silver, and to each son two silver spoons and to each daughter a silver spoon. To the wife of my brother Thomas, a furred gown. To Richard my brother, my russet gown.[39]

Gofynnid weithiau am gymaint ag wyth o ychen, am chwech o gesig neu am bump ar hugain o heffrod, ond sylwn mai'r arfer oedd gofyn i nifer o bobl gyfrannu fel y rhennid y baich mewn math ar archiad torfol. Digon yw nodi pedair enghraifft:

(i) Cywydd Owain ap Llywelyn ab y Moel yn erchi chwech o ychen ac yn enwi'r chwe gŵr y deisyfid y rhodd ganddynt.[40]

(ii) Cywydd Wiliam Cynwal yn gofyn am ddeunaw o eifr ac un bwch gan ddeunaw o wŷr Penmachno.[41]

(iii) Cywydd arall gan Gynwal yn gofyn am bump ar hugain o heffrod gan bump ar hugain o wŷr Sir Feirionnydd a Sir Drefaldwyn.[42]

(iv) Cywydd Siôn Mawddwy yn gofyn am chwech ar hugain o ddefaid gan chwech ar hugain o wŷr Clynnog Fawr.[43]

Annheg fyddai disgwyl i un gŵr ysgwyddo'r baich i gyd mewn deisyfiadau o'r fath. Serch hynny, yn ôl tystiolaeth y cerddi a gadwyd, byddai llawer o feirdd yn mynd ar ofyn rhai noddwyr yn amlach na'i gilydd. Un o'r rheini yn ddiamau oedd Dafydd ab Owain, abad Aberconwy 1490–1503.[44] Erys o leiaf wyth cywydd yn gofyn iddo am farch, a dyma brawf fod gan yr abad enw da fel magwr ceffylau.[45] Mae'r cerddi niferus sy'n gofyn am wahanol wrthrychau i abadau hefyd yn brawf digamsyniol o'u cyfoeth a'u haelioni.

Un datblygiad diddorol a welir yn yr unfed ganrif ar bymtheg yw'r gofyn am bobl. Mae cywydd Gruffudd ab Ieuan ap Llywelyn Fychan yn gofyn i Siôn ap Dafydd Llwyd, abad Glyn-y-groes, am y crythor Wil Hwysgin gyda'r cynharaf o'r math hwn sydd ar glawr.[46] Ysgafn a chellweirus yw cywair y cywydd gan fod y bardd yn ymroi i ddychanu'r crythor yn ddidrugaredd. Bron na ellir ystyried cywyddau'r beirdd i'w cyd-gerddorion yn *genre* ar ei ben ei hun, gan mor wahanol ydynt o ran cywair i'r canu mwy ffurfiol. Dyna'r cywydd dychanol hwnnw a ganodd Wiliam Cynwal i Siôn Tudur i ofyn am Rys Grythor, lle y sonnir am orawydd y crythor i lymeitian:

> Gŵr geirddu, bragiwr gwrddaidd,
> Geirffraeth, hy, a gâr ffrwyth haidd.
> Coeg o lancfab, ceg lyncfir,
> Crechwenu bydd, crochan bir.[47]

Y mae'n debyg y cenid y cywyddau i ofyn dros gerddorion a datgeiniaid yng ngŵydd y gwŷr hynny. Gwyddys am yr arfer o wneud pencerdd yn gyff clêr mewn neithior, a phan fyddai'r beirdd a'r cerddorion yn ymgynnull ar y gwyliau yn nhai'r uchelwyr hawdd yw gennym gredu y byddai hen dynnu coes a difyrrwch.

Dengys y cofnod o enwau'r gwŷr wrth gerdd a fu'n diddanu yn Lleweni yn ystod gwyliau'r Nadolig yn 1595 fod yno saith bardd, pedwar telynor a dau grythor.[48] Dichon fod y cywyddau cellweirus hyn yn costrelu peth o awyrgylch ysgafala'r achlysuron hynny pryd y byddai'r gwŷr wrth gerdd yn dyrfa lawen mewn gwledd. Un o'r cywyddau hoffusaf yn y dosbarth hwn, er nad yw mor ysgafnfryd â'r gweddill, yw hwnnw a ganodd Huw Pennant i ofyn i Syr Wiliam Glyn o Lynllifon am hen forwyn famol a 'hawdd ei thrin' o'r enw Elin Rolant. Fe'i canmolir i'r cymylau am ei glanweithdra, ac yn fwy na dim am ei diwydrwydd:

> haeddodd gael mowrglod heddyw
> a thal rhag mor lanwaith yw
> ei seni ai serch ai synwyr
> iw golchi ei llestri yn llwyr
> ai cadw yn landeg gwedi
> ag yn hardd felly gwna hi
> lloriav y borav llei bo
> ar drysau a gar drwsio
> ag ysgvbaw mewn awydd
> ddwywaith ne deirgwaith bob dydd.[49]

Gan mwyaf, gofyn am wrthrychau'n ymwneud â bywyd yr awyr agored a wneid hyd at *c.* 1500, ond yn yr unfed ganrif ar bymtheg tueddai'r gwrthrychau amrywiol i adlewyrchu bywyd y cartref. Cawn gipolwg ar beth o eiddo'r uchelwyr drwy fwrw llygad dros y rhestrau. Ym marddoniaeth y bymthegfed ganrif yn gyffredinol, rhoddir sylw cynyddol i eiddo neu dda bydol y noddwyr, gan fod cyfeiriadau at 'gatel' (benthyciad o'r Saesneg *chattels*) a 'mud' (benthyciad o'r Lladin *mut(o)*) yn digwydd yn fynych,[50] sef yr eiddo a'r da symudol a fyddai gan bobl i ychwanegu rhywfaint o gysur at fywyd a oedd, ar y cyfan, yn ddigon di-liw. Gofynnid am foddion tŷ megis bwrdd, cadair, gwely a chloc, pethau, ond odid, a brisid yn fawr, oherwydd yr oedd cartrefi'r uchelwyr yn brin eu dodrefn drwy gydol yr unfed ganrif ar bymtheg, ac yr oedd cadair yn ddodrefnyn prin eithriadol.[51] Gofynnodd Siancyn y Ddefynnog i Ruffudd Siôn, Celli'r-march yng Nglyn-nedd, dros Wiliam Gâms, am 'Ragorol a graddol grair/maith godiad esmwyth gadair'.[52] A gofynnodd Wiliam Cynwal drosto'i hun am fwrdd gyda chwpwrdd oddi tano gan Birs Salbri o Glocaenog.[53] Wrth ystyried rhai tueddiadau o gyfnod i gyfnod gwelir bod llawer iawn mwy o amrywiaeth yn y gwrthrychau ar ôl *c.* 1500. Ymddengys mwy o daclau-bob-dydd, neu feunyddiol bethau megis y brws barf y diolchodd Roger Cyffin amdano i Robin Wyn o'r Trallwng:

Brwys yw i fab a roes fo
barf gwr vn braf yn i gario
Twys o waith bwys tewssyth ben
Tassel fal kol towyssen
Tegan i fardd hardd yw hwn
Twff byrr ssiwff bras a hoffwn.[54]

Gwrthrychau eraill digon diddorol yw'r ffyn baglau a geisiai Siôn Tudur ar gyfer Siôn Wyn ap Wiliam wedi iddo dorri ei esgair. Clywsai'r bardd fod Huw ap Tomas o Ysgeifiog wedi gwella ar ôl iddo ef gael codwm rywdro, a thybiai y rhoddai'r baglau yn rhodd i Siôn:

Ategion i Siôn yw'r sail
A gais dan ei ddwy gesail.
Coesau adwyth cwrs ydyn',
Colofnau dan asau dyn.
Lladron â chamre lledrwth,
Llun crwys, neu ebillion crwth.
Gefeilliaid, ddiriaid ddirwy,
A'r plant teg i grupl ŷnt hwy.
Cyffuriau, maglau mwyglon,
Ceibiau dan geseiliau Siôn.
Dwy fagl i ŵr difwgl wedd,
Dichware, dwy chwioredd.[55]

Gofynnid am wrthrychau eraill megis men, bad, cwch, aradr ac angor. Un nodwedd ar y cywyddau sy'n erchi rhai o'r gwrthrychau hyn yw'r deyrnged a delir ynddynt i'r gwneuthurwyr, boent yn seiri maen a choed, yn ofaint neu'n deilwriaid. Mynegir parch y beirdd at grefft pobl eraill ar dro wrth iddynt ddisgrifio'n edmygus gampwaith ambell wrthrych. Mae hyn yn wir am y cywyddau a ganwyd cyn *c.* 1500 yn ogystal. Wrth ofyn am fwcled mae Gutun Owain yn sylwi ar y brychni ar wyneb y darian ac yn dweud:

Gwlith y gof gloyw a theg ŷnt,
Gwiw flodau gefail ydynt.[56]

Mewn cywydd gofyn am fwcled sydd hefyd yn farwnad i Ieuan ap Deicws y gof, mae Tudur Aled yn canmol cywreinder ei law ac yn gofyn : 'A fydd fyth of oedd fath hwn?'[57] Ceir un enghraifft lle y mae'r bardd yn enwi crefftwr arbennig mewn cywydd i ofyn telyn gan Feurig Dafydd o Lanisien. Gofynnai am delyn:

o waith Edwart hoewbart hael
Wiliam ddinam ddianael
gorav saer a gerais ynn
or dalaith yw ar delynn.[58]

Gall rhai gwrthrychau a erchid wedi *c.* 1500 fod yn ddrych o oes newydd. Cadwyd tri chywydd yn gofyn am dybaco, ac y mae'r tri'n pwysleisio pa mor llesol i iechyd dyn yr ystyrid y dail. Bendithiol, ym marn Siôn Phylip, oedd dyfodiad tybaco i'r wlad:

ordeiniodd er daioni
lysau a wnant les i mi
ordeiniad orav devnydd
or Indiaw fawr hynod fydd
er pan gad y wlad lydan
or llawn rad orllewin lan
roddion glwys ir oedd in gwlad
wych hoff elw ai chaffaeliad.[59]

Yn y ddeunawfed ganrif, yr oedd yn dyb mai Tomas Prys a Wiliam Midleton, ynghyd â gŵr o'r enw Thomas Coet, oedd y rhai cyntaf i ysmygu tybaco yn gyhoeddus yn Llundain.[60] Am gleddyfau a bwcledi a bwâu y gofynnid rhwng *c.* 1350 a *c.* 1500, ond erbyn yr ail gyfnod gofynnid am arf newydd, sef gwn. Traethai Edmwnd Prys yn wybodus a gwerthfawrogol am yr arf mewn cywydd i ddiolch am faril gwn:

Hispaen a ffrainc os bv'n ffrom
llvddiai drais llaw ddvw drosom
Rhag gelynion blinion blaid
rhyw gas drin rhag estroniaid

Mae arnaf wiwnaf ynad
march a gwn y mraich y gâd
Ar gynnav hydr arfav hynt
yn y wlad anwyl ydynt.[61]

Gyda dyfodiad yr erfyn hwn rhaid oedd ymarfogi'n fwy gofalus
nag erioed. Gofynnai Tomas Prys, er enghraifft, am arfau gwynion
yn amddiffynfa bwrpasol iddo'i hun: 'plat gwych Rhag ofn pelet
gwn'.[62] Ar nodyn mwy gwaraidd, mae gwrthrychau eraill megis
llyfrau, yn enwedig y Beibl, yn ddrych o'r oes newydd a wawriasai
yng nghyfnod y Tuduriaid.

Adlewyrchir ffasiwn yr oes ym maes dillad hefyd, gyda'r gofyn
am sircyn bwffledr a bwtias, ond yn ôl un ymdriniaeth â gwisgoedd
yn y cyfnod, prin iawn yw'r cyfeiriadau a geid yn Lloegr at glogyn-
nau cyn canol yr unfed ganrif ar bymtheg; dywedir bod gynau yn fwy
poblogaidd yno hyd at *c*. 1550.[63] Ond, a barnu wrth y cywyddau
gofyn am wisgoedd, yr oedd clogynnau yr un mor boblogaidd
â gynau yng Nghymru. Rhwng *c*. 1500 a *c*. 1630 erys deg cywydd
yn gofyn am glogyn a naw cywydd yn gofyn am ŵn. Gan fod mwy
nag un cywydd yn cyfeirio at wisgo clogyn neu hugan wrth
deithio, efallai mai hynny a gyfrifai am eu poblogrwydd.
Canodd Huw Machno, er enghraifft, i ofyn am hugan fel gwisg
farchogaeth dros Owain ab Ifan, gan ddweud ei fod yn negesydd ar
daith i Lundain.[64]

Un elfen sy'n gyffredin i lawer o'r cywyddau gofyn mentyll yw eu
bod yn gofyn am fentyll o Iwerddon. Ymddengys fod cryn alw am
fentyll Gwyddelig coch, fel y sylwodd Eurys Rowlands.[65] Ceir
tystiolaeth am y fasnach wlân yn Iwerddon ynghyd â'r mewnforion
i Gymru yng nghywydd Guto'r Glyn i geisio ffaling yn rhodd gan
Elen o'r Llannerch lle y dywedir bod llongaid o ffalingau wedi
cyrraedd glannau Llŷn:

Gwyddel a ddug i Elen
We o wlân lliw ar lun llen.
Dewis oedd wedi'i dwys wau
O longaid o ffalingau.[66]

Cyn dirwyn yr adran hon i ben rhaid pwysleisio bod y rhestrau
o wrthrychau o gyfnod i gyfnod yn drysorfa o wybodaeth i'r
hanesydd cymdeithasol a'r hanesydd economaidd fel ei gilydd.

Mae'r ffaith hon yn gystal prawf â dim o'r modd y gall barddoniaeth fod yn ffynhonnell gwybodaeth oludog am ffordd o fyw mewn cyfnod arbennig.

Nodiadau

1. Saunders Lewis, *Braslun o Hanes Llenyddiaeth Gymraeg* (Caerdydd, 1932), t. 119.
2. *Ibid.*, t. 117. Fe dalai inni gofio geiriau Johan Huizinga yn *The Waning of the Middle Ages* (Llundain, 1950), t. 1, wrth geisio amgyffred hoffter y beirdd o foethau'r cyfaneddleoedd: 'Honours and riches were relished with greater avidity and contrasted more avidly with sorrounding misery. We, at the present day, can hardly understand the keenness with which a fur coat, a good fire on the hearth, a soft bed, a glass of wine, were formerly enjoyed.'
3. Gweler y bennod 'Getting and Spending: The Welsh Economy' yn Glanmor Williams, *Recovery, Reorientation and Reformation: Wales c. 1415–1642* (Rhydychen, 1987), tt. 55–86, lle y dywedir bod y cyfnod rhwng *c.* 1430 a 1530 wedi profi ffyniant economaidd cymharol.
4. Saunders Lewis sy'n cyfeirio at y tair celfyddyd yn un o lawysgrifau'r Cyfreithiau yn ei ysgrif 'Gutyn Owain' yn Gwynn ap Gwilym (gol.), *Meistri a'u Crefft* (Caerdydd, 1981) t. 133. Gw. hefyd *GP*, t. 56: 'Arglwyd . . . a volir o'y gedernyt, a'y dewred, a'y vilwryaeth, a'y allu ar wyr a meirch ac arueu . . .'
5. Dyfynnir o *IGE⁴*, t. 387.
6. *GDIDGIH*, rhif 15, llau 53–4; 61–2.
7. *GDG³*, rhif 8, llau 31–6. Mae Llawdden mewn cywydd i ofyn croen hydd yn dweud bod gwerth deublyg i'r carw; yr oedd yn cynhyrchu cig ar gyfer gwledd a chroen i wneud dwbledau; gw. *BLlRhN*, rhif 24. Gellir cysylltu mwy nag un arf hefyd â'r arfer o hela, er enghraifft, yr wtgnaiff y gofynnodd Guto'r Glyn amdani: 'gwiw lath a wna golwythion', *GGGl*, rhif LXXX, ll. 31.
8. *TYP*, xcviii–cvii; tt. 97–116.
9. J. Gwenogvryn Evans (gol.), *The Book of Taliesin* (Llanbedrog, 1910), tt. 47–8. Am y sylw a roir i feirch yn y Cyfreithiau gweler Nesta Lloyd a Morfydd E. Owen (goln), *Drych yr Oesoedd Canol* (Caerdydd, 1986), tt. 153–5.
10. *LWDB*, rhif XII.
11. W. J. Watson, *Scottish Verse from the Book of the Dean of Lismore*, tt. 140–3.
12. Gw. Stefán Einarsson, *A History of Icelandic Literature* (Efrog Newydd, 1957), tt. 83, 190.

13. D. J. Bowen, 'Two Cwrs Clera Poems', *CLlGC*, VII, tt. 274–6.
14. *GST*, rhif 113, ll. 93.
15. Ffransis G. Payne, *Yr Aradr Gymreig* (Caerdydd, 1954), t. 181. Tyn Mr Payne yn helaeth ar dystiolaeth y cywyddau gofyn ychen fel y mae'n digwydd, er mwyn olrhain y grefft o aredig yng Nghymru.
16. Ll 30, 25.
17. J. Gwynfor Jones (gol.), *The History of the Gwydir Family and Memoirs* (Caerdydd, 1990), t. 51, ll. 16.
18. Gw. ysgrif Cledwyn Fychan, 'Llywelyn ab y Moel a'r Canolbarth', *LlC*, 15, t. 297.
19. Gamini Salgado, *The Elizabethan Underworld* (New Jersey, 1977), t. 117.
20. Nia M. W. Powell, 'Crime and Community in Denbighshire', yn J. Gwynfor Jones (gol.), *Class, Community and Culture in Tudor Wales* (Caerdydd, 1989), t. 265: 'The evidence gleaned from the criminal records of Denbighshire certainly reveals a violent society, in the sense that many folk from yeoman class upwards carried a sword or rapier which were no mere ornaments. There are references to assault with cudgels and staffs. All the people carried a knife or 'dagger' – but not too much should be made of this since a knife was always needed to cut food, none being provided by a host; it was one of the necessities of life.'
21. *GST*, rhif 39, llau 53–4.
22. Dyma sylw Timothy O' Neill, *Merchants and Mariners in Medieval Ireland* (Dulyn, 1987), t. 92: 'Quality millstones were of great importance in the production of good flour, free from grit. The best millstone quarries in Britain were situated near Penmon, on Anglesey. From there millstones were exported as far as the Baltic states. Both large millstones and smaller hand-gritstones were shipped to Ireland in the later middle ages and Welsh millstones are mentioned in the murage customs of Dublin.'
23. Gw. *GGH*, rhifau 101 a 108: (i) Gofyn i bedwar gŵr o Fôn dros Elis Prys; (ii) Gofyn i Siôn ap Rhys o Fodychen dros Elis Prys.
24. *GWC(1)*, t. 209: Diolch i dri o Fwlcleiod Môn dros Elis Prys.
25. Gw. A. D. Carr, *Medieval Anglesey* (Llangefni, 1982), t. 108: 'Stones seem to have been replaced often; Bodronyn mill in Talybolion had a new pair in 1333–4 and it needed a new one three years later, and Dulas mill in Twrcelyn also needed new stones after a similar interval.'
26. *GGGl*, rhif CXV, ll. 36.
27. *GTA*, rhif CXV.
28. Ifor Edwards a Claude Blair, 'Welsh Bucklers', *The Antiquaries Journal*, LXII, t. 90.
29. Gw. *GGGl*, rhif XXXI am y cywydd 'Porthmona', a gweler hefyd ysgrif Saunders Lewis 'Gyrfa Filwrol Guto'r Glyn' yn *YB*, IX, tt. 80–99.
30. *GTPITP*, tt. xiii–xiv.

31. Geiriau John Jones, Gellilyfdy yw y rhain; gw. G. J. Williams, 'Eisteddfod Caerfyrddin', *Y Llenor*, V, t. 96. Gw hefyd D. J. Bowen, 'Graddau Barddol Tudur Aled', t. 96.

32. Ceir testun o dri o'r cywyddau yn *GDE*, rhifau LVI, LVIII, LIX. Ceir copi o un o'r cywyddau i ofyn daeargwn yn LlGC 1246, 85. Un cwpled yn unig a erys o'r cywydd gofyn men a briodolir i Ddafydd ab Edmwnd yn B 32, 89a.

33. Gw. K. J. Holzknecht, *Literary Patronage in the Middle Ages* (ail argraffiad, Efrog Newydd, 1966), t. 32, trn. 43 a 44 am y cyfeiriadau.

34. Sonia Holzknecht, *ibid.*, am yr hanesyn ar d. 26, ond am yr hanesyn yn llawn, gw. Eirikr Magnusson a W. Morris, *Three Northern Love Stories and Other Tales* (Llundain, 1875), tt. 28–9.

35. *GIG*, rhif XIII, llau 91–100.

36. Katharine Simms, 'Bards and Barons: The Anglo-Irish Aristocracy and the Native Culture' yn R. Bartlett (gol.), *Medieval Frontier Societies* (Rhydychen, 1989), t. 178.

37. Gw. *GLGC*, rhif 147.

38. A. D. Carr, *Medieval Anglesey*, tt. 101–3.

39. Maurice Keen, *English Society in the Later Middle Ages, 1348-1500* (Llundain, 1990), t. 68. Am enghreifftiau o ewyllysiau Cymreig yn yr Oesoedd Canol, gw. Helen Chandler, 'The Will in Medieval Wales to 1540', Traethawd M.Phil. Prifysgol Cymru, 1991.

40. *GOLlM*, rhif 4.

41. *GWC(1)*, t. 111.

42. GWC(2), t. 66.

43. *GSM*, rhif 73.

44. Ar y cerddi i abadau yn gyffredinol, gw. Catrin Tudfil Beynon Davies, 'Cerddi'r Tai Crefydd', Traethawd M.A., Prifysgol Cymru, 1972, ynghyd â'i hysgrif, 'Y Cerddi i'r Tai Crefydd fel Ffynhonnell Hanesyddol', *CLlGC*, XVIII, tt. 268–86; tt. 345–73.

45. Dyma sylw Glanmor Williams am yr abad hwn: 'Here was another monkish Nimrod who rode to hounds and kept what must have been one of the finest stables in the land; so well thought-of that one of the most august personages in north Wales, Sir William Gruffudd of Penrhyn, did not think it beneath his dignity to send both Lewis Môn and Tudur Aled on his behalf to beg a mount of the abbot.' (*The Welsh Church from Conquest to Reformation* (Caerdydd, 1962), tt. 402–3.) Dyma enwau'r beirdd y cadwyd eu cywyddau i ofyn march i'r abad: Gruffydd ab Ieuan ap Llywelyn Fychan, P 100, 507; Dafydd ap Maredudd ap Tudur, P 100, 505; Owain ap Llywelyn ab y Moel, *GOLlM*, rhif 21; Lewys Môn, *GLM*, rhif LXVI; Tudur Aled, *GTA*, rhifau XCIX, C, CIV, CVI.

46. J. C. Morrice, *Detholiad o Waith Gruffudd ab Ieuan Fychan*, rhif XIII. Rhywdro ar ôl 1503 y canwyd y cywydd, medd y nodyn ar d.71, gan mai yn y flwyddyn honno y daeth Siôn yn abad Glyn-y-groes.
47. Gw. y testun a geir yn *GST*, rhif 136.
48. Ifor Williams, 'Cerddorion a Cherddau yn Lleweni, Nadolig 1595', *B*, VIII, t. 8.
49. Dyfynnir o lawysgrif Ll 125, 643.
50. Am enghreifftiau gweler *IGE⁴*, t. 264, ll. 7: 'nac aur na mud'; *GGGl*, t. 36, ll. 39: 'Nid eirch yn ei dud er mawl aur na mud'; *IGE⁴*, t. 162, llau 5–6: 'A fu o'r tu hwn i fôr/Catel well ei secutor?'
51. Enid Roberts, 'Everyday Life in the Homes of the Gentry' yn J. Gwynfor Jones (gol.), *Class, Community and Culture in Tudor Wales*, tt. 54–6. Gweler hefyd Nigel Saul, *Scenes from Provincial Life* (Rhydychen, 1986), t. 171, lle y ceir sylwadau tebyg ar fywyd teuluoedd uchelwrol yn Lloegr.
52. LlGC 13062, 476b.
53. *GWC(2)*, t. 11.
54. Ll 155, 48. Dyma'r unig gopi o'r cywydd.
55. *GST*, rhif 117, llau 61–72.
56. *LOPGO*, rhif XV, llau 41–2.
57. *GTA*, rhif CXV, ll. 20.
58. LlGC 13066, 79.
59. Cywydd yn gofyn am bwys o dybaco: Ll 123, 398. Y ddau gywydd tybaco arall yw eiddo Edmwnd Prys, gw. LlGC 2691, 100, ac eiddo Huw Machno, gw. *GHM*, t. 88.
60. Gw. G. J. Williams, 'Wiliam Midleton a Thomas Prys', *B*, XI, tt. 113–14.
61. Ll 30, 25.
62. M 122, 45.
63. Francis M. Kelly a Randolph Schwabe, *A Short History of Costume and Armour 1066–1800, Volume II* (adargraffiad, 1972), t. 1: 'The chief body garment from now till its disappearence after *c.* 1670 is the *doublet*. Between it and the *shirt* was worn the *waistcoat*; above it frequently appears the jacket or *jerkin*; the whole among people of rank or gravity being surmounted by either a *gown* or a *cloak*. The last named, however, save for travelling or the like, is rarely in evidence; till *c.* 1550 the preference in England was for the gown.'
64. *GHM*, t. 90.
65. Gw. Eurys Rowlands, 'Un o gerddi Hywel Swrdwal', *YB*, VI, tt. 95–6. Dylid cofio mai ystyr yr ansoddair *gwerddonig/gwyrddonig* yw 'blewog'; camgysylltwyd y gair ag Iwerddon oherwydd fod clogau'n dod o'r wlad honno, gw. *GPC*, t. 1783–4.
66. *GGGl*, rhif LXXVIII, llau 35–8.

Rhan II

Nodweddion a Phriodoleddau'r Genre

7

Adeiledd y cywydd gofyn

Dyma, efallai, y mwyaf unffurf ei batrwm o holl *genres* y cywydd,[1] er y ceir rhai amrywiadau arno hefyd. Daeth yn amlwg nad arhosodd y cywydd gofyn yn ei unfan drwy gydol y cyfnod, oherwydd sylwyd ar rai cyfnewidiadau a datblygiadau, fel y gellir cyfiawnhau sôn am esblygiad y *genre*. Gwelir rhai nodweddion a theithi y gellir eu priodoli i amgylchiadau arbennig mewn cyfnod arbennig, a'n gobaith yn y rhan hon o'r astudiaeth fydd adnabod a dosbarthu'r priodoleddau hynny gan gynnig esboniad arnynt.

Gwelsom eisoes mai enghreifftiau o gywyddau lle'r oedd y bardd yn erchi rhodd drosto'i hun yw'r mathau cynharaf sydd ar glawr. Dyna yw cywyddau gofyn Iolo Goch, Gruffudd Fychan ap Gruffudd ab Ednyfed a Rhys Goch Eryri. Ar sail tystiolaeth y farddoniaeth a gadwyd inni, gellir tybio mai tua chyfnod Eisteddfod Caerfyrddin, neu, efallai, ychydig cyn hynny, y datblygodd yr ail fodel o gywydd gofyn, lle'r oedd y bardd yn cyfansoddi cywydd ar ran eirchiad amgen nag ef ei hun. O leiaf, dyna pryd yr ymddengys i'r ffurf hon ar y *genre* ddyfod yn boblogaidd.

O ganolbwyntio am ennyd ar y cywyddau cynharaf sydd ar glawr, sylwir eu bod ar un wedd yn fwy afreolaidd eu cynllun ac yn llai gosodedig na'r mwyafrif llethol o gywyddau a ganwyd yn y cyfnod wedi Eisteddfod Caerfyrddin. Un nodwedd sy'n gyffredin i gywyddau'r tri chywyddwr uchod, sef Iolo Goch, Gruffudd Fychan a Rhys Goch Eryri, yw'r elfen o naratif dramatig sydd ynddynt. Fframwaith yr ymddiddan sydd i ddau o'r cywyddau hyn, sef cywydd Iolo Goch i ddiolch am farch, lle y mae'r bardd yn siarad â'i hen farch ac yn cael cyngor i geisio march newydd,[2] a chywydd Gruffudd Fychan i ofyn telyn ar ffurf ymddiddan rhyngddo ef a Rhisierdyn, bardd arall o ail hanner y bedwaredd ganrif ar ddeg.[3] Mae'n debygol mai yng nghhartref Rhisiart ap Syr Rhosier Pilstwn o Faelor Saesneg yn ystod un o'r gwyliau y canwyd y cywydd olaf hwn pan oedd yno feirdd eraill yn bresennol.

Mae dau gywydd Iolo Goch yn hynod werthfawr, nid yn unig am eu bod yn enghreifftiau cynnar, ond am fod y cywydd i ofyn a'r cywydd i ddiolch am yr un rhodd ill dau wedi eu cadw.[4] Yr unig bâr arall o gywyddau sydd wedi'i gadw, gyda'r naill yn gofyn a'r llall yn diolch am yr un rhodd, yw cywyddau Maredudd ap Rhys i'r rhwyd bysgota.[5] Mae'n werth nodi nad oes dim cyfatebiaeth mewn trefn na ffurf rhwng y cywyddau i ofyn a'r cywyddau i ddiolch, yn wahanol i'r hyn a ddisgwylid, hwyrach. Yn achos Iolo Goch, mae'r cywydd gofyn march yn adrodd stori'r anifail a drigodd, yn moli Ithel ap Robert, cyn troi sylw at yr anifail newydd y mae'r bardd yn ei geisio. Yn y cywydd diolch, ymgom a geir rhwng Iolo a'r hen farch. Cynghorir y bardd i fynd at Ithel ap Robert i geisio'r march newydd. Buasid yn disgwyl cael cyfatebiaeth rhwng y cywydd gofyn a'i gymar, fel y mae cyfatebiaeth rhwng parau o gywyddau mewn ymrysonau lle y ceir elfen o roi ateb i gyhuddiad. Mae ymryson Dafydd ap Gwilym a Gruffudd Gryg yn enghraifft amlwg,[6] ynghyd â'r cywydd a ganodd Gwerful Mechain i ateb cywydd gan Ieuan Dyfi i Anni Goch, lle y ceir cyfatebiaeth rhyngddynt o ran nifer y llinellau hyd yn oed.[7]

Gwelir tebygrwydd rhwng adeiledd cywydd gofyn telyn Gruffudd Fychan a chywydd gofyn baslart Rhys Goch Eryri, gymaint felly fel y gellir synhwyro bod rhyw symudiad at ffurfioli'n digwydd tua diwedd y bedwaredd ganrif ar ddeg a thro'r bymthegfed cyn i batrwm sefydlog ymffurfio tua chanol y ganrif honno:

gofyn telyn:[8]	*gofyn baslart*:[9]
1–16 Eglurebau ar ffurf cwestiynau rhethregol	1–20 Eglureb
17–28 Sgwrs ar ffurf hawl ac ateb	21–4 Cwestiwn
29–48 Moliant i'r darpar roddwr	25–42 Moliant i'r darpar roddwr
49–82 Disgrifiad o'r delyn	43–92 Disgrifiad o'r faslart

Drwodd a thro, gwelir mai elfen ddiddanus sydd i'r cywyddau gofyn a diolch cynnar, ac fe all mai'r awydd i beidio â thramgwyddo noddwyr sydd i gyfrif am hynny. Gyda'i bwyslais ar ganmol a chlodfori a gwneuthur clod a llawenydd, dywed y Prydlyfr wrthym beth oedd swyddogaeth foesol y prydydd, ond wrth sôn am yr angen i ddiddanu a digrifhau y mae'n tanlinellu ei swyddogaeth gymdeithasol hefyd.[10] Dylem, felly, ystyried cerddi'r beirdd fel adloniant, a dichon y buasai gan y gynulleidfa ei disgwyliadau. Byddai'r cyfuniad o fawl a diddanwch yn y cywyddau gofyn yn ychwanegu at eu hapêl a'u derbyniad yn neuaddau'r uchelwyr y ceisid y rhoddion ganddynt. Mae ystyried ffurf ac adeiledd y cywyddau gofyn cynharaf yn rhoi inni gipolwg ar ddechreuadau'r *genre* yn y cyfnod pan oedd y Cywyddwyr o bosibl yn addasu deunydd teuluaidd y cerddi erchi ar gyfer mesur newydd y cywydd.

O droi at raniadau ac adeiledd cywyddau gofyn y bymthegfed ganrif a'r unfed ar bymtheg, gwelir bod cynllun sefydlog a phendant i'w ganfod yn y rhan fwyaf ohonynt:

(a) Annerch a moli'r darpar roddwr;
(b) Cyflwyno'r eirchiad a'r cais gan nodi'r rhodd a ddeisyfid;
(c) Disgrifio'r rhodd trwy ddyfalu;
(ch) Diweddglo.

Tebyg yw patrwm gosodedig y cywyddau llatai hefyd, mor debyg yn wir nes ein harwain i holi a fu'r cywydd llatai yn ddylanwad uniongyrchol ar adeiledd y cywydd gofyn. Ystyrier rhaniadau'r cywydd llatai a ddaeth i fri gyntaf yng ngwaith Dafydd ap Gwilym:

(a) Annerch y negesydd;
(b) Moli trwy ddisgrifio'r negesydd;
(c) Cyflwyno cais i gludo'r neges;
(ch) Diweddglo.

Gorwedd y tebygrwydd mwyaf rhwng y ddau *genre* yn yr elfen o betisiwn a geir ynddynt, ac yn y ffaith fod dyfalu fel dyfais yn annatod rwym wrth yr adran sy'n disgrifio. Dywed Rachel Bromwich na ellir cael dim patrymau tramor sy'n cyfateb i gywyddau llatai Dafydd ap Gwilym,[11] ac wrth ystyried cynnyrch y Cywyddwyr cynnar yn gyffredinol, ni ellir peidio â sylwi ar yr egni creadigol a oedd ar waith yn y bedwaredd ganrif ar ddeg.[12] Un canlyniad i'r creadigrwydd hwn oedd ymddangosiad nifer o *genres* newydd ar fesur y cywydd. Dywed R. Geraint Gruffydd fod Dafydd ap Gwilym wedi sefydlu *genre* newydd trwy ganu'r cywydd i foli bwrdeistref Niwbwrch.[13] Os hynny, gellir ystyried Dafydd ap Gwilym yn arloeswr y cywydd llatai hefyd, er bod y llatai yn gonfensiwn yng nghanu'r Gogynfeirdd. Medd J. E. Caerwyn Williams am y confensiwn:

> Fel y mae'r gair llatai ei hun yn awgrymu, rhaid fod y syniad am anfon 'cennad serch' yn wreiddiol ynghlwm wrth y syniad ei bod yn naturiol i gariadon gyfnewid rhoddion fel ernes o'u cariad, *pignus amoris*, ac yr oedd y weithred o anfon 'cennad' yn anorfod mewn amgylchiadau a oedd yn ei gwneud yn anodd i'r naill a'r llall o'r ddeuddyn ddatgan ei gariad yn uniongyrchol heb help athrywyn.[14]

Mae'n hynod arwyddocaol mai yn awdl ofyn Gruffudd ap Dafydd ap Tudur y digwydd yr enghraifft gynharaf sydd ar glawr o'r gair *llatai*,[15] a hefyd yn y cyswllt hwn fod cywydd gofyn gwregys Rhys Goch Eryri wedi ei ganu ar ffurf cywydd llatai.[16] Hawdd y medrid awgrymu bod y naill *genre* wedi dylanwadu ar y llall, hynny yw, bod rhai o gonfensiynau'r canu serch wedi dylanwadu ar y cywydd gofyn. Ond ni raid tybio mai felly y bu, oherwydd fe all mai datblygiadau cyfochrog sydd yma. Wedi'r cyfan, y mae'r cywyddau i ddiolch am gae bedw yn seiliedig ar hen arferion caru pan fyddai cariadon yn anfon anrhegion yn arwyddion at ei gilydd.[17] Nid yw'n dilyn ychwaith fod y cywydd serch a genid i ofyn cymod a ymddangosodd gyntaf yng ngwaith Dafydd ap Gwilym,[18] yn uniongyrchol gysylltiedig â'r canu gofyn, gan ei bod yn debygol ei fod wedi tarddu o'r cerddi dadolwch a datblygu'n annibynnol ar y canu gofyn. Boed a fo am union gysylltiad y *genres* â'i gilydd, mae'n ddigon teg awgrymu bod y cywyddau gofyn wedi ennill eu plwyf yn sgil poblogrwydd cywyddau llatai bardd fel Dafydd ap Gwilym. Ac o gadw mewn cof fwrlwm creadigol beirdd yn nyddiau ieuenctid y cywydd deuair hirion, pan oedd *genres* newydd yn ymddangos, gellid awgrymu mai Iolo Goch oedd arloeswr y cywydd gofyn wrth iddo ganu ar y mesur newydd i ofyn am rodd gan ei noddwr a'i gâr mewn modd dyfeisgar. Ef, yn sicr, gyda'i gywydd i lys Owain Glyndŵr yn Sycharth oedd arloeswr y cywyddau i dai yr uchelwyr a flodeuodd yn y bymthegfed ganrif.[19] Hwyrach nad amherthnasol yn y cyswllt hwn yw cyfeiriad awgrymog Tudur Aled at Iolo fel y paragon o fardd mewn un cywydd gofyn: 'Iolo Goch, pob elw a gâi,/At lys Ithel y saethai.'[20]

Nodwyd eisoes beth oedd prif batrwm y cywydd gofyn fel yr ymddangosodd yn y bymthegfed ganrif a'r unfed ar bymtheg, boed yn gywydd a ganai'r bardd drosto'i hun neu dros arall. Ni fu'n gwbl ddigyfnewid nac yn unffurf. Weithiau ceid cywydd yn amrywio ar y patrwm trwy (a) gyflwyno'r eirchiad a'r cais, (b) moli'r darpar roddwr, (c) disgrifio'r rhodd, a (ch) cynnwys diweddglo. Enghraifft o'r model hwn yw cywydd gofyn bytheiaid Gutun Owain.[21] Dro arall ceid yr amrywiad hwn: (a) cyflwyno'r cais, (b) moli'r darpar roddwr, (c) cyflwyno'r eirchiad, (ch) disgrifio'r rhodd, (d) diweddglo. Enghraifft o'r model hwn yw cywydd gofyn saeled Guto'r Glyn.[22] Ond, ar y cyfan, dilyn y prif fodel a wnâi'r mwyafrif llethol o gywyddau. Gwelir hynny yng ngwaith beirdd unigol. O blith y pedwar cywydd gofyn ar ddeg o waith Lewys Glyn Cothi, er enghraifft, un yn unig sydd heb fod ar y prif batrwm, a'r cywydd i ofyn march gan wŷr Elfael yw hwnnw.[23] At ei gilydd, tueddai'r cywyddau marwnad i fod yn unffurf eu patrwm hefyd, nodwedd y sylwodd J. E. Caerwyn Williams arni wrth drafod gwaith Gutun Owain.[24]

Ni ddymunir rhoi'r argraff fod yr holl gywyddau yn dilyn y patrwm rheolaidd yn slafaidd, oherwydd ceir digon o enghreifftiau i ddangos bod cynllun rhai cywyddau yn torri cymaint ar y drefn arferol nes ymddangos o'r cywyddau hynny yn wreiddiol a dyfeisgar. Sylwyd ei bod yn arferol cael elfen storïol mewn cywydd a ganai'r bardd i erchi rhodd drosto'i hun. Cynnwys dramatig sy'n rhoi rhywfaint o gefndir i'r cais am rodd sydd i gywyddau gan Dudur Penllyn a Lewys Glyn Cothi i ofyn bwa, Dafydd ab Edmwnd i ofyn daeargi, Ieuan Llawdden i ofyn am groen hydd, ac Ieuan Fychan ab Ieuan ab Adda i ofyn am gwrwgl.[25] Dyfynnir isod o gywydd gan Fedo Phylip Bach ac ynddo elfen storïol. Dywedir ym mhennawd y copi a geir yn llawysgrif Gwyneddon 1 ei fod wedi ei ganu 'i ofyn cŵn i ladd y ceirw a borase'r ûd':

> Anoetha dim a wneuthvm
> arddwr a llafûrwr fvm
> hevais dir ym howys deg
> hyd yniwedd i hedeg
> er nad oedd dim im trimeirch
> ni by yn fyw i gyfryw geirch
> bv vn dalm o fedelwyr
> hydolion gwlltion ywr gwyr

ebrwyddach yw keirw breiddyn
nar gwynt i helynt yw hynn
o geirch rhag ofn i gwarchae
ar draws y keirch dros y kae
i mae vn ohonyn hwy
o llv hyddod colynwy . . .
o thynnaf vn saeth vniawn
i leidirnos lowdrwm iawn
bwrw i naid ir wybvr a wna
ysbio llais y bwa
af a chowydd drennydd draw
gan dant am hwnn yw deintiaw.[26]

Mae'n ymddangos bod fframwaith yr ymddiddan wedi parhau fel amrywiad achlysurol ar y prif gynllun, gan i Siôn Tudur ganu cywydd gofyn march ffraeth iawn ar ffurf ymddiddan rhyngddo ef a'i hen farch, a chywydd arall ar ffurf sgwrs rhwng y bardd a'r eos wrth ofyn am ŵyn dros Domas Datgeiniad.[27] Canwyd cywydd difyr gan Wiliam Llŷn hefyd ar ffurf ymddiddan rhwng y bardd a'r eirchiad.[28] Cynghorir Tudur ap Siôn Wyn o Langollen i roi ei fryd ar helwriaeth ar ôl iddo ddychwelyd i fro ei febyd o ddinas Llundain. Etyb yr eirchiad gan ddweud nad oes ganddo helgwn, ac yng nghynffon y cyfaddefiad hwn dywed y bardd ei fod ef yn gwybod ymh'le y caiff fytheiaid. Enwir y ddau roddwr, ac eir ati i ddisgrifio'r bytheiaid cochion.

Diau y byddai ystyriaethau ymarferol yn hybu'r duedd i'r fframwaith sefydlogi, megis yr angen am gywyddau gofyn weithiau ar fyr rybudd. Os oedd bardd yn gwybod ei fod am ymweld â chartref noddwr arbennig ar ei daith glera, mae'n rhesymol tybio y byddai wedi llunio ei gywydd i ofyn am rodd naill ai cyn mynd yno neu'n ystod ei daith yno.[29] Os câi gais i gyfansoddi cywydd ar ran y noddwr hwnnw i ofyn rhodd gan noddwr arall y bwriadai ymweld ag ef ar yr un daith glera, byddai o fantais iddo gael fframwaith parod-at-law y gallai droi ato. Dichon na fyddai bardd bob amser yn gwybod pryd y gelwid am ei wasanaeth fel canolwr. Buddiol yn hyn o beth yw dyfynnu sylwadau Derick Thomson ar farddoniaeth Aeleg yr Alban:

Bardic verse, and especially praise-poetry, was esentially a product which had to be made available on demand, when the occasion demanded it, and hence it had to rely heavily on technical competence and the application of well-understood and readily-marshalled formulae.[30]

Sylwodd Ann Matonis wrth drafod marwnadau'r Cywyddwyr nad yw'r gramadegau barddol Cymraeg, yn wahanol i'r llawlyfrau rhethreg neu'r *artes poetriae* a geid yn y cyfnod, yn mynd ati i sôn yn benodol am arddull nac am y modd y gellid ymhelaethu ar yr elfennau yn adeiladwaith cerdd gyda chymorth gwahanol ddyfeisiau ffigurol.[31] Gwelir yn yr adran 'Pa ffurf y moler pob peth' yng Ngramadegau'r penceirddiaid – adran y ceir y testun manylaf ohoni yn llawysgrif Peniarth 20 – y mathau o wŷr y dylid eu moli a pha briodoleddau yr oeddid i'w canmol,[32] ond yn ofer y chwiliwn ynddi am gyfarwyddiadau manwl ar sut i adeiladu cerdd foliant. Gor-syml ac annigonol yw datganiad moel y Trioedd Cerdd hwythau am adeiledd y gerdd ofyn: 'Tri pheth a ddyly bod ar ovyngerdd: dissyf, dyval, a diolch'.[33] Nid yw'r rhaniad triphlyg hwn yn adlewyrchu adeiledd y cywydd gofyn fel yr ymddangosodd yn y bedwaredd ganrif ar ddeg nac wedi hynny.

Mae'n rhaid inni, felly, droi'n sylw at ddylanwad posibl rhethreg ar gyfundrefn y beirdd ac ystyried a oedd y modelau rhethregol yn ddylanwad ar adeiledd y cywydd gofyn. Yn y drafodaeth y cyfeiriwyd ati eisoes, dadleua Ann Matonis fod Dafydd ap Gwilym ac Iolo Goch wedi seilio adeiladwaith rhai cywyddau ar fodelau rhethregol, ac y gallai'r beirdd Cymraeg ddibynnu ar rethreg fel canllaw:

Any Welsh poet familiar with the classics, the standard *auctores*, medieval Latin verse, or sermon literature, could not escape rhetorical models. And while the Welsh bards needed no foreign tutoring in how to manipulate language, these poets came from a tradition which esteemed intricate verbal and stylistic expression, and might therefore have been responsive to the colours of rhetoric.[34]

Nid pawb, serch hynny, a dderbyniai fod dylanwad rhethreg ar gerddi'r beirdd. Tuedd Eurys Rowlands yw pwysleisio dibyniaeth y beirdd ar draddodiad yn hytrach nag ar unrhyw gynefindra â rhethreg.[35] Ond gan fod cysylltiad agos rhwng dysg seciwlar a dysg eglwysig yng Nghymru'r Oesoedd Canol, ni ellir gwrthod yn llwyr yr honiad fod y beirdd yn defnyddio modelau rhethregol wrth gyfansoddi, neu o leiaf fod dylanwad modelau rhethregol ar fframwaith ambell *genre*.[36] Ateg gadarn i'r dybiaeth hon yw bodolaeth o leiaf dri llythyr gofyn yn y llawysgrifau.[37] Os oedd yr areithiau pros, fel y myn D. Gwenallt Jones, yn gynhyrchion ymarferiadau cywion beirdd yn yr ysgolion barddol, byddai'r patrwm rhethregol ar gyfer llythyr yn ei gynnig ei hun fel patrwm i'r cywydd gofyn, ac i'r cywydd llatai hefyd petai'n dod i hynny.[38] Awgrymwyd bod dylanwad posibl patrwm llythyr y rhethregwyr diweddar ar y cywydd gofyn gyntaf gan D. J. Bowen:

Ac yr oedd patrwm y cywydd gofyn eto'n cyfateb yn rhesymol agos i'r ffurf rethregol ar gyfer llythyr: *salutatio, exordium* (ennill ewyllys da), *narratio* (gosod y mater gerbron), *petitio* (cais), a *conclusio*.[39]

Priodolir y ddwy araith ofyn a gyhoeddwyd yn *Yr Areithiau Pros* i Ruffudd ab Ieuan ap Llywelyn Fychan, y bardd-uchelwr a fu'n cynghori'r uchelwyr yn eisteddfod gyntaf Caerwys yn 1523.[40] Mae'r 'Llythyr i Ofyn Rhwyd Berced' yn ein hatgoffa am gywydd gofyn rhwyd bysgota Maredudd ap Rhys, er na chlywir dim adlais o'r cywydd yn yr araith.[41] Llythyr yn gofyn am balffon a briodolir i Siôn Phylip yw'r drydedd enghraifft o araith ofyn sydd ar glawr.[42] Mae'n ymddangos y gallai'r llythyr fod wedi'i anfon at Forys Owain o Ystumcegid yn Eifionydd, ac mae'r darlun a roir o'r eirchiad ynddo'n gyson â'r hyn a wyddom am Siôn Phylip fel amaethwr ym Mochras ar arfordir Ardudwy.

Os bu i gynllun y llythyr yn ôl y patrwm rhethregol ddylanwadu ar ffurf y cywydd gofyn, mae'n rhaid mai yn hanner cyntaf y bymthegfed ganrif y digwyddodd hynny. Yr oedd dulliau'r *Ars dictaminis* yn bur hysbys i ddysgedigion yng ngwledydd Prydain erbyn hynny, a hawdd y gallai gwybodaeth o'r gelfyddyd fod wedi treiddio i gylchoedd y beirdd.[43] Yn y cyswllt hwn, un posibilrwydd, wrth gwrs, yw fod yr addysg a gyfrennid gan yr Eglwys, yn ffurfiol ac fel arall, yn dod â'r beirdd i gysylltiad â dulliau rhethreg. Pwysleisiodd Glanmor Williams y rhan sylweddol a fu gan yr Eglwys yn y dadeni llenyddol a brofwyd rhwng *c.* 1435 a *c.* 1535, gan ein hatgoffa fod Maredudd ap Rhys, athro barddol Dafydd ab Edmwnd, yn offeiriad.[44]

Hwyrach nad oedd patrwm cerddi yn cael ei bennu'n ymwybodol gan unrhyw fodel rhethregol yn gymaint â chan y gofynion a'r amgylchiadau ar y pryd, oherwydd pan ofynnai bardd dros uchelwr gweithredai fel negesydd. Ystyrier geiriau Gruffudd Hiraethog mewn cywydd gofyn i Robert ap Morys o Alltygadair, yn Llangedwyn, dros Rys Fychan o Gorsygedol:

Herod wyf, hoywrad afael,
A'i dasg rhwng dau sgwier hael,
A chennad, llythr-ddygiad lles,
Ni myn nâg am ei neges.[45]

Gallai teithio o fan i fan fod yn drafferthus weithiau, a dichon y byddai pellter rhwng cartref gofynnwr a rhoddwr yn golygu y byddai'n rhaid anfon cerddi yn ysgrifenedig drwy law negesydd, neu drwy fod datgeiniad wedi eu dysgu ar ei gof ymlaen llaw. Byddai cerddi'r trwbadŵr Gwilym IX o Aquitaine yn cylchredeg yn ysgrifenedig megis llythyrau, ac mae tystiolaeth y byddai rhai o gerddi'r beirdd yng Nghymru'n cylchredeg yn yr un modd.[46] Awgryma ambell gyfeiriad yn rhai o'r cywyddau gofyn y gyrrid hwy drwy law cennad; yr oedd hyn yn wir yn achos y cywydd gofyn march a ganodd Gruffudd ap Llywelyn Fychan:

llvniais gwyn yn llaw nis gad
llyna ynghwyn yn llaw ynghenad.[47]

I grynhoi, felly: gwelsom fod tebygrwydd rhwng y cywydd gofyn a'r cywydd llatai yn rhinwedd y ffaith eu bod yn gysylltiedig ag anfon negeseuon. Dyna oedd yr elfen a gyfrifai'n bennaf am eu hadeiladwaith.

Nodiadau

1. Gweler sylwadau Eurys Rowlands yn *Poems of the Cywyddwyr: a selection of Cywyddau c. 1375–1525* (Dulyn,1976), t. xix.
2. *GIG*, rhif XIX, tt. 59–63.
3. *GSRhE*, rhif 11.
4. Gw. nodiadau *GIG*, t. 249.
5. Gw. *ACGD*, rhifau 6 a 7 yn y Detholiad.
6. *GDG³*, rhifau 147–54, tt. 388–413. Gweler hefyd ymdriniaeth Ann Matonis, 'Barddoneg a Rhai Ymrysonau Barddol Cymraeg yr Oesoedd Canol Diweddar', *YB*, XII, tt. 157–200.
7. Ceir testun o gywydd Ieuan Dyfi yn *GHCLlE*, rhif LVIII, a thestun o gywydd Gwerful Mechain ynghyd ag ymdriniaeth yn ysgrif Marged Haycock, 'Merched Drwg a Merched Da: Ieuan Dyfi v. Gwerful Mechain', *YB*, XVI, tt. 97–110. Y mae'r ddau gywydd yn cynnwys 80 llinell.

8. *GSRhE*, rhif 11.
9. *IGE⁴*, rhif CVIII, a hefyd *ACGD*, rhif 1 yn y Detholiad.
10. Gw. *GP*, t. 35, llau 9–24.
11. Rachel Bromwich, *Aspects of the Poetry of Dafydd ap Gwilym* (Caerdydd, 1986), t. 37.
12. Am sylwadau ar yr addasu creadigol a oedd ar waith wedi 1282, gw. R. Geraint Gruffydd, 'Early Court Poetry of South West Wales', *SC*, XIV/XV, tt. 103–4.
13. R. Geraint Gruffydd, *Dafydd ap Gwilym*, Llên y Llenor (Caernarfon, 1987), t. 27. Cyfeirir at gywydd 'Niwbwrch', *GDG³*, rhif 134.
14. J. E. Caerwyn Williams, 'Beirdd y Tywysogion: Arolwg', *LlC*, 11, tt. 64–5.
15. Gw. *GPC*, t. 2099.
16. *IGE⁴*, rhif LVIII.
17. Am enghreifftiau, gw. *GDE*, rhif VI; *IGE⁴*, rhif LXXIII; *GDIDGIH*, rhif XX; *PWDN*, rhif XXVIII. Gw. hefyd Catrin Stevens, *Arferion Caru* (Llandysul, 1977), tt. 73–4: 91–2.
18. *GDG³*, rhif 52.
19. *GIG*, rhif X. Mae Gwilym ab Ieuan Hen yn adleisio un llinell o gywydd Iolo Goch i Sycharth yn ei gywydd i foli adeilad newydd Llwydiarth, gw. *GDIDGIH*, rhif XIX, ll. 17.
20. *GTA*, rhif CXXI, llau 1–2.
21. *LOPGO*, rhif XI, a hefyd *ACGD*, rhif 11 yn y Detholiad.
22. *GGGl*, rhif XXIX. Am enghraifft arall, gw. *GHCLlE*, rhif XLII.
23. *GLGC*, rhif 143.
24. Gw. J. E. Caerwyn Williams, 'Gutun Owain', yn A. O. H. Jarman a Gwilym Rees Hughes (goln), *A Guide to Welsh Literature, volume 2* (ail argraffiad, Llandybïe, 1984), t. 273. Gw. hefyd sylwadau Dafydd Elis Thomas, 'Y Cywydd Marwnad', Traethawd Ph.D., Prifysgol Cymru, 1987, t. 119: 'Yn fuan yn y gwaith daethpwyd i weld na ellid darllen cywyddau yn unigol heb fod y cyhuddiad o fod yn ddynwaredol ac ailadroddol, cyhuddiad annewydd-deb ac anniffuantrwydd beirniadaeth unigolyddol ramantaidd yn codi'n glir.'
25. Gw. *GTPITP*, rhif 35; *GLGC*, rhif 211; *ACGD*, rhif 10 yn y Detholiad; *BLlRhN*, rhif 24; Ifor Williams (gol.), *Gwyneddon 3* (Caerdydd, 1931), tt. 202–4.
26. G 1, 77.
27. *GST*, rhifau 29 a 145.
28. *GWLl*, rhif 155. Gofyn dau fytheiad gan Edwart ap Robart a Huw ap Hywel dros Dudur ap Siôn Wyn o Langollen.
29. Mae dau gyfeiriad at gyfansoddi cerddi unnos yn ein harwain i gredu mai'r peth arferol oedd fod bardd yn llunio cywydd i'w noddwr cyn ymweld ag ef. Meddylier am y cywydd moliant a ganodd Guto'r Glyn

i Ddafydd Llwyd ab Einion y dywedir iddo gael ei gyfansoddi mewn un noson. Yn ôl teitl y cywydd yn llsgr. G 4, 230: 'Cywydd vnnos Rag bod eb vn cywydd yr wyl lle daethe fo ar ddamwain am fod Swrdwal a llowdden a chywydde i'r gwr hwnnw ganthynt, medd Wiliam Midltwn Ao 1575', gw. *GGGl*, t. 112–14. Yr ail gyfeiriad yw'r rhaglith a geir yn llaw John Jones o'r Gellilyfdy am Ddafydd Bach ap Madog Wladaidd (*c.* 1350–1400) yn canu awdl unnos i Ddafydd ap Cadwaladr o Fachelldre, gw. *BBBGDd*, t. 10.

30. Derick Thomson, *An Introduction to Gaelic Poetry* (Llundain, 1974), t. 47.
31. Gw. Ann Matonis, 'The Marwnadau of the Cywyddwyr', *SC*, XVIII/XIX, t. 162.
32. *GP*, tt. 55–7.
33. *Ibid.*, t. 136, ll. 22.
34. Gw. Ann Matonis, 'The Marwnadau of the Cywyddwyr', t. 164.
35. Gw. ei Ragymadrodd i *Poems of the Cywyddwyr*, t. xix: 'It should be noted that it is unlikely that the bards, in learning their craft, studied rhetoric although, of course, the principles of medieval rhetoric can be applied in studying their works. It seems likely that their use of tropes and figures was based on a study of traditional usage rather than of the art of rhetoric.'
36. Ar y cysylltiad rhwng dysg seciwlar ac eglwysig yn yr Oesoedd Canol, gw. Glanmor Williams, 'Addysg yng Nghymru yn ystod yr Oesoedd Canol', *Efrydiau Athronyddol*, XLIX, tt. 69–79. Mae'n werth dyfynnu un sylw perthnasol o'r erthygl hon: 'Trwythwyd cynllun Einion Offeiriad, ymhob cwlwm ohono, yn athrawiaeth a safbwynt athronwyr eglwysig yr Oesoedd Canol. Ni ddengys dim yn gliriach na'i waith ef yr afael a gafodd yr Eglwys ar yr hyfforddiant barddol cyfoes.' (t. 73)
37. Argraffwyd dau ohonynt yn *AP*, tt. 39–45. Erys y trydydd yn LlGC 13215E, tt. 87–8.
38. Gw. *AP*, t. xix: 'Gwersi cywion beirdd yn dechrau ymgydnabod â'r iaith, ymarferiadau rhethregol, a *declamationes* nofisiaid yn ysgolion y beirdd oedd yr Areithiau Pros.'
39. D. J. Bowen, 'Agweddau ar Ganu'r Unfed Ganrif ar Bymtheg', *TrCy* (1969), t. 308. Datblygwyd y patrwm o lythyru y cyfeirir ato yn yr Eidal ddiwedd yr unfed ganrif ar ddeg gan ledu i wledydd eraill ac aros yn sylfaenol ddigyfnewid hyd yr unfed ganrif ar bymtheg. Am ymdriniaeth â'r pwnc, gw. pennod V, '*Ars dictaminis*: The Art of Letter-Writing' yn James J. Murphy, *Rhetoric in the Middle Ages* (Berkeley, Los Angeles a Llundain, 1974), tt. 194–268. Cedwid at y patrwm o rannu llythyr yn bum rhan yn y mwyafrif helaeth o lawlyfrau ar y gelfyddyd, er y gelwid yr *exordium* weithiau yn

benevolentiae captatio. (Yr wyf yn ddyledus i'r Athro Gruffydd Aled Williams am y cyfeiriad hwn.)

40. *AP*, tt. 102, 105–6.
41. Gw. *AP*, tt. 39–42, ac *ACGD*, rhif 6 yn y Detholiad.
42. Gw. LlGC 13215E, 88–7. Ceir adysgrif o'r llythyr yn *ACGD*, Atodiad IV.
43. Gw. sylwadau N. Denholm-Young, 'The *Cursus* in England', *Collected Papers of N. Denholm-Young* (Caerdydd, 1969), tt. 46–7. Yn statudau cynharaf prifysgol Rhydychen (cyn 1350) deddfid bod y myfyrwyr i'w dysgu *de modo versificandi et dictandi, ibid.*, t. 46. O ran gwybodaeth o'r *Ars dictaminis* yng Nghymru y mae'n werth nodi i ymdriniaeth â'r gelfyddyd gael ei llunio yn esgobaeth Llandaf rhwng 1297 a 1323, gw. *ibid.*, t. 70. (Diolchaf i'r Athro Gruffydd Aled Williams am y cyfeiriad hwn.)
44. Glanmor Williams, *The Welsh Church from Conquest to Reformation* (Caerdydd, 1962), t. 259.
45. *GGH*, rhif 96, llau 1–4.
46. Gw. James J. Wilhelm, *Seven Troubadours: The Creators of Modern Verse* (Pensylfania, 1970), t. 51: 'Furthermore, the songs traveled around from castle to castle, and ultimately from realm to realm like letters.' Am gyfeiriad at anfon cerdd yn ysgrifenedig yng Nghymru, gweler y nodyn gan Ruffudd Dwnn ar ddiwedd un o gerddi Syr Owain ap Gwilym yn llsgr. Ll 40, 39v: 'Sr owein ap gl ap ieunn o dal y llynn ai gwnaeth i ryffydd dwnn o hiraeth am ruffydd ag o eisse i weld ac ai danvones yn ysgrifenedig i ryffyth donn pan oedd oed krist mil a ffymp kant affymthec arhigain.' (Codwyd o D. G. Williams, 'Syr Owain ap Gwilym', *LlC*, 6, t. 186.)
47. M 146, 343.

Annerch a moli

Dyma yn ddi-os ran hanfodol o'r gerdd ofyn. Ymddengys moliant yn rhan mor ganolog o'r *genre* fel pe bai'r archiad wedi'i impio ar ffrâm y gerdd fawl. Er bod i'r canu ddiben penodol, rhoir yr argraff weithiau mai ei *raison d'être* yw moli'r rhoddwr. Wrth ofyn i Lewis Fychan o'r Ystog am farch, dywed Owain ap Llywelyn ab y Moel mai prif ddiben ei gywydd ef oedd moli ei noddwr:

Nid er y march y'i harchwn,
er coffáu hael o'r cyff hwn.[1]

Yr oedd apêl ddeublyg i'r moliant. Byddai eirchiad yn awyddus i eilio mawl er mwyn ennill rhodd – 'eilio ch klod err kael ych kledd' chwedl Gruffudd Phylip[2] – a dichon y byddai'r rhoddwr hefyd yn awyddus i'w glod gerdded ymhell. Yn ôl Ieuan Tew Brydydd Ieuanc, yr oedd un noddwr yn 'Rhoi dy feirch er hau dy fawl'.[3] Mewn cywydd i erchi march drosto'i hun, dywed Ieuan am un arall o'i noddwyr: 'A'i glod ymhell a gludaf.'[4]

Afraid manylu ar gynnwys y moliant, oblegid yr un elfennau yn union ag a geid mewn cywyddau mawl a welid mewn cywyddau gofyn, oni bai am un nodwedd efallai, sef arfer y beirdd weithiau o ganmol uchelwr fel milwr pan ofynnid am arf, fel marchog pan ofynnid am farch neu o ganu ei glodydd fel heliwr pan geisid cŵn hela ganddo, fel pe bai awydd yn bod am gydweddiad rhwng priodoleddau'r rhoddwr a'r gwrthrych a erchid.[5] Canmol haelioni a dewrder, fel y gwyddys, oedd craidd y moliant, ond y mae canmol haelioni yn fwy anochel yn y cywydd gofyn nag odid yn yr un *genre* arall. Canolbwyntir ar natur haelioni'r rhoddwr yn aml trwy gyfeirio at rifedi ei feddiannau a'i barodrwydd i'w rhannu. Dyma a ddywed Guto'r Glyn am Wiliam Rodon o'r Holt wrth ofyn iddo am saeled dros Ddafydd Bromffild:

Treuliodd aur, trwy'i law ydd âi,
Y tri haelion nis treuliai.

Treulied pawb ei ged heb gam,
Treulio yw natur Wiliam.[6]

Nid moli noddwyr unigol yn unig a wneid, eithr hefyd weithiau
liaws ohonynt ynghyd yn y dosbarth o gywyddau erchi am nifer o'r
un gwrthrych, boed am re o gesig, tri neu bedwar pâr o ychen,
dwsin neu ragor o eifr, ŵyn neu ddefaid. Arferol oedd cychwyn
cywydd o'r fath trwy foli bro, a'r hyn a gawn yn y cywyddau hyn
yw cyfuniad o fawl i fröydd, bwrdeistrefi a siroedd a moliant i
wyrda. Mewn cywydd nodweddiadol o'r dosbarth arbennig hwn, y
mae Wiliam Llŷn, wrth ofyn am ddeuddeg o gesig gan ddeuddeg o
wŷr Meirionnydd, yn dechrau trwy ganu clodydd gwlad sydd fel
'ail Paradwys'.[7] Eir ymlaen wedyn i enwi'r deuddeg gwrda 'Fal yn
gwest', gan roi dau gwpled yr un iddynt. Ymddengys fod eu cartrefi
ar lwybr yr un daith glera a âi o gyfeiriad Dolgellau, lle y trigai'r
eirchiad, i Fallwyd, Llanuwchllyn, Ffestiniog, Tal-y-llyn, Llanddwywe-
is-y-graig, Llanegryn, Tywyn, Llanelltud a Llanfachreth.[8] Diau mai'r
arfer o ddilyn llwybr taith glera sydd i gyfrif am y cyfeiriad at fynd
'ar gylch' mewn cwpled o'r eiddo Ieuan Tew Brydydd Ieuanc yn y
cywydd a ganodd i ofyn am ddeuddeg buwch a tharw dros un o'i
noddwyr: 'Gwnawn fawl, na oganon' fi,/Gweilch iawn, ar gylch i'w
henwi.'[9] Ond y mae tuedd i'r cywyddau a erchai gan nifer o wŷr i
fod braidd yn gatalogaidd. Darllen cywydd Wiliam Cynwal i ofyn
am bump ar hugain o heffrod gan rai o wŷr Sir Drefaldwyn a Sir
Feirionnydd yn union fel cofrestr.[10] Diau fod rhywfaint o elfen
orchestol mewn canu cywyddau o'r math hwn, gan fod Lewys
Morgannwg, mewn cywydd catalogaidd arall, yn enwi cymaint
â deg ar hugain o wŷr Morgannwg wrth ofyn am wartheg dros
Lewys Gwyn, cwnstabl Trefesgob.[11]

Pwnc a gyfyd ei ben yw ansawdd y moliant a roid i noddwr. Yr
oedd tuedd gan rai beirdd i rybuddio rhag moliant ofer. Hunan-
amddiffynnol oedd agwedd Gruffudd ap Llywelyn Fychan mewn
cywydd gofyn i'w gefnder Tudur ab Ieuan:

> ni wnaf a glywaf y gler
> Am tafod foliant ofer
> kelwydd sydd i kelfyddyd
> oera barn ar wyr y byd
> digon o glod o dygir
> dy gerdd yw doedyd y gwir.[12]

Gwelir newid sylweddol yn ansawdd y moliant erbyn yr unfed ganrif ar bymtheg wrth i'r adran lle'r anerchid ac y molid y rhoddwr hawlio mwy o le na'r sylw a roid i'r cais am rodd a'r disgrifiad ohoni. Cynnil oedd moliant cywyddau gofyn y bymthegfed ganrif at ei gilydd; canmolid uchelwr am ei haelioni a'i ddewrder a'i ddoethineb, ac olrheinid ei ach, ond prin y gorbwysai'r moliant yr archiad ei hun na'r disgrifiad o'r rhodd. Erbyn ail hanner yr unfed ganrif ar bymtheg yr oedd beirdd fel Wiliam Cynwal yn moli'n gwbl hunanymwybodol; fel y dywed ef yn y cywydd gofyn gown a ganodd i Syr Wiliam Fychan, person Llanrhaeadr-ym-Mochnant:

> Doedwn ar gerdd, frigwerdd frau,
> Dirion Nudd, dy rinweddau.[13]

Yn y cywydd hwn mae'r moliant yn ymestyn am 78 llinell. Ceir enghraifft arall yng ngwaith Wiliam Cynwal o gerdd anghytbwys ac ynddi foliant estynedig, sef y cywydd a ganodd i erchi dau bentan haearn dros Ifan Llwyd ap Dafydd o Nantymynach, plwyf Mallwyd, lle y mae'n moli hyd linell 68 ac yn gofyn o linell 69 hyd linell 84.[14] Gellid cyfeirio at gywyddau ac iddynt raniad tebyg yng ngwaith Ieuan Tew Brydydd Ieuanc. Mae ganddo gywydd gofyn march i Ddafydd Llwyd ap Siencyn o'r Berth-lwyd lle y mae'r moliant yn ymestyn o linell 1 hyd 54, a lle'r enwir cymaint â phymtheg o'i hynafiaid. Cawn yr argraff mai eilbeth yw'r sylw a roir i'r march a geisid, gan mai dim ond 29 o linellau a neilltuir ar gyfer y cais a'r disgrifiad.[15] Mewn cywydd gofyn march arall a ganodd i Forys ap Hywel ap Morys o Gaersŵs, ymestyn y moliant hyd linell 70, a'r cais a'r disgrifiad o'r anifail o linell 71 hyd 110.[16]

Pwnc diddorol y mae'n ymddangos y bu peth dadlau yn ei gylch yn ail hanner yr unfed ganrif ar bymtheg yw'r rheidrwydd i gynnwys achau wrth foli mewn cerddi gofyn. Cyfeiriad cwta a chynnil at achau a geir yn y mwyafrif helaeth o gywyddau gofyn y bymthegfed ganrif (fel yn y cywyddau mawl a marwnad). Nid ymdroid yn ormodol gyda'r darpar roddwr gan mai'r cais ei hun a hawliai'r lle blaenaf. Sylwyd ar duedd rhai beirdd yn y ganrif ddilynol i ymesgusodi rhag mydryddu achau'r rhoddwr nes awgrymu bod rhyw reidrwydd i wneud hynny. Cynnwys ach oedd y norm, bid siŵr, ond ceir rhai esgusodion hynod ddiddorol gan rai beirdd dros dorri ar yr arferiad.

Yn ôl y rhagair i'r cywyddau ymryson rhwng Edmwnd Prys a
Wiliam Cynwal, yr oedd yn ofynnol cynnwys achau wrth ofyn:

> Yno i gyrrodd Wiliam y cywydd isod a llethyr i ddan[g]os i iachav i hvn,
> a bod yn arfer dwyn achav os gofynid dim.[17]

Yn sicr, yr oedd Wiliam Cynwal ei hun yn hoff o olrhain ach a
chynnwys moliant estynedig mewn cywyddau gofyn. Yn y cywydd
gofyn gown a ganodd i Syr Wiliam Fychan y cyfeiriwyd ato uchod,
datgan Cynwal yn eglur bwysiced oedd achau ac arfau:

> Astudio, gwaith maith fel mêl,
> Ar iachau y gwŷr uchel,
> A rhoi arfau, meinciau mawl,
> I'r rhai gorau rhagorawl.[18]

Felly hefyd Huw Llifon yn y cywydd a ganodd i ofyn gown drosto'i
hun gan Ddafydd Holand:

> Gwaith /i/ fardd /a/ gwth o'i fyd
> a gaef radd o gyfrwyddyd
> yn yr vn llyfr roi yn i lle
> /o/ chae iechyd ych iache.[19]

Hawdd yw deall awydd Wiliam Cynwal a Huw Llifon i fydryddu
achau'n helaeth mewn cywydd gofyn, er nad oedd pawb o'r beirdd
yn eu hefelychu. Mewn cywydd gan Hywel Rheinallt y trawyd ar yr
enghraifft gynharaf o hepgor yr arfer o restru ach, sef cywydd yn
gofyn am feini melin gan driwyr o Fôn dros Wiliam Fychan o
Aber-erch (o bosibl), ar ôl i'w feini melin ef gael eu difrodi gan
lifogydd. Eithriadol ddiddorol yw'r rheswm a roir dros ymatal
rhag rhestru achau'r gwŷr:

> Ni wnaf am wyrion Dafydd
> Broses o iach, brys y sydd.[20]

Dyma gyfaddefiad arwyddocaol sy'n dangos inni'r modd y
defnyddid amgylchiadau ar y pryd fel esgus i gwtogi ar hyd a
chynnwys cerdd.

Perthyn y cyfeiriadau eraill at beidio â rhestru ach y daethpwyd ar
eu traws i waith beirdd cyfnod Elisabeth I. Gall fod rhai beirdd yn

adweithio yn erbyn yr arfer o fydryddu achau naill ai am eu bod yn syrffedu arno, neu, hwyrach, am y teimlent ei fod yn ddiangen mewn cerdd ofyn. Ymataliai Gruffudd Hiraethog rhag y ddefod wrth ofyn am fwrdd gan Elis Prys o Blas Iolyn dros Siân Mostyn, am y byddai ei glod ei hun yn ddigon o glod i Elis Prys, ym marn y bardd:

> Ni ddygaf iach, mae'n ddigwyn,
> Nid er na allwn ei dwyn,
> Ond clywed iach nid clod oedd,
> Eithr odiaeth o weithredoedd.
> Digon o glod ac enw glân
> I hwn ei glod ei hunan.[21]

Anodd yw derbyn y byddai achydd o fri Gruffudd Hiraethog yn gwrthryfela yn erbyn cynnwys achau mewn cerdd; yn hytrach, yr hyn a wna ef yn y cywydd hwn yw rhoi cyfeiriad newydd i'r moliant trwy droi'r sylw oddi wrth achau at weithredoedd yr unigolyn. Dyfais i ganmol y gwrthrych ydyw. Yn ddiddorol iawn, y mae dau fardd arall a ganodd i Elis Prys hefyd yn ymatal rhag rhestru ei achau, a hynny er mwyn pwysleisio pa mor hysbys oeddynt. Wrth ofyn am gaseg gan Elis Prys dros Gutun Tomas, dywed Robert ap Dafydd Llwyd:

> Am dy iach rwy fi'n achwyn
> Nas derfydd deiddydd i dwyn . . .
> Iach rowiog o farchogion
> Nid rhaid i mi henwi hon.[22]

Ni chymerai Wiliam Cynwal mo'r byd am ddweud nad oedd raid iddo restru ach! Wrth ofyn i Elis Prys am bâr o fytheiaid drosto'i hun, dywed Huw Llwyd o Gynfal Fawr mai gweithred ofer oedd olrhain ei ach gan fod honno'n gyflawn mewn llyfrau:

> Dwyn ni wnaf dan y nefoedd
> Dy iach a'th waed: (Di-chwith oedd.)
> Dy iach sydd iawnwydd uniawn
> O'r llwythau 'mhob llyfrau'n llawn.[23]

Mae'n ddigon posibl mai oherwydd ei fod yn fardd a ganai ar ei fwyd ei hun yr ymagweddai Huw Llwyd fel hyn.

Ar gais y noddwr ei hun yn aml y cynhwysid achau mewn cywyddau.[24] Golygai hynny, efallai, fod Elis Prys yn achos y cerddi y cyfeiriwyd atynt yn cydsynio ag arfer rhai beirdd o beidio â chynnwys ei ach mewn cywyddau gofyn a genid iddo. Hwyrach y byddai'n ddewisach ganddo ar dro glywed moli ei gampau ei hun. Mae'r ffaith fod dyfais yr ymatal yn cael ei defnyddio mewn cywyddau i Elis Prys yn ein harwain at ganu ei fab, Tomas Prys, oherwydd gwelir y ddyfais ar waith yn nhraean ei gywyddau gofyn ef. Wrth ofyn am delyn iddo'i hun gan Siôn Salbri o Leweni, mae'n dechrau'r cywydd trwy annerch a moli a chrybwyll hynafiaid y darpar roddwr. Ond ar ôl y ddeuddeg llinell gyntaf dywed: 'nid a/m/ hellach ac Iachav'.[25] Esbonia wrth Syr Robert Salbri o'r Rug na ddeuai byth i ben â mydryddu ei achau wrth ofyn iddo am farch dros Gawen Gwdman o Ruthun:

> Ni ddown i ben oedd iawn bod
> a henwi ych Rhyw hynod
> nac Iachav gwych uwch i gwnn
> i hanner byth ni henwn.[26]

Mewn achosion o'r fath, ceir yr argraff mai dull o bwysleisio rhagoriaeth ach a gwaedoliaeth uchelwr oedd ymatal rhag mydryddu achau. Megis y gwnaeth Gruffudd Hiraethog wrth ganu cywydd gofyn i Elis Prys, rhydd Tomas Prys gyfeiriad arall i foliant Olifr Morys wrth ofyn am darw trwy ganolbwyntio ar yr unigolyn ei hun yn hytrach nag ar ei hynafiaid:

> nid a i henwi naid hynod
> dy Iachav glan dew wych glod
> nag i ganmol mal moliant
> dy deidiau avr gampau gant
> digon i ti leni yn lan
> haner dy glod dy hvnan.[27]

Dymunir awgrymu nad cyd-ddigwyddiad yw fod Gruffudd Hiraethog a Thomas Prys yn defnyddio dyfais yr ymatal. Ar gorn awgrym D. J. Bowen fod teulu Plas Iolyn yn noddi ysgol farddol ar gyfer 'beirdd mynydd-dir' bro Hiraethog, mae'n bosibl awgrymu efallai mai efelychu Gruffudd Hiraethog a wnâi Tomas Prys.[28] Bu Gruffudd Hiraethog farw yn rhy gynnar iddo fod wedi medru hyfforddi Tomas Prys; yr unig ffordd y gellir esbonio dylanwad posibl Gruffudd Hiraethog ar arferiad cyson Tomas Prys o beidio â mydryddu achau'n helaeth mewn cywydd gofyn yw tybio efallai fod dylanwad y pencerdd yn dal ar aelwyd y Prysiaid ym Mhlas Iolyn, a bod Tomas Prys wedi sylwi ar y ddyfais wrth ddarllen copi a fyddai ym meddiant y teulu o un o'r cywyddau a ganwyd i'w dad. Damcaniaethu yr ydys, wrth reswm, heb fedru cynnig unrhyw dystiolaeth gadarn. Ond efallai ei bod yn arwyddocaol fod Tomas Prys mewn un cywydd yn adleisio cwpled Gruffudd Hiraethog yn y cywydd y dyfynnwyd ohono uchod: 'Ni chanaf vn Iach chwaneg/ nid er na fedrwn yn deg'.[29] Tybed a blannodd y pencerdd hedyn syniad a ddefnyddiwyd yn helaethach gan fab ei noddwr ym Mhlas Iolyn? Mae'n ymddangos bod yr arfer o beidio â mydryddu achau'n helaeth yn boddio chwaeth y tad a'r mab fel ei gilydd.

Hwyrach mai'r esboniad mwyaf credadwy ar duedd Tomas Prys i beidio â mydryddu achau yw y teimlai mai gwaith i fardd proffesiynol ydoedd. Wedi'r cyfan, enghraifft o fardd a ganai ar ei fwyd ei hun ydoedd ef.[30] Dyma a ddywed mewn un cywydd gofyn:

> Aniben yw gorffen gwaith
> a fo yn Ryfawr fann Ryfaith
> na thorri kraig arwsaig sel
> na dwyn Iachav dyn vchel
> mi a dawaf hynny om deall
> ir prydyddion kyfion kall
> am hyny mwy ym heinioes
> ni ddyga Iach ddiwag foes
> digon i Sion o honvn
> glowed hap i glod i hvn.[31]

Ni ellir ychwaith anwybyddu tuedd beirdd yr oes i wenieithio ac i ffugio achau wrth geisio esbonio'r arfer o beidio â mydryddu achau mewn cywyddau gofyn. Trwm oedd llach y dyneiddwyr ar y beirdd,[32] ac nid oedd ambell brydydd yn brin o feirniadu drwgarferion ei gymheiriad, fel y gwelir wrth ddarllen cywydd enwog Siôn Tudur i'r beirdd.[33] Dengys yr ateb a roes Syr Huw Roberts Llên ar ran Henry Rowland, esgob Bangor, i'r cywydd gofyn cleddau a ganodd Huw Pennant dros Robert Madryn fod noddwyr yn ymwybodol o ormodiaith a chelwydd y beirdd hefyd:

mine yrioed im heinioes
ni bum hael wrth neb im hoes
nid ydwf hael gwael iw /r/ ged
nid iw /r/ achos kyn dreched
ni heuddais ni cheisiais chwaith
henw gwr hael enwog araith
anodd bod yn hael yna
oni bydd y defnydd da
rhydd i fardd mae /n/ rhwydd i fin
roi mawr air yma i werin
a doedud ffest orchestion
wir yn y byd er na bon
ag arfer grym trum tramawr
elw modd Hyperbole mawr.[34]

Gwrthwynebiad i ganu gweniaith a geir gan Edmwnd Prys yn y cywydd a ganodd i ofyn tybaco gan Theodor Prys o Lanenddwyn dros Robert Llwyd o'r Rhiw-goch:

Rhai a fynn rhwyf o weniaith
rhygnu iach a rhwygo/n/iaith
gwniaf fi gerdd nis gwnaf gêl
o Rad düw i wr tawel.[35]

Ac nid damwain ychwaith yw fod Edmwnd Prys yn ymatal rhag mydryddu achau mewn cywydd diolch o'i eiddo.[36] Am nad oeddynt yn feirdd proffesiynol fel Wiliam Cynwal y gallai Edmwnd Prys a Thomas Prys o Blas Iolyn, hwyrach, fod yn fwy mentrus trwy geisio gwell cyfran a mwy o chwarae teg i'r archiad ei hun ar draul y moliant rheffynnog mewn cywyddau gofyn a diolch, cywyddau yr oedd iddynt wedi'r cyfan bwrpas penodol. Trwy docio ar rai o elfennau confensiynol a llethol canu mawl yr oes, hwyrach y teimlent eu bod yn gwneud tro da â'r *genre* trwy ganolbwyntio ar ei wir ddiben. Ystyriaeth arall o bosibl yw y teimlid mai ofer oedd manylu'n ormodol ar ach y darpar roddwr pan erchid dros aelodau agos o'r un teulu, neu pan genid i ofyn rhodd gan gyfaill neu gydnabod.[37]

Ar wahân i gyfarwyddyd Wiliam Cynwal yn rhyddiaith esboniadol yr ymryson at y rheidrwydd 'i ddwyn achau os gofynnid dim', ni chanfuwyd unrhyw dystiolaeth fewnol i brofi bod beirdd eraill yn ymwybodol ohono. Fe'n harweinir yn y fan hon i

awgrymu mai hoffter Cynwal ei hun o fydryddu achau a oedd i
gyfrif am y teimlad y dylai cywydd gofyn gynnwys achau. Nid nad
oedd beirdd yn cynnwys achau wrth foli mewn cywyddau gofyn
cyn dyddiau Wiliam Cynwal, ond y lle amlwg a roid i'r arfer yn
ei gyfnod ef sy'n mynnu sylw. Yr oedd hon yn duedd gyffredinol
a geid mewn mathau eraill o gywyddau fel y dengys D. J. Bowen
wrth drafod gwaith Gruffudd Hiraethog,[38] ac awgrymodd
Gruffydd Aled Williams mai dangos dylanwad ei athro barddol
arno a wnâi Wiliam Cynwal wrth roi cymaint o bwyslais ar arfau
ac achau yn ei gerddi.[39]

Gwelir yng ngwaith rhai o feirdd chwarter olaf yr unfed ganrif ar
bymtheg nid yn unig yr arfer o bentyrru cyfeiriadau achyddol
mewn cywyddau gofyn – 'rhygnu iach' chwedl Edmwnd Prys, nes
ymddangos o'r holl ymarferiad yn gwbl ddieneiniad a di-fflach –
ond yr arfer o olrhain ach gwraig y rhoddwr, peth nas ceid yng
ngwaith beirdd hanner cyntaf y ganrif. Wele un enghraifft o'r
cywydd a ganodd Wiliam Cynwal i geisio bwrdd gan ei ewythr,
Rhisiart ab Ifan o'r Bennardd ym Mhenmachno, lle'r olrheinir
achau Siân ei wraig:

> A'i wraig, Siân, rhywiog synia,
> Hi sy ddoeth a hwswi dda.
> Aml lwysfaidd a melysfwyd
> Yma i'w llys, merch Wiliam Llwyd.
> O Gollwyn, rhôi'n gall win rhudd,
> Mae'r had a Siôn Amhredudd,
> O'r Penrhyn, gwenyn Gwynedd,
> Ag Iarddur lwyth, graddau'r wledd.
> Einion a Môn, dwyn enw mawr,
> Dail mêl gwlad Iâl a Maelawr.
> Drych y glod ar iach gwledydd,
> Iachau Siân yn ucha' sydd.[40]

Fe welir bod Simwnt Fychan, a oedd hefyd yn ddisgybl i Ruffudd
Hiraethog, yn hoff o fydryddu achau gwraig uchelwr am linellau
lawer mewn cywydd gofyn.[41]

Dwg y sôn am wraig yr uchelwr ni at y sylw a roid i wragedd yn
gyffredinol yn y cywyddau gofyn. Nid peth dieithr oedd i'r beirdd
grybwyll yr uchelwraig yn sgil moli ei gŵr. Cyfeiria Gruffudd
Fychan yn ddigon cwrtais at Leucu, gwraig Rhisiart ap Syr
Rhosier Pilstwn,[42] ac ymddengys fod cyfeirio'n gynnil at wraig

Gruffudd ap Rhys o Faesmor heb ei henwi yn ddigon gan Dudur Penllyn.[43] Ychydig yn fwy sylweddol yw'r cyfeiriad sydd gan Lewys Môn at Annes, gwraig Ieuan ap Gwilym o Erddreiniog ym Môn, wrth ofyn am baderau,[44] ond buan y gwelir mai'n anaml y cyfeirid at wraig yr uchelwr yng nghywyddau gofyn y bymthegfed ganrif. Nid nad oedd uchelwragedd yn comisiynu cywyddau i ofyn am roddion yn y ganrif honno, fel y ceir gweld maes o law, ond sôn yr ydys yn awr am gyfeirio at wraig wrth foli uchelwr. Mae gan Guto'r Glyn, serch hynny, gywydd yn diolch i Ddafydd ap Meurig Fychan o Nannau am farch lle y cyferchir ac y molir Elen, ei wraig, am ei haelioni wrth rannu gwin a rhoddion. Dywedir mai hi a fu'n gweini arno pan fu unwaith yn glaf, a hydera yr edrychai ar ei ôl eto: 'Ac Elen a'm mag eilwaith'.[45] Wrth gloi'r cywydd, dywed Guto mai Elen a wnaeth eiriol am y rhodd ar ei ran:

> Gorwydd y mab a garwn,
> Gras hir i'r gŵr a roes hwn,
> A chynnydd, bryd hafddydd tes,
> Ar Elen a'i heirioles.[46]

Dyma gyfeiriad cynnar at uchelwraig yn eiriol ar ran y bardd, syniad a fabwysiadwyd ac a ddatblygwyd yng nghanu beirdd yr unfed ganrif ar bymtheg.

Yr oedd Lewys Glyn Cothi mor hoff o gyfeirio at uchelwragedd yn ei gywyddau mawl nes haeddu'r teitl 'bardd y gwragedd' a roes Dafydd Johnston iddo.[47] Ond o edrych ar ei gywyddau gofyn a diolch i uchelwyr, fe welir mai moli gwyrda heb grybwyll eu gwragedd a wnâi gan mwyaf, er bod ganddo bump o gywyddau gofyn a diolch a ganwyd yn benodol i wragedd. O'r ddau ar bymtheg o gywyddau gofyn a diolch sydd ganddo, y mae naw nad ydynt yn sôn o gwbl am wraig. Erys dau gywydd arall, fodd bynnag, a haedda sylw. Cynnil iawn yw'r cyfeiriad at wraig yn y cywydd i ofyn march gan Siôn ap Phylib o Gil-sant, lle y cyflwynir y gwrthrych fel mab ei fam, Sioned Llwyd. Ei henwi hi yn unig a wneir; edrychir ar y tad, y fam a'r mab fel 'tri dedwydd' sy'n darparu'n hael.[48] Ond y mae cywydd arall sydd yn fwy eithriadol am ei fod yn gofyn i ŵr a gwraig ar y cyd, sef y cywydd a ganwyd i ofyn am wisg arfau gan Rosier Cinast a'i wraig, Elisabeth Gray, dros Edward Dafydd ap Siancyn.[49] Mae'r sylw a roir i'r ddeuddyn yn fwy cyfartal, fel y gwelir oddi wrth y rhaniad hwn: yn llau 1–2 cyfeirir at y gŵr a'r wraig; yn llau 3–12 molir Rhosier, ac yn llau 13–24 ceir moliant i Elisabeth. Ym marn Dafydd Johnston, yr oedd y sylw a roid i wŷr a gwragedd gyda'i gilydd yn ganlyniad uniongyrchol i dwf perchentyaeth yn ail hanner y bymthegfed ganrif.[50] Erbyn y ganrif ddilynol mae'r cyfeiriadau at uchelwragedd mewn cywyddau gofyn yn fwy rheolaidd a chyson. Cyfeiriad wrth fynd heibio a geir weithiau, yn union fel pe bai'r beirdd yn ymwybodol ei bod bellach yn gonfensiwn i gyfarch y wraig pan oeddid yn moli gŵr. Ar ôl annerch a moli Siôn ap Rhisiart o Bennal am ddeugain llinell mewn cywydd i ofyn telyn dros Wmffre Wyn o Ynysymaengwyn, try Siôn Phylip at ei wraig:

> da rhoes duw fraint ras da fry
> degav ail dy gywely
> katrin am win a manavr
> gwawr rhys ar gvras avr
> kynnal hyd ymhen kannoes
> kadw tüy da cedwid düw does.[51]

Teimlir yn aml iawn wrth ddarllen cyfeiriadau fel hyn nad yw'r wraig namyn atodiad i'w gŵr, ond fe ddatblygodd y syniad maes o law fod y ddau'n bartneriaid wrth i'r gŵr a'r wraig gael eu cyflwyno fel cyd-ranwyr rhoddion. Dyma sut yr atgoffeid hwy o'u dyletswydd gymdeithasol i roi anrhegion. Digwydd y motiff hwn fwy nag unwaith yng nghywyddau gofyn Ieuan Tew Brydydd Ieuanc:

> Cawn rhyngddi hi a'i phriod
> Cyd-roi clir, cedwir eu clod.[52]

Wrth ofyn i Rys ap Tomas ab Ieuan Llwyd o Lyntwymyn yng Nghyfeiliog am farch, dywed Owain Gwynedd amdano ef a'i wraig, Catrin:

> Cyd unaw i caid yna
> Catring deg cydrannu da.[53]

Ar wahân i'r moliant cwrtais, ond cynnil, a roid i uchelwragedd yn y cywyddau gofyn, y mae gwedd arall yn ei hamlygu ei hun yng nghywyddau gofyn yr unfed ganrif ar bymtheg, sef y modd y dywedir bod y wraig yn eiriol dros yr eirchiad. Beth ynteu a gyfrifai am y motiff hwn? Fel y sylwodd Gilbert Ruddock, yr oedd y sylw a roid i wragedd yng nghanu serch y Cywyddwyr yn gysylltiedig â chwlt y Forwyn Fair yng Nghymru.[54] Gellir awgrymu yn y fan hon ei bod yn ddigon posibl mai'r cerddi crefyddol lle y byddai Mair yn ymddangos fel eiriolwraig a oedd wrth wraidd y syniad o'r wraig yn eiriol yn y cywyddau gofyn.[55] Mae'r sylw cynyddol a roid i wragedd yn nodwedd ar gywyddau'r unfed ganrif ar bymtheg yn gyffredinol, yn folawdau a marwnadau fel ei gilydd.[56] Cyffelyb oedd y sefyllfa ym marddoniaeth fawl Gaeleg yr Alban yn yr un cyfnod hefyd, yn ôl Derick Thomson:

> Another convention which is widely observed in the praise-poetry is the courteous address to the lady of the house. This usually comes at or near the end of the poem.[57]

Awgrymodd D. J. Bowen fod esiampl y frenhines Elisabeth I ei hun yn sbardun i wragedd eraill noddi yn y cyfnod, ac nad oedd yn beth annisgwyl, felly, i'r wraig hawlio sylw mewn cywyddau gofyn.[58] Yn sgil y Dadeni Dysg a'r pwyslais a roid ar addysgu merched, fe ddaeth mwy o barch i'r ferch mewn cymdeithas.[59] Ond y mae'r cyfeiriadau at y wraig yn eiriol am y rhodd yn awgrymu nad defod yn unig mo hynny, gan y byddai ganddi ran ymarferol yn y weithred o ddosbarthu anrhegion. Yng nghywydd gofyn Owain Gwynedd i Hywel ap Bedo o Drecastell am farch dros Owain ap Maredudd o Lanwnnog, molir ei wraig, Marged, a dywedir amdani:

> Rhoi gwasgŵyn gorhewg gwisgi
> Yr ŵyl hon a eiriol hi.[60]

Efallai y ceir goleuni pellach ar gefndir ac ystyr eiriolaeth y wraig yng nghywydd Edward ap Raff i erchi gown gan Wiliam Miltwn o Waunynog pan gyfeiria at Gatrin, ei wraig:

> i ffrydüdd a gaiff rodiaw
> iw neüadd drym newydd draw
> mae rhodd drom yma rhüdd dro
> a gwleddoedd yw gael yddo
> wedu rhoi /n/ hael yn gafael
> rhan er düw rhannwr diwael
> y wraig hon orau kynnüdd
> ir loywbert eiriol i büdd.[61]

Rhoir yr argraff weithiau y disgwylid i'r wraig ddylanwadu ar ei gŵr a'i gymell i roi'r rhodd a ddeisyfid. Dyna yw ergyd Ieuan Llwyd Sieffrai wrth ofyn i Faredudd ap Huw am gleddyf dros Ffowc Holant pan yw'n annog Siân, gwraig Maredudd:

> rhoed i gair hoywdeg eirian
> geniadv /r/ rhodd gwna[e]d i rhan.[62]

Ceir yr argraff fod gofyn am eiriolaeth y wraig wedi datblygu'n gonfensiwn erbyn cyfnod Rhisiart Phylip, oherwydd wrth erchi rhodd gan Siôn Llwyd o Riwedog dros ei ewythr, anogir Margred, ei gywely, i eiriol dros yr ewythr am y rhodd: 'hon eiriol hyn o arwydd/chwithau ai rhowch o waith rhwydd'.[63] Mae anogaeth gyffelyb i'w chael yn y cywydd a ganodd yr un bardd i ofyn i Siôn Llwyd am farch dros Siôn Morgan o Aberllefenni.[64] Ymddengys fod rhai o'r beirdd yn credu bod apelio at wraig y noddwr yn allweddol, oherwydd wrth ofyn i Dudur ap Robert o Ferain am fwa dros y telynor, Siôn ap Rhys Gutyn, dywed Siôn Tudur am Fargred:

> Gair 'y meistres grymustraul
> Gorau help dan gyrrau haul.
> Eiriol unwawr oleuni,
> A gair hon wrth ei gŵr hi.[65]

Ni raid inni dybio mai cyfeiriad defodol diarwyddocâd yn unig oedd motiff y wraig yn eiriol, oherwydd hyhi wedi'r cyfan oedd agosaf at glust ei gŵr, a naturiol oedd i fardd gredu y gallai hi ddwyn perswâd arno. Mae'r un peth yn wir am y cywydd dadolwch a ganodd Dafydd Nanmor i Rys o'r Tywyn yn y ganrif flaenorol, lle'r ymbilir ar ei wraig, Margred, i eiriol ar ei ran:

> Eirioled Margred fal Mair
> Yn y Deav vn devair
> Geirie gwraig [a gâr] y grog,
> A dry gŵr yn drugarog.[66]

Diddorol yw sylwi ar gyfeiriad mewn cerdd Wyddeleg lle y mae'r gŵr a'r wraig yn gydgyfrannog yn y weithred o roi anrheg. Canwyd y gerdd gan fardd anhysbys rhwng 1349–62 yn adrodd am y modd y bu ei farch farw ac fel y cyrchodd lys Niall Mág Shamhradháin a chael cennad i ddewis march newydd o blith ei re. Mewn un pennill cyfeirir at y rhan a chwaraeai gwraig y noddwr:

> Inghean Í Chonchubhuir Chuilt,
> ní thréigfiom a cuid don dáil;
> Sadhbh inghean Chathail na gcliar
> do-bheir a mian dá gach dháimh;
> i gcrích Bhréifne [as] iomdha sluagh
> ní chluinim a luach do mhnáibh;
> urusa a bhuain do ghéig Bhreagh
> damadh fhearr leinn each nó láir.[67]

Cyn cloi'r bennod hon, rhaid rhoi ystyriaeth i'r cyfeiriadau cynyddol a geir yng nghywyddau gofyn ail hanner yr unfed ganrif ar bymtheg at drai nawdd, ac at gyndynrwydd rhai noddwyr i roi rhoddion, oherwydd y mae hyn yn nodwedd sy'n gwahaniaethu mewn modd trawiadol rhyngddynt a chywyddau'r ganrif flaenorol. Fel y gwyddys, nid yn y cywyddau gofyn yn unig y cwynai'r beirdd yn hyglyw fod nawdd ar drai; yr oedd hon yn gri a glywid yn y rhan fwyaf o *genres* y cywydd yng nghyfnod y dirywiad,[68] ond y mae mwy o fin a brath ar achwynion y beirdd yn y cywyddau gofyn am eu bod hwy yn ymwneud yn benodol â'r arfer o roi a derbyn anrhegion. Ceir yr argraff fod mwy o gyfeirio at barodrwydd noddwyr i rannu yn oes Elisabeth, tra cymerai beirdd y Ganrif Fawr haelioni'r uchelwyr yn fwy caniataol. Y mae'r ffaith fod rhai o feirdd yr unfed ganrif ar bymtheg yn mynnu tynnu sylw cyson at haelioni wrth foli yn awgrymu nad oedd cymaint o groeso i eirchiaid ag a oedd gynt, p'run a oedd y beirdd yn erchi rhodd iddynt eu hunain ai peidio. Serch hynny, ymddangosai cartref ambell uchelwr fel gwerddon yn y diffeithwch am y ceid yno groeso parod a hael, fel y dengys y dyfyniad hwn o gywydd gan Wiliam Llŷn:

> Mae rhai beilchion ni rôn' rodd,
> Er ei erfyn, ar wirfodd;
> Dy rodd hael—ymadrodd hyn—
> A gefais heb ei gofyn.[69]

Y gŵyn fwyaf ingol y trawyd arni yw honno gan Ieuan Tew Brydydd Ieuanc mewn cywydd tra anarferol ei gynllun, cywydd y mae penawdau'r llawysgrifau iddo'n dynodi ei fod wedi'i ganu i ofyn march gan Fathau ap Morys o Geri ar ran y bardd ei hun, ond prin y dywedem hynny gan na ddaw'r archiad ei hun tan y llinell olaf, ac o'r braidd na theimlir mai dymuniad digon ffwrdd-â-hi yw hwnnw. Neilltuir rhan gyntaf y cywydd i'r gri gwynfanus:

> Byd da fal oedd byd a fu,
> Beunydd oerfyd ban ddarfu.
> Pa well beirdd? Pwy a all byw
> Pan newidiodd? Poen ydyw
> Gan na welwyd, gwn alaeth,
> Gyfnod oer, gyfnewid waeth![70]

Edrych yn ôl drach ei gefn ar feirdd cyfnodau cynt a wnâi'r bardd a gweld bod y cyferbyniad rhwng byd ei gyfoeswyr ac yntau ac eiddynt hwy yn boenus o eglur:

> Gwychion oedd gerddorion gynt:
> Gwatwaredig traw ydynt.[71]

Molir Mathau a'i wraig, Siân, am gynnal y traddodiad o roi, a diolchir nad yw haelioni wedi llwyr ddarfod amdano mewn 'byd crintachlyd dig'.

Erys cywydd unigryw o'r eiddo Dafydd Benwyn y mae'n rhaid ei grybwyll, gan ei fod yn dangos pa mor ddi-roi y gallai ambell uchelwr fod yn ail hanner yr unfed ganrif ar bymtheg. Fe'i cyfansoddwyd dros Siôn Tomas o Lanfihangel y Bont-faen (m. *c.* 1580/4) i ateb cais gan ei lysfab, Edward Pritchard o Lancaeach, am geffyl yn rhodd, a'r hyn sy'n drawiadol ynglŷn ag ef yw fod Siôn Tomas yn mynegi'n ddiamwys ei resymau dros wrthod y cais. Ef sy'n llefaru yn y dyfyniad canlynol:

> Edwart, oss airchiad ydywch,
> yn rhyw vodd vn rhyvedd ywch:
> yma *chwi* heddywch amarch,
> vy mab, am erchi vy march.
> O fryd, dy lystad, *wyf* frav,
> ond yma ir wyf yn d'amav:
> nyd swydd bonheddig ddigawn,
> erchi nyd yw yni'n iawn.

Y ddiaereb ny dderyw:
gair iach a ddywaid gwir yw.
Diraid a rhydd o dairairch:
y da yn wir hyd yn airch;
oss rhy neb y'n amser ni,
rhodded lle i gwedda rhoddi.
O synnwch, hyn yw synnwyr
yn llys a ddywaid yn llwÿr:
Düw y'n iaith, gannwaith gynneddf,
da *a*ddef, 'n y ddegfed gair deddf,
a'v grefft, na whennych awgrim,
dy dy gymodawg, na dim,
na heboc, na'i wraig hoywbarch,
na'i vab, na'i vorwyn, na'i varch,
na dim (y'th erbyn i daw)
a wyddost a vo vddaw.[72]

Dyna ddatganiad sy'n mynd yn groes i holl ysbryd defod y cywyddau gofyn. Pe bai ef yn rhoi'r ceffyl yn rhodd i Edward, ychwanega Siôn Tomas wrth egluro'i safbwynt, byddai eraill am gael rhoddion hefyd. Mae'n ddichonadwy mai ei amgylchiadau a oedd yn cyfrif am ymateb negyddol o'r fath, ond rhaid cydnabod hefyd mai'r argraff a geir yw fod yr uchelwyr yn gyffredinol erbyn y cyfnod hwn yn fwy amharod i ymateb i gais am rodd.

Nodiadau

1. *GOLlM*, rhif 10, llau 55–6.
2. Gw. Brog 3, 265.
3. *ITBI*, rhif 59, ll. 65.
4. *Ibid.*, rhif 61, ll. 73.
5. Am enghreifftiau, gw. *ACGD*, rhifau 8, 11 a 29 yn y Detholiad.
6. *GGGl*, rhif XXIX, llau 27–30.
7. *GWLl*, rhif 156.
8. Rhestrir enwau'r gwyrda a'u cartrefi yn y nodiadau, *ibid.*, t. 748.
9. *ITBI*, rhif 55, llau 65–6. Am enghraifft o gywydd arall sy'n dilyn taith glera, gw. cywydd Wiliam Gruffudd ap Siôn i ofyn wyth o ychen yn LlGC 13061, 212b.
10. *GWC(2)*, rhif 53; gw. yn arbennig llau 15–58.
11. *GLMorg*, rhif XCV.
12. Gw. M 146, 343.

13. *GWC(1)*, rhif 35, llau 15–16.
14. *GWC(Mostyn 111)*, rhif 73.
15. *ITBI*, rhif 63.
16. *Ibid.*, rhif 66.
17. *YEPWC*, t. 7.
18. *GWC(1)*, rhif 35, llau 83–6.
19. Gw. He 72a.
20. *GHRh*, rhif 30, llau 31–2. Gw. hefyd erthygl Wendy Davies, 'Hywel Rheinallt', *LlC*, 9, t. 207.
21. *GGH*, rhif 104, llau 9–14.
22. Gw. M 130, 211. Mewn cyfnod cynharach, dull tebyg oedd gan Dudur Aled hefyd o bwysleisio hyd ach noddwr; gw. *GTA*, rhif CXX, llau 9–12: 'Digon o swydd im, flwyddyn,/Dragio inc du ar y gwyn,/ Dwyn cyff y Deon Cyffin,/Drwy'ch un llwyth, o drychan llin!'
23. A. Cynfael Lake, 'Huw Llwyd o Gynfal', *CCHChSF*, IX, t. 74, llau 15–18.
24. Gw. sylwadau D. J. Bowen, 'Agweddau ar Ganu'r Unfed Ganrif ar Bymtheg', yn *TrCy* (1969), lle y mae'n 'gosod gerbron y syniad fod a fynno dymuniad a chwaeth y noddwyr eu hunain â chynnwys a natur y cerddi a genid iddynt ac nad mater yn ymwneud â'r beirdd yn unig ydoedd hynny . . .' (t. 284). Gw. hefyd y sylwadau ar d. 308.
25. Gw. M 112, 237.
26. Gw. M 112, 50. Cymh. y cwpled yn M 112, 61: 'Ni ddown o ben a henwi/di goll ych holl iachav chwi'.
27. Gw. M 112, 450.
28. Gw. D. J. Bowen, 'Agweddau ar Ganu'r Unfed Ganrif ar Bymtheg', yn *TrCy* (1969), t. 291, a hefyd ei erthygl 'Barddoniaeth Gruffudd Hiraethog: Rhai Ystyriaethau', yn Thomas Jones (gol.), *Astudiaethau Amrywiol a gyflwynir i Syr Thomas Parry-Williams* (Caerdydd, 1968), tt. 4–5.
29. Gw. M 112, 434.
30. Enwir ef ymhlith y 'mydrwyr or Brytanniaid ar a oedd ar vnwaith an cyfoes ni yn canu ar ei bwyd ei hun (mal i mae y ddihareb)'. Gw. J. Fisher (gol.), *The Cefn Coch MSS* (Lerpwl, 1899), t. 6.
31. Gw. M 112, 446.
32. Am sylwadau ar y beirdd yn canu celwydd, gw. Branwen Jarvis, 'Llythyr Siôn Dafydd Rhys at y Beirdd', *LlC*, 12, tt. 47–8. Gw. hefyd *YEPWC*, tt. cxxxiv–cxliii.
33. *GST*, rhif 151. Gw. yn arbennig llau 25–8: 'Ninnau'r beirdd a wnawn, rai bas,/O'r arddwyr wŷr o urddas,/A rhoi achau rhy wychion,/A mawl i Siac mal i Siôn.'
34. Ceir cywydd Huw Pennant yn LlGC 16129, 12, a'r cywydd ateb yn LlGC 16129, 22.

35. Gw. LlGC 2691, 100.

36. Gw. Ll 30, 25. Diolch am wn gan Edward Llwyd: 'Afraid yw frodio awen/a choffau dy iach oi ffen/mawl waedol yt aml ydyw/mil ai gwyr mor amlwg yw.'

37. Meddylier am yr hyn a ddywed Siôn Phylip am yr wybodaeth am gampau ieuenctid Wiliam Wyn o'r Glyn mewn cywydd i ofyn march dros gefnder iddo: 'ni ddoedaf anwedd ydynt/pan oedd iav ei gampav gynt/nid rhaid ar led i dwedyd/e i gwyr ei gefnder i gyd' (Ll 215, 728).

38. D. J. Bowen, 'Barddoniaeth Gruffudd Hiraethog: Rhai Ystyriaethau', tt. 10–13.

39. *YEPWC*, t. cxxvi.

40. *GWC(Mostyn 111)*, rhif 117.

41. Gw. D. J. Bowen, 'Disgyblion Gruffudd Hiraethog', *SC*, X/IX, tt. 241–55. Wrth ofyn i Siôn Wyn ab Ifan o Hirdrefáig am farch, mae Simwnt Fychan yn olrhain ach Mallt ei wraig fel hyn: 'ei wraig dda rowiog ddiwair/ei bwrdd yn gyflawn a bair/o brofedig bvr fwydydd/a Mallt wawr hirwallt ai rhydd/lloer Rhydderch llwyr yw iddi/y glod ni[d] oes drwy'n gwlad ni/wyr Dafydd o wraidd Ievan/ap Ednyfed luned lân/vn dvw nodded winwdden/o wraidd a rhyw Iarddvr hen/llin Wiliam llawen eilio/llyna frig Cychwillan fro/ai theidiav'n wraidd plethiedig/o Goetmor fawr ragor frig/iach dda o Lowarch ddwywaith/ap Bran oedd bren per in iaith.' (Gw. 'Y dewr o Fôn o Dre-faig' yn Ll 122, 19.) Am enghreifftiau eraill o gywyddau yn olrhain ach gwraig uchelwr, gweler dau o'r eiddo Rhisiart Phylip yn P 245, 64 a Ll 125, 593, y naill yn gofyn march gan Siôn Llwyd o Riwedog, a'r llall yn gofyn cleddau dros Owen Pŵl.

42. *GSRhE*, rhif 11, llau 77–82.

43. *GTPITP*, rhif 35, llau 30–2.

44. *GLM*, rhif XX, llau 29–40.

45. *GGGl*, rhif LXXXVII, ll. 18. Cyfeirio a wneir at y tro y bu Elen yn ei ymgeleddu pan oedd yn glaf; gw. rhif LVII, llau 39–42.

46. *Ibid.*, rhif LXXXVII, llau 65–8.

47. Gw. ei ysgrif 'Lewys Glyn Cothi: Bardd y Gwragedd', *Taliesin*, 74, tt. 68–77.

48. *GLGC*, rhif 70.

49. *Ibid.*, rhif 207.

50. 'Lewys Glyn Cothi: Bardd y Gwragedd', t. 74.

51. LlGC 2691, 163.

52. *ITBI*, rhif 63, llau 61–2.

53. BL 31064, 193a.

54. Gw. Gilbert Ruddock, 'Rhai Agweddau ar Gywyddau Serch y Bymthegfed Ganrif', yn John Rowlands (gol.), *Dafydd ap Gwilym a Chanu Serch yr Oesoedd Canol* (Caerdydd, 1975), tt. 95–119.

55. Gw. J. E. Caerwyn Williams, *Canu Crefyddol y Gogynfeirdd* (Darlith Goffa Henry Lewis, 1976), tt. 26–7.

56. Gw. D. J. Bowen, *TrCy* (1969), tt. 314–15.

57. Derick Thomson, *An Introduction to Gaelic Poetry*, t. 46.

58. *TrCy* (1969), tt. 315–16.

59. Gw. ymdriniaeth Branwen Jarvis ag un o weithiau'r Dadeni a gyfrannai addysg i ferched ac a gyfieithwyd i'r Gymraeg gan Richard Owen yn 1552, 'Dysgeidiaeth Cristnoges o Ferch a'i Gefndir', *YB*, XIII, tt. 219–26.

60. *GOG*, rhif 75, llau 43–4.

61. Brog 6, 44.

62. Pa 64, 78.

63. P 245, 64.

64. P 245, 44.

65. *GST*, rhif 35, llau 69–72.

66. *PWDN*, rhif IV, llau 59–62.

67. Lambert McKenna (gol.), *The Book of Magauran* (Dulyn, 1947), t. 119, pennill 16. Cyfieithwyd y pennill i'r Saesneg fel hyn: 'Daughter of Ó Conchobhair of Colt, Sadhbh, daughter of poet-loving Cathal, I will not overlook her share in the affair either; she loves all poets; in all Bréifne with its many hosts I know of no woman equal to her; if I wanted some horse or mare 'twere easy to get it from this Branch of Breagha.' (t.335) Am enghraifft arall, gw. Lambert McKenna, *The Book of O' Hara*, rhif XV, pennill 18–19.

68. Ceir dwy ymdriniaeth fanwl a llawn â chanu cyfnod y dirywiad gan D. J. Bowen yn 'Canrif Olaf y Cywyddwyr', *LlC*, 14, tt. 3–51; 'Y Cywyddwyr a'r Dirywiad', *B*, 29, tt. 453–96.

69. *GWLl*, rhif 152, llau 33–6.

70. *ITBI*, rhif 56, llau 1–6.

71. *Ibid.*, llau 21–2.

72. *LWDB*, rhif XCV, llau 47–70.

~ 9 ~

Cyflwyno'r eirchiad a'r cais am rodd

Dylid ailsefydlu yn y fan hon fod dau brif fath o gerdd ofyn yn bod a ddibynnai ar bwy'n union oedd yr eirchiad. Yn gyntaf ceir y cywydd lle'r oedd y bardd yn gofyn am rodd iddo'i hun. Fel y gwelwyd eisoes, enghreifftiau o'r math hwn yw'r cywyddau gofyn cynharaf. Datblygodd ail fath lle'r oedd y bardd yn ganolwr ac yn erchi ar ran trydydd person, weithiau trwy dadogi'r cywydd ar yr eirchiad a llefaru trwy ei enau ef. Edrychwn i ddechrau ar y math cyntaf, sydd yn cyfrif am 32 y cant o'r cywyddau gofyn a ganwyd cyn *c.* 1500. Rhwng *c.* 1500 a *c.* 1630, y mae canran y dosbarth hwn o gywyddau hanner yr hyn ydoedd yn y ganrif flaenorol, sef 15.6 y cant. Tybed a oedd a wnelo Deddf Cardotwyr 1530/1 rywbeth â'r lleihad yn nifer y cywyddau hyn? Mewn cwndid gan Thomas ab Ieuan ap Rhys o Forgannwg a ganwyd yn ystod tridegau'r unfed ganrif ar bymtheg, er enghraifft, cyfeirir at y ddeddf arbennig honno, a anogai weithredu llym yn erbyn eirchiaid o bob math, fel 'Act y brenin . . . yn rhwystro pawb i gaiso'.[1] Cafwyd cyfres o ddeddfau llym yn nes ymlaen yn y ganrif a allai'n hawdd fod wedi atal peth ar weithgarwch y beirdd fel eirchiaid.[2]

Y Bardd yn Eirchiad

Man cychwyn y drafodaeth hon ar y cywyddau a ganai'r beirdd i erchi rhodd drostynt eu hunain yw natur perthynas y bardd â'i noddwr. Newidiasai'r berthynas honno'n ddirfawr erbyn cyfnod y Cywyddwyr cynnar wrth i'r gwahaniaeth rhyngddynt o ran safle cymdeithasol ddiflannu, rhagor yr hyn ydoedd yn oes y Tywysogion. Bellach, gwŷr rhydd cydradd oedd y noddwyr a'r beirdd, er y buasai'r noddwyr yn llawer mwy cefnog. Dengys canu Dafydd ap Gwilym i Ifor Hael i ba raddau y daethai'r bardd a'r noddwr i fwynhau perthynas ar delerau personol a oedd yn seiliedig ar ddiddordebau diwylliannol cyffredin.[3] A chan Ddafydd ap Gwilym yn y 'Cywydd i Ifor Hael' y cawn gwpled a saif fel datganiad clasurol am berthynas bardd a noddwr:

Rhoist ym swllt, rhyw ystum serch,
Rhoddaf yt brifenw Rhydderch.[4]

Hwn oedd y cytundeb dealledig a reolai berthynas bardd a noddwr o gyfnodau cynnar. Yng nghyfnod y Gogynfeirdd edrychid ar anrhegion bardd llys fel breintiau a hawliau a oedd yn dderbyniol gan y tywysog a'i bencerdd neu ei fardd teulu. Hwyrach nad oedd yn rhaid i fardd llys ganu i erchi rhodd, dim ond ei chydnabod gyda cherdd ddiolch, ac mai dyna a gyfrif am brinder y cerddi gofyn gan aelodau haenau uchaf cyfundrefn y beirdd cyn *c.* 1350. Am y glêr wedyn, byddai mwy o reidrwydd arnynt hwy i ganu'n benodol i geisio rhoddion am nad oeddynt yn mwynhau manteision y bardd sefydlog a oedd yn drigiannol mewn un llys ac yn dal perthynas ag un teulu. Gan ei bod yn ymddangos mai ychydig iawn o sicrwydd nawdd a geid yng nghyfnod y Cywyddwyr cynnar, hwyrach mai yn ystod y cyfnod hwnnw y dechreuodd beirdd hyfforddedig y gyfundrefn farddol gymryd at y *genre* fel ffordd o sicrhau bod y noddwyr yn ymwybodol o'u dyletswydd i roi rhoddion materol. Mae Helen Fulton wedi tynnu sylw at ddefnydd Dafydd ap Gwilym o bersona'r bardd llys a'r clerwr yn ei ganu serch ac at y modd y defnyddir chwantau cnawdol y carwr fel trosiad am awydd y bardd am roddion materol, gan awgrymu bod a wnelo'r trosiad hwn ag ansicrwydd y gyfundrefn nawdd ar y pryd.[5]

Boed a fo am yr amgylchiadau yn y cyfnod ar ôl colli nawdd y Tywysogion, nid oes wadu na pharhaodd hawl y beirdd i daliadau yn ôl grym arferiad. Fel y mae un o'r Trioedd Cerdd yn ei ddatgan: 'tri pheth a lawenha kerdd[or]: i ganmawl, a gwarandaw i gerdd yn ganmoledic, a Roi rroddion iddaw.'[6] Rhydd y dyfyniad isod o Araith Wgon syniad da inni am y math o groeso a dderbyniai bardd ar daith glera trwy adrodd hanes Gwgon Gwawd Newydd yn mynd o lys Dafydd ab Owain Gwynedd i lys Rhys ap Tewdwr i weld pa fath groeso a gâi gŵr o Wynedd yn y Deheubarth. (Dylid pwysleisio mai parodi ar y rhan o chwedl *Culhwch ac Olwen* lle y mae Culhwch yn cyrchu porth llys Arthur yw'r araith.) Erys y copi hynaf ohoni yn llawysgrif Llanwrin I, a ysgrifennwyd tua 1582 gan Roger Morris o Goedytalwrn, a thybia Gerallt Harries mai Cadwgan Ruffudd oedd yr awdur gwreiddiol.[7] Bernir bod yn yr araith ddeunydd sy'n hŷn na'r unfed ganrif ar bymtheg, ac mae'r darn a ddyfynnir o ddiddordeb arbennig petai ond er mwyn rhoi syniad inni am y modd yr oedd cerddorion a beirdd yn erchi ac yn derbyn rhoddion mewn llysoedd yn yr Oesoedd Canol. Gwgon ei hun sy'n llefaru i ddechrau ac yn adrodd ei neges wrth Rys ap Tewdwr:

'Ni cheissiaf na thir prynn, na thir prid, na physgodlynnau na pherllannau, na morwyn, na gwraic ond pedeir punt i mi a gown a march, a gown a march im gwassnaethwr'. 'Gwgon vynghar am kydymddaith, val dyna rodd ni ovynnodd klerwr a vu yn klera rhwng dwywlad er ioed. Eithr gan dy ddyvod ti o i wrth D ap Ywain Gwynedd, ti a gai dy ofyn oni chai a fo mwy'. Ac yna y kymyrth i ystavell y nosson honno i orffywys. A thrannoeth y doeth at yr arglwydd Rys ap Tewdwr i gymeryd i rodd ai gennad. Ac y kavas chwephunt a gown a march. A gown a march yw wassnaethwr. Ac yna y doeth Gwgon yn debygach i dduc neu i varchoc adref, noc i glerwr a fai yn klera y rhwng dwywlad.[8]

Ni fynnir yma droedio'r un tir ag a droediwyd yn rhan gyntaf yr astudiaeth wrth drafod y gyfundrefn nawdd, namyn gosod yn gryno gyd-destun y cywydd lle'r ymddangosai'r bardd fel eirchiad. Nodwedd ar gymdeithasau uchelwrol trwy gyfandir Ewrop achlân yn yr Oesoedd Canol a'r Cyfnod Modern cynnar oedd fod arglwyddi'n cyfnewid anrhegion â'u cydradd.[9] Dosberthid anrhegion mewn gwleddoedd, ac yn ddieithriad estynnid rhoddion i finstreliaid a beirdd a fyddai'n bresennol ar yr achlysuron hynny. Yn ôl y cofnodion sydd ar glawr am y wledd fawreddog a gynhaliwyd ar y Sulgwyn 1306, adeg urddo Edward II yn farchog, rhannwyd cymaint â 200 o forciau ymhlith y minstreliaid llys yn enw'r tywysog.[10] Ceir digonedd o gyfeiriadau at roddion yng ngwaith y beirdd Cymraeg o gyfnod y Cywyddwyr cynnar ymlaen i brofi y byddent yn derbyn anrhegion am eu gwaith, a hyd y gwelwyd, yr oedd dillad ymhlith y rhai mwyaf cyffredin. Meddylier am Ddafydd ap Gwilym yn ymadael â llys Ifor Hael yn llwythog ac yn dweud amdano'i hun:

Cywoethog ac enwog wyf,
O eiriau teg, o ariant,
O aur coeth, fal y gŵyr cant,
O ddillad, nid bwriad bai,
O arfau Ffrengig erfai,
Ufudd gost, o fedd a gwin,
O dlysau, ail Daliesin.[11]

Nid cyd-ddigwyddiad yw cyfeiriad Dafydd at lys ei ewythr
Llywelyn ap Gwilym 'ym mryn y beirdd' yn y Ddôl-goch fel 'Lle
gnawd cael gwasgawd a gwisgi—ddillad',[12] oherwydd yr oedd cael
gwisgo'r dillad neu'r lifrai a gawsai'n rhodd gan ei neiaint yn
Nannau yn achlysur i'w gofio gan gywyddwr cynnar arall,
Llywelyn Goch Amheurig Hen:

> Gwisgaw o befrlaw pob un
> Gwrdd roddion gwyrdd o'r eiddun.[13]

Pan ymwelai'r beirdd â thai eu noddwyr yn ystod gwyliau'r Nadolig
a'r Calan pan fyddai'r hin ar ei hoeraf, yr oedd yn ddigon naturiol y
byddent yn gwerthfawrogi derbyn gynau i'w cadw'n gynnes, fel y
dengys y dyfyniad hwn o gywydd diolch gan Hywel Dafi:

> ka(e)l yn vn kalan ionawr
> kylenic or verwir[g] vawr
> ar vymys dy rifo mork
> wrth i chymell gwerth chwemork
> llenn o wyrdd llin iwerddon
> lliw gar(dd)av had lloegr oedd honn.[14]

Dengys cwpled o gywydd gofyn march gan Gutun Owain fod y
beirdd yn aml yn ymwybodol o undod a chysondeb a pharhad y
traddodiad barddol cyn belled ag yr oedd rhoi rhoddion yn bod:

> Siôn, fal Taliesin wyf i,
> Dy varch y dof y'w erchi.[15]

Fe ymddengys fod apelio at ryw gynsail, fel y gwna Lewys Glyn
Cothi yn y cywydd i ofyn huling gan Elin o Brysaeddfed trwy
gyfeirio at gerdd a ganodd Gwilym ab Ieuan Hen (na chadwyd
mohoni) i ofyn rhodd gan berthynas i Elin, sef Mallt ferch Hywel
Selau, gan awgrymu bod traddodiad o roi anrhegion yn y teulu, yn
ffordd o atgoffa'r noddwyr o'u dyletswydd i anrhegu beirdd.[16]
Atgoffa Ieuan ab Einion ap Gruffudd ei fod eisoes wedi rhoi
cyfrwy yn anrheg iddo a wna Tudur Penllyn mewn cywydd sy'n
gofyn am farch newydd, ac ni chyll y bardd ei gyfle i bwysleisio pa
mor ariannog oedd y noddwr a oedd yn byw gyferbyn â'i gartref
ym Mhenllyn:

Rhy fychan yn arian oedd
Yt beunydd gant o bunnoedd;
Cyfrwy roist, nis cair ar werth,
Dyro eto ym droterth.[17]

Pwysleisiai Llawdden, yntau, wrth ofyn am ddau o ychen duon gan
Watcyn Fychan o Hergest iddo ganu i'w dad o'i flaen:

Hen awdur hy iawn ydwyf
Fal ar dy dad arnad wyf.[18]

Yr un modd, cyfeiria Siôn Ceri at yr olyniaeth ar aelwyd Morys ab
Owain yn Rhiwsaeson wrth ofyn iddo am darw, gan awgrymu'n
gynnil fod dyletswydd ar Forys i gynnal arfer ei dad:

Prydyddion, parod oeddynt,
A roen' gost ar Owain gynt.
Byw ar hwn y bu'r rheini;
Byw ar ei fab yr wyf fi.[19]

Erbyn y bymthegfed ganrif yr oedd y gyfundrefn nawdd ar seiliau
digon cadarn ym mhob cwr o Gymru, mor gadarn yn wir nes y gallai
Huw Cae Llwyd, a hanai'n wreiddiol o Landderfel ym Meirionnydd,
ymsefydlu ym Mrycheiniog ac ennill nawdd rhai o deuluoedd mwyaf
cefnog y sir honno.[20] Gellir ymglywed ag agosrwydd y berthynas
rhwng y bardd a'i noddwr yn y bymthegfed ganrif yng ngeiriau
Lewys Glyn Cothi am Ieuan ap Maredudd o Fuellt:

Prydydd, tra fo gwŷdd a gwellt
wyf i Ieuan o Fuellt . . .
Bardd weithian i Ieuan wyf
yn bwrw ato a brytwyf,
ac i'w fardd, pwy bynnag fo,
ef a rydd cyfrwy iddo.[21]

Mae'n werth aros am ennyd gyda gwaith Lewys Glyn Cothi am fod
gan y bardd hwn nifer o ddatganiadau sy'n dadlennu llawer am
hyd a lled y berthynas a fodolai rhwng y bardd fel eirchiad a'i
noddwr. Ffolineb, hwyrach, fyddai tybio bod pob bardd yn
mwynhau'r un berthynas ag a oedd rhwng Lewys Glyn Cothi a'i

noddwyr, ond mae tystiolaeth y cywyddau eu hunain yn awgrymu bod amgylchiadau y rhan fwyaf o'r beirdd cyn *c.* 1500 yn debyg. Tystia Lewys mewn cywydd mawl i Fedo o Benrhos ym mhlwyf Penegoes na fu'r noddwr arbennig hwnnw heb gerdd foliant, am ei fod yn cymell yn gadarn arno aur ac arian o'i wirfodd:

> cymell yn gadarn arnaf
> arian ac aur, hyn a gaf.
> Ni bu heb gerdd, ac ni bydd,
> ni bu rad hon gan brydydd.[22]

Mae'n ddealladwy y byddai'n rhaid i'r uchelwyr dalu am gerddi, ac mae gennym fwy nag un cyfeiriad yng ngwaith un arall o feirdd y Ganrif Fawr, Hywel Dafi, at dderbyn 'nobl aur' fel taliad.[23] Nodir y taliadau a oedd yn ddyledus am gywyddau yn Statud Gruffudd ap Cynan (1523), taliadau a seiliwyd ar arferion a ddatblygasai ymhlith y beirdd erbyn diwedd y bymthegfed ganrif a dechrau'r ganrif ddilynol, ond odid. Os glynwyd wrth daliadau'r bymthegfed ganrif, yr oedd perygl y byddent hwy wedi colli eu hen werth eisoes fel y gafaelai chwyddiant, ac os glynid wrthynt ymlaen i'r ail ganrif ar bymtheg, yr oedd eu gwerth yn llai fyth.[24] Ym-ddengys nad oedd y Statud yn ystyried effaith chwyddiant ar y taliadau, ac os parhaent hwy am gyfnod o amser heb eu hadolygu, byddai eu gwerth yn cael ei erydu. Dyna paham y talai inni ystyried tybed a oedd rhai beirdd yn gorfod gofyn am gyfreidiau am na fyddai'r taliad ariannol a gaent yn ddigon i'w prynu.

Yr oedd pencerdd cerdd dafod i dderbyn 81 ceiniog am gywydd unwaith bob tair blynedd gan fonheddwr a chanddo fywyd neu incwm o £5.[25] At hynny, deddfai'r Statud y dylai pencerdd o athro gael tlws, arf, dilledyn, neu unrhyw rodd arall y deuai i fryd a meddwl noddwr ei rhoi.[26] Yn awr, os oedd Hywel Dafi rhwng *c.* 1450 a *c.* 1480 yn derbyn nobl am gywydd, byddai hynny'n golygu bod y taliad yn cyfateb i raddfa'r Statud a bennwyd yn 1523, canys bernir bod gwerth y nobl aur tua 6 swllt ac 8 geiniog yn 1450.[27] Rhoddai hynny gyfanswm o 80 ceiniog. Ceir rhestr o daliadau ym Mheniarth 67, llawysgrif sy'n cynnwys llawer o gerddi Hywel Dafi y dywedir y gallant fod yn llaw y bardd ei hun.[28] Ond y broblem gyda hon yw gwybod yn union beth y mae'r gwahanol daliadau yn ei gynrychioli. A derbyn mai cyfeirio at daliadau am gerddi a wneir, yna pa fath gerddi oeddynt? Ai awdlau, cywyddau mawl, marwnad neu ofyn? Yn un peth, fe geir mwy nag un cyfeiriad at daliad o 'vi s. viii d.' (sef 80 ceiniog). Os gallai Hywel Dafi ddweud mewn un cywydd, 'Ni cheisia varch achos vydd/na r ki ievank er kywydd',[29] a Lewys Glyn Cothi yntau, 'Gorwydd gwâr am gerdd a gaf',[30] yna teg gofyn a oedd gwerth ariannol march yn cyfateb i werth ariannol cywydd? Anodd fyddai dweud i sicrwydd gan y byddai cymaint o ffactorau yn gysylltiedig â gwerth anifail, megis ei oedran a'i gyflwr, ynghyd â maint y galw amdano. Yn y cyswllt hwn, mae'n werth cyfeirio at y gwerth a roid ar feirch yng nghofnodion llys Sesiwn Chwarter Sir Gaernarfon rhwng 1541 a 1558. Amrywia'r symiau'n fawr o'r 40 swllt (sef £2) y dywedid bod un march a ladratawyd ym mis Ebrill 1551 yn werth, i'r 6 swllt (sef 72 ceiniog) y dywedid bod march a ladratawyd gan ŵr o Lanllyfni yn Ionawr 1557 yn werth.[31] Ceir hanes un achos llys diddorol lle'r oedd gŵr yn cael ei gyhuddo o brynu march wedi'i ddwyn.[32] Adroddwyd wrth y llys y dymunai'r lleidr gael 13 swllt a 4 ceiniog amdano, ac fel y teimlai'r prynwr fod y swm hwnnw'n ormodol. Yn y diwedd trawodd y prynwr fargen â'r lleidr am 8 swllt a 4 ceiniog. Hwyrach nad yw pris meirch wedi eu lladrata yn ffon fesur ddibynadwy, ond fe welir yn eglur nad oedd yr 81 ceiniog a gâi bardd am ganu cywydd yn ôl graddfa'r Statud yn ddigon i dalu am farch erbyn canol yr unfed ganrif ar bymtheg. Wrth i werth yr 81 ceiniog leihau o hyd gyda chwyddiant, ac fel y cynyddai gwerth anifeiliaid, hwyrach y gorfodid rhai o'r beirdd i ofyn yn benodol am roddion er mwyn gwneud iawn am y diffyg. Ond y mae'r ffaith fod canran y cywyddau gofyn lle'r oedd y bardd yn eirchiad yn is yn yr unfed ganrif ar bymtheg yn negyddu'r dybiaeth hon i raddau helaeth iawn.

Ond fe allai'r *genre* gynnig gwaredigaeth mewn ffordd arall wrth i'r beirdd gynyddu eu gweithgarwch a chanu dros y naill fonheddwr i erchi gan y llall. Fel y nodwyd o'r blaen yng nghorff yr astudiaeth hon, byddai cyfle i'r beirdd ymweld ag aelwyd dau uchelwr gydag un cywydd a byddai cyfle i gyfansoddi cywydd arall pe mynnai'r ail uchelwr erchi rhodd gan ei gâr. Nac anghofier ychwaith fod cynnig cerdd am rodd yn gyfnewid gweithredol ac na ddylem bob amser ddarllen cyfeiriadau at brynu march â cherdd yn yr ystyr lythrennol fel pryniant ariannol gan ddisgwyl i werth y rhodd a erchid adlewyrchu gwerth ariannol cyflog bardd. Sylwedd cyfnewidadwy oedd y gerdd wedi'r cyfan.

Ar bwys cyfeiriadau mewn dau gywydd gan Lewys Glyn Cothi, mae'n ymddangos bod rhai beirdd yn cael gwahoddiad gan noddwyr i erchi rhodd. Daw'r cyntaf o'i gywydd moliant i Ruffudd ap Rhys o Edeirnion, gŵr y dywedir amdano: 'ei law a'i ddwrn a dâl dda'.[33] Unwaith yn rhagor ceir cipolwg ar ymwneud gwraig yr uchelwr â rhoi rhoddion yn y dyfyniad hwn lle y dywedir bod Gruffudd ap Rhys o Franas yn gwahodd y bardd i'w lys a bod Annes ei wraig wedyn yn ymbil ar ei gŵr i'w anrhegu:

> Hwn a rydd tra fo hinon,
> erchi rhoi arch a ŵyr hon.
> Gantho fo y caf wahodd,
> genthi er hyn ganwaith rodd.[34]

Mewn cywydd moliant arall, dywed Lewys fod Maredudd ap Dafydd Fychan o Linwent yn rhoi tair arch iddo, ac yn ei orchymyn i gyrchu march o'i gartref:

> fy nghellwair a rhoi ym deirarch,
> ac erchi imi gyrchu march.[35]

Yr oedd perthynas Lewys Glyn Cothi â Dafydd ap Gutun o Groesoswallt mor agos fel y derbyniai'r bardd anrheg cyn iddo hyd yn oed ofyn amdani:

> Arch i Ddafydd a archaf,
> arch, cyn ei herchi y'i caf.[36]

Dyma gyffyrddiad sy'n cyfleu parodrwydd rhai noddwyr i estyn rhodd yn ddigymell, ac ymddengys y gallai hynny fod yn ddigwyddiad arferol yn y bymthegfed ganrif. Ni fu'n rhaid i Domas Derllys, yn ôl ei dystiolaeth ef ei hun, erchi'r bwâu a gafodd gan noddwr hael, sef Syr Lewis o Langatwg:

> Ni cheisiais fwa a chwe saeth
> Y rhain i'm eu rhoi a wnaeth.[37]

Daw'n eglur fel y dydd bellach nad oedd raid i Feirdd yr Uchelwyr deimlo'n israddol wrth ganu cywydd i ofyn am rodd drostynt eu hunain, ac nad oes arlliw o deimlad o euogrwydd ar yr archiadau hynny a alwai am gyfreidiau bywyd hyd yn oed, gan ei bod yn ddealledig fod y gerdd ei hun yn wrthrodd teilwng. Mae'n rhaid gwahaniaethu rhwng yr anrhegion a roid i'r beirdd a'r elusennau a roid i dlodion, er ei bod yn ymddangos bod rhai beirdd yn ymdrin â chroeso llawagored uchelwyr i wŷr wrth gerdd ar yr un gwastad â'r arfer o roi i dlodion, fel y gwna Lewys Glyn Cothi yn ei gywydd i Einion ab Ieuan:

> Ei fwnai efô Einiawn
> a urddai wŷr â cherdd iawn,
> a di-lesg y rhôi i dlawd
> bara da brau a diawd . . .[38]

Ond yn y bôn, bardd wrth ei swydd a ddisgwyliai ac a haeddai dâl oedd Lewys Glyn Cothi. Fel y gwelir yn y dyfyniad canlynol o'i gywydd moliant i Ddafydd ap Rhys Amheurig o Dre'rdelyn, diwedd y gân oedd y geiniog:

> Bardd wyf bob awr i Ddafydd,
> od wyf, gwyn fy myd o'r dydd;
> da o waelod Tre'rdelyn
> sy'n 'y mhwrs innau am hyn . . .[39]

Nid perthynas bardd a noddwr a oedd wrth wraidd pob archiad fodd bynnag, oherwydd fe welir bod Dafydd ab Edmwnd wedi canu i ofyn am ddaeargwn gan ei gâr, Llywelyn Of.[40] Perthynas deuluol a glymai'r gofynnwr a'r rhoddwr yn yr achos hwnnw.

Diau y byddai lliaws o eirchiaid o bob rhyw yn troi i mewn i dai'r uchelwyr yn ystod y gwyliau, ac yn eu plith y gwaseilwyr. Ceir cyfatebiaeth rhwng y canu gofyn a chais y gwaseilwyr am roddion, oherwydd arferent hawlio mynediad i'r cartref a'u digoni eu hunain â bwyd a llyn. Diau mai adlais o ddefod gwaseila, fel y daethpwyd i'w hadnabod yn ddiweddarach yn y canu rhydd, a geir yng nghywydd Lewys Glyn Cothi i Lewys ap Gwatcyn o Gastell-paen, lle y ceir ymryson rhwng yr enaid a'r corff a oedd yn un o themâu'r canu gwasael. Dywedir am y corff:

> . . . gofyn bragowdlyn a'i gael
> gefn nos a gofyn wasael;
> gofyn y mae am gyfedd,
> gofyn mae drachgefn y medd.[41]

Ym marn Rhiannon Ifans yr oedd yr 'arfer o grwydro'r tai ar y gwyliau yn cyfateb i arfer beirdd y canu ffurfiol, o ran y weithred ei hunan a hefyd gan fod y canu gwasael wrth y drysau yn perthyn i rai o'r cyfnodau gŵyl yr oedd y beirdd yn canu arnynt'.[42] Cyffredin hefyd oedd i'r gwaseilwyr ofyn yn benodol am roddion ychwanegol.[43] Ond nid fel rheidusion y meddyliai'r beirdd proffesiynol amdanynt eu hunain, er bod motiff y cleiriach tlawd i'w gael yn gyson yn y cywyddau a ganent i erchi rhoddion drostynt eu hunain. Yn hyn o beth mae'n ddiddorol cymharu'r rhestrau o wrthrychau y canodd y beirdd i ddiolch amdanynt drostynt eu hunain yn Atodiad III. Gwelwn fod y gwrthrychau yn fwy niferus yn y cyfnod cynharaf, sef rhwng *c.* 1350 a *c.* 1500 nag yn yr ail gyfnod, sef rhwng *c.* 1500 a *c.* 1630. Sylwer nad oes odid yr un enghraifft o gywydd lle y mae'r bardd yn diolch am farch yn yr ail gyfnod tra bo pump yn y cyfnod cynharaf. Er ei bod yn sicr fod llawer o gywyddau wedi eu colli, y mae'r gwahaniaeth yn awgrymu bod noddwyr yr unfed ganrif ar bymtheg, o bosibl, yn llai parod i ymadael ag eiddo drudfawr. Nid yw canran y cywyddau gofyn a ganai'r beirdd drostynt eu hunain, o gymharu â chanran y cywyddau a ganent i erchi dros eu noddwyr, yn gwarantu dweud bod y beirdd yn eirchiaid rhy wancus yn y naill gyfnod na'r llall.

Os edrychwn ar dueddiadau'r beirdd o ran nifer y cywyddau lle'r oedd y bardd ei hun yn eirchiad, gwelwn nad oes modd canfod unrhyw batrwm cyffredinol rheolaidd. Dibynnai amlder y cywydd-au hynny ar amgylchiadau unigolion ar y pryd. Gwelir bod Lewys Glyn Cothi, er enghraifft, yn eirchiad selog, oherwydd o'r pedwar cywydd gofyn ar ddeg sydd ganddo dim ond tri sy'n gofyn dros wahanol noddwyr. Drosto'i hun hefyd y canodd y tri chywydd diolch sydd ganddo. Mae'n rhaid fod teithiau Lewys ar gylchoedd clera a'i dygai i bob cwr o Gymru yn golygu y byddai mewn sefyllfa i fedru gofyn am roddion yn helaeth, fel y cyfeddyf ef ei hun yn ei gywydd i ofyn cyfrwy a'i harnais gan Syr Huw Iolo, ficer Llansanffraid yn Elfael Uwch Mynydd, a'i gefnder, Hywel ab Ieuan Coch:

> Er cael da y gwyrda gwych,
> ceisio 'ddwyf yno'n fynych.[44]

Er bod teithiau clera Guto'r Glyn yntau yn ymestyn o Wynedd i Went, ac er bod gwaith Guto yn ymdebygu i waith Lewys Glyn

Cothi o ran arddull ac ysbryd, dim ond un cywydd gofyn sydd ganddo'n gofyn am rodd drosto'i hun, yn wahanol, efallai, i'r hyn a ddisgwyliem. Ond y mae'r pum cywydd diolch sydd ganddo, serch hynny, wedi eu canu drosto ef ei hun. Yn achos Gutun Owain, bardd yr oedd ei deithiau clera yn gyfyngedig i ogledd-ddwyrain Cymru, dim ond un o blith y deg cywydd gofyn o'i eiddo a ganwyd drosto'i hun.

Gan Wiliam Cynwal y mae'r nifer mwyaf o gywyddau gofyn sydd ar glawr, ac o'r deugain a thri y mae naw'n gywyddau a ganwyd drosto'i hun. Dros eraill y canwyd y ddau gywydd diolch sydd wrth ei enw. Mae'n ffaith go syfrdanol nad erys yr un cywydd gofyn o'r eiddo Gruffudd Hiraethog a luniwyd ganddo i ofyn am rodd iddo'i hun, er nad oedd yn eithriad yn hynny o beth oblegid ni cheir enghraifft o gywydd tebyg yng ngwaith Wiliam Llŷn ychwaith. Canu i ofyn dros ei noddwyr a wnâi Wiliam Llŷn yn ddieithriad, yn ôl pob golwg, er bod dau o'r tri chywydd diolch a ganodd wedi eu canu yn diolch am roddion iddo ef ei hun. Diddorol sylwi nad erys ond un cywydd a ganodd Tudur Aled i ofyn am rodd drosto'i hun, sef cywydd yn gofyn am fwa.[45] Ac yntau mor hoff o feirch, mae'n rhyfedd na chadwyd cywydd a ganodd i ofyn am farch iddo'i hun. Teg nodi, er hynny, fod y ddau gywydd diolch am farch a ganodd wedi eu canu drosto ef ei hun.[46]

Dadleuir yn yr astudiaeth hon fod a wnelo perthynas bersonol bardd â noddwr lawer â'r cywyddau a ganai'r beirdd i geisio rhoddion drostynt eu hunain. Dosbarth o gywyddau na ellir yn hawdd ei anwybyddu yn y cyswllt hwn yw hwnnw lle y mae'r beirdd yn erchi rhodd gan uchelwragedd. Daw'n amlwg fod cryn agosrwydd rhwng rhai beirdd ac uchelwragedd, ac mae hynny i'w briodoli'n bennaf i'r rhan a chwaraeai'r wraig ym mywyd y llysoedd. Pan âi'r gwŷr i ryfel rhoid eu gwragedd yng ngofal eiddo'r ystadau, a thrwy hynny byddent mewn sefyllfa i anrhegu'r beirdd a chomisiynu cerddi ganddynt. Wrth ymdrin â'r ferch fonheddig yng Nghymru cyfnod Elisabeth I, dywed J. Gwynfor Jones y ceir nifer o ewyllysiau 'sy'n tystio bod arian a stoc yn cael eu rhoi i ferched yn waddol cyn priodi'.[47] Cafodd Margred ferch Siôn Wyn ap Maredudd o Wedir, er enghraifft, bedwar ugain o wartheg yn waddol ar ôl marwolaeth ei thad yn 1559.[48]

Buasai gan wragedd bonheddig fodd i gomisiynu cerddi ar eu cyfer hwy eu hunain o'r bedwaredd ganrif ar ddeg ymlaen.[49] Cofier am yr hyn a ddywed Dafydd ap Gwilym amdano'i hun yn cael 'hosanau da' yn rhodd gan Elen Nordd yn gyfnewid am gerdd.[50] Y mae tri bardd y mae eu cywyddau gofyn a diolch i wragedd yn haeddu sylw, sef Lewys Glyn Cothi, Guto'r Glyn a Wiliam Cynwal. Cywyddau Lewys yw'r hynotaf a'r mwyaf diddorol yn rhinwedd natur y ceisiadau eu hunain. Gofynnodd am wely gan bedair gwraig;[51] dwy fuwch gan ddwy wraig o Faelienydd;[52] mantell gan Elis Hol,[53] a huling gwely gan Elin ferch Llywelyn o Brysaeddfed.[54] Canodd gywydd i ddiolch am len gan Angharad ferch Ieuan o Gefn-llys ym Maelienydd yn ogystal, lle y dywed:

> Oeddwn weddïwr iddi,
> a'i hen fardd er hyn wyf i;
> ac i'w bardd yn anrheg bid,
> rhag oerluwch, y rhy gwrlid.[55]

Gwrthrychau'n ymwneud â bywyd y cartref oedd y rhain i bob pwrpas, a gofynnid i wragedd amdanynt am y byddai o fewn cwmpas eu dyletswyddau hwy i ofalu am ddodrefn a dillad y plastai. Er mai gan wŷr y gofynnid am wrthrychau megis arfau, meirch a milgwn, a oedd yn ymwneud â gweithgarwch mwy gwrywaidd, ni ellir dweud bod y gwrthrychau bob amser yn cyfateb i ryw y rhoddwr, oherwydd gan ŵr y gofynnai Gwilym Tew am wely,[56] a Bedo Brwynllys yntau pan fynnai gael mantell.[57] Yr argraff a geir yw fod agosrwydd perthynas rhwng y beirdd a'r uchelwragedd yn allweddol, ac mae hynny i raddau helaeth i'w briodoli i natur personoliaeth bardd unigol a'i amgylchiadau personol. Mewn cywydd i ddiolch am amdo a gawsai gan ryw Sioned, dywed Ieuan Tew Brydydd Hen o Arwystli: 'Amdo wenn iawn im dwyn i/im bodd fel bawn mab iddi'.[58] Dyna inni gyffyrddiad sy'n gosod y cywair priodol ar gyfer gwerthfawrogi'r agosrwydd a fodolai hefyd rhwng Guto'r Glyn ac uchelwragedd yn y cywydd i ofyn ffaling gan Elen wraig Gruffudd ap Llywelyn ap Gruffudd o Lŷn,[59] a'r cywydd i ddiolch am bwrs gan Gatrin ferch Maredudd, gwraig Dafydd Llwyd o Abertanad, yr anrheg olaf wedi'i rhoi yn galennig adeg gŵyl y Nadolig.[60]

Ni ellir llai na theimlo bod perthynas Wiliam Cynwal â'r enwog Feistres Catrin o Ferain yn sail i'r cywydd a ganodd y bardd i ofyn am huling gwely ganddi.[61] Lluniodd ef gasgliad o gerddi a ganwyd i Gatrin a'i hynafiaid a erys heddiw yn llawysgrif Christ Church 184,[62] fel nad ymlyniad bardd wrth noddwraig yn unig a welir yn ei

achos ef, ond ymlyniad bardd wrth deulu cyfan. Yr oedd Catrin o
Ferain yn ddiau yn noddwraig a haeddai gael ei gosod yn yr un
gynghrair ag un arall o uchelwragedd yr unfed ganrif ar bymtheg,
Siân Mostyn o Loddaith, a oedd yn arfer noddi cywyddau gofyn.[63]
O droi ein sylw at ddull y beirdd o gyflwyno'u cais fel eirchiaid,
gwelir mai'n anaml y byddent yn eu henwi eu hunain, er bod
enghreifftiau o gywyddau a berthyn i'r unfed ganrif ar bymtheg lle
y byddai'r bardd yn gwneud hynny'n ffurfiol. Gan mai yn y
person cyntaf, yn naturiol, y cyflwynid y cais, onid yw'n
annisgwyl, felly, gweld bardd yn ei gyflwyno a'i enwi ei hun mewn
cywydd mor oddrychol ei gynnwys a'i amgylchiadau? Wedi'r
cyfan, os datgan cywydd gofyn ar goedd wrth y ford dâl mewn
neuadd a wnâi'r beirdd, yna pa raid fyddai iddynt eu henwi eu
hunain? Gallai amgylchiadau fod yn wahanol pan anfonid cywydd
naill ai i'w ddatgan o enau datgeiniad neu yn ysgrifenedig yn llaw
cennad.

Awgryma'r adferf *fellýn* (< fel hyn) a ddigwydd mewn rhai
cywyddau gofyn a diolch mai'r bardd ei hun a ddatganai'r rheini
gerbron ei noddwyr. Fe'i ceir yng nghywydd Ieuan Du'r Bilwg i
ddiolch am ŵn coch, yn ystum sy'n awgrymu'n gryf y byddai'r
bardd hyd yn oed yn gwisgo'r gŵn pan oedd yn datgan y cywydd.[64]
Cyfeiriad arall sy'n werth ei nodi yw'r un synhwyrus a geir mewn
cywydd i ofyn paderau o'r eiddo Lewys Môn lle y sonnir am droi'r
gleiniau '. . . fellýn drwy fy llaw'.[65] Ystyriwn ymhellach gerddi
Lewys Glyn Cothi gan ei fod ef wedi canu'n helaeth i erchi drosto'i
hun. Nid yw'n ei enwi ei hun odid fyth yn ei gywyddau gofyn a
diolch, eithr y cyfan a wna yw ei gyflwyno'i hun fel bardd. Dyma
enghraifft nodweddiadol:

> Bardd wyf ar y llwybr ydd ân',
> anfedrus yn fy oedran . . .
> Ffrwyn a harnais a geisiaf,
> Cyfrwy 'Nyffryn Gwy a gaf.[66]

Hyd yn oed yn y cywydd a gyfansoddodd Lewys i ofyn bwa gan
Ddafydd Llwyd a anfonwyd i'w ddatgan gan ddatgeiniad, nid yw'n
ei gyflwyno'i hun, yn wahanol i'r hyn a ddisgwyliem.[67] A derbyn na
fyddai'r bardd ei hun yn bresennol pan ddatganwyd y cywydd
gyntaf yn nhŷ Dafydd Llwyd, gellir esbonio paham na chyflwynai'r
bardd ei hun yn ffurfiol drwy edrych ar natur y cais. Gofyn i'r un

gŵr am yr eildro a wnâi Lewys yn y cywydd hwn ar ôl i'r bwa cyntaf a gafodd ganddo gael ei ddwyn gan leidr.[68] Gan ei fod eisoes wedi derbyn bwa yn rhodd, hwyrach y teimlai nad oedd raid iddo fod yn bresennol wrth ofyn am fwa newydd ac mai dyna paham yr anfonodd ddatgeiniad yn ei le.

Fe geir enghreifftiau yng ngwaith Cywyddwyr eraill o'r bardd yn ei enwi ei hun mewn cywyddau gofyn o'r bymthegfed ganrif, ond nid yw'r modd y gweir hynny hanner mor ffurfiol ag arfer rhai o feirdd y ganrif ddilynol. Yn y cywydd gofyn march sydd gan Dudur Penllyn ar ffurf ymddiddan rhwng y bardd a'i farch, gwelir mai'r march ei hun sy'n enwi'r bardd.[69] Mae Maredudd ap Rhys hefyd, wrth ofyn am rwyd bysgota, yn ei enwi ei hun,[70] ac mewn cywydd i erchi bytheiaid dyma sut y cyfeiria Ieuan ap Llywelyn Fychan ato'i hun:

> Ieuan nudd awenyddiaith
> hwyliwr march a heliwr maith.[71]

Ond nid yw'r cyfeiriadau hyn yn ddigon o reswm dros ddweud bod y tri chywydd uchod wedi eu canu yn absenoldeb y beirdd. Gwahanol yw'r sefyllfa yn achos y cywydd gan Ruffudd ap Llywelyn Fychan a ganodd i ofyn march gan Dudur ab Ieuan, ei gefnder, lle y'i cyflwyna ei hun heb ei enwi ei hun:

> dy gefnder fel arfer merch
> ydwy inav yn danerch.[72]

Gan fod cyfeiriad yn y cywydd hwn at lunio cwyn a'i hanfon yn llaw cennad, mae'n bosibl mai dyna paham y mae'r eirchiad yn ei gyflwyno'i hun mewn modd sydd ychydig yn fwy ffurfiol nag y gwnaeth yr un o'r tri bardd arall y cyfeiriwyd atynt uchod.

Cafwyd datblygiad pellach yn yr unfed ganrif ar bymtheg, mae'n amlwg, oherwydd mewn wyth allan o'r deg cywydd sydd ganddo'n gofyn drosto'i hun, y mae Tomas Prys o Blas Iolyn yn ei enwi ei hun yn ffurfiol, megis yn y cywydd i ofyn pâr o arfau gwynion gan Siôn Llwyd o Fodidris:

> Tomas un at y maes wyf
> pur o sawdwr Prys ydwyf.[73]

Yr oedd Wiliam Cynwal hefyd yn dra hoff o'i enwi ei hun pan ofynnai am rodd. Digon yw nodi un enghraifft nodweddiadol o'i gywydd i ofyn bwrdd gan Birs Salbri o Glocaenog:

> Cymro glân, cymer y glod,
> Clyw fy achwyn claf uchod,
> Canu'r wyf, Wiliam Cynwal,
> Cân wir i ti, cun iôr tal.
> Anfon a wnaf, seiniaf serch,
> Wrth hynny air i'th annerch.[74]

Saif y datblygiad hwn yn ffurfioldeb y cais fel un prawf o'r ffurfioli a'r sefydlogi cyffredinol a ddigwyddasai o fewn y *genre* erbyn hanner olaf yr unfed ganrif ar bymtheg.

Nodwedd amlwg ar y cywyddau gofyn a ganai'r beirdd i ofyn am wisgoedd yw'r darlun a gyflwynir o'r bardd fel cleiriach trwm a llesg. Yng nghywyddau gofyn a diolch Iolo Goch am farch y digwydd y motiff hwn gyntaf,[75] ac fe ddigwydd yn dra chyson mewn cywyddau gofyn mentyll a chlogynnau wedi hynny. Mae'n fotiff cyfarwydd yng ngherddi gofyn rhai o lenyddiaethau'r Cyfandir, fel y gwelsom wrth drafod y canu gofyn a diolch mewn gwledydd eraill, ac awgrymwyd mai math ar gonfensiwn stoc ydoedd a ddarluniai'r bardd fel crwydryn tlawd yn unig er mwyn diddanu cynulleidfa. Dyma a ddywed Peter Dronke am y motiff yng ngwaith yr *Archipoeta* yn y ddeuddegfed ganrif, :

> I am convinced that this leitmotif of the wayward, wretched vagabond-poet who is compelled to beg from his patron and audience contains far less autobiography than literary craft . . . The Archpoet's picture of the vagabond-poet (whatever element of literal truth it may have contained) has been drawn for the sophisticated entertainment of that international set of diplomats and legislators, high-born scholars and prelates surrounding the emperor, whose *lingua franca* was Latin, and among whom the Archpoet probably, by birth and position, moved as an equal.[76]

Trwy gyflwyno darlun diraddiol a thruenus ohono'i hun, gallai bardd gymryd arno ei fod am feddalu calonnau ei noddwyr fel y cymerent drueni drosto. Diddanu cynulleidfa oedd bwriad Beirdd yr Uchelwyr wrth gynnig rheswm dros ofyn am ddillad o wahanol fathau. Ac eto, mae'n rhaid mai atgof sydd yma am wreiddiau'r canu gofyn yn ei ffurf gyntefig cyn ei urddasoli mewn cywydd, pan oedd yn ganu clerwraidd ac yn nes o lawer at y weithred o gardota nag ydoedd at ddefod anrhegu.

Mae'r darlun o'r bardd anwydog yn digwydd yn aml. Daw'r dyfyniad enghreifftiol isod o gywydd Edward ap Hywel ap Gruffudd i ofyn clog gan Richard Redman, esgob Llanelwy o 1471 hyd 1496:[77]

> gofyniad fyth yw'r genad faü
> rhoddiad toeth rhwydd i tithaü
> Edward trachül i adain
> saer wyf ar asse fain
> kwyno o raid kanü /r/ wyf
> oediog anwydog ydwyf
> Edrycher i rwyn drachül
> eisie gown ir asse gül.[78]

Yn yr ail ddyfyniad enghreifftiol, gwelir dull cyfarwydd eto o gyflwyno cais ar ffurf cwyn. Dywed Huw Llifon yn y cywydd i ofyn gown fflaits gan Ddafydd Holand, siryf Sir Ddinbych o 1597 hyd 1617, ei fod mewn angen dybryd:

> klyw fy achwyn kla wy o nychdod
> nid oes waed ni dewis /i/
> kloi mae gwaith klymau gwythi
> fo ddyle hyn fy eiddilhav
> ag a wyfodd y giav
> fel ych llog oediog ydwy
> klowa fy sytt klwyfys wy
> a gwan im oes gwn y mod
> kroen ag esgyrn krin gysgod
> hyn o son a henwais /i/
> aeth arna o waith oerni
> Ewyllys y klwyfys kla
> kvl eiriach kael i glera
> gown enwog ag yn vnwaith
> a hvfr du hyfryd /i/ waith.[79]

Gall fod yn anodd gwahaniaethu weithiau rhwng manylion bywgraffyddol a'r hyn a ymddengys mor aml fel confensiwn llenyddol. Er enghraifft, mae'n anodd penderfynu ai math o *dopos*

yw'r cleiriach anwydog yng nghywydd Siôn Tudur i ofyn gown gan
Syr Rhys Gruffudd o'r Penrhyn, ynteu a oedd y bardd yn hen adeg
cyfansoddi'r cywydd:

> Hyn oedd raid heneiddio'r wyf,
> Ac anwydog iawn ydwyf;
> Y mae arwydd im oeri,
> A Lloegr ddofn a'm llygrodd i . . .
> Oer yw'n gwlad, er ein glewdwr,
> Eisiau gown am asau gŵr.[80]

Pwysa Enid Roberts yn drwm ar y cyfeiriad hwn fel tystiolaeth
bendant am gyflwr iechyd y bardd tua chanol chwedegau'r unfed
ganrif ar bymtheg.[81] Ond gan fod y *topos* yn digwydd mor gyson yn
y cywyddau i ofyn am glogynnau, mentyll a gynau, ni ellir bod mor
siŵr ynglŷn â darllen pob manylyn am gyflwr y bardd fel tyst-
iolaeth fywgraffyddol. Rhaid cofio y byddai bardd a ganai i ofyn
rhodd drosto'i hun yn gyhoeddus yn awyddus iawn i beidio ag
ennyn gwg ei gynulleidfa; dewisach ganddo fyddai ceisio ennyn ei
gwên wrth ei difyrru â'i gais. Os oedd y cywyddau gofyn yn cael eu
datgan ar goedd yr oedd yn rhaid iddynt apelio at yr holl wrand-
awyr. Byddai'r modd y cyflwynid y cais ac y disgrifid y rhodd yn
rhan bwysig o'r gogwydd adloniadol a oedd i'r cywyddau, ac
felly'n gyfrwng i ddiogelu eu hapêl gyffredinol.

Y Bardd yn Ganolwr

> To interpret and account for a gesture is to unlock the whole social
> and cultural system of which it is a part.[82]

Gellir dyfynnu geiriau Keith Thomas yn ei Ragair i gyfrol ar hanes
diwylliannol arwyddion neu ystumiau fel cyflwyniad i'r cywyddau
a ganai'r beirdd i erchi rhoddion dros eu noddwyr, oherwydd ad-
lewyrchiad o weithgarwch cymdeithasol yr uchelwyr yn cyfnewid
rhoddion gyda'u cydradd a geir yn y *genre*. Fel y dywedodd
Bedwyr Lewis Jones am y canu gofyn mewn darlith Saesneg ar ein
traddodiad barddol: 'The exchange of gifts is a friendly transaction
to be enhanced by poetry.'[83] Trwy gydol yr Oesoedd Canol, mewn
byd a betws, credid y dylai dyn roi cymaint ag y gallai o achos yn ôl
maint ei gyfraniad yr ad-delid iddo. Dysgai diwinyddiaeth y cyfnod

mai cybydd-dod oedd y pechod pennaf ac mai haelioni oedd y rhinwedd pennaf; 'gwas y geudduw' oedd y cybydd i Siôn Cent, a chyffelybai'r hael i ffynnon ddihysbydd yr yfai pawb ohoni.[84] Nid syn, felly, yw ein bod yn gweld yr uchelwyr yn cyfnewid eiddo bydol yn helaeth. Yn ôl Deio ab Ieuan Du wrth ganu dros Wilym Fychan i erchi eidion gan ryw Ieuan:

> Arferoedd fy ngwir farwn
> (Arfer hael yw arfer hwn)
> Rhoi arch i'r rhai a'i herchyn,
> Erchi rhodd neu arch er hyn.[85]

Efallai mai un ffordd o ymadael â gwargred fyddai cyfnewid da am eiddo a fawr ddeisyfid. Yn ogystal â bod yn ffordd o ymadael â gwargred, gwelwyd bod y canu gofyn yn digwydd weithiau fel cyfeiliant i'r weithred o stocio ffermydd pan oedd gŵr a gwraig yn dechrau byw. Awgrym Roger Cyffin yn ei gywydd i ofyn gwenyn dros Huw ap Rheinallt a Gwenhwyfar o Gelynog, yn Llanrhaeadr-ym-Mochnant, yw fod y ddau yn bâr ar eu gorau ac yn dechrau cadw tŷ:

> Dau yn dechrau, diochrwaith,
> Cynnal tŷ acw'n ôl taith;
> Wrth ddechrau, llyna ddau ddyn
> Chwannog i gwch o wenyn.[86]

Er y byddai gan uchelwyr a chanddynt ddigon o gyfreidiau ryddid i roddi i'w ceraint fel y mynnent, buasai gan rai pobl eu disgwyliadau a'u cymhellion arbennig. Yn hynny o beth fe dalai inni ystyried y sylwadau canlynol am arferion y bendefigaeth yn gyffredinol yn y cyfnod:

> By studying the phenomena of gift giving we can see the nobles in an area of activity where they had relative freedom, with some opportunity to give what they pleased to recipients of their choice, in a manner and with controls that suited their individual preferences. But it was freedom within a framework of expectations, prescriptions, and demands. Men of property were expected to give to the church and to the poor, during life and at death, both to justify their inequitable status in the social hierarchy and to buy prayers for their own souls.[87]

Hyd y gellir barnu, nid fel gweithred economaidd fecanyddol yr edrychid ar y weithred o gyfnewid rhoddion, er y byddai i'r nwyddau neu'r eiddo symudol werth ariannol. Ni chanfuwyd ond ychydig o gyfeiriadau at arian yn cyfnewid dwylo yn y chwe chant a hanner o gywyddau a ddarllenwyd. Fel yr oedd Gruffudd ap Llywelyn Fychan yn awyddus iawn i'w bwysleisio yn ei gywydd i ofyn caseg: 'Nid oes arian amdani'.[88] Dyna osod cywair bron yr holl gywyddau. Mae'n wir fod Tudur Aled yn dweud mewn un cywydd wrth ofyn am ebol, 'e wneir pris yn ôl', ond nid at dalu'r pris yn ariannol y cyfeiriai eithr at yr hawl i ofyn am rodd gyfwerth yn gyfnewid.[89] Mae gan Ieuan Llawdden gywydd sy'n erchi milgwn gwynion gan Ddafydd ab Ieuan dros Faredudd Fychan, y dywedir ei fod yn gynydd. Yn ôl yr hyn a ddywedir am y rhoddwr, Dafydd ab Ieuan, yr oedd yntau hefyd yn magu helgwn: 'Dy arfer, ŵr dioerfyw,/A'th swydd er yn ddengmlwydd yw/Magu fry o dŷ dy dad/Erchwys a'u rhoi i eirchiad.'[90] Dyma, felly, enghraifft o'r hyn y gallem dybio a fyddai'n gyfnewid masnachol. Ond nid oes yr un cyfeiriad yn y cywydd at dalu gwerth ariannol y milgwn; yn hytrach, cyfeirio a wneir at gynnig cerdd foliant yn dâl ynghyd â'r hawl i ofyn rhodd yn gyfnewid:

> Daudal a mi a'u dodai
> Am dy gŵn, 'y myd a gai.
> Gwawd ddidlawd, gydwaedd edlym
> A chwn pan eu herchych ym.[91]

Rhaid dyfod i'r casgliad mai arferiad cymdeithasol a oedd yn sail i'r math o gyfnewid y cyfeirir ato yn y cywyddau gofyn. Yr oedd cyfnewid rhoddion yn fodd i ymestyn rhwymau teyrngarwch a chyfeillgarwch. Ac er bod y cyfan yn ymddangos fel anrhegu gwirfoddol, yr oedd gan y rhoddwr a'r gofynnwr eu disgwyliadau arbennig, tebyg iawn i system *potlatch* fel y daethpwyd i'w galw, system a oedd yn weithredol ymysg llwythau o Indiaid Gogledd America a olygai fod pobl o dan rwymedigaeth i roi rhodd a bod y sawl a'i derbyniai o dan rwymedigaeth i'w had-dalu.[92] Ar y gwastad hwn, yr oedd i'r weithred arwyddocâd moesol. Saif y dyfyniad canlynol o gywydd Gwilym ab Ieuan Hen i ofyn pais o faels gan Domas ap Gruffydd o Abermarlais dros Ddafydd Llwyd o Bowys fel datganiad sy'n cynrychioli egwyddor y cyfnewid anrhegion y sonnir amdano yn y cywyddau gofyn:

Ymbwyllwn, soniwn am saint,
Ymgarwn lle'r ŷm geraint,
Am gywydd, a genfydd gainc,
Cyfnewid rhwng cyfneainc.
Dêl i mi, fal diliau mân,
Dy lurig, fal dail arian;
Bid i chwithau, blodau'r blaid,
Bâr o guras brig euraid.[93]

Pa fodd a pha bryd ynteu y dechreuodd y beirdd ganu i erchi dros eu noddwyr? Wrth gynnig ateb i'r cwestiwn hwn, rhaid ystyried mathau eraill o gerddi lle y mae'r bardd yn ymddwyn fel canolwr neu gyfryngwr. Un enghraifft a ddaw i'r meddwl yw'r farwnad a ganodd Dafydd ap Gwilym i Rydderch ab Ieuan Llwyd dros Lywelyn Fychan.[94] Cyfeirir at dri pherson yn y farwnad hon, sef y bardd ei hun sy'n adrodd y gerdd, Llywelyn Fychan y galarwr, a Rhydderch yr ymadawedig. Gan fod y gerdd yn enghraifft o farwnad a ganwyd a'r gwrthrych eto'n fyw, gellir awgrymu mai ei gwir ddiben oedd cyflwyno moliant diddan a difyrrus pan oedd y ddau uchelwr o bosibl yn bresennol mewn un llys. Dyna oedd ei *Sitz im Leben.*

Mwy perthnasol o safbwynt y cywydd gofyn yw'r swyddogaeth gyfryngol a oedd i'r bardd mewn rhai cerddi crefyddol a cherddi iacháu. Mae'n ddigon posibl mai datblygiad yw swyddogaeth y bardd fel canolwr yn y cywydd gofyn o'i swyddogaeth yn y cerddi crefyddol lle y byddai'n cyfryngu rhwng Duw a dyn ymron fel offeiriad. Ystyrier cywydd Guto'r Glyn, 'Gweddi ar y Grog o Gaer', lle y mae'r bardd yn llefaru yn enw Dafydd ab Ieuan ap Llywelyn gan geisio esmwythâd.[95] Diau fod cysylltiad agos rhwng y cerddi iacháu a'r cerddi dadolwch a gysylltwn â chanu'r Gogynfeirdd. Dadleuodd Catherine McKenna fod rhai o gerddi crefyddol y Gogynfeirdd wedi eu patrymu ar y canu seciwlar, gan fod tebygrwydd rhwng y cerddi dadolwch a ganai'r bardd llys i gymodi â'i noddwr a'r farwysgafn a ganai'r bardd i erchi maddeuant gan Dduw:

> Among traditional secular genres, the *dadolwch* or poem of reconciliation may have provided, to a limited extent, a model for the conciliatory tone that was requisite to a truly Christian poem.[96]

Mae tair cerdd o waith y Gogynfeirdd a allai fod yn fodelau cynnar ar gyfer y cerddi gofyn lle'r oedd y bardd yn ganolwr:

(i) Cerdd Llywarch ap Llywelyn (Prydydd y Moch) yn gofyn i Dduw adfer iechyd Madog ap Gruffudd Maelor ac i angau beidio â'i ddwyn ymaith.[97]

(ii) Awdl Hywel Foel ap Griffri yn ymbil ar Dduw i ryddhau Owain ap Gruffudd ap Llywelyn Fawr o garchar.[98]

(iii) Cerdd Gwalchmai yn gofyn i Dduw sicrhau llwyddiant i Ddafydd ab Owain.[99]

O ddilyn ymresymiad Catherine McKenna a'i dehongliad o berthynas mathau gwahanol o gerddi, gellid dal bod y canu crefyddol wedi'i seilio ar y canu seciwlar ac weithiau'n bodoli'n gyfochrog ag ef. Yr oedd perthynas bardd â'i noddwr yn gysgod o berthynas Duw â dyn. Ond gan nad ydyw'n ymddangos bod y cerddi gofyn a genid dros uchelwr wedi datblygu cyn hanner cyntaf y bymthegfed ganrif, mae'n debyg fod y cerddi hynny wedi eu patrymu ar y math o gerddi a geid gan y Gogynfeirdd lle'r erfyniai'r bardd ar Dduw ar ran ei noddwr. O safbwynt swyddogaeth y bardd fel canolwr neu gyfryngwr, gellid awgrymu mai'r cerddi hynny oedd rhagflaenwyr y math o gerddi gofyn a ddatblygodd yn ystod y bymthegfed ganrif.

Gellid cynnig rhai awgrymiadau ynglŷn â'r modd y dechreuodd y beirdd ganu cerddi i erchi dros eu noddwyr. Buwyd yn credu efallai mai gofyn dros gerddorion a wnaethai'r beirdd ar y cychwyn, a bod yr arfer hwnnw wedi cydio a dyfod yn boblogaidd yn llysoedd yr uchelwyr, nes i'r uchelwyr eu hunain maes o law ddechrau galw am gerddi gofyn, oherwydd ceir o leiaf ddeg ar hugain o gywyddau a ganwyd i erchi rhodd dros bobl nad oedd ganddynt berthynas waed â'r rhoddwr. Ymhlith y rhain y mae cywyddau yn gofyn dros delynorion, crythorion ac amrywiol wasanaethyddion. Canodd Huw Machno, er enghraifft, gywydd dros y cerddor, Robert Peilin, i ofyn dagr gan Wmffre Huws, Gwerclas:

> Er iddo gael, gloewfael glân,
> Wych irwalch, yma eich arian,
> Fo yrr iwch glod fowrwych glau
> I erfyn un o'ch arfau.[100]

Yr oedd y cywyddau a genid i erchi dros gerddorion yn tueddu i fod yn ysgafnfryd eu cynnwys, ac yn sawru'n drwm o awyrgylch ysgafala'r gwyliau pan oedd y beirdd a'r cerddorion yn bresennol mewn llys. Ond oherwydd mai cywyddau a berthyn i oddeutu diwedd y bymthegfed ganrif yw'r cynharaf o'r math hwn sydd ar glawr, ni ellir dweud gyda phendantrwydd mawr mai trwy erchi ar ran cerddorion y dechreuodd y beirdd erchi ar ran eraill. Rhaid casglu, felly, mai o du'r uchelwyr eu hunain y daethai'r sbardun ar y cychwyn, ac mai trwy ymateb i'w galwadau hwy y dechreuodd y beirdd weithredu fel canolwyr. Yn sicr, nid profiad dieithr oedd i'r beirdd ganu cywyddau ar gais eu noddwyr. Derbyniodd Iolo Goch gais gan Hywel ap Madog i ddychanu'r Brawd Llwyd o Gaer,[101] a gofynnodd Ithel Ddu iddo ganu cywydd i ddychanu'r wrach, Herstin Hogl.[102]

Ceir cipolwg gwerthfawr ar y cam a gymerwyd i ganu dros eraill yn y cywydd i ofyn cwrwgl gan y bardd-uchelwr Ieuan Fychan ab Ieuan ab Adda o Bengwern, yn Llangollen. Gofyn i Siôn Eutun Hen a wnâi Ieuan, ac er mwyn dwyn perswâd pellach ar y rhoddwr rhag ofn nad ufuddhâi iddo, bygythiodd ganu cerdd ddychan:

> canaf gywydd cyn gaiaf
> naws cwyn os y rhodd nis caf
> gwrdd ddyfyn o gerdd ddifai
> a gwir ddychan fydd rhan rhai.[103]

Yr oedd Ieuan Fychan yn enghraifft o uchelwr a fedrai brydyddu. 'Pencerdd ar y ddwygerdd oedd', meddai Guto'r Glyn amdano yn ei gywydd i geisio'i gymod.[104] Ni allai Siôn Eutun Hen brydyddu, felly bu'n rhaid iddo gyflogi Maredudd ap Rhys i lunio ateb drosto a dweud na allai roi'r cwrwgl:

> Ni allaf ni feiddiaf fi,
> i ŵyr Addaf ei roddi
> Nid oes vn dyn yn ei dai
> na chwe-gwŷr a'i marchogai.[105]

Trwy ofyn i Faredudd ap Rhys ganu ar ei ran, yr oedd Siôn Eutun Hen yn gwneud fel y gwnâi nifer o uchelwyr ei gyfnod pan gomisiynent gywyddau gofyn. Nac anghofier ychwaith, fel yn achos Ieuan Fychan, y gallai rhai o uchelwyr y bymthegfed ganrif gyfansoddi cywyddau i erchi drostynt eu hunain. Mae Dafydd ab Edmwnd yn enghraifft amlwg. Hwyrach mai gwybod am feirdd-uchelwyr a ganai gywyddau erchi a sbardunodd y noddwyr i ddechrau galw am wasanaeth y beirdd i erchi ar eu rhan hwy.

Agwedd arall ar flodeuo'r cywydd a ganai'r beirdd i erchi dros eu noddwyr yw'r we o gysylltiadau cymdeithasol a fyddai gan y beirdd ac a roddai gyfle iddynt hybu'r *genre*. O edrych ar gymdeithaseg rhai cerddi, gwelir sut yr âi'r *genre* ar led wrth i'r noddwyr fanteisio ar gylchoedd clera'r beirdd i erchi rhoddion gan berthnasau a chyfeillion. Ystyrier y clwstwr o gerddi a ganodd Guto'r Glyn i rai o'i noddwyr yng ngogledd-ddwyrain Cymru. Un o'i brif noddwyr oedd Sieffrai Cyffin, cwnstabl Croesoswallt. Canodd Guto gywyddau moliant iddo,[106] a chanodd gywydd drosto i ofyn am filgwn gan ei gâr, Robert ab Ifan Fychan o Goetmor.[107] Canodd Guto gywyddau i ofyn am roddion gan Sieffrai Cyffin yn ogystal, sef cywydd i erchi corn canu dros gâr arall iddo, Siôn Eutun,[108] a chywydd i ofyn pais o faels dros Ddafydd Llwyd o Abertanad, a oedd hefyd yn arddel perthynas â Sieffrai.[109] Neu, ystyrier ymhellach y clwstwr o gerddi gofyn a gomisiynodd Rhisiart Cyffin, deon Bangor, 1480-1502.[110] Daliai ef hefyd reithoriaeth Llanddwynwen ym Môn, a chafodd diroedd yn rhodd yno.[111] Canodd Guto'r Glyn gywydd i erchi ychen drosto lle y sonnir am aredig ym Môn,[112] a chywydd i erchi gwalch.[113] Diolchodd Guto iddo hefyd am baderau ac am bwrs a gafodd yn rhodd ganddo.[114] Yn ychwanegol at y cywyddau hyn, gweithredodd Guto fel canolwr trwy ganu cywydd i ofyn iddo am lwyth llong o ysglatys dros nai'r deon, Gruffudd ab Einion.[115]

Wrth gwrs, yr oedd rhai noddwyr yn noddi cywyddau gofyn yn fwy na'i gilydd. Enghraifft o noddwr yn yr unfed ganrif ar bymtheg a alwai'n aml am gywyddau gofyn yn ôl pob golwg oedd Siôn ap Huw o Fathafarn. Y mae ar glawr bum cywydd a ganodd Huw Arwystl i ofyn am wahanol roddion drosto, sef ugain glaif, tarw, milgi, hugan a phais dew.[116] Canodd yr un bardd hefyd i erchi sircyn bwffledr gan Siôn ap Huw dros Wmffre ap Siôn Wyn ap Wmffre.[117] Canodd Huw Arwystl i'w fab hefyd, Rhisiart ap Siôn, yn gofyn am darw.[118] Cymaint oedd awydd y teulu hwn i gyfnewid rhoddion nes i Owain Gwynedd ganu i erchi march gan Siôn ap Huw dros Hywel Fychan o Lan-llyn,[119] a chywydd dros Gatrin, gwraig Siôn ap Huw, i erchi march gan Lywelyn ap Rhys o Fawddwy.[120] Comisiynwyd cywydd gan Wiliam Llŷn yn ogystal i erchi march gan Siôn ap Huw dros Ddafydd Llwyd o Bwllheli.[121]

Oherwydd natur y gymdeithas uchelwrol gyda phriodasau'r naill genhedlaeth ar ôl y llall yn uno teuluoedd o wahanol rannau o Gymru, gallai'r beirdd ar eu teithiau clera fod yn gyfryngau i gynnal y math o anrhegu a chyfnewid rhoddion a ddigwyddai rhwng aelodau o'r un teulu. Cofier yn y cyswllt hwn am awgrym G. J. Williams am briodas Siân Stradling o Sain Dunwyd â Wiliam Gruffudd o'r Penrhyn yn rhoi cyfle i Lewys Morgannwg deithio i Wynedd.[122] Ni ellir gorbwysleisio pwysigrwydd rhwymau carennydd yn y gymdeithas Gymreig yn yr Oesoedd Canol diweddar, ynghyd â'r math o rwymedigaeth a osodid ar unigolion a arddelai berthynas waed.[123] Dengys y dyfyniad canlynol o chwedl *Culhwch ac Olwen*, lle y mae Culhwch yn gofyn am anrheg gan Arthur, faint o bwysau a roid ar gysylltiad teuluol wrth erchi:

Amkawd Arthur, 'Mae uyg kallon yn tirioni vrthyt. Mi a wn dy hanuot o'm gvaet. Dywet pwy vyt.' 'Dywedaf. Kulhwch mab Kilyd mab Kyledon Wledic o Oleudyt merch Anlawd Wledic, uy mam.' Amkawd Arthur, 'Gwir yw hynny. Keuynderw vyt titheu y mi. Not a nottych, a thi a'e keffy, a notto dy benn a'th dauawt.'[124]

Gofynnai'r uchelwyr am roddion naill ai gan berthnasau neu gyfeillion, a gwelir bod mwy o amrywiaeth o berthnasau yn cyfarch ei gilydd mewn cywyddau gofyn yn yr unfed ganrif ar bymtheg nag yn y ganrif flaenorol. Dyma'r mathau o berthynas a grybwyllir yng nghywyddau gofyn y bymthegfed ganrif:

Câr: Ceir digonedd o enghreifftiau o ddefnyddio'r gair hwn yn benodol am berthynas agos neu bell, ac yn llac am gyfaill agos.

Ewythr a nai: O'r holl gyfneseifiaid posibl, dyma'r berthynas amlycaf a ymddengys drwy gydol y cyfnod. Canodd Dafydd Llwyd o Fathafarn, er enghraifft, i geisio pais gan Watcyn Fychan o Hergest dros ewythr Watcyn, Morus:

> Morus arswydus ydwyf,
> Nid aeth o'r ach, d'ewythr wyf,
> Yn adolwg gan delyn
> Pais i chwi; nid pwys iwch hyn.[125]

Cefndryd: Ymddengys fod perthynas glòs yn bodoli rhwng dau gefnder mewn sawl achos, fel y tystia'r cwpled hwn o gywydd Lewys Glyn Cothi i erchi curas gan Siancyn ap Tomas ap Gruffudd o Sir Gaerfyrddin dros ei gefnder, Gruffudd Based o Fro Gŵyr:

> Gwell fydd nog y sydd dan sêr
> gyfundeb rhwng dau gefnder.[126]

Mwy diddorol fyth yw sylwi ar yr amrywiaeth o berthnasau yr erchid drostynt yn yr unfed ganrif ar bymtheg, sydd yn brawf o'r modd yr oedd y *genre* erbyn hynny wedi hen ymgartrefu, ac yn apelio at fwy o noddwyr. Yn ogystal â'r perthnasau amlwg a nodwyd uchod, ceraint, cefndryd, ewythrod a neiaint, ceir y perthnasau hyn:

Tad a mab: Canodd Ieuan Tew Brydydd Ieuanc i erchi cleddyf gan Wiliam Gilbert y Meddyg dros Domas, tad Wiliam:

> Dod, Wiliam, yn dy daliad,
> Dorllwyth dur draw oll i'th dad.[127]

Brodyr yng nghyfraith: Canodd Siôn Phylip i erchi telyn rawn gan Wmffre Wyn o Ynysymaengwyn dros Siôn ap Rhisiart o Bennal:

> Un o'th geraint sobrfraint serch
> Siôn waed Einion sy'n d'annerch
> Dy gâr o waed a gerir
> A threch yw cyfathrach hir
> Priodi eich dau pryd wych don
> Ddwy chwiorydd achau hirion.[128]

Ŵyr a thaid: Canodd Rhisiart Phylip gywydd i Rowland Fychan o Gaer-gai dros ei daid, Huw Nannau, i ofyn am newid milgwn.[129]

Modryb a nai: Canodd Owain Gwynedd gywydd i erchi march gan Rys ap Tomas o Lyntwymyn yng Nghyfeiliog dros ei fodryb, Sioned.[130]

Ewythr a nith: Canodd Ieuan Tew Brydydd Ieuanc gywydd i ofyn march gan Wiliam ap Huw Lewys o Brysaeddfed dros Gaenor, ei nith o Riwedog.[131] Enghraifft arall yw'r cywydd a ganodd Rhys Cain dros Mari Eutun yn 1574 i erchi march a phedair caseg gan ei phedwar ewythr, meibion Wiliam ap Gruffudd o Gochwillan.[132]

Tad a mab yng nghyfraith: Canodd Siôn Phylip gywydd i geisio caseg gan Ifan ap Huw o Benmachno dros ei fab yng nghyfraith, Edwart ap Huw.[133]

Talai inni gofio yr arferid termau megis *ewythr* a *nai* yn llac iawn weithiau am rai a oedd naill ai'n perthyn trwy ail a thrydedd briodas, neu mewn ambell achos, trwy bedwaredd briodas. Canodd Simwnt Fychan, er enghraifft, gywydd i erchi march gan Siôn Salsbri o Leweni dros ei gâr, Robert Thelwall o Ruthun.[134] Yn awr, yr oedd Siôn Salsbri yn ail fab i Syr Siôn Salsbri, gŵr cyntaf Catrin o Ferain, a etifeddodd Leweni ar ôl ei frawd Tomas yn 1586, ac yr oedd Robert Thelwall yn frawd i Edward Thelwall, pedwerydd gŵr Catrin o Ferain. Felly, trwy lystad Siôn Salsbri yr oedd Robert yn gallu honni ei fod yn perthyn i Siôn.[135] Nid syn oedd gweld aelodau pell o deulu a oedd wedi eu cysylltu ynghyd trwy briodas yn arddel perthynas yn y cywyddau gofyn, oblegid yr oeddynt yn byw mewn cymdeithas a roddai bwyslais mawr ar gysylltiadau teuluol. Ac wrth i'r teuluoedd ymganghennu, gwelir hefyd sut yr amlhâi cysylltiadau'r beirdd â gwahanol noddwyr.[136]

Gwelai'r beirdd eu hunain yn aml iawn fel cyfryngau i ddwyn heddwch i'w byd a'u cymdeithas, swyddogaeth a arddelent yn bennaf yn y cerddi i gymodi. Ond y mae prawf eu bod yn manteisio ar y cyfle a gynigiai'r cywyddau gofyn iddynt i bwysleisio hefyd bwysigrwydd cwlwm serch mewn cymdeithas. Ceir datganiad digon hoffus gan Ddafydd Glyndyfrdwy am ddyletswydd y bardd:

> Ran prydydd ferw ywenydd fraint
> rhanv kariad rhwn keraint.[137]

Datblygid y syniad o gyfnewid cyfarchion moesgar ac ewyllys da rhwng ceraint ymhellach weithiau drwy ddweud bod yr eirchiad yn gofyn yn fwy o ran ei serch at ei gâr:

Mwy o serch y'ch anerchai
Nog o chwant da gwych yn tai,[138]

meddai Syr Owain ap Gwilym wrth ofyn am darw gan Risiart
Lewys o deulu Nannau dros ryw Rys ap Huw. Yr un modd,
pwysleisiai Gruffudd Hiraethog mewn cywydd i Dudur ap Robert
o Ferain dros ei nai, Dafydd Ifans, nad er chwant y ceisiai'r
eirchiad rodd, ond er anfon '. . . serch ac annerch i gâr'.[139]
Daw'r cyfeiriad uchod â ni at y defnydd helaeth a wneid o'r
cyfuniad o'r ddau air *serch* ac *annerch* o safbwynt odl a chyng-
hanedd wrth gyflwyno'r eirchiad. Sylwodd Dafydd Elis Thomas yn
ei astudiaeth o'r cywydd marwnad ar y defnydd mynych o'r un
cyfuniad yn y cywyddau marwnad.[140] Yng nghywyddau gofyn
llawer o feirdd erbyn yr unfed ganrif ar bymtheg, mae'r cyfuniad o'r
ddau air yn gweithio fel fformiwla gyfleus i glymu'r cyflwyniad i'r
eirchiad a'i gais wrtho. Defnyddir y cyfuniad yn aml i gynnal y
brifodl mewn cwpled, megis yn yr enghraifft hon o gywydd gan
Ruffudd Phylip:

kar yt sydd kowyr waed serch
karw diwenieth kar dannerch,[141]

neu mewn cynghanedd sain fel yn y dyfyniad hwn o gywydd arall
gan yr un bardd:

Ewythr iwch wyth Ryw uchel
A'ch annerch a'i serch dan sêl.[142]

Gwnâi sawl bardd ddefnydd cyson a helaeth o'r cyfuniad wrth gyf-
lwyno'r eirchiad, yn eu plith Wiliam Llŷn a Huw Arwystl. Mae 53 y
cant o gywyddau gofyn Wiliam Llŷn yn cynnwys y fformiwla, a 39
y cant o gywyddau gofyn Huw Arwystl. Dyma inni brawf arall fod
rhai elfennau yn sefydlogi wrth i'r *genre* esblygu, er nad yw hynny'n
syndod yn y byd o gofio am natur draddodiadol y farddoniaeth.
    Yr oedd gan y bardd ddewis o ddau brif ddull o gyflwyno'r
eirchiad. Pe defnyddiai'r dull sylfaenol, gallai ddewis ymddwyn fel
canolwr ymwybodol trwy gyfeirio ato'i hun fel cennad, neu drwy
gyfeirio at yr eirchiad yn y trydydd person heb gyfeirio o gwbl
ato'i hun fel negesydd, er ei bod yn amlwg ei fod yn bresennol
hefyd. Wrth ddefnyddio'r dull hwn, arferol oedd i'r bardd

bwysleisio mai'r eirchiad oedd biau'r gerdd ac mai ef a'i lluniodd. Trwy wneud hynny byddid yn peri bod yr eirchiad yn ymuniaethu â'r *genre* yn ogystal ag â chrefft cerdd dafod mewn modd arbennig iawn. Gwelir ar waith hefyd ail ddull lle y byddai'r bardd yn ymabsenoli'n llwyr trwy dadogi'r cywydd ar yr eirchiad a rhoi'r argraff mai ef oedd yn llefaru.

Y dull sylfaenol a ddefnyddid gan amlaf. Cyfeiriai bardd yn aml ato'i hun fel cennad a anfonid ar neges. Dyna sut y cyflwynodd Lewys Morgannwg ei hun wrth ofyn i nifer o wŷr Morgannwg am wartheg dros Lewys Gwyn o Drefesgob:

> a channad o Vrecheiniawg
> arch a roes ym erchi y rhawg
> anfon dyn yn fwyn ai dwg
> ar genad i forgannwg.[143]

Pan ganai Guto'r Glyn i erchi rhodd gan Sieffrai Cyffin dros Ddafydd Llwyd o Abertanad, gwnâi hynny'n gwbl ymwybodol o beth oedd ei rôl:

> Athrywyn, terfyn y tir,
> Ydd ydwyf, rhwng y ddeudir.[144]

Trawyd ar ddwy enghraifft o ddefnyddio'r term *meichiau*, trosiad nas gwelwyd ond mewn cywyddau o'r eiddo dau fardd, sef Siôn Ceri a Gruffudd Hiraethog. Wrth ofyn i Forys ab Ieuan ap Hywel o Langedwyn am fwcled dros Forys Goch ap Gruffudd ab Adda, dywed Siôn Ceri: 'A meichiau wyf am ei chael'.[145] Ac wrth ofyn i Elis Prys am fwrdd dros Siân Mostyn o Loddaith, dywed Gruffudd Hiraethog amdano'i hun: 'A minnau yn feichiau a fydd'.[146] Ymestyniad digon naturiol ar swyddogaeth y bardd fel negesydd oedd y syniad hwn o fyd y gyfraith, oherwydd mewn rhai achosion disgwylid i fardd gyrchu a chludo'r rhodd ar ran yr eirchiad. Felly, yr oedd hi'n fath o ddyletswydd arno i sicrhau y cyflawnid y cyfnewid.

Fel rheol, byddai bardd a anfonid fel negesydd yn bresennol pan ddatgenid y cywydd. Fel y dywed Guto'r Glyn pan weithredodd ar ran Dafydd Bromffild drwy erchi rhodd gan Wiliam Rodon o'r Holt, byddai'n ymweld ag aelwyd y rhoddwr ar daith glera, a disgwyliai gael llety yno:

Af â chywydd, faich awen,
I Wiliam hael am le i 'mhen.[147]

Ond pan na allai bardd fod yn bresennol, gallai gyfansoddi cywydd
yn rhith yr eirchiad ei hun a'i anfon i'w ddatgan gan ddatgeiniad, a
hwyrach mai fel cerdd ddirprwyol yr anfonwyd y math o gywydd a
dadogid ar yr eirchiad am y waith gyntaf. Hwyrach hefyd fod y
cywydd a briodolid i'r eirchiad ac a lefarid yn y person cyntaf yn
ganlyniad i ymdrechion y beirdd i gynnig amrywiad creadigol ar y
genre a hynny er mwyn cadarnhau ei boblogrwydd.
Amrywiai maint y sylw a roid i'r eirchiad o gyfnod i gyfnod ac o
fardd i fardd. Cynnil ar y cyfan oedd y sylw a roid i'r eirchiad yng
nghywyddau'r bymthegfed ganrif. Weithiau bodlonid ar ei
gyflwyno'n ffurfiol, dro arall nodid beth oedd y cysylltiad teuluol
rhyngddo a'r rhoddwr. Prin, os o gwbl, yr olrheinid ei ach. Gwelir
bod Gutun Owain, er enghraifft, yn chwannog iawn i nodi'r
cysylltiad teuluol yn ffurfiol hyd yn oed pan ganai yng ngenau'r
eirchiad ei hun. Daw'r dyfyniad canlynol o'i gywydd i ofyn am
farch gan Siôn ap Rhisiart, abad Glyn-y-groes, dros Faredudd ap
Gruffudd:

Vn waed rrieni ydwyf
Nai i chwi o'r vn iach wyf,
Maredydd, o Rvffydd rym,
O'n tadav keraint ydym.[148]

Gwahanol iawn yw arfer Tudur Aled, oblegid cyflwyniad tra
chynnil a ddyry ef i'r eirchiad. Dyma ddyfyniad cwbl nodwedd-
iadol lle na wneir namyn enwi'r eirchiad:

Mae cwyn, nid macwy anwych,
Meistr Hanmer, ysgwier gwych;
Mae melin yma ym Maelawr
A cheisio main, achos mawr.[149]

Erbyn ail hanner yr unfed ganrif ar bymtheg fodd bynnag, gwelir
bod yr eirchiad, fel y darpar roddwr, yntau, yn hawlio mwy o sylw,
a hynny'n aml iawn ar draul y sylw a roid i'r rhodd a geisid.
Canodd Siôn Mawddwy, er enghraifft, gywydd i ofyn march gan
roi portread o'r eirchiad fel merchetwr, ond heb gynnwys disgrifiad

o'r march o gwbl.[150] Nodwedd arall ar esblygiad y *genre* yw'r
duedd i olrhain ach yr eirchiad a chyfeirio at rai o nodweddion
doniol ei bersonoliaeth, tuedd a gydredai â'r newid a ddigwyddai
yn naws ac awyrgylch y canu ar y pryd. Fel y byddid yn disgwyl,
ceir enghreifftiau o olrhain ach yr eirchiad yng nghywyddau gofyn
Wiliam Cynwal. Daw'r enghraifft ganlynol o'i gywydd i erchi
bowliau galai gan Ieuan Llwyd o Fodidris dros Siôn Tomas o'r
Ddiserth:

> Gwrando un gŵr yn d'annerch,
> Gŵyn Siôn hael, o eigion serch,
> Aer Tomas, ar hyd tymawr,
> Ab Wiliam, ail Beli Mawr.
> Eich câr yw'n wir, awch croyw nerth,
> Cawr urddasol, carw'r Ddiserth.
> Aech doe i daith, eich dau y doethoch
> O groywffydd gorff Gruffudd Goch.
> Wyrion at hyn o'r un taid,
> Had da mawr o'r Coetmoriaid.
> O Loddaith, bybyr wleddoedd,
> A Phenwyn, twf ffyniant oedd.[151]

Rhoir sylw i ach yr eirchiad yn rhai o gywyddau gofyn Dafydd
Benwyn yn ogystal, er nad yw ef yn mynd i ormod rhysedd wrth ei
holrhain.[152] Yr argraff a geir weithiau yw mai'r hyn a wnâi'r beirdd
wrth gyflwyno'r eirchiad oedd rhoi geirda drosto, a phenllanw'r
duedd i fanylu fwyfwy ar yr eirchiad yw'r gwawdlun dychanol
a doniol a gyflwynid o sawl person yn rhai o gywyddau gofyn
chwarter olaf yr unfed ganrif ar bymtheg a chwarter cyntaf y ganrif
ddilynol. Mae rhywun yn synhwyro bod yr awyrgylch yn newid
yng nghanu beirdd fel Tomas Prys, Gruffudd Phylip, Rhisiart
Phylip a Rhisiart Cynwal.

Gellir dweud mai yn y cywyddau a ganai'r beirdd i erchi dros
gerddorion y mae'r doniolwch a'r tynnu coes amlycaf. Wedi'r
cyfan, gallai'r beirdd wneud hwyl am ben cerddorion mewn modd
na allent ei wneud yn achos boneddigion. Gellir olrhain y math o
ysgafnder ac anffurfioldeb a ymddengys oddi mewn i'r *genre* yn ôl i
ganu bardd fel Syr Dafydd Trefor a fu farw tua 1528. Canodd ef
gywydd cellweirus i erchi gordderch a thelyn gan un o uchelwyr
mwyaf grymus ei ddydd, Syr Wiliam Gruffudd o'r Penrhyn.
Cwynai'r bardd-offeiriad am na allai bellach ddenu'r merched am

ei fod, yn ôl ei gyfaddefiad ei hun, yn rhy hen. Awgryma fod Wiliam Gruffudd, ar y llaw arall, yn eithaf llwyddiannus wrth ddenu merched ac mai dyna paham y gofynnai am un o'i gariadon wrth ofyn am delyn. Yr allwedd i werthfawrogi doniolwch y cywydd hwn yw cyfaddefiad Dafydd Trefor ei hun y gallai dynnu coes Wiliam Gruffudd am y byddai ef yn croesawu hynny:

> Gwae'r sawl a garo y sydd,
> Graffed Syr Wiliam Gruffydd;
> Hydra' gŵr hyd Droia gair,
> A hyfa', galla'i gellwair.[153]

Hawdd yw deall sut y medrai Tomas Prys, a oedd yn uchelwr ei hun, dynnu coes ei gyd-uchelwyr yn ddidrugaredd pan oedd yn canu drostynt. Yr argraff a geir wrth ddarllen ei gywyddau ef yw ei fod ar delerau da â'i gyd-uchelwyr ac y gallai, oherwydd ei adnabyddiaeth ohonynt, fod yn eithaf beiddgar wrth eu dychanu'n gellweirus. Soniodd Enid Roberts am y syniad a geir ohono 'yn ŵr rhadlon, yn mwynhau ei gwrw a'i dybaco, cwmni diddan a phrydyddu yn fodlon ar fywyd tawel o'r fath, ac yn fawr ei barch ymhlith ei gyfoedion'.[154] Wrth gyflwyno'r eirchiaid, yr oedd y bardd hwn yn hoff o'u portreadu fel merchetwyr a meddwon, er na wnâi hynny'n ddieithriad. Gallai gyflwyno darlun digon difrif a ffurfiol o'r eirchiad mewn ambell gywydd, yn enwedig pan oedd yn erchi drosto'i hun![155] Mae'r cwpled canlynol o gywydd ganddo lle y mae'n erchi gan frawd yng nghyfraith un rhoddwr, yn eithaf nodweddiadol o'r math o bortread o'r eirchiad a geid yn y cyfnod hwn:

> blysio merched blys mowrchwant
> ag wedi blys gwad i blant.[156]

Mae'n debygol mai oherwydd fod y beirdd erbyn ail hanner yr unfed ganrif ar bymtheg a chwarter cyntaf yr ail ar bymtheg yn arfer canu i haen is mewn cymdeithas na'r mân uchelwyr y dechreuwyd canolbwyntio mwy ar yr eirchiad a'i wneud yn gyff gwawd. Nodwyd hyn gan Gwyn Thomas yn ei astudiaeth o'r newidiadau yn y farddoniaeth draddodiadol yn yr ail ganrif ar bymtheg.[157] Mae'r enghraifft ganlynol o gywydd gan Risiart Cynwal dros Domas Sions y Teiliwr yn ddigon nodweddiadol o'r modd y cyflwynid eirchiad nad oedd yn uchelwr:

gelwais wyr heb gelv serch
galw i henwr i gael i hannerch
tros domas meawn trist amarch
a fyn a mawl ofyn march
Tailiwr a fv gynt hylwydd
thomas sions ond tynna i swydd
dwyn lassiav dyna i lesiant
a than gvdd frethynav gant
dygodd o drwssiad agos
oedd anodd cloi devnvdd clos
teilwng yw i bob tailiwr
weddill y gwaith arddull gwr
bv mladdwr ag yfwr gynt
ag anhwylys yn i helynt
bv anllad wr a bonllef
yn pendro 'nevpen y dref
nes tynnv meawn svtt anial
boen dra dig y bendro o'i dâl
etto er tolcio r talcen
svgno tybacco'n i ben
poiri dwr draw oi gawell
poeriad cath rhyd pared cell.[158]

Canlyniad rhoi cymaint o sylw i'r eirchiad oedd i'r cywyddau fynd yn anhraethol feithach na chywyddau'r bymthegfed ganrif. Mae'r cywydd y dyfynnwyd ohono uchod, er enghraifft, yn ymestyn dros 136 o linellau.

Mae'r ysgafnder hwn yn y cywyddau gofyn yn ein harwain i ofyn tybed a oedd swyddogaeth y canu yn dechrau newid gydag amser ac yn dod yn fwy o gyfrwng diddanwch a doniolwch nag o gyfrwng ffurfiol a syber a oedd yn rhwym wrth ddefod anrhegu yn unig? Mae bodolaeth nifer o gywyddau gofyn a genid dros unigolion nad oeddynt o reidrwydd yn uchelwyr yn awgrymu bod a wnelo'r newid mewn swyddogaeth lawer ag amgylchiadau cymdeithasol y cyfnod. Erbyn i'r genhedlaeth olaf o feirdd proffesiynol hawlio'r llwyfan, hwyrach y teimlid nad oedd y cywyddau gofyn yn mynnu cymaint o ddifrifoldeb ag a fynnai'r cywyddau mawl a marwnad.[159]

Dylid crybwyll yn y fan hon fod *topos* y cleiriach trwm, llesg ac anwydog a ddefnyddiai'r beirdd wrth eu cyflwyno eu hunain yn cael ei ddefnyddio hefyd pan ganent i erchi gwisg dros eraill. Digon yw dyfynnu un enghraifft o gywydd gan Ddafydd Benwyn sy'n gofyn gown dros Lywelyn ap Dafydd ap Hywel o Aberpergwm:

Vn wyf, ywch kwm, trwm bob tro,
hoen addysg, yn heneiddio;
anwydog wyf, nawd da y gyd:
eissiav gown a sy gennyd.[160]

O droi ein golygon at ddull y beirdd o gyflwyno'r cais sylwir yr arferid gwneud hynny weithiau drwy gynnig rheswm paham y gofynnid yn benodol am ryw wrthrych. Ceir sylwadau hynod ddiddorol mewn sawl cywydd sy'n rhoi inni gipolwg ar gefndir a chyd-destun y canu. Yr oedd Iolo Goch, er enghraifft, mewn cyfyng-gyngor wedi i'w hen geffyl drigo, a dymunai gael un yn rhodd i gymryd ei le.[161] Ac yr oedd eiddo Lewys Glyn Cothi, fel Cymro mewn bwrdeistref, wedi'i ladrata o'i gartref yng Nghaer pan ganodd i erchi huling gwely.[162] Ceir sawl cyfeiriad at y rheidrwydd i ofyn am rodd oherwydd fod rhyw wrthrych wedi'i ladrata. Gofynnodd Lewys Glyn Cothi am fwa newydd gan Ddafydd Llwyd o Abertanad am fod y bwa a gawsai ganddo'n rhodd wedi'i ddwyn gan leidr: 'lleidr a'i dug yn lledrad iawn'.[163] Byddai'n rhaid bod yn wyliadwrus rhag lladron meirch yn y bymthegfed ganrif, mae'n amlwg, oblegid fe ganodd tri bardd o'r ganrif honno, Tudur Penllyn, Gruffudd ap Llywelyn Fychan a Guto'r Glyn, i geisio march newydd yn rhodd ar ôl lladrad.[164] Canodd Guto'r Glyn i erchi march dros Reinallt ap Rhys Gruffudd o'r Trallwng, a bygythiai'r eirchiad dagu'r lleidr am ei anfadwaith:

Gwden am ei ben o'm bodd,
I'r ci lleidr a'm colledodd.[165]

Yr oedd natur yr amgylchiadau ar y pryd yn rheswm a gynigid dros ofyn. Gofynnai Tudur Aled am feini melin newydd dros y Meistr Hanmer am fod ei hen feini wedi eu difrodi gan lifogydd mawr.[166] Mewn achos arall, yr oedd prinder cyflenwad o goed llwyfen yng nghyffiniau ynys Enlli yn rheswm dros anfon Hywel Rheinallt â chywydd gofyn at Siôn ab Elis Eutun yn Rhiwabon dros abad Enlli i erchi bwa: 'Nid hawdd cael bwâu i'n tir.'[167] Canodd Owain Gwynedd i erchi march dros Gatrin, gwraig Siôn ap Huw o Fathafarn, am nad oedd yr un march ar ei chyfer, gan fod cymaint o alw am y meirch o du ei gŵr a'i gweision:

Rhwng brysiau a swyddau Siôn,
A negesau y gweision,
Ni aded, afrifed frys,
Farch byw i ferch o Bowys.[168]

Gofynnai Tomas Prys am dair caseg dros Robert Wyn, a chynigir y rheswm hwn am y cais:

dechrav mae diochri maeth
is mynydd brofi ysmonaeth
o achos hynn o Iechyd
/i/ mae fo/n/ begio y byd.[169]

Ymhlith y rhesymau mwyaf diddorol a roir tros ofyn am rodd y mae'r rheswm a noda Siôn Brwynog yn ei gywydd i ofyn telyn gan Lewys Gwyn o Drefesgob dros Ddafydd Llwyd Delynor. Deisyfai'r telynor delyn newydd am fod ei hen delyn wedi ei difrodi gan law:

Dialedd yw gwlychu'r delyn,
Gloyw (ni thwng): glaw a wnaeth hyn![170]

Mae'r enghreifftiau y cyfeiriwyd atynt i gyd yn cynnig rhesymau ymarferol dros erchi rhodd, ond y mae un duedd a welir oddi mewn i'r *genre* yn yr unfed ganrif ar bymtheg yn hawlio sylw ac esboniad, sef y duedd i gynnig rheswm cyffredinol dros erchi. Diau fod a wnelo'r duedd hon ag amgylchiadau cymdeithasol a chyflwr y gyfundrefn nawdd mewn oes pan nad oedd pawb yn awyddus i roi. Ceir yr argraff weithiau fod ambell fardd yn awyddus i esbonio mai oherwydd fod y rhoddwr yn hael y ceisiai'r rhodd fel pe bai am gyfiawnhau canu'r gerdd yn y lle cyntaf. Sylwyd mai Wiliam Cynwal yn bennaf a wnâi ddefnydd o'r cymal adferf achos wrth gynnig rheswm dros ofyn:

Am eich bod, hael hynod hydd,
Iawnrhyw baun, yn rhoi beunydd,
Un gŵr a ddaw draw'n ddidranc
I'th ofyn, benrhaith ifanc.[171]

Mewn cywydd arall y mae'n cynnig y rheswm cyffredinol hwn:

> Am dy fod, wiw hynod walch,
> Yn bendefig, baun difalch . . .[172]

Fe all mai dyfais a oedd yn hoff gan Wiliam Cynwal oedd hon, ond ni ellir llai na chredu nad ymgais ar ran y bardd i gyfiawnhau erchi ar gerdd ydoedd, ac na theimlai beirdd cyfnodau cynt yr un angen i gynnig rheswm mor gyffredinol ag am fod y rhoddwr yn bendefig yr erchid ganddo. Gan mai i ail hanner yr unfed ganrif ar bymtheg y perthyn y duedd hon, tybed a werthfawrogid yr haelioni ac y gwneid pwynt o dynnu sylw ato yn y cyfnod hwnnw am ei fod yn brinnach? Ni pherthyn inni drafod yn fanwl yr holl weddau ar ddirywiad y gyfundrefn nawdd a chaledi'r oes yn y fan hon; digon yw nodi y buasai unrhyw gyfnewidiad yn natur haelioni'r uchelwyr yn rhwym o niweidio'r arfer o gyfnewid anrhegion a fodolai yn y gymdeithas uchelwrol. Ond dylid dilyn yn gynnil un trywydd diddorol a allai daflu peth goleuni ar natur rhai archiadau, oherwydd y mae modd canfod sylwadau beirniadol sy'n awgrymu bod rhai eirchiaid yn gofyn yn 'rhyfawr'. Lleisir y feirniadaeth benodol hon yn y cywydd a ganodd Gruffudd Hiraethog i erchi ceiliog bronfraith dros Siôn Ifans o Lansilin:

> Rhai a ofyn yn rhyfawr,
> Ychen a meirch, achwyn mawr;
> Seinio rhodd, gwrtais anian,
> Sy lai y Mastr Ifans lân.[173]

Adleisir cwpled cyntaf Gruffudd Hiraethog air am air gan Ieuan Tew Brydydd Ieuanc wrth ofyn am offeryn cerdd dros Edward Blaeniau o Landinam:

> Rhai a ofyn yn rhyfawr
> Ychen a meirch (achwyn mawr!),
> A chitarn hwdiwch ati,
> Os caf, a ofynnaf i![174]

Mae'n wir fod cryn alw am feirch yn yr unfed ganrif ar bymtheg yn ogystal ag am wrthrychau costus eraill, er y talai inni beidio â chael ein harwain i gredu mai gwrthrychau sylweddol eu maint a gostiai ddrutaf, oherwydd fe allai hebog da gostio cymaint â march yn y bymthegfed ganrif.[175] Ceir cyfeiriad at gyfnewid march am walch mewn cywydd gofyn o'r eiddo Gwilym Tew.[176] Canodd Gruffudd Hiraethog ei hun bedwar o gywyddau i erchi meirch, ac un cywydd i ofyn am ddeg o gesig gan ddeg o wŷr.[177] Ef hefyd a ganodd yr unig gywydd gofyn ychen yn y cyfnod wedi *c.* 1500 y gwyddys amdano.[178] Ond, a barnu wrth dystiolaeth y cerddi a gadwyd inni, ni ellir dweud bod cynnydd eithriadol wedi bod yn nifer y cywyddau gofyn meirch a genid nes achosi dirfawr bryder i uchelwyr. Wrth ymdrin â'r amryfal wrthrychau gwelsom fod canran y cywyddau gofyn meirch yn eithaf cyson dros y cyfnod i gyd, er bod cynnydd o 7 y cant i'w weld yn nifer y cywyddau i ofyn meirch yn y cyfnod wedi *c.* 1500. Y tebyg ydyw mai gwerth yr anifeiliaid mewn cyfnod o gyni economaidd a olygai nad oedd pobl mor barod i'w rhoddi. Rhaid cofio bod effaith chwyddiant carlamus ar ei waethaf rhwng 1540 a 1639, pryd y bu cynnydd mewn prisiau a chodiad mewn rhenti.[179] Gallai hynny esbonio paham y cyfeiriai Gruffudd Hiraethog ac Ieuan Tew at yr 'achwyn mawr' a glywid yn eu cyfnod hwy. Dengys sylwadau'r ddau fardd hyn gryn sensitifrwydd ar eu rhan, ac yn wir ceir tystiolaeth y byddai'r beirdd wrth erchi weithiau yn torri'r wadn fel y byddai'r droed. Yr oedd Lewys Glyn Cothi, er enghraifft, yn ofalus iawn rhag gofyn 'yn rhyfawr' gan Syr Huw Iolo a Hywel ab Ieuan Coch pan erchai gyfrwy a harnais ganddynt:

> Gormodd o unrhodd i ŵr
> yw'r ddwyarch a ry'r ddeuwr.
> Ynt-hwy a rydd ym ddwyarch,
> Iarll Penfro, efô rhoed farch.[180]

Erys un nodwedd arall y dylid ei chrybwyll sy'n gysylltiedig â'r modd y cyflwynid y cais neu yr enwid y rhodd. Gan amlaf, dywedid am beth y gofynnid ar ei ben heb unrhyw fath o hel dail, megis yn yr enghraifft hon o gywydd gan Fedo Phylip Bach:

> Daisyf ir wyf dâs oi vrig
> dwys eidion dewisedig.[181]

Ond gwelir hefyd ddyfais rethregol yr *oppositio* ar waith, lle'r eid ati i ddefnyddio'r gystrawen 'nid . . . ond' wrth enwi'r rhodd.[182] Yr oedd modd defnyddio'r ddyfais mewn dwy ffordd. Yn gyntaf, nodid enghreifftiau o wrthrychau ymddangosiadol ddrudfawr y gellid eu gofyn yn unig er mwyn eu cyferbynnu â'r rhodd a geisid mewn gwirionedd. O waith Hywel Rheinallt y daw'r enghraifft hon:

> Ei glod barod a buraf,
> A chywydd newydd a wnaf,
> Nid am farch neu dywarchawr,
> Ond i erchi milgi mawr.[183]

Mae cysgod egwan o'r un ddyfais i'w weld mewn ffurf ar y canu gwasael ac ynddo elfennau Cristnogol, lle y'i defnyddir i gyferbynnu er mwyn bychanu bwriad tybiedig y gwaseilwyr a dyrchafu eu bwriad gwirioneddol:

> Nid chwant ar dir eich bir a'ch bwyd
> Y gyrrwyd ni ar garol
> Ond er cofio'r Gwilia' cu
> Er mwyn yr Iesu grasol.[184]

Yn ail, defnyddir y ddyfais i restru amlder y dewisiadau posibl wrth ofyn am un gwrthrych yn arbennig. Mae nodi amrywiadau ar un math o wrthrych yn ffordd o enwi rhodd benodol, megis yn y cywydd i erchi gwalches wen a ganodd Hywel Rheinallt lle y dywedir mai'r hyn a geisid oedd: 'Nid hawg, nid gosawg, nid gwalch' ond 'gwalches wen'.[185]

Estynnir y ddyfais ymhellach yn y canu gofyn gan ambell fardd wrth i gyfres o negyddion gynnal cymeriad llythrennol, fel yn yr enghraifft hon o gywydd gan Ieuan Tew Brydydd Ieuanc lle y ceir cyfuniad o negyddion a chysyllteiriau negyddol:

> Nid eirch walch yn daer i chwi,
> Na chadr *afaelgadr* filgi,
> Na chledd gwych i ladd ei gas,
> Na chae arian, na churas:
> Ni ddwg cas, ni wedd ceisiaw
> Na gwayw onn llym na gwn llaw;
> Ni chais wartheg sy deg, Siôn,
> Na menn nac ychen gwychion;
> Nid archodd rodd o ruddaur,
> Nid eirch nac eleirch nac aur,
> Nac ebol, wrol eurwalch,
> Na darged na bwcled balch;

Ni chais gŵn awchus gennych,
Nid merch a gais—ond march gwych!¹⁸⁶

Wrth amlhau'r gwrthrychau y medrid eu gofyn yn y modd hwn, ychwanegir at y rhestr a'i hymestyn nes yr oedir rhag enwi'r rhodd a geisir tan y diwedd. Gall yr ataliad oleddfu'r gofyn ac esgor ar fath o sioc bleserus pan sylweddolir cyn lleied ydyw'r gofyn mewn gwirionedd mewn cymhariaeth â'r hyn a allai fod. Diau i'r ddyfais hon ddatblygu gydag amser yn rhan dderbyniol o adeiledd y cywydd gofyn, ac iddi gael ei defnyddio'n benodol i gyflwyno'r cais am rodd.

Nodiadau

1. Gw. Dafydd H. Evans, 'Thomas ab Ieuan a'i "Ysgowld o Wraig"', *YB*, XIX, t. 95, llau 23–4, ynghyd â'r nodyn ar d. 98–9.
2. Gw. D. J. Bowen, *TrCy* (1969), tt. 329–31. Dywedodd Dafydd H. Evans wrthyf ei fod yn amau mai at ddeddf Harri VIII i reoli cardotwyr y cyfeiria'r gair 'statÿd' yng nghywydd Dafydd Benwyn 'y ballü o geffyl', gw. *LWDB*, rhif XCV, llau 87–8.
3. Gw. *GDG³*, rhifau 5–11.
4. *Ibid.*, rhif 7, llau 9–10.
5. Helen Fulton, *Dafydd ap Gwilym and the European Context* (Caerdydd, 1989), t. 113.
6. *GP*, t. 135, llau 28–9.
7. Gerallt Harries, 'Araith Wgon', *LlC*, 3, tt. 45–7.
8. *AP*, tt. 10–11, llau 17–31.
9. Am sylwadau ar bwysigrwydd rhannu anrhegion mewn gwleddoedd yn yr Almaen yn yr Oesoedd Canol, gw. J. Bumke, *Courtly Culture* (Rhydychen, 1991), tt. 228–30.
10. Gw. Constance Bullock-Davies, *Menestrellorum Multitudo, Minstrels at a Royal Feast* (Caerdydd,1978), t. 8.
11. *GDG³*, rhif 10, llau 28–34.
12. *Ibid.*, rhif 12, ll. 19.
13. *DGG²*, rhif LXXXV, llau 47–8. Cymh. ei awdl i Rydderch a Llywelyn Fychan lle y cyfeirir at dderbyn 'Arfau o'r gorau . . ./Gwyrdd a rhuddaur coeth', gw. Dafydd Johnston, 'Awdl Llywelyn Goch i Rydderch a Llywelyn Fychan', *B*, XXXV, t. 21, llau 55–6.
14. E. Stanton Roberts (gol.), *Peniarth MS. 67* (Caerdydd, 1921), rhif XXXVI, llau 25–30. Am gyfeiriadau eraill at dderbyn dillad, gw. *ibid.*, rhif XXIX, llau 1–2; rhif XLVI, llau 5–8.
15. *LOPGO*, rhif VIII, llau 51–2.

16. *GLGC*, rhif 227, llau 55–8. Gw. hefyd *ACGD*, rhif 3 yn y Detholiad.
17. *GTPITP*, rhif 34, llau 43–6.
18. *BLlRhN*, rhif III, llau 61–2.
19. *GSC*, rhif 32, llau 20–4.
20. Gw. *GHCLlE*, tt. 12–25.
21. *GLGC*, rhif 140, llau 1–2; 23–6.
22. *Ibid.*, rhif 193, llau 47–50.
23. Gw. E. Stanton Roberts (gol.), *Peniarth MS. 67*, rhif XLVI, llau 7–8: 'Wrth rodd ym galwodd gwilym/eb lai rodd no nobl avr ym'. Gw. hefyd *ibid.*, rhif LXV, llau 29–32: 'Tair rrodd a vwryodd evo/ym vnwyl pann vvm ynno/bwrw gwn a bara gwenith/a nobl o aur yny blith'.
24. Ymdrinnir â chwyddiant yn y cyfnod yn R. B. Outhwaite, *Inflation in Tudor and Early Stuart England* (ail argraffiad, Llundain, 1982). Cyfeirir at weithiau eraill ar yr economi yn llyfryddiaeth y gyfrol hon, gw. tt. 61–3.
25. Gw. T. Gwynn Jones, 'Bardism and Romance. A Study of the Welsh Literary Tradition', *TrCy* (1913–14), tt. 257–8.
26. J. H. Davies, 'The Roll of the Caerwys Eisteddfod', t. 102.
27. Am werth y nobl mewn gwahanol gyfnodau, gw. *OED*, X, t. 452.
28. Gw. E. Stanton Roberts (gol.), *Peniarth MS. 67*, rhif XLI, t. 63 am y rhestr ei hun. Ceir ymdriniaeth ag awduraeth y llsgr. yn y Rhagymadrodd, tt. iii–iv.
29. *Ibid.*, rhif VII, llau 23–4.
30. *GLGC*, rhif 70, ll. 36.
31. Gw. W. Ogwen Williams, *Calendar of the Caernarvonshire Quarter Sessions Records*, Volume 1, 1541–58 (Llundain, 1956), t. 254 (7); t. 151 (98).
32. *Ibid.*, t. 216.
33. *GLGC*, rhif 230, ll. 22.
34. *Ibid.*, rhif 230, llau 47–50.
35. *Ibid.*, rhif 181, llau 59–60.
36. *Ibid.*, rhif 209, llau 25–6.
37. Ifor Williams (gol.), *Gwyneddon 3* (Caerdydd, 1931), t. 172, llau 19–20.
38. *GLGC*, rhif 63, llau 17–20.
39. *Ibid.*, rhif 157, llau 51–4.
40. Gw. LlGC 1246, 85: 'Llywelyn of llawlon ŵr'.
41. *GLGC*, rhif 133, llau 19–22.
42. Rhiannon Ifans, 'Y Canu Gwaseilia'r Gyfundrefn Farddol', *YB*, XV, t. 151.
43. Gw. *ibid.*, t. 157.
44. *GLGC*, rhif 154, llau 39–40.
45. *GTA*, rhif XCIX, a hefyd *ACGD*, rhif 16 yn y Detholiad.

46. Gw. *GTA*, rhifau CVIII, CX.
47. J. Gwynfor Jones, ' "Y Wreigdda Rowiogddoeth" – Y Ferch Fonheddig yng Nghymru Elisabeth I', *Taliesin*, 35, t. 81.
48. Gw. *ibid.*, t. 82.
49. Gw. D. J. Bowen, 'Beirdd a Noddwyr y Bedwaredd Ganrif ar Ddeg', *LlC*, 17, t. 84, a hefyd *idem.*, *Dafydd ap Gwilym a Dyfed* (Darlith Lenyddol Eisteddfod Genedlaethol Abergwaun a'r Fro, 1986), t. 24.
50. Gw. *GDG³*, rhif 98, llau 23–6.
51. *GLGC*, rhif 186.
52. *Ibid.*, rhif 147.
53. *Ibid.*, rhif 163.
54. *Ibid.*, rhif 227.
55. *Ibid.*, rhif 172, llau 27–30.
56. LlGC 13062, 353.
57. Ll 133, 158.
58. LlGC 643, 47b.
59. *GGGl*, rhif LXXVIII.
60. *Ibid.*, rhif XXV, ll. 44. Gw. hefyd *ACGD*, rhif 4, ll. 44 yn y Detholiad.
61. Ba(M) 4, 140b. Copi yn llaw'r bardd ei hun.
62. Un o lawysgrifau Coleg Eglwys Crist, Rhydychen, yw hon, a cheir copi ffotostat ohoni yn LlGC 6496.
63. Gw. D. J. Bowen, 'Siân Mostyn, "Yr Orav o'r Mamav ar sydd yn Traethv Iaith Gamberaec" ', *YB*, XVI, tt. 111–26.
64. Gw. *ACGD*, rhif 13, ll. 8 yn y Detholiad. Am enghraifft arall o'r adferf yn cyfleu ystum mewn cywydd diolch, gw. *GDIDGIH*, rhif 12, ll. 47.
65. *GLM*, rhif XX, ll. 59.
66. *GLGC*, rhif 154, llau 37–8; 41–2.
67. *Ibid.*, rhif 211.
68. Gw. *ibid.*, llau 11–14.
69. *GTPITP*, rhif 17, ll. 9.
70. Gw. *ACGD*, rhif 6 yn y Detholiad.
71. P 77, 382.
72. M 146, 343.
73. M 112, 45.
74. *GWC(2)*, t. 11.
75. *GIG*, rhifau XII, ll. 75 a XIII, ll. 94.
76. Peter Dronke, *The Medieval Lyric* (Llundain, 1968), tt. 21–2.
77. Gw. *BC*, t. 168.
78. LlGC 6471, 185.
79. He 72a.
80. *GST*, rhif 86, llau 65–8; 73–4.
81. *Ibid.*, Rhagymadrodd, t. xxxi.

82. Jan Bremmer a Herman Roodenburg (goln), *A Cultural History of Gesture from Antiquity to the Present Day* (Llundain, 1991), t. 11.

83. Bedwyr Lewis Jones, 'The Welsh Bardic Tradition', *Proceedings of the Seventh International Congress of Celtic Studies* (Rhydychen, 1983), t. 137.

84. Gw. *IGE³*, rhif XCVII. Ar ddiwinyddiaeth canu'r beirdd, gw. Enid Roberts, 'Crefydd yr Uchelwyr a'u Beirdd', *Efrydiau Athronyddol*, LIV, tt. 27–47.

85. *GDIDGIH*, Atodiad AI, llau 13–16.

86. Gw. *ACGD*, rhif 25, llau 43–6 yn y Detholiad.

87. Joel T. Rosenthal, *The Purchase of Paradise: Gift Giving and the Aristocracy, 1307–1485* (Llundain, 1972), t. 8.

88. M 146, 343.

89. *GTA*, rhif CI, llau 28–32.

90. *BLIRhN*, rhif 21, llau 7–10.

91. *Ibid.*, llau 51–4.

92. Gw. Marcel Mauss, *The Gift. Forms and Functions of Exchange in Archaic Societies* (Llundain, 1970), t. 4. Ar yr adolygu a fu ar syniadau Mauss, ynghyd â sylwadau ar waith anthropolegwyr yn y maes, gw. Nida Louise Surber-Meyer, *Gift and Exchange in the Anglo-Saxon Poetic Corpus: A Contribution Towards the Representation of Wealth* (Genefa, 1994), tt. 45–72.

93. *GDIDGIH*, rhif VIII, llau 25–32.

94. *GDG³*, rhif 17. Ar y cywydd hwn, gw. D. J. Bowen 'Agweddau ar Ganu'r Bedwaredd Ganrif ar Ddeg a'r Bymthegfed', *LlC*, 9, t. 60, trn. 120; D. Hywel E. Roberts, 'Noddwyr y Beirdd yn Sir Aberteifi', *LlC*, 10, t. 86.

95. *GGGl*, rhif CX.

96. Catherine McKenna, *The Medieval Welsh Religious Lyric* (Belmont, Massachusetts, 1991), t. 33. Gw. hefyd ei hysgrif 'Molawd Seciwlar a Barddoniaeth Grefyddol Beirdd y Tywysogion', *YB*, XII, tt. 24–39.

97. Elin M. Jones a N. A. Jones (goln), *Gwaith Llywarch ap Llywelyn*, Cyfres Beirdd y Tywysogion V (Caerdydd, 1991), rhif 27, tt. 279–84.

98. Gw. Brynley F. Roberts, 'Dwy Awdl Hywel Foel ap Griffri' yn R. Geraint Gruffydd (gol.), *Bardos* (Caerdydd, 1982), tt. 60–75.

99. J. Morris-Jones a T. H. Parry-Williams (goln), *Llawysgrif Hendregadredd* (Caerdydd, 1933), tt. 28–30.

100. *GHM*, rhif XL, llau 71–4.

101. *GIG*, rhif XXXIV.

102. Gw. *ibid.*, rhif XXXVI, llau 7–11.

103. Ifor Williams (gol.), *Gwyneddon 3*, tt. 203–4, llau 65–8.

104. *GGGl*, rhif XXVII, ll. 42.

105. Ifor Williams (gol.), *Gwyneddon 3*, t. 205, llau 27–30.

106. *GGGl*, rhifau LXX a LXXXVI.

107. *Ibid.*, rhif LXXIII.
108. *Ibid.*, rhif LXXXI.
109. *Ibid.*, rhif LXXII.
110. Gw. Glanmor Williams, *The Welsh Church from Conquest to Reformation* (Caerdydd, 1962), t. 319.
111. *Ibid.*
112. *GGGl*, rhif XCVI.
113. *Ibid.*, rhif XCVII.
114. *Ibid.*, rhifau XCIV a XCV.
115. *Ibid.*, rhif XCVIII.
116. G 1, 43b; *GHA*, rhifau LXXXVII, XCII, XCV; G 1, 37b.
117. G 1, 45b.
118. *GHA*, rhif XCVII.
119. *GOG*, rhif 74.
120. Gw. *ibid.*, rhif 77.
121. *GWLl*, rhif 148.
122. G. J. Williams, *Traddodiad Llenyddol Morgannwg* (Caerdydd, 1948), t. 69.
123. Gw. R. R. Davies, *Conquest, Coexistence, and Change: Wales 1063–1415* (Rhydychen, 1987), tt. 122–9.
124. Rachel Bromwich a D. Simon Evans (goln), *Culhwch ac Olwen* (Caerdydd, 1988), t. 7, llau 166–71.
125. *GDLlF*, rhif 45, llau 23–6.
126. *GLGC*, rhif 23, llau 25–6.
127. *ITBl*, rhif 71, llau 65–6.
128. Dyfynnir o Ba 703, 59.
129. Gw. M 165, 154.
130. Gw. BL 31064, 193a.
131. *ITBl*, rhif 68.
132. Gw. P 69, 9.
133. Gw. LlGC 727, 161.
134. Gw. LlGC 6495, 70.
135. Gw. J. E. Griffith, *Pedigrees of Anglesey and Carnarvonshire Families*, (1914), tt. 222, 274.
136. Gw. sylwadau A. D. Carr ar yr un math o gysylltiadau teuluol a fuasai'n fanteisiol i'r beirdd yn y bedwaredd ganrif ar ddeg, yn 'The Patrons of the Late Medieval Poets in North Wales', *Études Celtiques*, XXIX, tt. 118–19.
137. Gw. Ll 169, 50.
138. *SOapG*, rhif 31, llau 41–2. Nid yw'r union berthynas rhyngddynt yn wybyddus.
139. *GGH*, rhif 99, ll. 46.
140. Dafydd Elis Thomas, 'Y Cywydd Marwnad', Traethawd Ph.D., Prifysgol Cymru, 1987, t. 167.

141. Gw. Brog 3, 265.
142. Gw. Cw 10, 545.
143. *GLMorg*, rhif XCV, llau 16–24.
144. *GGGl*, rhif LXXII, llau 29–30.
145. *GSC*, rhif 49, ll. 42.
146. *GGH*, rhif 104, ll. 77.
147. *GGGl*, rhif XXIX, llau 37–8.
148. *LOPGO*, rhif VIII, llau 17–20.
149. *GTA*, rhif CXX, llau 35–8.
150. *GSM*, rhif 99.
151. *GWC(Mostyn 111)*, rhif 49, llau 27–38.
152. *LWDB*, rhifau CVI, CCXXVIII.
153. Irene George, 'The Poems of Syr Dafydd Trefor', *TCHNM* (1935), rhif 8, t. 96.
154. Gw. Enid Roberts, 'Teulu Plas Iolyn', *TrDinb*, XIII, t. 87.
155. Ceir enghraifft o gywydd difrif ganddo yn M 112, 446.
156. Gw. M 112, 298.
157. Gwyn Thomas, 'A study of the changes in the tradition of Welsh poetry in North Wales in the seventeenth century', Traethawd D.Phil., Rhydychen, 1965–6, t. 492.
158. Gw. BL 14979, 199b.
159. Gw. sylwadau Gwyn Thomas, 'A study of the changes . . .', t. 491.
160. *LWDB*, rhif LXXVIII.
161. *GIG*, rhif XII.
162. *GLGC*, rhif 227 llau 25–34.
163. *Ibid.*, rhif 211, ll. 14.
164. Gw. *GTPITP*, rhif 34; M 146, 343; *GGGl*, rhif XXII.
165. *GGGl*, rhif XXII, llau 25–6.
166. Gw. *GTA*, rhif CXX, llau 35–42.
167. *GHRh*, rhif 27.
168. *GOG*, rhif 77, llau 37–40.
169. Gw. M 112, 272.
170. *CSB*, rhif LX, llau 51–2.
171. *GWC(2)*, rhif 16, llau 39–42.
172. *GWC(1)*, rhif 36, llau 53–4. Gw. hefyd rif 37, llau 61–4.
173. *GGH*, rhif 103, llau 29–32.
174. *ITBI*, rhif 69, llau 41–4.
175. Gw. P. M. Kendall, *The Yorkist Age* (Llundain, 1962), t. 234.
176. Gw. LlGC 13062, 352: 'march vel karw garw heb goron/moes dros walch y meistr sion'. Cymh. y cywydd gofyn gwalch yn *GOLIM*, rhif 22, ll. 63: 'am bwyth deufarch y'i harchodd.'
177. *GGH*, rhifau 91, 92, 93, 94, 106.
178. *Ibid.*, rhif 109.

179. Gw. Glanmor Williams, *Recovery, Reorientation and Reformation* (Rhydychen, 1987), t. 382, a John Davies, *Hanes Cymru* (Llundain, 1990), t. 253.
180. *GLGC*, rhif 154, llau 61–4.
181. Gw. LlGC 13062, 310.
182. Gw. Ann Matonis, 'Nodiadau ar Rethreg y Cywyddwyr: y *descriptio pulchritudinis* a'r Technegau Helaethu', *Y Traethodydd*, CXXXIII, t. 163.
183. *GHRh*, rhif 29, llau 19–22.
184. Rhiannon Ifans, *Sêr a Rybana: Astudiaeth O'r Canu Gwasael* (Llandysul, 1983), t. 69.
185. *GHRh*, rhif 31, llau 23–5.
186. *ITBI*, rhif 59, llau 77–90. Am enghraifft arall, gw. *GHA*, rhif LXXXIX, llau 63–72.

10

Disgrifio a dyfalu

Hyd yn hyn canolbwyntiwyd ar fapio datblygiad rhannau mewnol y cywydd gofyn, rhannau y gellir ystyried eu bod yn rhagarweiniad i'r adran sy'n dyfalu'r rhodd a ymddengys yn aml fel canolbwynt a phennaf camp y cywydd. Dyma'r rhan bwysicaf o ddigon o safbwynt ansawdd llenyddol y cerddi, ac ni chyfeiliornem ped awgrymem mai rhwng Eisteddfod Caerfyrddin *c.* 1453 ac eisteddfod gyntaf Caerwys 1523 y gwelwn ni'r cywydd gofyn ar ei wedd fwyaf clasurol. Yn y cyfnod hwnnw yr oedd yn gryno-bwrpasol, gyda'r disgrifiad o'r rhodd yn ganolbwynt iddo, ac y mae lle i dybio mai ar gyfrif ansawdd y dyfalu y prisid y cywyddau ar hyd y canrifoedd. Gellid dweud yn fras fod tua 90 y cant o gywyddau gofyn y cyfnod rhwng *c.* 1350 a *c.* 1500 a ddarllenwyd yn cynnwys cyfres o ddyfaliadau a ffurfiai ran nid ansylweddol o'r cywyddau hynny. Ond y mae tua chwarter cywyddau'r cyfnod rhwng *c.* 1500 a *c.* 1630 a ddarllenwyd yn rhai sydd naill ai'n cynnwys disgrifiad nad yw'n werth sôn amdano, neu nad ydynt yn cynnwys disgrifiad o gwbl. Ni ellir osgoi'r dybiaeth fod newid go sylfaenol wedi digwydd yn holl naws y canu oddi ar y bymthegfed ganrif wrth iddo ogwyddo fwyfwy tuag at y doniol a'r digrif. Ni ellir ychwaith wadu nad oedd ansawdd crefft dyfalu yn dirywio fel yr âi amser heibio fel pe bai rhai o'r beirdd erbyn cyfnod y Dadeni Dysg a'r Diwygiad Protestannaidd yn araf golli eu gafael arni.

Efallai nad oes a fynnom ni yn y fan hon ag olrhain yn fanwl ddatblygiad techneg dyfalu, eto nid digon yw bodloni ar ddatgan ei bod wedi ymsefydlu fel y dull disgwyliadwy ac arferedig o ddisgrifio unrhyw wrthrych, boed yn greadur byw neu'n wrthrych difywyd, erbyn diwedd y bedwaredd ganrif ar ddeg. Nid digon ychwaith yw gwybod bod y dechneg, ar gorn ei hamlygrwydd yng nghanu'r cyfnod, yn hynod boblogaidd ymysg cynulleidfaoedd y Cywyddwyr a'i gadael ar hynny, oherwydd mae'n rheidrwydd arnom fwrw trem ar ddechreuadau'r ddefod unigryw hon gan ei bod yn nodwedd mor amlwg ar y cywyddau gofyn a diolch.

Diau fod dyfalu yn ei hanfod i'w gysylltu â chanu dychymyg o natur y *kenning*, a gysylltwn yn bennaf â barddoniaeth Hen

Norseg, ac â chanu pos y *riddle* Hen Saesneg. Defnydd ffigurol o iaith a ddaw'n agos iawn at yr hyn a alwn ni'n ddyfaliad a geir yn y *kenning*, a chynigir y diffiniad syml a phwrpasol hwn ohono mewn barddoniaeth sgaldig gan E. O. G. Turville-Petre:

> This simple definition of the kenning implies that, in the basic word, the person or thing to which the poet alludes must be called something which it is not, although it must in some way resemble it.[1]

Â Turville-Petre rhagddo i nodi ychydig enghreifftiau i egluro'r hyn a olygir; yn eu plith y mae *hronrad* (rhodfa'r morfil) am y môr, a *hreinbraut* (llwybr y carw) am ucheldir yr Alban.[2] Awgrymwyd y gall mai dyfaliad cynnar ar donnau'r môr yw 'biw beli bloedvawr' yng nghanu Aneirin.[3] Dyfais gelfyddydol yw'r *kenning* sy'n creu lluniau cyfoethog yn y dychymyg, ac weithiau luniau telynegol. Meddai Turville-Petre ymhellach: 'Some have seen in the scaldic style an affinity with the visual art-forms of the Viking Age.'[4]

Gan mai trosi sydd wrth wraidd y *kenning*, ymwneud yr ydym â gallu'r dychymyg creadigol i weld tebygrwydd rhwng pethau annhebyg, sef dull sylfaenol y meddwl dynol o ddisgrifio, gan mai trwy gymharu a chyferbynnu y byddwn ni gan amlaf yn disgrifio. Wrth greu trosiad yr hyn y byddwn yn ei wneud yw cydasio elfennau sydd, ar eu pen eu hunain, yn anghymarus; o ddwyn pethau annhebyg ynghyd a'u cyferbynnu, fe welir tebygrwydd rhyngddynt. Pan ddyfalai Ieuan Fychan gwrwgl, er enghraifft, fe wnâi hynny'n llwyddiannus wrth ei alw'n 'fwcled sut' ac yn 'badell ar ddwfr' am fod y dychymyg yn gallu canfod y tebygrwydd.[5] Un maen prawf wrth fesur llwyddiant bardd yn ôl Aristoteles, tad un gainc o feirniadaeth lenyddol, yw ei allu i greu trosiad.[6] Brodyr cyfain i'r trosiad yw'r cerddi pos neu'r *riddles* Hen Saesneg a geir yn llawysgrif Llyfr Caerwysg (a ddyddir i'r ddegfed ganrif), sydd yn eu tro yn agos-gysylltiedig â'r *kenning*.

Gan amlaf, disgrifiad o wrthrych trwy nodi ei briodoleddau a'i gyneddfau heb ei enwi a geir yn y *riddle*. Diweddir cerdd â chwestiwn tebyg i 'Beth wyf i?', neu â gorchymyn: 'Dywedwch beth ydyw', fel mai math ar gêm eiriol ac ynddi elfen o ddirgelwch ydyw. Camp y gwrandawr yw datrys y dirgelwch a bwrw amcan beth a ddisgrifir. Yng ngeiriau un awdur: 'Riddles are a form of literary game; they are also a metaphoric disguise.'[7]

Mewn arolwg gan un ysgolhaig ar y gwaith a wnaed ar y posau dros y blynyddoedd, dyfynnir dosbarthiad safonol arnynt, ac y mae tri dosbarth yn benodol sydd o ddiddordeb i ni gan eu bod yn cynrychioli'r math o drosiadau a geir yn nyfaliadau'r Cywyddwyr.[8] Y grŵp cyntaf yw'r grŵp biomorffig, lle y cymherir gwrthrych ag unrhyw beth byw, boed ddyn, anifail neu blanhigyn. Grŵp söomorffig yw'r ail, lle y cymherir gwrthrych ag anifail, a'r trydydd yw'r grŵp anthropomorffig, lle y cymherir gwrthrych â dyn. Yn ôl pob golwg, ffafriai'r Eingl-Sacsoniaid y dull anthropomorffaidd.[9]

Gan ei bod yn hawdd gweld cyfatebiaeth rhwng dyfalu'r Cywyddwyr a'r *riddle* Hen Saesneg, ac â'r *kenning* yn ei dro, nid yw'n syndod fod mwy nag un ysgolhaig wedi awgrymu bod y ffurfiau disgrifiadol cynnar hyn wedi dylanwadu ar y dyfalu a gysylltwn ni â barddoniaeth y Cywyddwyr o'r bedwaredd ganrif ar ddeg ymlaen. Gellir cyfeirio at o leiaf dair barn wahanol ar fater y dylanwad, sef eiddo D. Myrddin Lloyd, Patrick Sims-Williams a Rachel Bromwich. Credai D. Myrddin Lloyd mai o ryw fath o *riddle* y tarddodd yr arfer o ddyfalu:

> Er mai perthyn yn arbennig i gyfnod y cywydd y mae 'dyfalu' fel method llenyddol yn y Gymraeg, eto y mae cryn debygrwydd rhyngddo a'r hyn a geir yn y Lladin gan Symphosius a'i ddynwaredwyr a'r 'riddle-poem' mewn hen Saesneg. Gan hynny y mae'n rhesymol gofyn a oedd yr arfer wedi parhau mewn rhyw gylch, ac wedi cyrraedd Cymru mewn rhyw fodd. Sut arall y mae esbonio'r enw 'dyfalu' yn ei ystyr i'r cywyddwyr, ond trwy fod yr arfer yn tarddu o ryw fath o 'riddle'?[10]

Mae bodolaeth yr unig gerdd bos gynnar Gymraeg sydd ar glawr, sef 'Canu y Gwynt' yn Llyfr Taliesin, yn dangos inni nad yw'n gwbl amhosibl fod y math hwnnw o ddychmygu neu drosiadu wedi esgor ar y dyfalu ffurfiol a ymddangosodd yn y bedwaredd ganrif ar ddeg. Yn wir, fe awgrymwyd y gallai fod dylanwad y gerdd bos gynnar ar gywydd 'Y Gwynt' gan Ddafydd ap Gwilym, sydd, fel y gwyddys, yn gywydd dyfalu trawiadol iawn.[11] Mae 'Canu y Gwynt', a chywydd 'Y Gwynt' yn ei dro, yn cynrychioli ymateb dychmygus dyn i ryfeddodau'r cread, y math o ymateb a geir yn y canu natur cynnar. Ond ar wahân i'r gerdd bos honno yn Llyfr Taliesin, prin yw'r canu posaidd Cymraeg. Mae'r cofnod am bosau a geir yn y *Cydymaith i Lenyddiaeth Cymru* yn gamarweiniol am ei fod yn rhoi'r argraff fod cywydd 'Y Niwl' gan Ddafydd ap Gwilym yn enghraifft o gerdd bos oherwydd, fe honnir, disgrifir y gwrthrych heb ei enwi tan ddiwedd y gerdd.[12] Nid gwir mo hynny, oherwydd enwir y niwl, sy'n rhwystr i'r bardd rhag teithio i weld ei gariad, yn llinell 14: yn union ar ôl y llinell hon yr ymroir i ddyfalu'r niwl am ddeuddeg llinell ar hugain.[13] Prin y gellir uniaethu'r cerddi gofyn â'r cerddi pos yn llwyr oherwydd erys gwahaniaeth sylfaenol rhyngddynt; nid yw'r elfen o fwrw amcan ar gyfyl y cerddi gofyn. Teg nodi, serch hynny, fod Édouard Bachellery yn credu bod Lewys Glyn Cothi mewn un cywydd yn disgrifio'r gwartheg a chwenychai heb eu henwi, er nad ystyriodd y gallai 'da' yn llinell 30 fod yn amwys.[14] Yn sicr, gellir gweld cysylltiad semantaidd amlwg rhwng y pos a'r ystyr a roddwn ni heddiw i'r berfenw *dyfalu*. Ystyrier, er enghraifft, yr hen bos hwn, a gofnodwyd yn llawysgrif Llansteffan 135:

> gŵr hir a lysgir oy le ny gwrwm
> ac arall ny fagle
> gŵr ay drwyn wrth gadwyne
> ay fwyd dan y forddwyd yw fe.[15]

Yr ateb i'r pos yw 'aradr', ac mae'r dull o bersonoli yn ein hatgoffa am ddisgrifiad Iolo Goch o'r aradr yng nghywydd 'Y Llafurwr' fel 'gŵr' a 'gwas'.[16]

Tuedd Patrick Sims-Williams yw pwysleisio dylanwad tebygol traddodiad trosiadol neu fetafforaidd cynnar y Gymraeg ar dechneg dyfalu, traddodiad nad oedd yn wahanol iawn i drosiadau o dras y *kenning* a'r *riddle*:

> It has been argued (though not proved) that kennings partly originated in riddling and were continually renewed from riddles. Again the *dyfalu* technique of the *cywyddwyr* is clearly related to riddling, which may have influenced it – though its riddle-like character is also rooted in the earlier Welsh metaphorical tradition.[17]

Gwelai J. Glyn Davies gysylltiad rhwng dyfalu'r Cywyddwyr a'r canu natur,[18] er nad oes, fel y sylwodd Kenneth Jackson, ddyfalu fel y cyfryw yn y canu natur cynnar; barn Jackson yw mai Dafydd ap Gwilym a gyflwynodd y dechneg i'r gerdd ddisgrifiadol am y tro cyntaf.[19] Ond Rachel Bromwich sydd wedi dod agosaf at gynnig ateb derbyniol i gwestiwn tarddiad dyfalu fel yr ydym ni yn ei adnabod yn y cywydd gofyn, gan nad llunio trosiad unigol am wrthrych a wnâi'r Cywyddwyr, eithr cynnig llu o ddelweddau cyfnewidiol. Dilyniant o drosiadau a chyffelybiaethau sy'n goleddfu'r un gwrthrych a geir mewn cywydd dyfalu. Sylwodd Rachel Bromwich i ddechrau fod dyfalu yn addasiad o ddull trosiadol y posau ac yn ddatblygiad arno, ac felly'n cydymffurfio â'r pwyslais a roddai rhethregwyr yr Oesoedd Canol ar ddisgrifio.[20] Dywed ymhellach fod techneg dyfalu yn cael ei defnyddio gan y Cywyddwyr cynnar i ddychanu yn bennaf, ac ar sail hynny daeth i'r casgliad hwn:

> But the much greater frequency of pejorative *dyfalu*, employed for the purposes of abuse and vituperation, over the positive kind, suggests an even closer alignment with the richly figurative and elaborately-compounded language of bardic satire than it does with riddles.[21]

Mae'r casgliad y daeth Rachel Bromwich iddo yn taro i'r dim o ystyried y gellir cymharu techneg dyfalu â math o arddull ddyrchafedig ac addurnedig yr araith mewn rhyddiaith, lle y pentyrrir enwau ac ansoddeiriau cyfansawdd. Cofier am awgrym D. Gwenallt Jones mai gwaith beirdd ifainc yn ymarfer trin geiriau a geir yn yr areithiau pros.[22] Ateg gadarn i farn Rachel Bromwich ar fater dylanwad y canu dychan ar ddyfalu yw'r gyfatebiaeth rhwng y dychan ar y wisg a geir yn awdl ddychan yr Ustus Llwyd, sy'n gwawdio rhyw glerigwr o'r enw Madog am iddo wrthod rhoi swrcod i'r bardd, a'r dyfalu moliannus a geir mewn cywyddau gofyn.[23] Diddorol hefyd yw sylwi ar ddisgrifiad dychanol Madog Dwygraig o hen wrach mewn cyfres o englynion yn Llyfr Coch Hergest,[24] disgrifiad sy'n ein hatgoffa am ddelwedd debyg yng nghywydd Iolo Goch i ddiolch am farch lle y disgrifir melin Henllan: 'Rhaid yw im ochel melin/Henllan, gwrach gronglwydwan grin,/A'i chlap megis hwch lipa . . .'[25] Dyma blethiad arwyddocaol rhwng y canu dychan ar y naill law, a'r canu gofyn a diolch ar y llaw arall, sy'n gyson â semanteg y gair *dyfalu* oherwydd, yn ôl *Geiriadur Prifysgol Cymru*, un o'i ystyron gynt oedd 'gwatwar, goganu, dychanu, dynwared, llysenwi'.[26] Ystyrier hefyd, yn y cyswllt hwn, ddisgrifiad dychanol Madog Dwygraig o'r llo rhodd hynod siomedig a gafodd:

> . . . pryd horllyd h6
> yrllo gorffennaf. piblyt ny chyvyt nychaf

dim yrda6 ymyrdyd kynhaeaf. mantach
bach bychan y g6elaf. meint ffuret ny
pha6r wellt calaf. Mil eidil ida6 ny phry
daf. moel ff6lbert ar g6ert gaeaf.[27]

Dyma ategu mai'r un ddawn i greu trosiad a oedd ei hangen ar gyfer
llunio disgrifiad dinistriol mewn cerdd ddychan ag a oedd ei hangen
ar gyfer llunio disgrifiad canmoliaethus o rodd mewn cerdd ofyn.
Yng ngwaith Dafydd ap Gwilym, digwydd dyfalu gan amlaf yn
y cywyddau hynny sy'n dychanu rhyw wrthrych a darfodd ar
y bardd tra oedd ar daith i garu. Gwiw fyddai inni ddyfynnu
enghraifft o gywydd 'Y Fiaren', er mwyn dangos y modd y mae
dyfalu dychanol Dafydd yn fath ar felltith ac yn ffurfio cyfres o
drosiadau a chyffelybiaethau sy'n un rhaeadr orwyllt:

> Cefais, tramgwyddais, trwm gawdd,
> Gwymp yno, rhuglgamp anawdd,
> Ar ael y glyn, eryl glud,
> Yn wysg fy mhen yn esgud.
> Marth i'r budrbeth atethol,
> Murniai fardd, mae arnaf ôl,
> Mal y gwnâi, ni haeddai hedd,
> Mul dyniad, mil o'i dannedd,
> Ysgorn flin, gerwin yw'r gair,
> Asgen am fy nwy esgair.
> Llesg ac ysgymun ei llwyth,
> Lliw oferffriw fwyarffrwyth.
> Gwden rybraff ei thrafferth,
> Gwyllt poen, a llinyn gwallt perth.
> Cas ei gwaith yn cosi gwŷdd,
> Cebystr ar gringae cybydd.
> Coes garan ddygn dan sygn sêr,
> Cynghafog, cangau ofer.
> Tant rhwyd a fwriwyd o fâr,
> Telm yw ar lethr pen talar.
> Tydmwy ar adwy ydoedd,
> Tant coed o'r nant cadarn oedd.[28]

Sylwer ar y torymadroddi yn wyth llinell gyntaf y dyfyniad, ac fel y
gwesgir wedyn un trosiad i bob llinell wrth ddechrau dyfalu. Dyma
batrwm arferol y math hwn o gywydd gan Ddafydd, sef dechrau

gyda brawddeg neu frawddegau sangiadol cyn troi i ganu'n gypledol wrth ddyfalu a rhoi llinell i bob trosiad.[29] Cyfyd rhediad cyflym y dyfalu gwestiwn ynghylch gallu cynulleidfa i'w ddilyn a'i werthfawrogi, oherwydd byddai'n rhaid i wrandawyr gadw mewn cof beth oedd y gwrthrych drwy gydol y disgrifiad a barnu pa mor addas fyddai'r trosiad neu'r gymhariaeth. Yng ngeiriau D. J. Bowen: 'Rhagdybiai amlder delweddau Dafydd ap Gwilym wrth ddyfalu nid yn unig gynulleidfa gyflym ei hamgyffrediad ond hefyd un gyfarwydd â'r confensiwn.'[30] Er y byddai'r gyfres o drosiadau mewn cywydd gofyn yn amrywiol, rhaid cofio nad cyfres ddigyswllt fyddai hi. Mae'n wir y byddai'r trosiadau unigol yn dilyn ei gilydd yn gyflym weithiau, yn gwibio un ar ôl y llall ac yn taro llygaid mewnol dychymyg y gwrandawyr yn union fel y bydd taflunydd yn taflu lluniau ar sgrîn, ond unwaith y byddai'r gwrthrych a ddyfelid yn hysbys, gallai'r gwrandawyr ganfod addaster y trosiadau wrth eu cymhwyso'n gyflym at y gwrthrych. Galwai hynny, mae'n ddiau, am feddwl chwim a chanolbwyntio. Ni ellid fforddio bod yn ddiog wrth ymateb i gywydd dyfalu os mynnid ei lawn werthfawrogi. A dyfynnu D. J. Bowen unwaith yn rhagor: 'Heb weithgaredd meddyliol ac amgyffred cyflym ar ran y cynulliad, disgynnai dyfaliadau'r Cywyddwyr ar dir diffaith.'[31]

Dichon fod a wnelo apêl esthetig dyfalu lawer â phoblogrwydd y dosbarth hwn o gywyddau a'i cynhwysai. Gwelir y ddyfais mewn sawl *genre* yn y bedwaredd ganrif ar ddeg ac wedi hynny, gan gynnwys y cywydd serch, natur, dychan, llatai, maswedd, gofyn a diolch (wrth reswm) a'r cywydd i lys uchelwr. Pa bryd bynnag y mynnai'r Cywyddwyr ddisgrifio, troent at y ddyfais gyda blas, mae'n amlwg, a defnyddient hi yn eithriadol grefftus. Yr hyn sy'n gwneud dyfalu'r Cywyddwyr mor syfrdanol mewn gwirionedd yw'r amrywiaeth o drosiadau a geir i ddynodi'r gwrthrych. Câi bardd gyfle i arddangos ei allu delweddol a'i ddyfeisgarwch. Mae'n rhaid mai yn sgil poblogrwydd dyfaliadau cerddi serch a natur y bedwaredd ganrif ar ddeg yr enillodd y cywyddau gofyn a diolch gymaint o fri yn ystod y bymthegfed ganrif. Erbyn hynny, yr oedd moddau techneg dyfalu yn dra chynefin i aelodau cynulleidfa'r beirdd pan wrandawent ar gywydd gofyn yn cael ei ddatgan a'r dyfaliadau'n drybowndian ar eu clustiau.

Gadewch i ni yn awr fwrw golwg ar yr hyn sydd gan Ramadegau'r penceirddiaid i'w ddweud am grefft dyfalu. Ceir mwy nag un datganiad perthnasol sy'n cysylltu dau fath o ddyfalu â dau fath o fardd, y naill yn glerwr a'r llall yn deuluwr. Yn ôl Pum Llyfr Cerddwriaeth:

Tair kaink a berthynant ar glerwriaeth, nid amgen: ymsennv, a dyvalv gair tra gair, a dynwared.[32]

Gwaith clerwr, felly, oedd dyfalu bob yn ail air, a oedd yn wahanol i arfer y teuluwr o ddyfalu bob yn ail linell:

Tair kaink a berthynant ar devlvwriaeth, nid amgen: testvniaw, a dyvalv wers tra gwers yn devlvaidd araf, a gordderchgerdd devlvaidd drwy eiriav ymwys.[33]

Anodd yw gwybod ymh'le yn union i dynnu'r ffin rhwng teulu-wriaeth a chlerwriaeth. A oedd y sefyllfa ymarferol mor drefnus ag y mynnai'r Gramadeg ei bod? Oherwydd deddfa'r Gramadeg na ddylai'r prydydd ymhél â dychan a gogan, ond yr hyn sy'n drysu'r darlun clir o swyddogaethau'r beirdd yw eu harfer hwy o anwybyddu i bob pwrpas lythyren y ddeddf. Awgrymodd D. J. Bowen fod awdl ddychan Dafydd ap Gwilym i Rys Meigen yn enghraifft o gerdd a gynhwysai ddyfalu 'gair tra gair'.[34] Ychwan-egir at y dryswch gan ddatganiad y Gramadeg sy'n cysylltu prydyddiaeth â chywyddau, englynion ac awdlau 'anhawdd ev kanyad a'i dychymyc'.[35] Dadleuodd Eurys Rowlands o blaid uniaethu'r dyfyniad enghreifftiol o gywydd deuair hirion sy'n disgrifio march a geir yn y Gramadeg â'r canu cerddwraidd, oblegid fod dyfalu i'w gysylltu â'r term 'dychymyg'.[36] Mae'n amlwg fod rhyw groesgysylltu wedi digwydd yng nghyfnod y Cywyddwyr cynnar, oherwydd y mae rhai o 'ordderchgerddi' Dafydd ap Gwilym, yn rhith y cywyddau llatai, yn cyfuno dychymyg prydydd-iaeth â math o gerdd deuluaidd yr oedd y dyfalu ynddi yn symud bob yn ail linell.[37] Ond os creffir yn fanwl ar y dernyn yn y Gramad-eg sydd yn disgrifio march, gwelir nad oes ynddo ddyfaliadau tebyg i'r dyfaliadau a ymddengys yng ngwaith Dafydd ap Gwilym a'i gyfoeswyr. Yn hytrach, nifer o gyfansoddeiriau a geir, 'archgrwnn', 'llygatrwth', 'pedreindew', 'kefnvyrr', ac un gymhariaeth, 'Kyfliw blodeu'r banadlvric'.[38] Efallai nad yw'n deg cyffredinoli ar sail disgrifiad chwe llinell yn unig ac y byddai'r darlun yn wahanol pe bai'r gerdd gyfan wedi'i chofnodi. A siarad yn fras, nid yw'r disgrifiad yn ymddangos hanner mor uchelgeisiol ac egnïol â dyfaliadau Dafydd ap Gwilym, dyweder, sydd bob amser yn mynnu ein bod yn ymateb iddynt â synhwyrau effro. Ond eto nid oes wadu nad arddull anodd ei chaniad a'i dychymyg sydd yma. Tybed a oedd cynnwys disgrifiad o wrthrych trwy ddyfalu yn grefft a arferid i urddasoli'r canu gofyn yn wreiddiol er mwyn gwahaniaethu rhwng canu erchi'r glêr a fuasai, o bosibl, yn llai addurnedig ac yn fwy ymgreiniol ei naws? Meddylier am ennyd am y modd y defnyddiai'r beirdd grefft gywrain dyfalu yn y cywyddau maswedd. Mae 'Cywydd y Gal', er enghraifft, yn gyfansoddiad gwirioneddol grefftus, ac efallai mai defod aruchel dyfalu ynddo a'i gwahaniaethai oddi wrth gerddi tebyg gan y glêr a fuasai'n cylchredeg ar lafar.[39] Gan fod un o'r Trioedd Cerdd yn datgan bod 'odidawc dechymic' yn un o'r tri pheth a gyfoethogai gerdd,[40] yna gallwn dybio yr ystyrid dyfalu yn nodwedd ar waith bardd hyfforddedig. Diddorol, felly, yn y cyd-destun hwn yw sylwi ar gynefindra'r clerwr Dafydd y Nant â chonfensiynau canu'r penceirddiaid yn ei gerddi gofyn ef drosto'i hun a thros eraill. Y gwahaniaeth amlycaf rhyngddynt ac eiddo'r Cywyddwyr yw eu bod yn fwy uniongyrchol eu harchiad am eu bod yn ymroi i erchi yn syth heb yn gyntaf foli'r rhoddwr. Mae'n wir fod y clerwr yn dweud yn dalog wrth ofyn am gist dros ei noddwr, 'mi a fetraf y tyvalv', ond nid yw'n gwneud hynny mewn cyfres o gymariaethau a throsiadau fel y gwnâi ei gyfoeswyr o Gywyddwyr.[41]

Dwg y sôn am urddasoli ni at ystyriaeth sy'n ymwneud â'r cywyddau gofyn hynny a fu'n ysbardun i sawl ymryson rhwng beirdd. Mae'n wybyddus y byddai'r alwedigaeth farddol o gyfnod cynnar iawn yn mynnu gwybodaeth a dysg yn gynhysgaeth gan fardd cyn y mentrai hawlio rhodd mewn llys. Cofier am y datganiad yn y gerdd *Edmyg Dinbych*, a ddyddir i ddiwedd y nawfed ganrif: 'ny dyly kelenic ny wyppo hwn'.[42] Diau y byddai'r penceirddiaid a'u disgyblion yn awyddus i gynnal a gwarchod safonau eu crefft er mwyn eu pellhau eu hunain oddi wrth y beirdd isradd a allasai'n hawdd fod yn tresmasu ar lwybrau eu teithiau clera.

Wrth fynd heibio, megis, dylid crybwyll y gall fod tystiolaeth am fynnu safon gan fardd mewn cyfnod diweddarach yn y ddau gywydd a ganodd Thomas Evans Hendreforfudd yn 1605 i geisio march gan wŷr plwyf Llanfair Dyffryn Clwyd yn lle ei hen farch a dorrodd ei goes, oherwydd gorfu i'r bardd ganu cywydd eilwaith o

achos i'r cywydd cyntaf gael ei anwybyddu.[43] Diddorol yw sylwi
bod yr ail gywydd yn fwy gorchestol na'r cyntaf am fod pob llinell,
ar wahân i'r cwpled cyntaf, yn dechrau gyda'r gair 'plwy'. Tybed a
fynnai rhai o oreugwyr y plwyf beidio â rhoddi'r march i'r bardd
hyd nes y caent gerdd deilyngach ganddo? Dylid nodi nad yw'r
bardd yn dyfalu'r march o gwbl yn yr un o'r ddau gywydd.
Ceir prawf llachar iawn o'r cysylltiad a fodolai rhwng y weithred
o anrhegu beirdd yn ystod y gwyliau ac ymrysonau yn 'Ymryson
Tre'r Tŵr' a gynhaliwyd rhwng Huw Cae Llwyd a Hywel Dafi.[44]
Croesodd y ddau hyn gleddyfau am fod y naill yn genfigennus o'r
wisg a gawsai'r llall yn rhodd gan Domas Fychan, Tretŵr. Dywed
Huw Cae Llwyd:

> Mae'n fawr gennyf fy llawrodd,
> Mae un trist rhag maint y rhodd.
> Edifar gan Huw Dafi
> Arbed man o'r byd i mi!
> . . . Gweled y bu 'mysg lluoedd
> Gŵn da im, gwayw yndo oedd.
> Ni chawn bais un o'r gweision
> Na bai'n frath dan ben ei fron.[45]

Hawdd yw egluro'r cysylltiad rhwng yr achlysuron pryd yr an-
rhegid beirdd a chanu cywydd gofyn, ond beth yw arwyddocâd y
ffaith fod sawl ymryson fel petai wedi ei ysgogi gan gywydd gofyn?
Dyna inni'r ymryson cyfeillgar rhwng Rhys Goch Eryri a Llywelyn
ap Moel y Pantri ynghylch y gwregys a geisiai Rhys Goch yn rhodd
gan Syr Wiliam Tomas o Raglan.[46] Bu Syr Dafydd Trefor yn
ymryson â Gruffudd ap Tudur ap Hywel ar ôl canu cywydd i erchi
geifr,[47] a chywyddau gofyn a ysgogodd dri ymryson y bu Edmwnd
Prys ynglŷn â hwy, sef yr ymryson enwog â Wiliam Cynwal yn
dilyn cywydd i ofyn bwa, yr ymryson rhyngddo a Siôn Phylip yn
sgil cywydd i ofyn dagr, a'r un rhyngddo a Huw Machno ar gorn
cywydd i ofyn gordderch a thelyn.[48] Mae'r ymryson olaf yn
ymwybodol o'r olyniaeth yr oedd ynddi oherwydd cyfeiria
Edmwnd Prys at gywydd cynharach gan Ddafydd Trefor i erchi'r
unrhyw wrthrychau:

> Sr. Dafydd saer wawd afiaith
> Trefor gynt trwy ferw a gwaith

A wnaeth Gerdd i bennaeth gwyr
Burlain pawb Siambrlan pybyr
I erfyn telyn at Jôr
A gordderch hên i gerddor.[49]

Rhaid nodi mai ysgogiad yn unig oedd y cywydd gofyn yn achos
yr ymrysonau a grybwyllwyd, proc cychwynnol nad ymhelaethid ar
ei gynnwys a'i grefft gymaint â hynny wedyn yng ngweddill yr
ymryson. Fe ymddengys mai'r achlysur ei hun ac nid y cyfrwng oedd
asgwrn y gynnen yn achos y rhain. Ac eto mae'n gyd-ddigwyddiad
mai cywydd gofyn fu'r ysbardun bob tro, er na ddylem roi gormod o
bwys ar y ffaith honno ychwaith gan fod yn y rhan fwyaf o
ymrysonau elfen gref o ddireidi a llawer iawn o gellwair. Eto, anodd
yw peidio â gofyn tybed nad oedd llunio cywydd gofyn a gynhwysai
ddyfalu yn dasg a osodid i feirdd a oedd naill ai'n cystadlu â'i gilydd
am nawdd neu am radd? Canodd Wiliam Llŷn ynghyd â thri o'i
ddisgyblion gywydd i ofyn corn yfed a phiner, cywydd a atebwyd ac
a feirniadwyd gan Wiliam Cynwal a Huw Llŷn:

Och i brydydd, awch breuder,
A delo i fardd hoedl fer,
A ro, iawngof, arw angerdd,
Fyth ei gorn am y fath gerdd.[50]

Mae'n eithaf posibl fod rhai cywyddau gofyn yn gysylltiedig ag
ymarferion disgyblion wrth iddynt droi eu llaw at gyfansoddi fel y
mae'n bosibl fod rhai cywyddau serch yn ymarferiadau cynnar
ambell fardd, oblegid mynnai Statud Gruffudd ap Cynan na ddylai
prydydd 'dann radd disgybl brydu na chanu namyn i verched ac i
ofer veihau yn ddyfaliadau i gyfadnabod ai awenydd nes kael
gradd mewn Eisteddvod warantedic'.[51]

Ffaith sy'n wybyddus inni eisoes yw fod diddordeb mawr mewn
disgrifio ymhlith Cywyddwyr y bymthegfed ganrif ac y gwas-
anaethai techneg dyfalu'n hwylus eu harfer o ddisgrifio, canys fe'i
ceir mewn cywyddau sy'n disgrifio anifeiliaid ac adar megis yng
nghywydd Ieuan Gethin 'I'r Llwynog',[52] a chywydd Dafydd
Nanmor 'I'r Paun'.[53] Fe'i ceir hefyd mewn cywyddau sy'n disgrifio
cynnyrch dwylo dyn, megis cywydd rhagorol Ieuan Rudd i'r
'Paderau Main Crisial',[54] a chywyddau sy'n disgrifio gwrthrychau
haniaethol megis cywydd Maredudd ap Rhys 'I'r Gwynt', sy'n

efelychiad o gywydd Dafydd ap Gwilym i'r un gwrthrych.[55] Nac anghofier ychwaith am amlder y dyfaliadau yn y disgrifiadau o harddwch corff merch a geid yn y cywyddau serch.[56] Gwyddys hefyd fel y taranai Siôn Cent yn enbyd yn erbyn ymfoddhau mewn moethau a oedd yn uniongyrchol gysylltiedig â'r gwrthrychau a geisid ac a ddisgrifid yn y cywyddau gofyn, megis cŵn, elyrch, meirch, gwisgoedd ac amryw drysorau.[57] Ond mae arwydd fod y beirdd wedi dechrau ymhyfrydu mewn disgrifio'n weddol fanwl wrthrychau materol gwerthfawr ganrif cyn i Siôn Cent ddechrau collfarnu materoldeb yr uchelwyr, oherwydd gellid ystyried englynion Gruffudd ap Dafydd ap Tudur i ddiolch am froets aur, meini gwerthfawr a sidan a gawsai'n rhodd gan ei gariad yn flaenffrwyth cywyddau caboledig y Cywyddwyr i ofyn a diolch am wrthrychau amryfath.[58]

Y trosiad sy'n ganolog i brif ddull y beirdd o ddelweddu, a chyfeiria Bobi Jones at dair rhan y broses o drosiadu, sef 'y Gwraidd, y Bôn a'r Ffrwyth'. Priodol yw dyfynnu ei ddiffiniad ef o'r rhannau hyn:

Gair y gychwynfan yw'r Gwraidd, yr hyn y meddylir amdano yn ei gyflwr llythrennol; gair y ddiweddfan yw'r Ffrwyth, y trosiad yr esgorir arno; cerbyd y dadansoddiad, sef yr agwedd ar y naill air a'r llall sy'n gyffredin iddynt ac yn darparu sianel rhyngddynt, dyna yw'r Bôn.[59]

Yn unol â'r dadansoddiad hwn, gellir cynnig patrwm sylfaenol o drosiadu gan gymryd fel enghraifft dri throsiad am delyn sydd gan Siôn Phylip:[60]

Gwraidd	Bôn	Ffrwyth
Telyn →	[cydasiad] →	morwyn gu
		merch fwyn
		Cymraes

Trawsffurfir rhywbeth yn rhywbeth arall am fod modd canfod tebygrwydd rhyngddynt. Y Bôn yw'r tir canol cyffredin lle y mae'r ddeubeth yn cydieuo. Mae'r delyn yn 'forwyn gu' am ei bod yn ffyddlon wasanaethu'r telynor; mae hi'n 'ferch fwyn' am ei bod yn cael ei hanwylo yn ei freichiau, ac mae hi'n 'Gymraes' am ei bod yn darparu cyfeiliant i gywyddau Cymraeg, neu am ei bod yn delyn a wnaed yng Nghymru. Dyma'r math o uniaethu a chysylltu sy'n digwydd yn y meddwl wrth ddyfalu. Dyna paham, felly, y gwelir pa mor anodd y gallasai fod i ymateb i ddull dyfaliadol sy'n cynnwys cyfres o drosiadau gwibiog.

Gan fod rhychwant y disgrifio a'r dyfalu yn eang, gadewch inni geisio cynnig brasddosbarthiad ar ddyfaliadau'r beirdd, gan ganolbwyntio ar y modd y cysylltent wrthrych â delwedd naill ai drwy drosiad neu drwy gymhariaeth. Dechreuwn gyda'r trosiad. Nodwedd amlwg ar waith y Cywyddwyr cynnar yw eu hoffter o bersonoli gwrthrychau, a defnyddir y troad hwnnw'n helaeth gan Gywyddwyr diweddarach.[61] Oherwydd y modd y darlunnir anifeiliaid ac adar mewn termau dynol yn y cywyddau gofyn a diolch, gellir galw'r dull hwn o drosiadu yn ddull anthropomorffig. Dyma ychydig enghreifftiau:

Hwrdd:	bwrdais defaid; cwnstabl corlan.[62]
Tarw:	bwtler praff; bwrdais trwm; brawd du;[63] fforestwr; bwrdais; cawr.[64]
Ci:	mynach; meudwy.[65]
Cŵn:	dau gigydd; abl williaid.[66]
Alarch:	cwrtiwr afon.[67]
Gosog:	abad wedd yn bedyddiaw; abades hardd; ysgoles; clochyddes.[68]

Dull arall a ddefnyddir yw'r dull söomorffig sy'n trin gwrthrychau difywyd fel creaduriaid byw:

Angor:	cenau aelbridd; arth; twrch daear; mwnc; cranc praff.[69]
Aradr:	arth; twrch; draig goeshir.[70]
Bwa:	gwiber; neidr feinllefn.[71]

Math arall o drosiadu yw'r un sy'n cyfuno gwrthrych difywyd â gwrthrych difywyd arall. Bodlonwn ar gyfeirio at yr ychydig enghreifftiau hyn:

Meini melin:	dwy dorth; caws hen graig; cwrlidau'r cwarel; lleuadau llydain.[72]
Pais ddur:	mur; tarian; tŵr; castell; caer.[73]
Paderau:	egroes mân; grawn pysg; mân genllysg; pum olwyn; pwmpau.[74]

Os adwaenir y trosiad yn syml fel troad ymadrodd sy'n galw rhywbeth *yn* rhywbeth arall, yna adwaenir cymhariaeth fel troad ymadrodd sy'n dweud bod rhywbeth *fel* rhywbeth arall. Ystyrier yr enghreifftiau hyn:

Plu paun:	fal fflwr rhuddaur; fal ysgub redyn.[75]
	cnwd blodau fel diliau dur.[76]
Brws barf:	tasel fal col tywysen.[77]

Weithiau rhoir y gymhariaeth yn gyflawn:

Paun:	Tebyg yw, mal y tybiem,
	I'r bwa glaw â'r big lem.[78]

Gwelir defnydd o gyfeiriadaeth mewn sawl disgrifiad, yn enwedig mewn disgrifiadau o gleddyfau a thelynau. Peth arferol mewn cywydd i ofyn cleddyf yw cyfeirio at gleddyfau chwedlonol tebyg i Galedfwlch, cleddyf y brenin Arthur.[79] Wrth ofyn telyn cyfeirir yn aml at eiddo Dafydd Broffwyd. Geilw Wiliam Byrcinsha'r delyn rawn a geisiai yn ddyfais Apolo, a chyfeiria at Orffews, y bardd chwedlonol yr oedd ei allu gyda'r delyn yn ddiarhebol.[80]

Ychwanegir at gyfoeth disgrifiadau'r beirdd nid yn unig gan yr arfer o ddyfalu gwrthrych yn ei gyfanrwydd, ond hefyd yr arfer o ddyfalu ei wahanol rannau. Canolbwyntir weithiau ar ei ffurf, dro arall ar ei liw, ei sŵn, neu briodoleddau eraill nes boddhau o leiaf ddau o'r pum synnwyr. Wrth ddisgrifio bwa, cyfeiria Huw ap Dafydd at ei sŵn:

Lluosog yw y llais a gân;
Pob ergyd fal pib organ,
*M*al cloc bêr ei lleferydd
Yn nodi awr yn y dydd.[81]

Yn y dyfyniad hwn dwy gymhariaeth sy'n cyfleu'r sŵn, ond mewn rhai cywyddau eraill ceisir dynwared sŵn gwrthrych trwy onoma-topeia. Mewn cywyddau i ofyn meini melin, er enghraifft, ceisir weithiau gyfleu a dynwared sŵn trystiog y meini'n malu. Daw'r eng-hraifft dda ganlynol o gywydd stwrllyd gan Wiliam Cynwal:

Un taran wyllt, troi a wna,
Yn ei lwch un a lecha;

Llechennau'n lluchio henyd,
Llanciau a ŵyr llyncu ŷd;
Yr ucha' byth â'i roch bell
A gyfarth yn ei gafell . . .[82]

Un o'r enghreifftiau gorau a'r mwyaf argyhoeddiadol o ddynwared
sŵn mewn cywydd gofyn drwy onomatopeia yw ymgais Rhisiart
Cynwal i gyfleu sŵn cloc yn taro:

Clôch oriau gwrs clywch arw gan
Cynnwr fel cnoccio Einian
Cnoccio rhifo cnecc rhyfawr
Cenau crâs yn cnoccio'r Awr
Cair Ric Ric cowir Accen
Clocc di wan cliccied ei ên
Ci neu Aâp accw un wêdd
Cenau Du yn rhincian dannedd
Cawr ai fŷs yn curo i fîn
Clippio fel clapp y Felin.[83]

Soniwyd am helaethder rhychwant y dyfalu; nodwedd arall yw
manylder syfrdanol y dechneg. Os cymerwn sampl o hanner dwsin
o gywyddau gofyn bwcled a rhestru'r trosiadau, fe welwn nid yn
unig pa mor oludog yw amrywiaeth y dyfalu ar y gwrthrych ond
pa mor gyson yw'r defnydd o rai trosiadau mewn cywyddau
gan wahanol feirdd. Dewiswyd canolbwyntio ar sampl bychan o
gywyddau i ofyn bwcled am eu bod ymhlith y cywreiniaf o gyfan-
soddiadau'r beirdd. A barnu wrth sylwadau Siôn Tudur ar grefft
wachul Robin Clidro, ystyriai'r beirdd nad yn ddi-sut y dylid mynd
ati i lunio cywydd bwcled:

Fo a wnâi beth ni wnâi neb—
Balciau ar gywydd bwcled.[84]

Cadarnha'r dyfyniad dadlennol hwn yr argraff fod y cywyddau
bwcled, a'r cywyddau dyfalu'n gyffredinol bid siŵr, yn greadig-
aethau cywrain yr ymhyfrydid ynddynt.

Tarian fechan gron a cheugrwm oedd y fwcled a wneid o ledr
gydag adenydd dur. Gosodid arni gylchoedd, neu weithiau lathau
haearn, a gysylltid â'r sylfaen o ledr gan nifer o hoelion, a chodai

bwlyn pigfain o'i chanol gyda dolen yn y ceudod y tu ôl i'w dal.[85] Mae disgrifiad Gutun Owain o'r fwcled yn fanwl-gyfewin wrth iddo ddyfalu un o'r breichiau dur a disgrifio'r hoelion arni yn union fel pe bai yn edrych drwy chwyddwydr.[86] Nid oes ryfedd i Saunders Lewis ddweud wrth drafod cywydd Gutun Owain: 'y mae'n eglur fod llygaid y bardd ar y gwrthrych'.[87] Y chwe bardd y dewiswyd edrych yn fanwl ar eu cywyddau i ofyn bwcled yw Gutun Owain,[88] Owain ap Llywelyn ab y Moel,[89] Tudur Aled,[90] Morys ap Hywel ap Tudur,[91] Siôn Ceri,[92] a Siôn Tudur.[93] Dyfelir y fwcled gyfan yn ogystal â'i rhannau gan y beirdd hyn, fel mai'r peth doethaf fyddai rhestru'r trosiadau yn ôl y nodweddion a ddisgrifir. Nodir rhai amrywiadau ar yr un dyfaliad lle y bo hynny'n berthnasol.

Y Darian Gyfan
aes (TA)
asur brith (TA)
[Amrywiadau: wybren o des (MHT); wybr cau (SC)]
bort aur (TA)
Bronddor â bariau ynddaw (ST)
buarth baban (TA)
byly (GO)
Caer Dro (TA)
caer wydrin (OLlM)
cawg aur (ST)
clwyd (TA; ST)
crest arian (ST)
croen gwynn (MHT)
crys gwyn (GO)
chwrli gwgon (ST)
Deiol (ST)
dôr (TA)
[Amrywiadau: drws (SC); eurborth (SC)]
Drych (TA; MHT; SC; ST)
dur fraenar fryn (TA)
Gogr (ST)
Gwasgod (ST)
gwisg y dwrn (ST)
haul (ST)
helm aur (ST)

het (ST)
iâ gwyndwn (TA)
lawnter (ST)
Llech (SC)
Llen a gwydr llawn egwydydd (SC)
lleuad (GO; OLlM; TA; SC)
olwyn (OLlM; TA; MHT)
Pafais (MHT)
Palis (TA)
Palmant tew (TA)
pared (OLlM; MHT)
pastai (TA; ST)
Perl aur (ST)
Piler (TA)
Rhod (TA; MHT)
Tabl (TA)
Talar (TA)
Teisen ddur (ST)
torch (OLlM)
Torth (GO; ST)
Traeth gwnllwyd (ST)
Twr (TA; MHT; ST)
tŷ gwenyn (GO)
y Ford Gron (TA)

Y Llathau Dur
adanedd (GO)

ais (GO)
asgell aur ymysg llu (ST)
breichiau (MHT)
cledrau craig (TA)
Croesau (GO)
cylchau tân (TA)
dellt (ST)
gwe sodiwr (TA)
gweill (TA)
gwythi (MHT)
nadroedd (TA; MHT; ST)
nawtorth (TA)
osglau aur (ST)
tair rhod (OLlM)
tri choler (OLlM)

Y Rhybedau
aeron (MHT)
[Amrywiad: grawn celyn
  (OLlM)]
blodau gefail (GO)
Briallu'n berwi allan (SC)
cenllysg (TA)
cnau (TA; SC)
cnotiau fal pinnau pen (SC)
cnwd haearn (ST)
Egin dur (ST)
egroes dur (ST)
eirin (MHT; ST)
ewyn (OLlM)
gemau (OLlM)
gleiniau (OLlM
Gograid o ŷd ac egroes (ST)
graens (TA)
grawn pysg (ST)
[Amrywiad: grawn gwenith
  (MHT)]
Gwlith (GO; MHT; ST)
Gwns (ST)
gwrdd dân a garddaid wenyn
  (MHT)

gwreichion (ST; SC)
Hoelion (TA; SC; ST)
lluchedennau (SC)
Llygaid brithylliaid (ST)
main gwennol (GO)
mwyar mân (ST)
pupur (ST)
pys dur (ST)
Sêr (GO; OLlM; TA; ST)
[Amrywiad: Sarn Badrig (GO)]
ugain dis (OLlM)

Blaen y Darian
bron morwyn (ST)
[Amrywiad: bron rhiain (MHT)]
Bryn mawr (ST)
[Amrywiadau: bryn dv (MHT);
  bryn rhew (MHT)]
bys (ST)
pentis (MHT)
pig galed (ST)
torryn (GO; MHT)

Y Cnepyn ar y Blaen
maen gwyn (ST)
mefus graig (ST)

Y Ddolen
Bedd i holl fysedd y llaw (TA)
Bwned dwrn (TA)
lle yng (SC)
Llety (TA)
llvn a dvll iav llonaid llaw
  (MHT)
Nod i'w ddaly (GO)
nyth (GO; OLlM; SC; ST)
ogof (MHT)
Pont angel (OLlM)

O graffu ar y rhestrau hyn, gwelir bod rhyw gnewyllyn o drosiadau a oedd yn gyffredin i fwy nag un bardd: drych, gwlith, lleuad, olwyn, sêr. Dyma drosiadau y gellir eu galw'n rhai traddodiadol a ddefnyddiwyd gan feirdd cynharach wrth ddisgrifio gwrthrychau crynion tebyg. Pan fynnai Dafydd ap Gwilym, er enghraifft, ddisgrifio drych, fe'i dyfalodd i 'leuad las',[94] a phan fynnai Gruffudd Gryg ddarlunio'r lleuad, y trosiad a ddaeth i'w feddwl ef oedd y fwcled.[95] Er hynny, y mae'r trosiadau ymhell o fod yn rhai cyfunrhyw. Ceir tystiolaeth ddigonol yn y rhestrau sy'n dangos bod llawer ohonynt yn rhai gwreiddiol a oedd yn ddiau yn gynnyrch dyfeisgarwch y beirdd eu hunain.

Cyfyd yr ystyriaeth hon nifer o gwestiynau ynghylch natur y farddoniaeth draddodiadol, cwestiynau y dychwelir atynt cyn diwedd y bennod hon. Gadewch inni am y tro osod gerbron y cwestiwn hwn: a oedd y beirdd yn tynnu'n helaeth ar gloddfa gyffredin o drosiadau stoc wrth ddyfalu, ynteu a fanteisient ar bob cyfle i ganfod a chreu trosiadau newydd a ffres? Gwyddys mai gweithio o fewn confensiwn cymharol gyfyng a wnâi'r beirdd, ond mater arall yw penderfynu i ba raddau yr oedd y confensiwn yn pennu eu dewis o ddyfaliadau drostynt bob amser. Ystyrier y gyfatebiaeth glòs rhwng disgrifiadau o wrthrych tebyg a geir mewn dau gywydd cynnar, sef eiddo Iolo Goch i ddiolch am gyllell ac eiddo Rhys Goch Eryri i ofyn am faslart:

Diolch am gyllell[96]	*Gofyn am faslart*[97]
Callestrfin ll. 8	Tanllif gallestr ll. 59
baslard ll. 15	Baslart ll. 69.
beisledr ll. 15	Beisledr ll. 70
Ar hyd ei chefn dodrefn da ll. 18	Ac ar ei chefn dodrefn da ll. 49
arianswch ll. 20	tirionswch ll. 51
a threinsiwr ll. 20	Traensiwr ll. 51
Eillio â hi ll. 23	Ysgipiai farf ll. 87
Ysgot coch ll. 24	Ysgot friw ll. 20
terwyn chwaen ll. 28	gywirchwaen ll. 61
Briwio esgyrn ll. 30	Esgyrnfriw ddur ll. 91
Chwaer undad . . . I Ddurendardd llau 43–4	Chwaer ddewr . . . Ddurendardd ll. 78
Cyfnitherw . . . I Hawd y Clŷr llau 39-40	Nith brwydr . . . Rhawd y Clŷr llau 71–2
Merch . . . I Galedfwlch llau 43–4 ŵyr Gwrseus ll. 47	Chwaer hen Galedfwlch ll. 76 Modryb . . . Cwrseus ll. 73

Mae'r tebygrwydd yn drawiadol. Er nad yw disgrifiad Rhys Goch Eryri yn dilyn disgrifiad Iolo Goch yn gwbl slafaidd, mae'n eglur ddigon nad cyd-ddigwyddiad mo'r gyfatebiaeth. Fe all yn wir fod Iolo Goch yn arloesi wrth ganu cywydd i ddiolch am gyllell gan gynnwys disgrifiad manwl ohoni, a bod Rhys Goch yn efelychu'r patrwm yn fwriadol. Yn sicr, cymerwyd mwy na cham ceiliog ymlaen wrth ddisgrifio oddi ar ddyddiau'r Gogynfeirdd, fel y gwelir os edrychir ar ddisgrifiad Gwalchmai o gleddyf yn ei Orhoffedd, disgrifiad na ddaw'n agos at ddisgrifiad estynedig Iolo Goch.⁹⁸ Ond nid yw'n annichon fod y tebygrwydd rhwng disgrifiadau'r ddau gywyddwr yn deillio o'r ffaith eu bod ill dau yn dilyn traddodiad cyffredin o ddisgrifio arf tebyg i gyllell neu gleddyf yn annibynnol ar ei gilydd. Gwelir bod Dafydd ap Gwilym yn ei gywydd 'Y Cleddyf' hefyd yn cyfeirio at yr arf fel 'Cyrseus' ac 'ŵyr Hawtyclŷr', sef enwau cleddyfau arwyr chwedlonol.⁹⁹ Ceir rhestr o enwau cleddyfau enwogion brodorol ac estronol megis Arthur, Roland ac Olifer yn llawysgrif Llansteffan 28.¹⁰⁰ Fel y cyfieithid chwedlau cyfandirol i'r Gymraeg yn ail hanner y drydedd ganrif ar ddeg a dechrau'r bedwaredd ganrif ar ddeg, deuai eu cynnwys yn rhan o gynhysgaeth pobl ddiwylliedig ac yn rhan o gyfeiriadaeth lenyddol y beirdd. Wrth iddo yntau'n ddiweddarach ddisgrifio baslard, tynnai Guto'r Glyn ar yr un ffynhonnell o gyfeiriadaeth,¹⁰¹ ac o ddarllen cywyddau gofyn am gleddyfau ymlaen i'r ail ganrif ar bymtheg, sylwyd mai'r un gyfeiriadaeth a gâi ei harddel, er na chyfeirid mor gyson at arfau'r arwyr tramor, fel pe na baent hwy bellach mor wybyddus i'r beirdd ag yr oeddynt gynt. Cyfeirid yn ddigon aml, serch hynny, at arfau Arthur, fel y gwnaeth Rhisiart Cynwal pan ofynnodd am gleddyf a dagr: 'o chair ail Kledfwlch yw ran/yn chwyrn iawn a Charnwenan'.¹⁰²

Ailymddengys yr un delweddau a motiffau mewn cywyddau a erchai'r un gwrthrychau, fel y gwelwyd eisoes. Arferol mewn cywydd gofyn bytheiaid a helgwn, er enghraifft, oedd dal ar sŵn a sain eu cyfarthiad; dyna'r nodwedd lywodraethol y canolbwyntiai'r beirdd eu sylw arni wrth ddisgrifio, a'r tebyg ydyw mai dilyn traddodiad disgrifiadol cyffredin a wnaent. Dangosodd D. J. Bowen fod canolbwyntio ar gynghanedd sŵn cyfarthiad yn beth cyffredin, a dyfynnodd ychydig linellau o *A Midsummer Night's Dream* sy'n cyfeirio at helgwn 'match'd in mouth like bells'.¹⁰³ Er bod modd clywed adleisiau o gywydd enwog Gutun Owain i erchi helgwn yn y dyfyniadau a ganlyn, ni ddylid rhuthro i ddweud mai efelychu'r cywydd hwnnw'n benodol a wnaethai'r awduron. Daw'r dyfyniad cyntaf o gywydd gofyn bytheiaid gan Ieuan Tew Brydydd Hen o Arwystli:[104]

> kyd rhodwyr koed a rhedan
> kyd lain ôl kyd alw a wnân
> kanan gyda hai r kynydd
> gyd gerdd ynn gyda gwawr ddydd
> brawdorion kyson i kerdd
> brenhingwn gloew brynhawngerdd
> diaereb yw klych dyran
> davwell i kair dvll i kân
> ag vnllais be bai gannllynn
> i klywchwi hwy ar klych hynn
> bavnydd i klywch hwibanad
> i bloedd dros wyneb y wlâd.[105]

O gywydd gofyn gan Ieuan ap Llywelyn Fychan y daw'r ail ddyfyniad:

> dav roder nifer vn iaith
> dav o grwfydd digrifwaith
> dav vn gydwaith dan gadwyn
> dav vn llais dann nenn y llwyn
> dav vn organ dan irgoed
> dav vlaidd yn i dwyflwydd oed
> dwy vantell am efeilliaid
> dwy bais garth deûbwys a gaid
> gwisgen ffriol val gwasgwyn ffrainc
> gwaedd loewvawr gwyddyl ieûainc
> cwyn a rydd acen ar riw
> cedenllaes cyfoed vnlliw
> cywydd rhwng mynydd a mor
> cynafon val cwn Ivor
> galw ynghanol y ddolen
> gwyddau ffordd gweiddi'n i phen
> gwnio ar naid y geinach
> a gwilio byth i gwal bach
> gwyn vydd im cynydd i cainc
> mwyn ochaf myneich ieûainc
> mae vy iowngamp vwy vangerdd
> medrv cael a mydr i cerdd

masw vn gar moesan gig
mesûr vn don a mvsig.[106]

O gywydd gan Rys Cain y daw'r trydydd dyfyniad:

dreigiav fal bleiddiau blwyddiaid
drain cyrn wrth eu dyrnav caid
genevav'r cwn i gnoi'r cig
gweflav isel goflysig
cantorion glewion y glod
cyhvddwyr parc a hyddod
od ân ir allt wenn ar ol
nid â'r vn ond ar iownol
dav'n y rhiw lle doen y rhawg
a roe lawnwaedd ar lwynawg
da gwyddant dav gi addwyn
gael ol ei draed gloew leidr wyn
. . . dav liwter vwch dol Evtyn
dwy organ glir drwy gan glyn
o chanant lle'r ânt ar ol
angav ceirw ing yw'r carol
swn cowirdeg sy'n cordiaw
seims oedd dros y meysydd draw
trwmpedav mylav Maelawr
tirion lais ai trwynav i lawr
tvwnio cerdd yw tôn y cŵn
tew ganv tv ag anwn.[107]

Ni raid i ni dybio bod yr un o'r tri bardd yn adleisio'n ymwy-bodol, ond yr agosaf o'r tri dyfyniad at ddisgrifiad cywydd Gutun Owain yw eiddo Rhys Cain. Ef o bosibl a fyddai wedi bod mewn sefyllfa i fanteisio ar ei wybodaeth o gywydd un o'i ragflaenwyr a arferai drigo ym mhlwyf Dudlust heb fod ymhell o dref Croesoswallt, lle y trigai ef ei hun. Disgybl i Wiliam Llŷn oedd Rhys, a chan fod yr athro wedi cymynroddi ei lawysgrifau i'w ddisgybl buasai Rhys yn sicr yn gyfarwydd â darllen ac astudio gwaith Gutun Owain yn ogystal â gwaith nifer o feirdd eraill.[108] Ond gallai hefyd fod wedi dysgu'n uniongyrchol gan ei athro pa drosiadau a dyfaliadau i'w defnyddio wrth ddisgrifio helgwn, oherwydd fe ganodd Wiliam Llŷn ei hun gywydd i ofyn milgwn, cywydd y ceir ynddo'r tros-iadau cyfarwydd: 'Cyd-gerddwyr'; 'Cyd-olrhain, cywrain eu cân',

'Dreigiau'.[109] Cofier bod Wiliam Llŷn, yntau, yn ei dro yn ddisgybl i Ruffudd Hiraethog, a hawdd y gallai fod wedi dysgu ganddo pa ddyfaliadau a fyddai'n addas ar gyfer helgwn, oherwydd fe ganodd Gruffudd Hiraethog gywydd i ofyn daeargwn lle y ceir yr un ddelweddaeth gerddorol.[110]

Mae digon o debygrwydd yn y disgrifiadau a ddyfynnwyd, ond digon o annhebygrwydd hefyd i beri iddynt fod yn gyfansoddiadau annibynnol a oedd yn ffrwyth dychymyg a dyfeisgarwch y beirdd eu hunain. Y mae iddynt ansawdd unigolyddol, er na ellir honni bod y ddelweddaeth yn pefrio gan newydd-deb. Ond hwyrach mai fel delweddaeth newydd hen y dylem edrych arni, gan mai felly hefyd, efallai, yr edrychai'r beirdd eu hunain arni. Er cydnabod bod y beirdd yn gweithio o fewn confensiwn ac yn tynnu ar draddodiad cyffredin o ddisgrifio a allai'n hawdd fod yn gyffredin i lenyddiaethau eraill, yr hyn sy'n cyfrif yn y bôn yw'r defnydd a wnaent o'r confensiwn hwnnw. Drwodd a thro, fe welir bod y Cywyddwyr yn gweithio o fewn traddodiad a alluogai'r goreuon yn eu plith i ymarfer eu dawn gynhenid a'u hathrylith bersonol er gwaethaf pob caethiwed tybiedig.

Wrth weld yr un themâu, yr un disgrifiadau a'r un dyfaliadau'n ailymddangos dro ar ôl tro yn y cywyddau gofyn a diolch, cawn ein hatgoffa am feirniadaeth rhai o'r dyneiddwyr ar waith y beirdd. Amlygodd William Salesbury rai o wendidau sylfaenol canu'r Cywyddwyr yn ei *Lyfr Rhetoreg* (1552) drwy gyfeirio at sylwadau cyfaill iddo o'r enw Pŵl:

... nyd amgen nae bod yn arver or ran vynychaf ar wneythyd ei kerdd sef ei kywyddeû ei odle ae Englynion or vn defnydd, or vn dyval, or vn agwedd ac mor gwbyl gyffelyp ei dychymig a mal tarddent or vn galon ne petit yn ei llûnio wrth yr vn patrwn ne eu bwrw yny'r vn volt.[111]

Mae hon yn feirniadaeth gyfiawn yng nghyd-destun y *genre* dan sylw, oherwydd fe welwyd bod dwsinau o gywyddau, yn y cyfnod wedi *c.* 1550 yn enwedig, yn cynnwys llawer o ddisgrifiadau ystrydebol a dyfaliadau ailadroddus. Brithir llu ohonynt ag adleisiau cyfarwydd. Ychwaneger at hynny'r ffaith fod y cywyddau'n tueddu i fod yn unffurf eu patrwm, ac fe welir nad yw beirniadaeth cyfaill Salesbury yn ddi-sail. Gwyddai Edmwnd Prys, yntau, yn dda am beryglon cadw'n rhy gaeth at gonfensiwn:

> O rhoir yr vn had i'r rhych,
> Rhyw fanvs, yn rhy fynych,
> Gweigion ŷd coeg a gawn i,
> Oerwaith fyd, wrth i fedi.[112]

Ond a bod yn deg â'r beirdd eu hunain, yr oedd un o'r rhai mwyaf ymrwymedig a'r mwyaf llygadog yn eu plith, Gruffudd Hiraethog, yn ymwybodol iawn o gyfyngiadau eu crefft a'u celfyddyd. Mewn cywydd i ofyn meini melin y mae ef yn cydnabod yn onest yr anhawster a gâi wrth geisio llunio dyfaliadau newydd:

> Anawdd ym, oni ddamwain,
> Ddyfalu rhodd fal y rhain
> Rhag amled a ganed gynt,
> Rhyw fodd, mwy no rhif uddunt;
> Fal cyfyng o fawl cofwaith
> Fy lle i roi'r fwyall ar waith.[113]

Oni leisiodd Guto'r Glyn gri debyg yn y ganrif flaenorol pan ddywedodd: 'Po amlaf fo cerdd dafawd,/Anamlaf fydd cael gwŷdd gwawd'?[114] Mae cyfaddefiad Gruffudd Hiraethog yn dra arwyddocaol, oblegid sylweddolai ef beth oedd un o anawsterau mwyaf y beirdd wrth ddisgrifio: yr oedd i'r amrediad o ddelweddau a throsiadau ar gyfer gwrthrychau fel meini melin ei gyfyngiadau, oherwydd hyn a hyn o luniau cyfatebol o'r gwrthrych y gellid eu cael heb i'r delweddau fynd yn rhy astrus i'r gynulleidfa fedru eu hamgyffred.

Goroesodd pump o gywyddau meini melin Gruffudd Hiraethog, ac fe welir ei fod ef ar y cyfan wedi llwyddo i gynnal disgrifiadau amrywiol nad ydynt yn orddibynnol ar yr un dyfaliadau, er bod ychydig o drosiadau tebyg yn ymddangos: 'dau frawd', 'cydfrodyr', 'dau efaill'.[115] Efallai i'r bardd osgoi ei ailadrodd ei hun yn ormodol drwy ganolbwyntio mwy ar ddarlunio a chyfleu bywiogrwydd y meini'n malu yn hytrach nag ar ffurf a siâp y meini eu hunain. Mae 'Rhag amled a ganed gynt' yn cyfeirio nid yn unig at y cywyddau meini melin a ganodd Gruffudd Hiraethog ei hun, ond at gywyddau a ganwyd gan feirdd eraill hefyd. Sylwyd ar o leiaf ddau adlais amlwg o gywydd meini melin o'r eiddo Siôn Ceri yn un o gywyddau Gruffudd Hiraethog:

Siôn Ceri[116]
(i) 'Dau grynfaen, deg o'r
unfodd'
(ii) 'A rôi'r ddwydorth
urddedig'

Gruffudd Hiraethog[117]
(i) 'Dau grynfaen deg o'r
unfodd'
(ii) 'Ar y ddwydorth
urddedig'

Ni ellir gwadu nad yw cyfaddefiad Gruffudd Hiraethog yn fynegbost arwyddocaol. Erbyn yr unfed ganrif ar bymtheg yr oedd o leiaf un pencerdd wedi sylweddoli bod bron pob amrywiad posibl ar ddisgrifiad trosiadol o feini melin wedi'i ddihysbyddu. Sylweddolodd ef nid yn unig argyfwng y *genre* dan sylw ond argyfwng y farddoniaeth draddodiadol yn ei chrynswth. Fel y deuai'r beirdd eu hunain i sylweddoli bod yr un trosiadau a chymariaethau a motiffau yn cael eu harfer hyd at syrffed, y perygl oedd y deuai'r noddwyr yn ymwybodol o hynny hefyd ac y byddent hwy yn y pen draw yn dechrau blino ar y canu.

Pwnc perthnasol a phwysig yw dylanwad posibl patrymau rhethregol ar ddisgrifiadau'r cywyddau gofyn, oherwydd honnodd rhai ysgolheigion diweddar fod modd gweld dylanwad technegau rhethregol ar rai o ddisgrifiadau'r Cywyddwyr o brydferthwch corff merch. Ann Matonis yn bennaf a ddangosodd inni agosed yw disgrifiad beirdd fel Iolo Goch a Gruffudd Gryg o ferch i *topos* y *descriptio pulchritudinis* a olygai fod patrwm trefnus yn cael ei ddilyn a gychwynnai gyda'r pen ac a symudai at y traed.[118] Dywedodd Gilbert Ruddock i Ddafydd Nanmor ddilyn yr un *topos* yn ei gywydd 'I Ddyfalu Bun',[119] ac er i Saunders Lewis ddweud yn bendant na fu rhethreg erioed yn rhan o addysg y beirdd,[120] ni ellir yn hawdd osgoi dyfod i'r casgliad y gallai'r llawlyfrau rhethreg fod yn ddylanwad petai ond oherwydd y ffaith fod gweithiau Mathew o Vendôme, *Ars Versificatoria* (*c.* 1175) a Sieffre o Vinsauf, *Poetria Nova* (*c.* 1210), wedi bod mor ddylanwadol ar lên ddisgrifiadol yr Oesoedd Canol yn gyffredinol, a bod patrwm rhai cywyddau Cymraeg fel pe baent yn ymdebygu i'r modelau rhethregol a gynhwysid yn y gweithiau hynny. Yn ychwanegol at hynny, gwelir bod ambell destun rhyddiaith Cymraeg Canol yn dangos dylanwad posibl dulliau rhethreg *descriptio*, megis y disgrifiad o bryd a gwedd Gruffudd ap Cynan.[121] Wrth iddo ystyried rhai o'r cerddi serch fodd bynnag, mynegodd Eurys Rowlands ei amharodrwydd i dderbyn bod y beirdd yn llwyr ddibynnol ar fodelau rhethregol:

Fy marn i yw nad canlyniad uniongyrchol i astudiaeth o rethreg sy'n cyfri am drefn y disgrifio yng nghywydd Iolo Goch, ond mater o ymgydnabyddiaeth â syniad cyffredinol – fel y gellir heddiw wybod yn amlinellol am syniadau gwyddonol heb astudio'r pynciau fel y cyfryw.[122]

Ac wrth ymateb i sylwadau Ann Matonis ar gywydd Iolo Goch i ferch, tuedd Dafydd Johnston yw peidio â chofleidio'n llwyr y pwyslais a ddyry hi ar y dylanwadau, gan awgrymu bod disgrifiad trefnus Iolo Goch yn un rhesymegol.[123]

Yn awr, er bod y Gramadeg yn cydnabod y gellid ymhlith pethau eraill brydu i anifail – 'peth korfforawl bydawl, megys dyn, nev lwdn, nev gyfle'[124] – ni chynigiai gyfarwyddyd manwl pa nodweddion y dylid canolbwyntio arnynt wrth ei ddisgrifio megis y gwnâi wrth nodi'r priodoleddau y dylid canolbwyntio arnynt wrth foli uchelwr, dyweder.[125] Rhaid felly, mai yn ôl patrwm ac arfer eu rhagflaenwyr y disgrifiai'r beirdd. Buasai i ddisgybl ddysgu gan ei athro sut i lunio disgrifiad yn esbonio i raddau helaeth paham y ceid cymaint o gysondeb yn nisgrifiadau'r beirdd o'r un gwrthrychau. Ni ddylem ychwaith ddiystyru'n llwyr y posibilrwydd y buasai'r beirdd yn croesawu cael patrwm cyfarwydd gan na wyddent pryd y derbynient gomisiwn i ganu cywydd gofyn.

Hyd y gwyddys, W. J. Gruffydd a awgrymodd gyntaf fod i gywyddau gofyn batrwm disgrifiadol arbennig, a hynny wrth iddo gymharu cywydd gofyn march gan Gutun Owain â chywydd cyffelyb gan Dudur Aled:

Y mae ei ddyfaliad o'r march mor debig [*sic*] i gywydd Tudur Aled ar yr un testun ag i beri i ni dybied bod rheolau caethion i 'gywydd march', a bod rhaid disgrifio rhannau arbennig o'r anifail hwnnw mewn ffordd arbennig.[126]

Er mwyn amlygu'r patrwm tybiedig, cyfosododd W. J. Gruffydd ddisgrifiadau'r ddau fardd ac fe welir bod modd canfod rhyw lun o batrwm sy'n cychwyn gyda phen y march, ei ffroenau a'i lygaid cyn symud ymlaen at ei garnau.[127] Ond bu'n rhaid iddo aildrefnu cwpledi cywydd Tudur Aled er mwyn iddynt gydredeg yn weddol fras â chwpledi cywydd Gutun Owain. Oherwydd hynny, ni fyddai'n deg dweud bod y gyfatebiaeth mor glòs a manwl ag ydyw yn rhai o'r cywyddau sy'n disgrifio merch.[128] Ni synnem o gwbl pe bai'r fath beth yn bod â phatrwm trefnedig a gosodedig, ond ni ellir derbyn bod 'rheolau caethion', chwedl W. J. Gruffydd, i gywydd march. Yn sicr, ni welwyd tystiolaeth o hyn. Pe bai'r cyfryw reolau'n bod, buasem yn disgwyl gweld bardd fel Tudur Aled yn glynu wrthynt drwy lunio pob cywydd march ar yr un patrwm, ond y mae ganddo gywydd sy'n dechrau trwy ddisgrifio rhawn a mwng y march heb gyfeirio at ei ben a'i ffroenau o gwbl, ac un arall sy'n dechrau trwy ddisgrifio carnau'r march cyn crybwyll ei ben a'i ffroenau.[129] Mae ei ddisgrifiadau ef ymhell o fod yn rhai unffurf. Os oedd patrwm gweddol gyffredin yn bod i gywyddau a ddisgrifiai yr un gwrthrychau, yna deilliai hwnnw o gyffredinolrwydd y testun ei hun. Wedi'r cyfan, dim ond rhyw gyfran o nodweddion cyffredin a geid ar wrthrych. Os oes modd gweld patrwm neilltuol mewn rhai disgrifiadau, nid oedd dim ychwaith yn gwarafun i'r bardd ddilyn trefn resymegol.

Mae'n werth oedi gyda'r cywyddau meirch oherwydd fe all canolbwyntio ar y disgrifiadau ynddynt hwy'n benodol ddatgelu llawer inni am ddulliau'r beirdd yn gyffredinol, a rhoi inni olwg ar esblygiad y disgrifiadau o un anifail arbennig o gyfnod y Gogynfeirdd hyd at gyfnod y Cywyddwyr cynnar ac ymlaen at ddyddiau Tudur Aled. Dyma'r dosbarth mwyaf niferus o gywyddau o ddigon, fel y gwelsom yn barod, gan mai march oedd y gwrthrych mwyaf poblogaidd y cenid i'w geisio. Gwir a ddywedodd Édouard Bachellery y byddai angen cyfrolau i wneud cyfiawnder â'r gwahanol themâu a ddatblygir wrth ofyn am farch.[130]

At ei gilydd, tueddai barddoniaeth ddisgrifiadol yr Oesoedd Canol i gyflwyno darlun delfrydol o wrthrych, tuedd a adlewyrchai bwyslais y cyfnod ar ddisgrifiadau dyrchafol nes bod gwrthrych yn ymdebygu i'r prototeip perffaith. Ceir cysgod o'r ymchwil am y delfrydol yn rhai o'r Trioedd: 'Dewisau dyn yw: ei farch yn fawr, a'i filgi'n fuan . . . '[131] Dyma ddatganiad sy'n gyffredinoliad ysgubol, ond adlewyrcha'n deg awydd dyn i chwilio am y gwrthrych delfrydol. Wrth ddewis anifail, yr oedd rhai pethau y chwiliai dyn amdanynt, priodoleddau a gydnabyddid yn hanfodion dethol. Er enghraifft, ceir disgrifiad o'r milgi delfrydol mewn llawysgrif ganoloesol Saesneg:

The condyscyons of a grehounde ande of hys properteys.

The grehounde moste be
heddyd lyke a snake,
ineckyd lyke a drake,

ibrestyde lyke a lyon,
isydyd lyke a noynon,
ifotyde lyke a catte,
italyd lyke a ratte.
Thenne ys the grehounde welle ishapte.[132]

Yr un modd, canfyddir bod rhyw glwstwr o nodweddion a ddynodai farch da. Dengys y dyfyniad yn y Gramadeg sy'n enghreifftio'r cywydd deuair hirion y disgwylid bod i'r march delfrydol goesau cryfion, corff crwn, blew byr, crwper trwchus; dylai fod yn gyflym, yn llyfn, yn fyr ei gefn, yn gyflawn o nwyf a chnawd, a dylai fod ganddo garnau a oedd yn cau yn dynn am y traed.[133] Pwyslais ar yr un nodweddion a awgrymir gan sylwadau diweddarach y Llyfr Marchwriaeth a geir yn llawysgrif Peniarth 86, traethawd y credai Cecile O'Rahilly ei fod yn rhannol yn gyfieithiad o lyfr Saesneg gan Leonard Mascall a gyhoeddwyd yn Llundain yn 1591.[134] Mae'n cynnwys nifer o gynghorion ynglŷn ag iacháu amrywiol glefydau ar feirch, yn ogystal â nifer o gyfarwyddiadau ynghylch dewis march a'i hyfforddi, ac ymhlith y nodweddion dewisol a restrir y mae:

> . . . i dyraed ol yn wyn, a ffen bychan, kylvsdiav bychain, ffyroenav mawr llydain, llygaid mawr, tal llydan, mwnwgyl addyfain, mw[n]g tenef, dwyfyron lydan laes, gylyniav kvlion, koes lydan, giav tenav mawr . . . kevyn byr, asenav hirion . . . llwynav byrion yn ol rrawn hir, keill[i]av bychain, ssafiad ar bedwar karyn pob vn y[n]ghifair i gilvdd . . .[135]

Tuedda tystiolaeth y cywyddau eu hunain i gadarnhau'r darlun hwn.

O sylwi ar rai disgrifiadau o feirch yng nghanu'r Gogynfeirdd fe welir mai cyfeirio'n gynnil at dair nodwedd yn bennaf a wneir: eu cryfder, eu bywiogrwydd a'u cyflymder. Arferol hefyd yw cyfeirio at eu lliw; oedir weithiau i gyfeirio at eu ffroenau, eu myngau a'u neidiau, ond rhaid pwysleisio mai cyffredinol iawn yw'r disgrifiadau at ei gilydd. Yn 'Rhieingerdd Efa' gan Gynddelw Brydydd Mawr defnyddir y march yn llatai, a chyfeirir ato bob tro gyda'r fformiwla 'Gorfynawg drythyll', sef 'yr un awyddus, bywiog'.[136] Rhan o gonfensiwn canu mawl Llywarch ap Llywelyn, Prydydd y Moch yw cyfeirio at dywysog fel perchen meirch. Yn ei awdl i Rodri ab Owain Gwynedd dywed:

. . . Ei elyf feirch cannaid,
Yn erchlyfn, yn erchliw gleisiaid,
Yn erfawr, ffroenfawr, ffriw euraid,
Ym mhob lliw ceinwiw can ryfygaid—ddyn,
Yn felyn, yn folaid.[137]

Mae modd gweld yng nghanu'r Gogynfeirdd rai o themâu tradd-
odiadol y canu am feirch, themâu a ymddengys yn eu cyflawnder
yng nghanu'r Cywyddwyr. Mae'n amlwg fod tyweirch yn hedfan yn hen
fotiff nad yw o bell ffordd yn gyfyngedig i farddoniaeth Gymraeg. Fe'i
ceir yn Llyfr Job ac mewn cerddi Gwyddeleg.[138] Wele un dyfyniad o
waith Llywarch ap Llywelyn, Prydydd y Moch: 'Mythion feirch, ffwyr
tyweirch fforddawl'.[139] Ceir cyfeiriad cynharach na hwn yng Nghanu
Llywarch Hen mewn englyn am farch Gwên:

Mi a welais ddydd i'r march,
Ffriw hydd, tafliedydd towarch . . .[140]

Ac nac anghofier y disgrifiad enwog hynod ffansïol hwnnw yn
chwedl *Culhwch ac Olwen* o garnau'r march y cyrchai Culhwch lys
Arthur ar ei gefn yn torri pedair tywarchen a'u taflu i'r awyr 'mal
pedeir gwennawl'.[141]
Mae un gyffelybiaeth dra chyfarwydd am feirch yng nghanu'r
Cywyddwyr y medrir ei holrhain yn ôl i ganu'r Gogynfeirdd, a
honno yw'r gymhariaeth ag adar. O awdl Prydydd y Moch i
Lywelyn ab Iorwerth y daw'r dyfyniad canlynol:

Can a chan a cheinwyll a gwâr,
Cant a chant a chynt nog adar.[142]

Fe welwn, felly, fod disgrifiadau arferol a thraddodiadol o feirch
i'w cael ymhell cyn dyddiau'r Cywyddwyr, ond mai disgrifiadau
cyfyngedig ydynt a wnâi ddefnydd o ansoddeiriau, cyfansoddeiriau
ac ambell gymhariaeth. Erbyn cyfnod Iolo Goch yr oedd y
disgrifiadau o feirch yn fwy datblygedig, a hynny mae'n sicr am fod
y beirdd wedi dechrau canu cerddi amdanynt yn benodol. Ond hyd
yn oed wedyn yr oedd y disgrifiad yn dal i esblygu nes ei fod yn fwy
ffansïol ac uchelgeisiol yn y bymthegfed ganrif nag yn y ganrif
flaenorol. Diau fod tuedd i ddisgrifiadau'r beirdd o farch sefydlogi,
ac mae modd gweld hynny'n digwydd yn chwarter olaf y

bymthegfed ganrif. Diddorol yw sylwi bod Eurys Rowlands yn sôn am esblygiad traddodiad disgrifiadol y cywyddau serch,[143] a bod astudiaethau Gilbert Ruddock yn awgrymu bod tuedd i rai disgrifiadau yn yr un dosbarth o gerddi sefydlogi yn y bymthegfed ganrif, er nad ydynt yn unffurf o bell ffordd.[144]

Mae rhywbeth digon aflonydd yn null y beirdd o ddisgrifio, a hynny am nad ydynt gan amlaf yn canolbwyntio ar un thema neu ddelwedd a'i datblygu. Golygai defnyddio techneg dyfalu fod y beirdd yn symud o'r naill ran o'r gwrthrych at ran arall yn fywiog, er nad bob amser yn fyrlymus ddi-drefn, nes llwyddo i fod yn gyfrwng hynod addas i ddisgrifio anifail mor fywiog a nwyfus â march. Unwaith yn rhagor, yr hyn a'n tery ni wrth ddarllen y cywyddau meirch yw'r manylder disgrifiadol a ddeilliai o sylwgarwch y beirdd eu hunain, gan gadarnhau bod llygaid y beirdd ar y gwrthrych. Llwydda'r Cywyddwyr i gyfleu'r un math o wefr ag a gaiff magwyr ceffylau heddiw wrth wylio'n edmygus farch gosgeiddig ei symudiad, golygfa sydd yn wledd i'r llygad.

Er dweud bod tuedd ar y cyfan i ddisgrifio'r anifail delfrydol, ceir yr argraff mai am feirch penodol y gofynnid, naill ai am faint a lliw a thymer neilltuol, neu o dras arbennig. Gofynnodd Guto'r Glyn yn ffraeth am ebol y medrai olrhain ei ach: 'Ucha march ei achau'm Môn',[145] ac archodd Lewys Glyn Cothi farch tawel, diogel ac ufudd:

> . . . ac na bo efo ry wyllt,
> na rhy arw, na rhy orwyllt.
> Hwn a ddymunwn i'r mau
> fal hyn ar fil o henwau:
> yn ufudd yn ei afwyn,
> yn araf danaf i'm dwyn,
> yn barchus dan ei berchen,
> yn bert, yn fychan ei ben,
> yn grair uwch pedair pedol,
> yn grwn fal hengarw ar ôl,
> yn winau ac yn uniawn,
> yn nag tew, yn gwta iawn.[146]

Gofynnodd Tomas ap Hywel ap Gwilym, bardd o'r unfed ganrif ar bymtheg, am farch o liw du gan Lewys Gwyn o Drefesgob:

> o bydd praff march a gaffwyf
> bid o liw nos bodlonn wyf.[147]

A phan fynnai Dafydd Benwyn farch yn rhodd iddo'i hun gan
Ieuan ap Siencyn, ei noddwr, dywed y dymunai gael un o'r naw ebol
mynydd a oedd ganddo.[148] Y pwynt a wneir yw nad ydyw dweud
bod y disgrifiadau yn tueddu i fod yn ddelfrydol ddim o reidrwydd
yn golygu na chenid i greaduriaid penodol o gig a gwaed.
Buan iawn y sylwir wrth ddarllen y cywyddau meirch – sydd, fe
gofir, yn cyfrif am ychydig dros chwarter yr holl gywyddau a
astudiwyd – fod y disgrifiadau yn ymdebygu i'w gilydd. Yr oedd
hynny ar un wedd yn anorfod nid yn unig am fod y beirdd yn gaeth
i'r traddodiad y gweithient ynddo ac yn ddyledus i waddol cyff-
redin o drosiadau ac ymadroddion, ond am eu bod yn disgrifio'r
un math o greadur. Mae Owain ap Llywelyn ab y Moel mewn un
cywydd march o'i eiddo yn mynegi bwriad i beidio â chydym-
ffurfio â'r norm:

> ni ddyfalwn hwn yn hydd
> ond yn wennol dan winwydd.[149]

Dyma ddatganiad arwyddocaol lle'r oedd un bardd fel petai'n
chwilio am ystwythder o fewn ffrâm gyfyng ond er hynny'n methu
â chanfod dyfaliad mor drawiadol â'r un a ganfu wrth ddisgrifio
cyflymder dau filgi:

> O Dduw er a weddïwn,
> ai bwyd i'r geist fu bowdr gwn?[150]

Rhydd y rhestr ganlynol o gyfystyron am feirch a ganfyddir yn y
cywyddau syniad go dda inni am yr amrywiol fathau o feirch a
geisid yn y cyfnod:

amler – march rhygyngog
caseg
ceffyl
cwrser – rhyfelfarch
cwrtal – caseg fechan â'i chynffon wedi'i thocio
ebol
eddystr – march, ebol
ffolwer – rhyfelfarch ifanc
gelding – march wedi ei sbaddu
gorwydd – march

gwasgwyn – march (neu gaseg) o Wasgwyn
gwilff – caseg, eboles
gwilog – caseg
hacnai – ceffyl marchogaeth
hobi – ceffyl marchogaeth cymharol ei faint
march
nag – ceffyl neu ferlyn bychan
rownsi – pynfarch
ystalwyn

Sylwyd mai'r trosiadau amlycaf am farch, ynghyd â'r rhai mwyaf mynych a chyson eu defnydd, oedd y rhai'n ymwneud ag anifail nwyfus a bywiog arall: *carw, iwrch, hydd, llwdn hydd, elain, ewig, caeriwrch* a *danas*. Tra chyfarwydd hefyd yw trosiadau'n ymwneud ag adar: *edn, hawg, eryr, cyw, hebog* a *gosog*. Cyfrannai nifer o gyfuniadau cynganeddol at yr adleisio mynych o fewn y dosbarth arbennig hwn o gywyddau, a nodir y cyfuniadau amlycaf isod:

> Cnyw . . . cnoi;
> dawnsiwr . . . danas;
> Ffrwyn . . . ffroen . . . ffriw . . . ffres;
> hoelion . . . heolydd;
> merch . . . march.

Yn ychwanegol at y nodweddion hyn y mae'r ansoddeiriau arferedig a ganlyn: *braisg, byrflew, cefnfyr, dihafarch, drythyll, llygadrwth, pedreindew, rhawnllaes* a *rhygyngog*. Dyma eirfa sy'n rhan o briod-ddull y cywyddau meirch, math o eirfa y byddai pob bardd hyfforddedig yn gorfod ymgyfarwyddo â hi. Nid syn felly ein bod o hyd yn clywed geiriau cyhuddgar cyfaill William Salesbury yn atsain ar ein clyw wrth ddarllen cywyddau meirch drwy gydol y cyfnod, er mai am y canu moliant y meddyliai ef yn fwyaf arbennig, ond odid.

Ar ôl cribo drwy'r cywyddau meirch yn chwilio am enghreifftiau o ddyfaliadau o'r anifail, penderfynwyd cynnwys rhestr gryno o'r rhai amlycaf yn unig rhag ymddangos o'r ymdriniaeth hon yn rhy gatalogaidd:

Ystum y March
Darlunnid yn aml osgo gwddf yr anifail wrth i'r ffrwyn gael ei thynnu'n ôl:

ag yn i ffrwyn mwyn yw/r/ march
amlwg a golwg alarch.[151]

Weithiau yr oedd yn grwn fel olwyn:

Ei wddf elw a ddyfalen
I lun a modd olwyn men.[152]

Enghraifft arall yw hon:

Ai wddw yn hardd, addwyn hir
Yn olwyn hwn a welir.[153]

'Cryman wddw' yw'r disgrifiad sydd gan Siôn Phylip,[154] a'r gyffelybiaeth sydd gan Guto'r Glyn am wddf y march yw: 'Fal bwa'r crwth'.[155]

Ffroenau

ffroenav fel meginav mawr.[156]

Ffroenau arth yn ffrwynaw oedd
Ffeuau mawr a ffumeroedd.[157]

Llun ffwrn gof, llyna ffroen gau,
Lle i gwning gar llaw genau.[158]

Ffroen, un o ffyrnau Annwn
Sy fwy yn gau no safn gwn.[159]

Clustiau

day glyst y sy ni frig
meinion val byssedd menig.[160]

Dwy ewin iwrch ar don iad.[161]

dwy glvst fyw ar benn syw syth
dav flaen swch dwy felensyth.[162]

Llygaid
Cymherid y llygaid â ffrwythau, â gellyg yn aml:

> golygon llymon mewn llv
> dwy ellig heb dywyllv,[163]

ond gwelir trosiadau eraill:

> llygaid klau perlav pelydr
> val gwaed am afalav gwydr.[164]

> Llygaid bualiaid y'w ben.[165]

> Dau afal bual . . . [166]

Mwng

'Mwng vntuawg' sydd gan Siôn Phylip,[167] a dyna hefyd sydd gan Dudur Aled, 'Untuog fwng'.[168] Mae disgrifiad Guto'r Glyn dipyn yn fwy uchelgeisiol:

> A'i fwng yn debyg ddigon
> I fargod tŷ, neu frig ton.[169]

Traed

Arferol oedd dyfalu symudiad traed y march ar hyd y ddaear i'r weithred o wau, gwnïo neu frodio. Mae Tudur Aled mewn un cywydd yn ymestyn y ddelwedd am rai llinellau:

> Myned i weu ym min dôl,
> Mewn brwyn mae'n bwrw i wennol;
> Os y traed oedd ysto draw,
> Y waun oedd anwe iddaw;
> Pedwar pin, pe dorpai waith,
> A ddirwynodd ar unwaith;
> Dylifo'r oedd dâl y fron,
> Dylifrad hyd i lowfron.[170]

Delwedd arall sydd gan Siôn Phylip am symudiad ceffyl a chanddo liniau gwynion:

> talwn bwyth tylino bydd
> tylinwr ryd dôl wevnydd
> od ne galch mewn odyn gav
> a dylinodd hyd liniav.[171]

Carnau a Phedolau

Y thema amlycaf yw tân neu wreichion yn codi o'r traed:

> teg o orwydd tew gorwyllt
> Tan i garn a wna'r tân gwyllt.[172]

> sêr neu wreichion i llonaid
> or sarn dan bob carn y caid.[173]

> Gwreichion yr einion a rydd
> O'r hoelion, drwy'r heolydd.[174]

Mae cyffelybiaeth Ieuan ap Tudur Penllyn yn dra gwreiddiol:

> Carnau fal llwyau ar lled,
> Er treulio'r tir, a hoelied.[175]

Mae tywyrch yn hedfan yn fotiff cyffredin, wrth gwrs:

> Troi tywairch traed mal twrch trwyth.[176]

Weithiau cyfeirid at sŵn pystylad y march: 'Musig ar gerrig i gyd' sydd gan Dudur Aled.[177] Cymharer darlun Lewys Dwnn:

> troi mvsig trwy gerig gwar
> tynv llvched tan llachar
> downssiai bwnk fal y dans byw
> dawns erjoed downssiwr ydyw.[178]

Daw mwy nag un o'r enghreifftiau uchod o gywyddau Tudur Aled, bardd y mae pob cyfiawnhad dros ei ystyried yn ben-meistr a phen-campwr y cywydd march. Goroesodd deuddeg o'i gywyddau gofyn meirch (priodolir un ohonynt i Lewys Môn), a dau gywydd diolch am farch, a gellir yn hyderus ddweud mai yn ei gywyddau ef y cyrhaeddodd y disgrifiadau o feirch eu huchafbwynt.[179] Ar y goriwaered yr âi safon y disgrifiadau ar ôl ei gyfnod ef, ac yn hynny o beth gellid ystyried y cywyddau meirch yn ddrych o'r *genre* yn gyfan. Llwyddodd Tudur Aled i ddal holl nwyf a chyffro bywiogrwydd yr anifail mewn cywyddau lle y defnyddir crefft dyfalu yn feistrolgar. Er gwaethaf gofynion mesur a chynghanedd, ac er gwaethaf pob cyfyngiad a orfodid arno gan draddodiad, llwyddodd i greu un campwaith nodedig sy'n ymgorffori'r holl fotiffau a'r dyfaliadau amlycaf o farch yn ei gywydd enwog i ofyn march gan Ddafydd ab Owain, abad Aberconwy, dros Lewys ap Madog o Laneurgain. Diau fod nifer lluosog y copïau o'r cywydd eneiniedig hwn mewn un ar bymtheg a thrigain o lawysgrifau nid yn unig yn tystio i'r copïo dygn a fu arno dros y blynyddoedd, ond hefyd i'r traddodi diwyd a fu arno ar lafar:[180]

Trem hydd, am gywydd, a gais,
Trwynbant yn troi i'w unbais;
Ffriw yn dal ffrwyn, o daliwn,
Ffroen y sy gau, fal ffrawns gwn;
Ffroen arth, a chyffro'n i ên,
Ffrwyn a ddeil i ffriw'n ddolen.
Llygaid fal dwy ellygen
Llymion byw'n llamu'n i ben;
Dwy glust feinion aflonydd,
Dail saeds, uwch i dâl y sydd;
Trwsio, fal goleuo glain,
Y bu wydrwr, i bedrain;
I flew fal sidan newydd,
A'i rawn o liw gwawn y gwŷdd;
Sidan ymhais ehedydd,
Siamled yn hws am lwdn hydd.
Ail y carw, olwg gorwyllt,
A'i draed yn gwau drwy dân gwyllt;
Dylifo heb ddwylo, 'dd oedd,
Neu wau sidan, nes ydoedd!
Ysturio cwrs y daran,
A thuthio pan fynno'n fân
Bwrw i naid i'r wybr a wnâi,
Ar hyder yr ehedai,
Cnyw praff yw yn cnoi priffordd,
Cloch y ffair, ciliwch o'i ffordd!
Sêr neu fellt o'r sarn a fydd
Ar godiad yr egwydydd;
Drythyll ar bedair wyth-hoel,
Gwreichionen yw pen pob hoel;
Dirynnwr fry draw'n y fron,
Deil i'r haul dalau'r hoelion;
Gwreichion a gaid ohonun,
Gwnïyd wyth bwyth ymhob un;

I arial a ddyfalwn
I elain coch ymlaen cŵn;
Yn i fryd, nofio'r ydoedd,
Nwyfawl iawn, anifail oedd;
O gyrrir draw i'r gweirwellt,
Ni thyrr a'i garn wyth o'r gwellt!
Neidiwr dros afon ydoedd,
Naid yr iwrch rhag y neidr oedd;
Wynebai a fynnai fo,
Pe'r trawst, ef a'i praw trosto;
Nid rhaid,er peri neidio,
Dur fyth wrth i dorr efô,
Dan farchog bywiog di bŵl,
Ef a wyddiad i feddwl;
Draw, os gyrrir, dros gaered,
Gorwydd yr arglwydd a red;
Llamwr drud, lle mwya'r drain,
Llawn ergyd, yn Llan Eurgain.[181]

Nid dyfaliadau blith draphlith nac ergydiol fel rhai'r Cywyddwyr cynnar sydd yn y cywydd hwn. Mae symudiad mwy ymddangosiadol drefnus i'r dyfalu wrth i'r bardd symud o'r naill nodwedd i'r llall nes darlunio'r gwrthrych yn gyfan. Yn wahanol i ddull Dafydd ap Gwilym wrth ddyfalu'r fiaren yn y cywydd y dyfynnwyd ohono eisoes, nid yw Tudur Aled yn neilltuo llinell ar gyfer pob trosiad. Ei ddull ef yw enwi'r nodwedd mewn un llinell cyn ei dyfalu yn y llinell ddilynol. Sylwer ei fod eisoes wedi sefydlu mai at y traed yn gwau y mae'n cyfeirio cyn estyn y ddelwedd o 'wau sidan'.

Trawyd ar ddau gyfeiriad uniongyrchol at gywydd march Tudur Aled mewn cywyddau gan feirdd diweddarach, sy'n brawf o fri'r cywydd hwn. Rhaid cofio yn y cyswllt hwn i William Salesbury ddatgan mai Tudur Aled oedd y bardd a osgôdd orau y maglau a welai yng ngwaith ei gyfoeswyr ef ei hun,[182] ac i Edmwnd Prys yntau ei osod yn gyfysgwydd â chewri Groeg a Rhufain.[183] Daw'r cyfeiriad cyntaf o'r cywydd a ganodd Siôn Mawddwy i erchi march gan bedwar brawd o Lynllifon dros eu cefnder, Wiliam Tomas:

A doed fal march hen Dudur
Aled gynt, a wnâi, glod gwŷr.[184]

Dichon fod yr anogaeth hon yn adlewyrchu awydd y beirdd yn gyffredinol i apelio at ryw gynsail, ond ni ellir gwadu nad oherwydd camp nodedig Tudur Aled y gwneid hynny yn yr achos hwn. Haerai Rhisiart Cynwal yn ei gywydd i erchi march gan bedwar cefnder dros Domas Sions:

> Ni chae Aled ni choeliwn
> am i holl wawd mo well hwn.[185]

Cynrychiolai disgrifiad enwog Tudur Aled, felly, y cywydd march clasurol a ystyrid yn batrwm i'w efelychu. Mae arwyddion amlwg fod sawl bardd yn ei ddynwared, neu o leiaf yn ei adleisio, yn yr unfed ganrif ar bymtheg. Sylwyd ar yr adleisiau pendant hyn mewn dau o gywyddau march Ieuan Tew Brydydd Ieuanc:

> Clustiau flaeniau aflonydd
> O ddail saeds eiddil y sydd.[186]

> A'r llygaid fal dwy 'rllygen
> A'r rheini'n berwi'n ei ben; . . .
> A'i ffriw'n falch yn ei ffrwyn fydd
> Ar godiad yr egwydydd.[187]

Cywydd arall sydd fel petai'n efelychiad o ddisgrifiad Tudur Aled yw'r cywydd gan Lewis ab Edward dros ficer Nannerch.[188]

Mae'n amlwg nad meistrolaeth Tudur Aled ar foddau'r gelfyddyd farddol yn unig a'i galluogodd i greu campweithiau wrth ddisgrifio meirch. Fe ymddengys fod modd priodoli ei lwyddiant yn rhannol i'r diddordeb byw a oedd ganddo ef ei hun yn yr anifail. Tystia sylwadau rhai o'i farwnadwyr amdano ei fod yn ŵr a ymhoffai'n fawr mewn meirch. 'Carai feirch, câr i farchawg', meddai Huw ap Dafydd ap Llywelyn ap Madog amdano,[189] ac ategir ei eiriau gan Forys Gethin: 'Canu mwsg fawl ebawlfeirch,/Cwyraidd i fodd, carodd feirch.'[190] Gwrandawer ar yr hyn a ddywed y bardd ei hun yn y cywydd a ganodd i ddiolch am farch a gawsai'n rhodd gan Ruffudd Llwyd ab Elisau o Ragad:

> Nodais ef, naw deisyfiad,
> Wrth droell ym mherthyd yr iâd;
> Wrth i lun, wrth i laned,
> Wrth i rym, i werth a red;

Cnyw o fis cynhaeaf fu,
Carw o anian yn crynu;
Cefais i ddal, cof sydd well,
Cyn erchi, cenau iyrchell;
Cei urddas fwy, cerdd sy fau,
Dra ganwyf draw â genau.[191]

Mae 'Cefais i ddal' yn gyffyrddiad sy'n eglur ddangos bod y bardd
yn canu am rywbeth a oedd yn brofiad gwirioneddol iddo. Rhag-
dybia'r sylwadau gwybodus hyn hefyd fod gan y bardd lygad am
farch, ffaith a gadarnheir gan ei fynych ddisgrifiadau o'r anifail.
Daw'n amlwg fod y disgrifiad o farch wedi sefydlogi i'r graddau
ei fod wedi cyrraedd ei eithafbwynt erbyn chwarter cyntaf yr unfed
ganrif ar bymtheg. Ac fel y mae traddodiad disgrifiadol llenyddiaeth
Gymraeg yn tueddu i'w barodïo ei hun, fe welir bod rhai cywyddau
meirch i'w cael sydd fel petaent yn parodïo'r cywydd march tradd-
odiadol. Nodwedd ar draddodiad disgrifiadol ein llên yw'r duedd
i greu darlun delfrydol gorffenedig ac yna'i ddychanu gyda gwrth-
ddarlun. Gwelir y duedd hon ar ei gorau yn *Breuddwyd Rhonabwy*
lle y mae'r darlun truenus o dŷ Heilyn Goch yn wrthgyferbyniad
llwyr i'r darlun o drefnusrwydd gogoneddus llys Arthur yn chwedl
Culhwch ac Olwen.[192] Diau fod y disgrifiad o'r ferch ddelfrydol a'r
disgrifiad cyferbyniol o'r Forwyn Hyll yn *Hanes Peredur Fab Efrog*
hefyd yn perthyn i'r un traddodiad parodïol.[193]

Hawdd y medrid edrych ar barodi fel arwydd o ddirywiad y
genre wrth i ddisgrifiad fynd yn ystrydebol ac wrth i gonfensiwn
fynd yn dreuliedig a blinedig. Yng ngeiriau D. Gwenallt Jones:
'Yng nghyfnod dirywiad mudiad, pan droesai gor-aeddfedrwydd
yn hadau pydredd, y cyfyd parodi.'[194] Yn sicr yr oedd llawer o
ddyfaliadau'r cywyddau yn hen a threuliedig erbyn yr unfed ganrif
ar bymtheg, a hwyrach fod y disgrifiad o farch yng nghywydd
Tudur Aled mor orffenedig fel na ellid rhagori arno. Ond nid oes
raid i ni dybio mai arwydd o ddirywiad y *genre* yw'r cywydd march
parodïol, oherwydd fe all mai mewn cywydd a ddarluniai'r march
mwyaf anobeithiol y llwyddai rhai beirdd i ymarfer eu gwreidd-
ioldeb. Ceir llawer o gellwair yn y cywyddau hyn sydd eto'n gyson
ag ysbryd a naws llawer o'r cerddi gofyn ar y pryd.

Pan ganai'r beirdd i erchi drostynt eu hunain, am farch dof heb fod
yn rhy lamsachus y gofynnent gan mwyaf, ond mae'r march a
bortreedir yn y cywyddau parodïol yn llawer gwaeth ei gyflwr na
march dof ac araf. Amcangyfrifwyd bod o leiaf ddwsin o'r cyfryw

gywyddau wedi goroesi, sydd yn 7 y cant o gyfanswm nifer y cywyddau meirch. Ymddengys y gallai cywydd Ieuan ap Huw Cae Llwyd 'I Erchi Ceffyl Diog' fod gyda'r cynharaf yn yr is-*genre* hwn,[195] ond yr arch-barodïwr mae'n ddi-os oedd Robin Clidro. Cydnabu Siôn Tudur allu Clidro i lunio cywydd i farch truenus ei gyflwr:

> Fo wnâi gywydd march clafrllyd
> O'i ben, yn orau'n y byd.[196]

Ceir ambell gyfeiriad ato mewn rhai llawysgrifau sy'n dangos bod copïwyr yn gwneud hwyl am ei ben trwy gymharu ei ddisgrifiad ef o farch â disgrifiad enwog Tudur Aled.[197] Llunio gwrthddarlun o'r march delfrydol a wnaeth Clidro trwy ganu'n groes i'r arfer cydnabyddedig. Darluniodd farch anafus, heinus a hen y ceid arno fil a mwy o feiau:

> Rhai a ofyn, yn rhyfedd,
> March gwych i ddwyn merch a'i gwedd.
> Minne a 'fynna' yt, f'annwyl,
> Farch hen fal biach dan hwyl.
> Ni châr na ffrwyn na chyfrwy,
> Nid â i'r maes i daro mwy;
> A'r erthyl ar ei drithroed,
> Crymanaidd lun, canmlwydd oed;
> Ysgerbwd hen was gargam
> A llun ei goes oll yn gam;
> A'i glustie yn llarpie ar lled,
> A llewygu mae'r llyged.
> . . . Os rhedeg a ddymunwn
> Yn fflwch, cynt yw'r hwch no hwn;
> Od arwain dyn dros y bryn draw,
> Gwae'r ysgwydd fâi'n ei lusgaw;
> Bwch neddog, bychan, eiddil,
> Nid oes le i gath is ei gil.
> Oediog, pryfedog ydyw,
> Cnyw nedd a chwys, afiach yw;
> Tabler brain y tir obry,
> Bwrdd tâl y piod a'u tŷ;
> A chefngribin gethingoch,
> Drewi mae mewn tyrfau moch;
> Ysgwydd bwdwr ac asgwrn
> Glain cefn yn bedere cŵn.[198]

Ceir yma yr un math o ddyfeisgarwch delweddol a dyfaliadol ag a welir yng ngwaith beirdd amharodïol. Ystyrier addaster y dyfaliad canlynol ar farch esgyrnog a disymud:

> Aradr o Fôn ydyw 'fô,
> Weithie mae'n rhaid ei wthio.[199]

Paham tybed yr ymfoddhâi Clidro drwy lunio gwawdlun o farch? Go brin mai march clafrllyd y dymunai ei gael mewn difrif. Y tebyg ydyw mai trwy gellwair y llwyddai bardd fel Robin Clidro i ymarfer ei ddawn arbennig ef. Ni ellir derbyn bod y cywydd march parodïol yn arwydd o ddirywiad y *genre*. Eithr gwyriad sydd yma nad yw o reidrwydd yn dychanu'r *genre* yn goeglyd ond yn ei adfywio trwy greu antithesis.

Nodwedd arall ar y cywyddau hyn yw fod ynddynt ddogn dda o ddoniolwch. Mewn cywydd gan Siôn Phylip i ddiolch am farch dros Huw Gruffudd, mae'r digriflun o'r march yn mynd law yn llaw â'r digriflun o'r derbyniwr ei hun.[200] Felly hefyd mewn dau o gywyddau gofyn march Siôn Tudur.[201] Cyffyrddwn yma eto â'r newid a ddigwyddasai yn natur ac ysbryd y canu erbyn deuparth olaf yr unfed ganrif ar bymtheg wrth iddo fynd yn fwy o gyfrwng hwyl. Yn bendifaddau, ni ddylid edrych ar y newid fel arwydd o nychdod y *genre* gan mai mynd trwy broses o dyfiant a datblygiad naturiol a wnâi wrth i feirdd o gyfnodau gwahanol ddehongli ei swyddogaeth mewn modd a oedd yn cyfateb i anghenion ac amgylchiadau eu hoes hwy. Os mynnwn chwilio am arwydd o ddirywiad yn y dosbarth hwn o gerddi, yna rhaid anelu ein golygon at ansawdd y dyfalu. Dywedwyd ar ddechrau'r bennod hon nad oedd chwarter y cywyddau a ganwyd rhwng *c.* 1500 a *c.* 1630 yn cynnwys dyfalu. Purion peth fyddai ystyried o dan ba amgylchiadau ac am ba resymau y peidiai'r beirdd â dyfalu.

Wrth i amser fynd rhagddo deuai fframwaith y cywydd gofyn yn fwy sefydlog, ac fe ddeuai'r disgrifiadau hefyd yn fwy sefydlog, ond yr argraff a geir, serch hynny, yw mai llacio ac ymddatod a wnâi mewn gwirionedd. Mae cywyddau'r cyfnod wedi *c.* 1525 ar y cyfan yn llai clwm a chywasgedig a chynnil, a hynny am fod rhai beirdd, fel y gwelsom mewn pennod arall, yn mynnu ymhelaethu ar y cyfeiriadau achyddol wrth foli'r rhoddwr a'r eirchiad. Nodwedd arall a gyfrannodd at y llacio oedd y sylw cynyddol a roid i'r eirchiad. Wrth i'r adrannau eraill ar wahân i honno lle y dyfelid y rhodd helaethu, y dioddefydd yn ddieithriad oedd y disgrifiad, sef yr adran a fu'n galon y cywydd gofyn yn ystod ei gyfnod clasurol rhwng tua 1450 a 1525. Gwasgai'r elfennau eraill a grybwyllwyd ar y disgrifiad nes weithiau ei ddisodli'n llwyr. Gellir gweld y duedd wrth gymharu'r nifer o linellau ar gyfartaledd a neilltuir ar gyfer y disgrifiad o'r march yng nghywyddau dau fardd sy'n cynrychioli dwy genhedlaeth wahanol. Ar gyfartaledd, mae cywyddau gofyn march Tudur Aled, un ar ddeg ohonynt i gyd, yn 81 llinell o hyd, ac y mae 36 o linellau ar gyfartaledd yn cael eu neilltuo ar gyfer y disgrifiad. Mewn cymhariaeth, mae cywyddau march Siôn Phylip, tri ar ddeg ohonynt i gyd, yn 109 llinell o hyd ar gyfartaledd gyda chyn lleied â 15 llinell o ddisgrifiad. Gallai'r crebachiad hwn ym maint y sylw a roid i'r disgrifiad fod yn un arwydd o ddirywiad techneg dyfalu. Rhaid cofio mai crefftwyr proffesiynol yn bennaf a gyfansoddai gywyddau gofyn yn y cyfnod clasurol. Erbyn oes Elisabeth yr oedd llawer ohonynt yn cael eu cyfansoddi gan amaturiaid mewn cymdeithas a oedd yn cyflym newid. Nid oes fawr o raen ar gywyddau gofyn Siôn Prys, aer Caerddinen a'r Llwyn-ynn, er enghraifft. Nid yw'n dyfalu naill ai am na fedrai wneud neu am ei bod yn well ganddo ganolbwyntio ar ddisgrifio'r eirchiad yn hytrach na'r rhodd.[202]

Gellir cynnig sawl awgrym paham na ddyfelid gwrthrych mewn rhai cywyddau. Sylwyd bod rhai o feirdd y bymthegfed ganrif yn hepgor dyfalu. Ni cheir yng nghywydd Gruffudd ap Llywelyn Fychan ond brasddisgrifiad o'r march newydd a geisiai gan ei gefnder ar ôl i'w farch ef gael ei ladrata, ac efallai mai natur arbennig y cais a oedd yn cyfrif am na ddyfelir yr anifail. Y cyfan a wneir yw prin gyfeirio at y math o farch a ddeisyfid:

> dodwch ym da ydych wr
> vn o ddav rwy yn weddiwr
> Ai march a mi yw erchi
> A chorff fal i mynnoch i
> ai gwilog o ddiog dda
> fai lonydd i felina.[203]

Nid yw Tudur Penllyn ychwaith yn ei gywydd i geisio march gan Ieuan ab Einion o Lechweddystrad yn cynnwys disgrifiad, a diddorol sylwi mai oherwydd i farch y bardd gael ei ladrata y cyfansoddwyd y cywydd hwn hefyd.[204] Mae'n ymddangos mai oherwydd amgylchiadau canu'r cywyddau hyn yr hepgorwyd y disgrifiad. Mae'n ddichonadwy mai mewn cywyddau na fyddai'n cael eu datgan yn gyhoeddus gerbron cynulliad y peidiai rhai beirdd â dyfalu'r gwrthrych a geisid. Pan ymwelai bardd â noddwr yn ystod y gwyliau a gwesteion yn bresennol, hwyrach y byddai'n rhaid iddo y pryd hynny ymorol am ddisgrifiad ysbrydoledig er mwyn diddanu'i gynulleidfa.

Pa mor gyffredin oedd y duedd i beidio â disgrifio pan oedd rhyw frys neu argyfwng nid oes modd dweud. Y cyfan a allwn ei wneud yw dal ar ambell awgrym, megis y rheswm a rydd Edward ap Raff dros erchi mewn cywydd i ofyn gown â phleds:

> fy neges a fanegir
> brüs i sydd mai/n/ broses hir.[205]

Efallai fod hwn yn esgus gwan a gynigir dros beidio â chynnwys disgrifiad o'r gown ei hun, er bod motiff yr henwr anwydog yn bresennol ynddo.

Mewn gwirionedd, yr unig esboniad digonol ar brinder disgrifiadau mewn rhai cywyddau yw fod dirywiad cyffredinol wedi bod yn nhechneg dyfalu. Mewn cyfnod pan oedd y gyfundrefn farddol ar ei hen sodlau, yr oedd yn anorfod y byddai modd gweld olion nychdod ar rai dulliau a thraddodiadau a oedd yn eu hanfod yn ganoloesol. Gwelir cymaint y dirywiodd y grefft oddi wrth y dyfyniad canlynol o gywydd march gan Siôn Phylip:

> March bywiol cadrnerthol cain
> March cryf merchygwr hoywfain
> Lliwir iddo llareiddwych
> Llafn aml dro llyfn mal drych
> Esgyd hy y dysgwyd hwn
> Esmwythgrest grymus maethgrwnn
> Ystwyth rhyd llawr y maesdir
> Ystyred hwn drwy ystryd hir.[206]

Symudasom o diriogaeth y dyfalu pur i diriogaeth yr ansoddair a'r cyfansoddair mewn disgrifiad sy'n fwy cyffredinol ac anfanwl. Darfu bellach am y dyfaliadau ffansïol a bywiog. Gwelir yr un duedd yng nghywyddau march Dafydd Benwyn, bardd a oedd, er yn ddigon cyfarwydd â phriod-ddull y canu, yn rhygnu arni'n ystrydebol ddi-fflach. O'r pum cywydd march o'i eiddo a oroesodd, ei gywydd i Risiart Tomas ap Gruffudd Goch drosto'i hun yw'r gorau, er nad yw ond cysgod egwan o orau awen Tudur Aled.[207] Ystyrier y disgrifiad nodweddiadol hwn mewn cywydd march arall gan Ddafydd Benwyn:

> Hoff iawn glod, mae a phen glan,
> a dwyglust odidawglan;
> llygadrwth, ffroenrhwth ffrwynrrest,
> a'i ffroenav yn frav at y frest.
> Traed llydain, kywrain yw'r kwrs,
> trymmangerdd trwy ymwangwrs:
> a'i sgidie, nagg esgydwych,
> o haearn draw, hwyrn yw'r drych.[208]

Ond ni ddylem fod yn rhy lawdrwm ar y beirdd eu hunain gan fod modd dadlau bod hadau dirywiad crefft dyfalu yn ymhlyg yn natur y traddodiad ei hun. Erbyn cyfnod y Dadeni Dysg buasai'r beirdd wedi dihysbyddu holl bosibiliadau'r testun. Dyna'r union bwynt a wna T. J. Morgan wrth drafod arddull yr awdl a'r cywydd:

> Ac mi nodaf bwynt yn y fan hon a gododd mewn sgwrs rhwng yr Athro G. J. Williams a minnau – ac ni chofiaf p'un ohonom biau'r syniad – sef bod y gyfundrefn farddol wedi dirywio, nid yn unig am resymau allanol megis y chwyldro cymdeithasol a cholli noddwyr, ond am resymau mewnol yn ogystal, y ffaith fod y cywyddwyr wedi dihysbyddu posibiliadau eu testunau a'u mesurau a'u geirfa a'u cynghanedd.[209]

Yr allwedd i ddeall a chydymdeimlo â chyfyng-gyngor y beirdd yw geiriau Gruffudd Hiraethog wrth iddo gyfaddef yr anhawster a gâi i ganfod dyfaliadau ffres o feini melin.[210] Dengys ei gyfaddefiad fod teimlad ymhlith rhai beirdd y dylid ymdrechu i greu o'r newydd wrth ddisgrifio yn hytrach na dibynnu'n ormodol ar ddyfaliadau treuliedig. Gosododd Gruffudd Hiraethog ei fys ar gyfyng-gyngor pob crefftwr sy'n gweithio oddi mewn i draddodiad clasurol, sef sut i gyflwyno i'r traddodiad hwnnw beth newydd-deb.

Ni ddymunir ar unrhyw gyfrif roi'r argraff fod pob disgrifiad dyfaliadol yn nyddiau dirywiad y gyfundrefn farddol yn anfedrus ac yn anarbennig, oherwydd y mae digon o egni yn nisgrifiadau rhai cywyddau o'r cyfnod hwnnw. Ond er ei waethaf, ni all dyn beidio â theimlo wrth ddarllen y farddoniaeth mai'r cyfnod rhwng *c.* 1450 a *c.* 1525 oedd oes aur y cywyddau gofyn a diolch.

Nodiadau

1. E. O. G. Turville-Petre, *Scaldic Poetry* (Rhydychen, 1976), t. xlx.
2. Gw. *ibid.*, t. xlvii.
3. Gw. Ifor Williams (gol.), *Canu Aneirin* (4ydd argraffiad, Caerdydd, 1978), rhif XLI, ll. 449, ynghyd â'r nodyn ar d. 181. Gw. hefyd *TYP*, t. 283.
4. E. O. G. Turville-Petre, *Scaldic Poetry*, t. lvi.
5. Gw. Ifor Williams (gol.), *Gwyneddon 3* (Caerdydd, 1931), t. 202, llau 39, 43.
6. J. Gwyn Griffiths (gol.), *Aristoteles: Barddoneg* (Caerdydd, 1978), t. 61: 'Ond y peth pwysicaf o ddigon yw meistrolaeth ar fetaffor. Hwn yw'r unig beth na ellir ei ddysgu gan neb arall. Arwydd o athrylith yw, oherwydd mae'r gallu i greu metafforau yn arwyddo dawn i ganfod tebygrwydd rhwng pethau annhebyg.'
7. Craig Williamson, *The Old English Riddles of the Exeter Book* (Chapel Hill, 1977), t. 26.
8. Charles T. Scott, 'Some Approaches to the Study of the Riddle', yn E. Bagby Atwood ac Archibald A. Hill (goln), *Studies in Language, Literature and Culture of the Middle Ages and Later* (Austin, 1969), t. 115.
9. Gw. Craig Williamson, *A Feast of Creatures: Anglo-Saxon Riddle-Songs* (Llundain, 1983), t. 23.
10. D. Myrddin Lloyd, 'Estheteg yr Oesoedd Canol', *LlC*, 1, t. 164, trn. 16.
11. Gw. *GDG³*, rhif 117. Am awgrym ynglŷn â'r dylanwad, gw. Rachel Bromwich, *Aspects of th Poetry of Dafydd ap Gwilym*, t. 37. Ceir testun o 'Kanu y gwynt' a thrafodaeth fer yn Marged Haycock, 'Llyfr Taliesin – astudiaethau ar rai agweddau', Traethawd Ph.D., Prifysgol Cymru, 1983, tt. 504–11.
12. Gw. Meic Stephens (gol.), *Cydymaith i Lenyddiaeth Cymru* (Caerdydd, 1986), t. 476.
13. Gw. *GDG³*, rhif 68.
14. Édouard Bachellery, 'La Poésie de Demande dans la Littérature Galloise', *Études Celtiques*, XXVII, t. 295. Cyfeirir at destun *GLGC*, rhif 147.
15. Dyfynnir o Ffransis Payne, *Yr Aradr Gymreig* (Caerdydd, 1954), t. 88.
16. Gw. *GIG*, rhif XXVIII, llau 51–2.
17. P. Sims-Williams, 'Riddling Treatment of the 'Watchman Device' in *Branwen* and *Togail Bruidne Da Derga*', *SC*, XII/III, tt. 111–12.

18. J. Glyn Davies, 'The Welsh bard and the poetry of external nature. From Llywarch Hen to Dafydd ab Gwilym', *TrCy* (1912–13), tt. 120–1.
19. Kenneth H. Jackson, *Studies in Early Celtic Nature Poetry* (Caergrawnt, 1935), t. 198, trn. 2.
20. Gw. *Aspects of the Poetry of Dafydd ap Gwilym*, t. 39.
21. Rachel Bromwich, *Dafydd ap Gwilym: Poems* (Llandysul, 1982), t. xix.
22. *AP*, t. xix.
23. Gw. sylw Dafydd H. Evans yn *YB*, XVII, t. 66. Ceir testun o'r gerdd ar dudalennau 70–2 yr un gyfrol.
24. Gw. *RBH*, col. 1274, llau 5–28.
25. *GIG*, rhif XIII, llau 57–9. Gw. hefyd awgrym Ann Matonis fod y ddau fardd yn tynnu ar yr un traddodiad, yn 'Medieval Topics and Rhetoric in the Works of the Cywyddwyr', Traethawd Ph.D., Prifysgol Caeredin, 1976, t. 243.
26. *GPC*, t. 1122. Gw. hefyd J. Lloyd-Jones, *Geirfa Barddoniaeth Gynnar Gymraeg*, Cyfrol I (Caerdydd, 1931–46), t. 411.
27. *RBH*, col. 1278, llau 26–31.
28. *GDG³*, rhif 65, llau 45–66. Ceir enghraifft dda arall yng nghywydd 'Y Niwl', *ibid.*, rhif 68, llau 15–46.
29. Gw. sylwadau D. J. Bowen, 'Dafydd ap Gwilym a Datblygiad y Cywydd', *LlC*, 8, tt. 22–4.
30. *Ibid.*, t. 23, n. 163. Gw. hefyd sylwadau'r Athro Bowen yn 'Dafydd ap Gwilym a Cheredigion', *LlC*, 14, tt. 206–8.
31. D. J. Bowen, 'Beirdd a Noddwyr y Bedwaredd Ganrif ar Ddeg', *LlC*, 17, t. 97.
32. *GP*, t. 133, llau 38–9.
33. *Ibid.*, llau 40–2.
34. D. J. Bowen, 'Beirdd a Noddwyr y Bedwaredd Ganrif ar Ddeg', t. 85, trn. 172.
35. *GP*, t. 133, llau 43–4.
36. Eurys I. Rowlands, 'Nodiadau ar y Traddodiad Moliant a'r Cywydd', *LlC*, 7, t. 226.
37. Gw. awgrym diddorol D. J. Bowen am ddylanwad presenoldeb merched mewn neuadd ar y cydgysylltu hwn yn 'Beirdd a Noddwyr y Bedwaredd Ganrif ar Ddeg', t. 85.
38. *GP*, t. 52, llau 16–21.
39. Gw. trafodaeth Dafydd Johnston, '*Cywydd y Gal* by Dafydd ap Gwilym', *CMCS*, 9, tt. 71–89, a hefyd *idem*, 'The Erotic Poetry of the Cywyddwyr', *CMCS*, 22, tt. 78–81.
40. Gw. *GP*, t. 17, llau 17–18.
41. G. J. Williams, 'Cerddi'r Nant', *B*, XVII, t. 80.
42. Ifor Williams, *The Beginnings of Welsh Poetry: studies by Sir Ifor Williams* (Caerdydd, 1980), t. 164, ll. 44.

43. Ceir y cywydd cyntaf yn C 12, 379, a'r ail yn C 12, 385. Y dyddiad wrth y cywydd cyntaf yw 24 Hydref 1605.
44. *GHCLlE*, rhifau XXVII a XXVIII. Gw. hefyd Tegwen Llwyd, 'Noddwyr y Beirdd yn Siroedd Brycheiniog a Maesyfed', Traethawd M.A., Prifysgol Cymru, 1988, tt. 248–50.
45. *GHCLlE*, rhif XXVII, llau 11–14; 17–20.
46. *IGE⁴*, rhifau LVIII a LIX.
47. Gw. Ll 120, 109 a hefyd Irene George, 'The Poems of Syr Dafydd Trefor', *TCHNM* (1935), rhif 4, tt. 93–4.
48. Gw. *YEPWC*, rhif 1. Am yr ymryson â Siôn Phylip, gw. LlGC 668, 119 ymlaen, ac am yr ymryson â Huw Machno, gw. BL 10314, 295 ymlaen.
49. Dyfynnir o BL 10314, 297.
50. Gw. *GHCEM*, rhifau 10–11. Dyfynnir o rif 11, llau 85–8.
51. J. H. Davies, 'The Roll of the Caerwys Eisteddfod of 1523', *Transactions of the Liverpool Welsh Nationalist Society* (1908–9), t. 101.
52. Gw. Nest Scourfield, 'Gwaith Ieuan Gethin ac Eraill', Traethawd M.Phil., Prifysgol Cymru, 1992, rhif 6. Gw. hefyd gywydd rhif 5 i'r ceiliog.
53. *PWDN*, rhif XXVI.
54. Nest Scourfield, 'Gwaith Ieuan Gethin ac Eraill', rhif 28.
55. Ifor Williams (gol.), *Gwyneddon 3*, tt. 143–5.
56. Ar gyfoeth dyfaliadau'r canu serch, gw. Gilbert Ruddock, 'Rhai Agweddau ar Gywyddau Serch y Bymthegfed Ganrif', yn John Rowlands (gol.), *Dafydd ap Gwilym a Chanu Serch yr Oesoedd Canol* (Caerdydd,1975), tt. 95–119.
57. Gw. *IGE⁴*, rhif XCVI, llau 31–3.
58. Gw. *GGDTE*, rhif 3. Gw. hefyd sylwadau D. Myrddin Lloyd yn A. O. H. Jarman a Gwilym Rees Hughes (goln), *A Guide to Welsh Literature, volume 2* (ail argraffiad, Llandybïe, 1984), t. 41.
59. R. M. Jones, *Seiliau Beirniadaeth*, Cyfrol 3 (Aberystwyth, 1987), t. 341.
60. Gw. LlGC 2691, 163: 'Y dyn ir blodeuyn iaith'.
61. Gw. sylwadau Rachel Bromwich yn *Aspects of the Poetry of Dafydd ap Gwilym* (Caerdydd, 1986), t. 157.
62. Mewn cywydd gan Ruffudd Hiraethog, gw. *GGH*, rhif 12.
63. Mewn cywydd a briodolir i Ddeio ab Ieuan Du, gw. *GDIDGIH*, Atodiad A1.
64. Mewn cywydd gan Ddafydd Glyndyfrdwy, gw. Brog 2, 339b.
65. Mewn cywydd gan Ddeio ab Ieuan Bŵl, gw. LlGC 8330, 17.
66. Mewn cywydd gan Rys Goch Glyndyfrdwy, gw. M 148, 214.
67. Mewn cywydd gan Ruffudd Hiraethog, gw. *GGH*, rhif 97.
68. Mewn cywydd gan Hywel Dafi, gw. LlGC 13062, 537.
69. Mewn cywydd gan Huw Arwystl, gw. *GHA*, rhif LXXXI.

70. Mewn cywydd gan Roger Cyffin, gw. Ffransis Payne, *Yr Aradr Gymreig*, t. 89.
71. Mewn cywydd gan Wiliam Llŷn, gw. *GWLl*, rhif 158.
72. Mewn cywydd gan Lewys Môn, gw. *GLM*, rhif XIX.
73. Mewn cywydd gan Ddafydd Llwyd, gw. *GDLlF*, rhif 45.
74. Mewn cywydd gan Syr Dafydd Trefor, gw. M 145, 298.
75. Mewn cywydd gan Ddeio ab Ieuan Du, gw. *GDIDGIH*, rhif 12.
76. Mewn cywydd gan Wiliam Llŷn, gw. *GWLl*, rhif 157.
77. Mewn cywydd gan Roger Cyffin, gw. Ll 155, 48.
78. Gw. *GDIDGIH*, rhif 12.
79. Gw. er enghraifft *LOPGO*, rhif XVII.
80. Gw. BL 14965, 196a.
81. Gw. *GHDLlM,* rhif 3, llau 57–60.
82. *GWC(1)*, rhif 61, llau 61–6.
83. Gw. C 84, 1266.
84. *GST*, rhif 143, llau 15–16.
85. Gw. Ifor Edwards a Claude Blair, 'Welsh Bucklers', *The Antiquaries Journal*, LXII, tt. 74–115.
86. *LOPGO*, rhif XV. Gw. yn arbennig llau 37–40.
87. Saunders Lewis, *Braslun o Hanes Llenyddiaeth Gymraeg* (Caerdydd, 1932), t. 121.
88. *LOPGO*, rhif XV.
89. *GOLlM*, rhif 20.
90. *GTA*, rhif CXVII.
91. P 112, 62: 'Mae un sawdiwr mewn sidan'.
92. *GSC*, rhif 49.
93. *GST*, rhif 53.
94. *GDG³*, rhif 105, ll. 25.
95. *DGG²*, rhif LXXIV, ll. 50.
96. *GIG*, rhif XI.
97. *IGE⁴*, rhif CVIII, a hefyd *ACGD*, rhif 1 yn y Detholiad.
98. J. E. Caerwyn Williams a Peredur I. Lynch (goln), *Gwaith Meilyr Brydydd a'i Ddisgynyddion*, Cyfres Beirdd y Tywysogion I (Caerdydd, 1994), rhif 9.
99. *GDG³*, rhif 143, llau 24n. a 44n.
100 Gw. *RWM*, ii, t. 464.
101 *GGGl*, rhif LXXX, llau 58 a 65.
102 M 161, 609. Gw. hefyd enghraifft arall gan yr un bardd yn Brog 3, 365.
103. D. J. Bowen, 'Nodiadau ar Waith Dafydd ap Gwilym', *LlC*, 7, t. 245.
104. Priodolir y cywydd hwn i Wilym Tew mewn dwy lawysgrif, gw. *MFGLl*, t. 1247, ac i Ieuan Tew Brydydd Hen mewn wyth o lawysgrifau, gw. *ibid.*, t. 1825. Y dyddiadau a roir ar gyfer Ieuan Tew

Brydydd Hen yn *BC*, t. 390, yw 1400–40. Yr wyf yn amheus o'r dyddiadau hyn. A chymryd mai ef sydd piau'r cywydd hwn, tueddwn i'w ddyddio ychydig yn ddiweddarach oherwydd credaf fod cyfeiriad yn y cywydd at y brenin Edward IV a gipiodd y goron oddi ar Harri VI yn 1461 (gw. E. D. Jones, *Beirdd y Bymthegfed Ganrif a'u Cefndir* (Aberystwyth, 1982), tt. 24–5). Mae'n bosibl mai oddeutu cyfnod cythryblus Brwydr Croes Mortimer yn 1461 y canwyd y cywydd.

105. Dyfynnir o LlGC 13062, 319: 'Llyma fyd anhyfryd hawl'.
106. Gw. P 77, 382.
107. Gw. Ll 125, 44. Y dyddiad a roir i'r cywydd yn y llsgr. yw 1578.
108. Gw. *GWLl*, t. xx.
109. Gw. *ibid.*, rhif 155.
110. Gw. *GGH*, rhif 113, llau 81–4.
111. W. Alun Mathias, 'Llyfr Rhetoreg William Salesbury', *LlC*, 1, t. 266.
112. *YEPWC*, rhif 38, llau 43–6.
113. *GGH*, rhif 107, llau 37–42. Cf. sylwadau D. J. Bowen, 'Barddoniaeth Gruffudd Hiraethog: Rhai Ystyriaethau', yn Thomas Jones (gol.), *Astudiaethau Amrywiol a gyflwynir i Syr Thomas Parry-Williams* (Caerdydd, 1968), t. 16.
114. *GGGl*, rhif XLII, llau 31–2.
115. Gw. *GGH*, rhifau 95, 101, 105, 107, 108.
116. *GSC*, rhif 40, llau 64 a 74.
117. *GGH*, rhif 108, llau 56 ac 86.
118. Ann Matonis, 'Nodiadau ar Rethreg y Cywyddwyr: y *descriptio pulchritudinis* a'r Technegau Helaethu', *Y Traethodydd*, CXXXIII, t. 156.
119. Gilbert Ruddock, *Dafydd Nanmor*, Llên y Llenor (Caernarfon, 1992), t. 50.
120. Saunders Lewis, *Gramadegau'r Penceirddiaid*, Darlith Goffa G. J. Williams (Caerdydd, 1967), t. 7: 'Y mae hyn yn bendant eglur: nid yw ac ni fu rhetoreg y clasuron Groeg a Lladin erioed yn rhan o addysg y beirdd Cymraeg.'
121. Gw. Nesta Lloyd a Morfydd E. Owen, *Drych yr Oesoedd Canol* (Caerdydd, 1986), tt. 58–9.
122. Eurys Rowlands, 'Canu Serch 1450–1525', *B*, XXXI, tt. 42–3.
123. Dafydd Johnston, *Iolo Goch: Poems* (Llandysul, 1993), t. 178.
124. *GP*, t. 131, llau 16–17.
125. Gw. *ibid.*, t. 132, llau 41–5.
126. W. J. Gruffydd, *Llenyddiaeth Cymru 1450–1600* (Lerpwl, 1922), t. 62.
127. *Ibid.*
128. Cymharer eiddo Gruffudd Gryg yn *DGG²*, rhif LXXII ag eiddo Dafydd Nanmor yn *PWDN*, rhif XXXIII.
129. Gw. *GTA*, rhifau CI a CVII.

130. Édouard Bachellery, 'La Poésie de Demande dans la Littérature Galloise', t. 297.
131. Morfydd Owen, 'Trioed Hefut Y6 Yrei Hynn', *YB*, XIV, t. 103.
132. John Cummins, *The Hound and the Hawk: the Art of Medieval Hunting* (Llundain, 1988), t. 13.
133. *GP*, t. 52, llau 16–21.
134. C. O'Rahilly, 'A Welsh Treatise on Horses', *Celtica*, V, tt. 145–60.
135. *Ibid.*, t. 146, paragraff 4.
136. Gw. Nerys Ann Jones ac Ann Parry Owen (goln), *Gwaith Cynddelw Brydydd Mawr I* (Caerdydd, 1991), rhif 5, ll. 1.
137. Elin M. Jones a N. A. Jones (goln), *Gwaith Llywarch ap Llywelyn*, rhif 6, llau 18–22.
138. Gw. Job xxxix. 19; a hefyd Lambert McKenna (gol.), *The Book of Magauran* (Dulyn, 1947), rhif IV, pennill 5.
139. *Gwaith Llywarch ap Llywelyn*, rhif 1, ll. 150.
140. Ifor Williams (gol.), *Canu Llywarch Hen* (Caerdydd, 1935), rhif IX, t. 32.
141. Gw. Rachel Bromwich a D. Simon Evans (gol.), *Culhwch ac Olwen* (Caerdydd, 1988), t. 3, llau 74–5. Gw. hefyd sylwadau P. Sims-Williams, 'Riddling Treatment of the "Watchman Device" in *Branwen* and *Togail Bruidne Da Derga*', *SC*, XII/XIII, tt. 99, 117.
142. *Gwaith Llywarch ap Llywelyn*, rhif 23, llau 65–6.
143. Gw. Eurys Rowlands, 'The Continuing Tradition', yn A. O. H. Jarman a Gwilym Rees Hughes (goln), *A Guide to Welsh Literature, volume 2*, t. 300.
144. Gw. ei erthyglau 'Rhai Agweddau ar Gywyddau Serch y Bymthegfed Ganrif'; 'Prydferthwch Merch yng Nghywyddau Serch y Bymthegfed Ganrif', *LlC*, 11, tt. 140–75; 'Genau Crefydd a Serch', *YB*, X, tt. 230–56.
145. *GGGl*, rhif XXII, ll. 51.
146. *GLGC*, rhif 33, llau 39–50. Cymh. *GLGC*, rhif 143, llau 9–24.
147. P 114, 57.
148. Gw. *LWDB*, rhif XXXII.
149. *GOLlM*, rhif 5, llau 51–2.
150. *Ibid.*, rhif 17, llau 49–50.
151. Mewn cywydd gan Ieuan Tew Brydydd Ieuanc, gw. LlGC 21248, 188b.
152. Mewn cywydd gan Siôn Brwynog, gw. *CSB*, rhif X.
153. Mewn cywydd gan Simwnt Fychan, gw. LlGC 6495, 70.
154. Gw. M 147, 239.
155. *GGGl*, rhif XXII, ll. 62.
156. Mewn cywydd gan Siôn ap Hywel ap Llywelyn Fychan, gw. Ll 124, 360.
157. Mewn cywydd gan Ruffudd ab Ieuan ap Llywelyn Fychan, gw. J. C. Morrice, *Detholiad o Waith Gruffudd ab Ieuan ab Llywelyn Vychan*, rhif XXIII.

158. *GTA*, rhif XCIX, llau 55–6.
159. *Ibid.*, rhif C, llau 63–4.
160. Mewn cywydd gan Faredudd ap Rhoser, gw. LlGC 13068, 45b.
161. *GTA*, rhif XCIX, ll. 62.
162. Mewn cywydd gan Siôn Phylip, gw. LlGC 727, 161.
163. Mewn cywydd gan Domas ap Hywel ap Gwilym, gw. P 114, 57.
164. Mewn cywydd gan Siôn Phylip, gw. LlGC 727, 161.
165. *LOPGO*, rhif VIII, ll. 29.
166. *GTA*, rhif XCIX, ll. 59.
167. Gw. Brog 2, 94.
168. *GTA*, rhif CIX, ll. 49.
169. *GGGl*, rhif XXII, llau 63–4.
170. *GTA*, rhif CI, llau 55–62.
171. M 147, 239.
172. Mewn cywydd gan Owain Gwynedd, gw. BL 31064, 193a.
173. Mewn cywydd gan Lewys Morgannwg, *GLMorg*, t. 657 ymlaen: 'Awn atad i'th wlad a'th wledd'.
174. *LOPGO*, rhif VIII, llau 47–8.
175. *GTPITP*, rhif 46, llau 37–8.
176. Mewn cywydd gan Domas ap Hywel ap Gwilym, gw. P 114, 57.
177. *GTA*, rhif CVIII, ll. 55.
178. Gw. LlGC 5270, 378.
179. Gw. *GTA*, rhifau XCVIII–CVII, CIX a CXI. Yr olaf yw'r un a briodolir i Lewys Môn, gw. *GLM*, rhif LXVI. Y ddau gywydd diolch yw rhifau CVII a CX.
180. Yn ôl *MFGLl*, t. 4111, ceir 75 copi ohono, ond trewais ar gopi ychwanegol yn Ba 305, 100. Dim ond un cywydd gofyn arall sy'n blaenori arno o ran nifer y copïau a gadwyd, a hwnnw yw cywydd Siôn Tudur i erchi gwn y ceir 88 copi ohono, gw. *MFGLl*, t. 3787.
181. *GTA*, rhif CVI, llau 39–90.
182. W. Alun Mathias, 'Llyfr Rhetoreg William Salesbury', t. 266.
183. Gw. *YEPWC*, t. clxviii.
184. *GSM*, rhif 30, llau 63–4.
185. BL 14979, 199b.
186. *ITBI*, rhif 66, llau 81–2.
187. *Ibid.*, rhif 67, llau 83–4; 87–8. Cymharer â'r hyn a wna ac a ddywed Saunders Lewis wrth nodi'r adleisiau o waith Guto'r Glyn yn rhai o gywyddau Tudur Aled yn ei ysgrif 'Tudur Aled' yn R. Geraint Gruffydd (gol.), *Meistri'r Canrifoedd*, t. 100: 'Gwn fod llu mawr o ystrydebau cynghanedd yn gyffredin i'r holl gywyddwyr fel mai ofer yw sôn am fenthyg gan neb arbennig; ond credaf fod yr enghreifftiau hyn yn wahanol, a gellid eraill tebyg.'
188. *GLE*, rhif 37.

189. *GHDLIM*, rhif 15, ll. 19.
190. *GTA*, t. 741.
191. *Ibid.*, rhif CX, llau 41–50.
192. Melville Richards (gol.), *Breuddwyd Rhonabwy* (Caerdydd, 1948), tt. 2–3. Gw. hefyd sylwadau D. Myrddin Lloyd yn *LlC*, 1, t. 236.
193. Gw. Sioned Davies, 'Pryd a Gwedd yn y Mabinogion', *YB*, XIV, t. 131.
194. *AP*, t. xiv.
195. *GHCLIE*, rhif LIV.
196. *GST*, rhif 143, llau 17–18.
197. Gw. Cennard Davies, 'Robin Clidro a'i ganlynwyr', Traethawd M.A., Prifysgol Cymru, 1964, t. xvii: 'Tudur Aled's description of a horse, when compared with Cludro's . . . we cannot forbear to decide the superiority somewhat in the favour of Tudur Aled. / N.B. I have not the poem at hand at present, but what few couplets that I have retained in my memory, which are sufficient to overbalance Cludro's whole poem.' Diddorol nodi hefyd fod Siôn Tudur yn cymharu'r march a geisiai dros Domas Datgeiniad â march Clidro: 'I geffyl lledchwidr Clidro/Yn wir y dyfelir fo', *GST*, rhif 144, llau 77–8.
198. Cennard Davies, 'Robin Clidro a'i ganlynwyr', rhif IX, llau 21–32; 45–58. Cywydd i ofyn march gan Syr Rhisiart Bwcle o Fiwmares ydyw.
199. *Ibid.*, rhif IX, llau 89–90.
200. Ll 30, 332.
201. *GST*, rhifau 51 a 144. Gwelir bod R. M. Jones yn *Seiliau Beirniadaeth*, Cyfrol 3, tt. 372–3, yn dehongli cywydd gofyn hwch gan Siôn Tudur (*GST*, rhif 116) fel 'parodi ar holl "ddull" y cywydd gofyn'.
202. Gw. Bod 3, 109; Bod 3, 115; Bod 3, 116.
203. M 146, 343.
204. *GTPITP*, rhif 34.
205. Brog 6, 44. Cymharer â'r sylw sydd gan Lewys Morgannwg mewn cywydd nad yw'n cynnwys disgrifiad o'r gwartheg a geisir: 'myfyriais gerdd mwy vrys gwawd'. Gw. *GLMorg*, rhif XCV.
206. Ll 133, 468.
207. *LWDB*, rhif XII.
208. *Ibid.*, rhif XXXII, llau 73–80.
209. T. J. Morgan, 'Arddull yr Awdl a'r Cywydd', *TrCy* (1946–7), t. 289.
210. Gw. y dyfyniad o gywydd Gruffudd Hiraethog ar d. 182 uchod.

11

Diweddglo'r gerdd

Po fwyaf o gywyddau a ddarllenir, mwyaf y sylweddolir cymaint y gwerthfawrogai'r beirdd y rhannau sefydlog a defodol yn adeiladwaith y cywydd. Gwelwyd bod rhyw gnewyllyn o fotiffau clo a ddefnyddid i ddiweddu'r gerdd ofyn, ac yn yr adran olaf hon manylir ar y rhai amlycaf. Ymhelaethir hefyd ar un nodwedd yn arbennig er mwyn cyflwyno damcaniaeth neu thesis sy'n gysylltiedig â thuedd rhai beirdd i annog y rhoddwr i erchi rhodd ar gerdd gan yr eirchiad.

Cyfarwydd iawn mewn cywyddau moliant yw clywed bardd yn dymuno hir oes i'r gwrthrych wrth ddiweddu. Mae sawl dull a modd o gyfleu dymuniad y bardd ar i'r noddwr a folir gael oes faith. Un ohonynt yw dymuno hiroes yr hydd iddo, sy'n gyfeiriad at Garw Rhedynfre yn chwedl yr anifeiliaid hynaf, un o'r creaduriaid yr oedd eu hirhoedledd yn ddihareb.[1] Amrywiad ar y dull yw eidduno oes y gleisiad i noddwr, sy'n gyfeiriad at Eog Llyn Llyw yn yr un chwedl.[2] Mae dymuno llwydd, iechyd, ffyniant a bendith eto'n ddull tra chyfarwydd o gloi cywydd mawl, boed yn fendith y bardd ei hun neu'n fendith Duw, Crist neu Fair. Dyna'r ddefod dderbyniol mewn cywyddau moliant, ac nid yw arfer y cywyddau gofyn, hwythau, yn ddim gwahanol. Meddai Gutun Owain wrth ofyn am fwcled gan Siôn Pilstwn o Faelor dros Siôn ab Elis Eutun:

> Aed im y bwcled yma,
> Olwyn dwrn o valain da,
> Aed aur yn gylch oedran gŵr,
> Oes yr hydd dros y rhoddwr![3]

Anogai Syr Dafydd Trefor Faredudd ap Tomas o Borthamal ym Môn, yn ei gywydd i erchi alarch ganddo, i weddïo ar Fair:

> Dod weddi heb dorri dydd
> at Fair ado yt Fredydd

I gael oes kyd a Moessen
a mynnv od y Mon wen.[4]

Cydia Tomas Prys o Blas Iolyn yn yr arfer o ddymuno hir oes wrth
geisio rhodd a'i droi a'i ben i waered megis, drwy honni mewn
cywydd i ofyn cleddau y byddai peidio â chael y rhodd yn peri bod
enaid dyn yn ddiogel ac y ceid o'r herwydd hir oes: 'o daw oll . . ./
dy gleddav a fydd angav ynn/oni ddaw hynn addewir/hydol yw
hwn kawn hoedl hir'.[5] Eithriad yw'r math hwn o ystumio dyfeisgar
ar ddefod gyfarwydd; fel arfer, dymuno iechyd a hir oes a wneir yn
null dirodres Huw ap Dafydd yn ei gywydd i erchi bwa gan Lewys
ab Ithel o Laneurgain dros Dai Nantglyn:

> Rhodded Mair, ddawnair ddoniawg,
> Dwy rodd dros y rhodd yrhawg:
> Iechyd i'r galon uchel
> A'th oes yn deiroes y dêl.[6]

Ar wahân i'r bendithion a'r dymuniadau arferol a geir mewn
cywyddau moliant hefyd, y mae eraill sydd yn fwy uniongyrchol
gysylltiedig â'r *genre* a astudiwn ni. Un ohonynt yw'r un a
fedyddiwyd gennyf yn 'fotiff dod yn rhaid'. Dichon mai tarddu o
amgylchiadau'r drefn ffiwdal, neu'r datblygiad arni a gynrychiolir
gan y drefn yndeintur, a wnaeth hwn, oblegid y mae'r syniad o
wasanaeth milwrol yn ymhlyg ynddo. Trwy yndeintur y codid
byddinoedd preifat o'r bymthegfed ganrif ymlaen.[7] Rhaid cofio
hefyd y gallai'r brenin ar unrhyw adeg orchymyn swyddogion y
Goron yn y gwahanol siroedd a'r arglwyddiaethau i beri bod pob
gŵr abl ei gorff yn ymfyddino. Cadwyd rhestr o enwau'r gwŷr
arfog yn siroedd gogledd Cymru yn ystod y ddegfed flwyddyn ar
hugain a'r unfed flwyddyn ar ddeg ar hugain o deyrnasiad Harri
VIII, sef rhwng 22 Ebrill 1538 a 21 Ebrill 1540.[8] Disgwylid i'r gwŷr
fod yn barod i godi allan ar ôl awr o rybudd, yn dwyn gyda hwy
arfwisgoedd, cleddyfau, gwaywffyn a meirch. Ond yr unig un yng
nghwmwd Nanheudwy, er enghraifft, a chanddo geffylau i'w
darparu oedd Siôn Edward: 'havynge sufficient harnes for two able
men two stele cots ij geldyngs wt ij speres'.[9] Ychydig iawn o arfau a
oedd gan nifer o wŷr eraill, ac enwir y rhai nad oedd ganddynt
arfau o gwbl. Y math hwn o gytundeb milwrol a oedd wrth wraidd
un o fotiffau clo'r cywydd gofyn a ddywedai y deuai'r eirchiad i

wasanaethu'r rhoddwr pe bai raid, yn enwedig mewn cywyddau a
ofynnai am fathau gwahanol o arfau. Dyma orchymyn Gutun
Owain yn ei gywydd gofyn bwcled gan Ruffudd ap Hywel ap
Morgan o Fortun dros Wmffre Cinast:

> Dyro dy vwkled evraid,
> Dy nai a'th rodd dôn' i'th raid![10]

Wrth ofyn am farch gan Edward ap Morgan, pan oedd yn siryf,
dros Wiliam ap Tomas, dywed Dafydd Benwyn sy'n llefaru trwy
enau'r eirchiad:

> O daw rhyfel i drefydd,
> (vn dryd wyf) in dy rhaid vydd.[11]

Ni raid tybio mai dyfais gonfensiynol yn unig oedd hon, oherwydd
yr oedd bardd fel Tomas Prys yn filwr ei hun,[12] a chly ef ei gywydd
i ofyn pâr o arfau gwynion gan Siôn Llwyd o Iâl gyda'r motiff dod
yn rhaid:

> o chaf lle rhodaf yn rhad
> drosor ym kylch yn drwsiad
> af er ych mwyn ar farch mawr
> i rannv byd ar vnawr
> yn hy ith blaid freisgnaid frav
> waith dirfawr o nerth darfav
> yn barod vt bvrwaed oes
> yn y drin hyd awr einioes.[13]

Dull arall o gloi'r cywydd oedd addo y cenid cywydd i ddiolch
am y rhodd. Dywed Siôn Tudur mewn cywydd i ofyn milgi gan
Huw ab Elis o Ysgeifiog dros Robert Gethin o Fodfari:

> Dyro filgi am daerwawd
> Dylech gael diolch â gwawd.[14]

Mae geiriau Siôn Mawddwy mewn cywydd i erchi pwg (math ar
fwnci) gan Siors Owen o'r Henllys dros Lewys Owen o Ddolgellau
hefyd yn cyfeirio at anfon cywydd diolch i gydnabod derbyn y
rhodd:

Dyro'r mwnc, dewr iôr a'i medd,
Draw i un dewr o Wynedd,
A than bwyth yna y bydd
I chwi ddiolch â chywydd.[15]

Wrth ofyn i Siôn Wyn ab Ifan o Hirdrefáig am farch dros Siôn Môn Grythor, dywedai Simwnt Fychan y talai'r cerddor ei hun am y march gyda'i wasanaeth:

e rydd y gwr iraidd gof
iw gerddor ebol gwarddof
ai gerddor nis gwaharddodd
a chrwth a ddiolch y rhodd.[16]

Ceir cyfeiriad tra diddorol yng nghywydd Huw Machno i Risiart Bwclai, lle y mae'n llefaru dros Domas Gruffudd, sy'n awgrymu faint o ysbaid a âi heibio weithiau cyn y cenid cywydd i ddiolch. Gan mai Huw Machno oedd y canolwr, ei dasg ef, mae'n debyg, fyddai cyfansoddi'r cyfryw gywydd:

. . . dod hvling a dvw taled
Rhydd ynttav egglvrfrav glod
vtt Rissiart in tir issod
a diolch kyn pen dwyawr
ag awen am y gown mawr.[17]

Ond nid yw'n ymddangos ei bod yn ddisgwyliadwy derbyn cerdd ddiolch ymhob achos, o bell ffordd. Cyfran fechan iawn o'r chwe chant a hanner o gywyddau sydd yn sail i'r astudiaeth hon sydd yn gywyddau diolch. Rhoir isod ganran y cywyddau diolch o blith nifer cywyddau'r ddau gyfnod:

Rhwng *c.* 1350 a *c.* 1500:   30 / 217   = 13.8%
Rhwng *c.* 1500 a *c.* 1630:   18 / 415   = 4.3%

Mae'r gostyngiad yn ystod yr ail gyfnod yn sylweddol. Sut ynteu y mae egluro'r prinder? Y gwir amdani yw fod y gerdd a genid i geisio'r rhodd yn cynnwys moliant, ac fe ystyrid bod y moliant hwnnw ynddo'i hun yn dâl digonol am y rhodd. Mae'n debyg mai pan dderbynnid rhodd yn ddirybudd heb fod wedi canu i'w herchi

y teimlai'r beirdd reidrwydd i gyfansoddi cywydd diolch.
Derbyniodd Dafydd Epynt, er enghraifft, farch, ffrwyn, cyfrwy a
bwysgyns (math o esgidiau uchel) yn rhodd gan Ddafydd ap
Hywel, prydydd Watcyn Fychan o Hergest, a chanodd gywydd i
ddiolch amdanynt gan gymharu gweithred y rhoddwr â gweithred
Ifor Hael yn anrhegu Dafydd ap Gwilym â menig:

> os march a roes mawr a chryf
> nid o eisiav na deisyf
> rhoir ffrwyn or ffair ar vnwaith
> ai gyfrwy teg i fwrw taith
> tebig am ei fenig fydd
> i rodd ifor i ddavydd
> dyn o waithvoed ni thaû i fin
> yndo lais hen Daliesin.[18]

Rhaid cadw mewn cof mai'n anaml y comisiynid y beirdd i ganu
cywydd diolch dros y noddwyr. O'r wyth a deugain o gywyddau
diolch a ddarllenwyd, y mae deugain namyn un ohonynt yn rhai a
ganodd y beirdd drostynt eu hunain.

Gwyddom eisoes fod y gerdd ofyn yn nwydd cyfnewidadwy.
'Rhoddaf gerdd i ŵr hoywddoeth/. . . Rhoed yntau i minnau'r
march', meddai Gruffudd ap Dafydd Fychan, bardd o'r bymtheg-
fed ganrif.[19] Ac meddai Gruffudd Hiraethog wrth gloi'r cywydd a
ganodd dros Elis Prys o Blas Iolyn i erchi meini melin gan Siôn ap
Rhys o Fodychen: 'Cair ddwys fydr cerdd safadwy,/ Cair pwyth y
main a pheth mwy'.[20] Daw'r dyfyniad hwn â ni at fotiff sy'n
uniongyrchol gysylltiedig â'r *genre* ac a fedyddiwyd gennyf yn
'fotiff talu pwyth'. Yr argraff a geir yw fod y gwahanol ddyfeisiau a
ddefnyddir i gloi'r cywydd gofyn yn rhai cyfleus a fyddai bob
amser wrth law. Mewn cywydd i Fadog ap Deio ab Iorwerth
dywed Ieuan ap Llywelyn Fychan:

> byth iwch i rho beth i'ch rhaid
> bwyth ddwywaith y bitheuaid.[21]

Mae dweud y telir y pwyth yn ddyfais a ddefnyddid yn bur aml
erbyn yr unfed ganrif ar bymtheg. Dyma'r ieithwedd a'r syniadaeth
sy'n ffurfio math o god yn y canu cymdeithasol hwn. Cynghorai
Lewys Môn yr Abad Dafydd ab Owain yn y cywydd a ganodd i

geisio march ganddo dros William Gruffudd o'r Penrhyn i ofyn am ei ddau bwyth:

> Gwylied Abad gael deubwyth:
> gofyn y Penrhyn yw'r pwyth.[22]

Cyplysir y motiff ag anogaeth gan Forus Dwyfech yn yr enghraifft ganlynol o'i gywydd bwcled i'r Mastr Robert Pilstwn dros William ab Iemwnt ei gefnder:

> Pilstwn moes hwn im o serch,
> Pôr doniog pur yw d'annerch,
> A gofyn hwnt, gyfiawn hawl,
> Ei ddau bwyth o dda bathawl.[23]

Weithiau enwid pa wrthrych y gellid ei ofyn yn bwyth, megis yn y dyfyniad hwn o gywydd gan Huw Arwystl:

> . . . pwyth am ryw varch peth mawr vydd
> pwyth hardd vydd peth ir ddwy venn
> peri i chwi r par ychen.[24]

Y mae Huw Arwystl yn enghraifft o fardd a wnâi ddefnydd cyson o'r motiff talu pwyth, sy'n dangos i ba raddau y dibynnai rhai beirdd ar gyfleustra'r rhannau sefydlog yn adeiladwaith y gerdd. O'r pedwar cywydd ar hugain sydd wrth ei enw y mae pymtheg yn ei gynnwys. Ceir tair enghraifft ganddo o gyfeirio at dalu'r pwyth yn ariannol. Wrth ofyn am ddagr a phwyniard gofynna: 'Pa rodd sy gompar vddynt/bo i chwi i pwyth be i chwe pvnt'.[25] Ychydig iawn o gyfeiriadau a gasglwyd at dalu'r pwyth ag arian, mae'n rhaid cyfaddef. Yn ogystal â thri chyfeiriad yng ngwaith Huw Arwystl y mae'r cyfeiriad a ganlyn o gywydd Tudur Aled i ofyn bwcled dros Domas ap Llywelyn Fychan lle yr haerir:

> Fo rôi forc aur Efrog hen
> Er drych, aradr a'i ychen![26]

Mae tinc o ddireidi yng ngormodiaith y cwpled hwn nes na ellir bod yn hollol siŵr a ydyw'n gyfeiriad digamsyniol at arian yn cyfnewid dwylo. Ceir gan Wiliam Llŷn, yntau, gyfeiriad digon

diddorol at werth ariannol rhodd, oherwydd gan na fynnai Tomas
Tanad arian gan y pencerdd am y paun a roesai yn anrheg iddo,
unig ddewis Wiliam oedd canu cerdd:

> Lle rhoud hwn, llaw aur y tad,
> Lliw tewynion, llew Tanad,
> Ni fynnud, alarch parch pur,
> Ei bris, y wiber asur;
> Gwnaf finnau, gan na fynnych,
> Gerdd a gwawd am edn gwyrdd gwych.[27]

Os oedd cerdd yn dâl digonol, pa angen arian oedd? Cofier mai
wrth ddiweddu cerdd gan amlaf y pwysleisid gwerth mawl a chlod,
fel y gwna Tomas Prys wrth Wiliam Kyffin o Faenan:

> anfonwch gyrwch ar gais
> y ki yna lle kwynais
> kewch hithav heb amav bydd
> yn lle'r ki llawer kowydd
> a chlod vchel wahelyth
> o gerdd fry a bery byth.[28]

Ceir cipolwg ar delerau'r arfer cymdeithasol yr oedd y canu gofyn yn
seiliedig arno mewn ambell ddiweddglo lle'r oedd y bardd yn annog
cyfnewid o law i law. Dyma un enghraifft nodedig o gywydd Hywel
Dafi i erchi gosog gan Lywelyn ab Ieuan dros Rydderch o hil Nicolas:

> têg vy r gyfnewid hyd hyn
> Rwym law law rôm lywelyn
> daw ym Rann o vorgannwg
> aderyn dôf dwrn ai dwg
> a fynnych gennyf jnnav
> yddyf i tyf a vydd tav.[29]

Gwneid defnydd helaeth iawn o'r modd gorchmynnol yn y *genre*
wrth annog y rhoddwr i roi, ac i erchi gan yr eirchiad drachefn.
Mae ffurfiau berfol megis *moes, rho, dyro, gyr, anfon, arch, gofyn*
a'u tebyg yn britho'r cywyddau. Gruffudd Owain a anogai Elsbeth
Llawdden i roi cwrlid i Fari ferch Tomas ap Hywel yn y dyfyniad
canlynol:

rhowch yn fuan ddianod
rhowch, rhowch er a glywch o glod.[30]

O gywydd gan Wilym ab Ieuan Hen i erchi bytheiaid gan Ruffudd
ap Dafydd Tafarn y daw'r anogaeth daer ac agored hon:

> Anfon anrhegion yn rhad
> Yna 'mlaen yn ymlyniad,
> A'r dydd a'r awr, ni'm dawr, dod,
> Ymwêl â mi, dan amod,
> A chwarae lle mae fy meirch,
> A chymer un o'm chwemeirch.[31]

'Arch ei werth mal y perthyn', meddai Owain ap Llywelyn ab y
Moel yn ei gywydd i erchi march gwinau gan Ddafydd Miltwn Hen
o Wenynog yn Sir Ddinbych dros Ddafydd Llwyd Fychan o Swydd
Amwythig, gan awgrymu bod rheolau anysgrifenedig yn bod y
disgwylid i'r ddeuddyn eu parchu.[32] Yr oedd gosod y cais yn
llythrennol yng ngenau'r eirchiad yn rhoi i'r bardd reolaeth
uniongyrchol ar weithredoedd ei noddwr a hawl i wneud datganiad
cyhoeddus ar ei ran. Gallai hynny fod yn un ffordd o bwysleisio'r
awydd i gynnal yr arfer cymdeithasol o gyfnewid.

Nodwedd amlwg arall ar arddull diweddglo'r cywydd gofyn yw'r
defnydd o'r gystrawen amodol a ddefnyddid i ategu mecanwaith y
weithred o gyfnewid. Ystyrier geiriau Dafydd ab Edmwnd yn ei
gywydd i'w gâr Llywelyn Of:

> ag od oes anrheg ai dau
> gwnn a fydd gennyf finnau
> dewrgar am roi Dauargi
> dêl i'm câr dâl am y ci.[33]

Cysylltir y cymal amodol mewn cywydd i erchi tair caseg o'r eiddo
Tomas Prys ag addewid i ad-dalu'r rhodd pan epiliai'r cesig:

> os kair y llv nis karwn
> kair mil oi hepil i hwn.[34]

Wrth grybwyll Tomas Prys yn y fan hon ni ellir peidio ag anwy-
byddu'r modd y defnyddir y gystrawen amodol mewn cywydd

gofyn cesig arall sydd ganddo i gyflwyno syniad anweddus y bwriedid
iddo fod, ond odid, yn ddiweddglo digon herfeiddiol ond cellweirus:

> o chaiff Thomas dair kasseg
> oll yn dal ai lliw yn deg
> ni chais fyth attvn ni chwyn
> is dolydd vn stalwyn [*sic*]
> ond i hvn fodd gwrthvn fv
> ar oror dan wryrv.[35]

Wrth i Domas Prys wneud hwyl am ben Tomas Owen, yr eirchiad,
gwelir nad yw'r ffaith fod newid yn digwydd yn naws a chywair y
cerddi ddim o reidrwydd yn golygu bod y beirdd yn cefnu ar foddau
traddodiadol y canu. Yr un oedd y ffrâm er nad yr un oedd cywair y
canu bob amser. Enghraifft arall o ddireidi ysgafn yw'r diweddglo a
roes Rhisiart Phylip i'w gywydd i ofyn telyn rawn gan Huw ab Ifan
dros Risiart Robert o Drawsfynydd, a oedd yn dafarnwr:

> O mynnwch Hugh mae yn iach hyn
> alw mwy dal am y delyn
> croesso gan y kâr Richart
> kaingk fudd a chowydd a chwart.[36]

Fel y gwelsom yn barod yn rhan gyntaf yr astudiaeth hon,
disgwylid i'r bardd weithiau ddanfon y rhodd at yr eirchiad. Dyna
swyddogaeth sy'n cyfiawnhau galw'r beirdd yn gludwyr post y
dydd. Wrth gloi'r cywydd gofyn, cyfeirid ambell dro at y modd yr
oedd y gwrthrych i gyrraedd yr eirchiad, ac amlygir y rhan a
chwaraeai'r bardd yn y cais yng nghywydd Iorwerth Fynglwyd i
erchi gosog gan Syr Siôn Wgon o Gastell Gwis dros Domas
Gamais o'r Coety, lle y dywed y bardd amdano'i hun:

> Ei was wyf, a'i ddewis ŵr:
> un yw gwas â negeswr.[37]

Pe ceid y gosawg, dyletswydd y bardd fyddai hebrwng yr aderyn at
yr eirchiad:

> Gwyn 'y myd, gan amodi,
> gael ei ddwyn i'm arglwydd i.[38]

Yr amod oedd fod y rhoddwr yn gofyn am ddwy rodd yn gyfnewid: 'Arch a chyrch ddwyarch o chair'.[39] Gorchymyn sydd gan Owain ap Llywelyn ab y Moel mewn un cywydd march, '—aed un i'w nôl—',[40] a chan Guto'r Glyn mewn cywydd i ofyn ychen gan y Deon Cyffin y ceir y gorchymyn tebyg hwn:

> Od wyf gennad digonol
> I'r Dean hwnt, aed i'w hôl.[41]

Un o'r cyfeiriadau mwyaf diddorol at gyrchu'r rhodd wrth gloi'r cywydd yw hwnnw a geir yng nghywydd Lewys Glyn Cothi i erchi mantell gan Elis Hol, lle y dywed Lewys yr anfonai ei was i ymofyn y rhodd ac y gwnâi dalu'r pwyth:

> moliant a wnaf i'r fantell
> I Elis Hol y sy well,
> ac i'w chyrchu gyrru'r gwas,
> a'i ordeiniaw i'r dinas,
> ac ar ffrwst gwisgo'r we ffris,
> A thalu'i phwyth i Elis.[42]

Fe'n hatgoffeir ni gan y cyfeiriad at was y bardd yn y dyfyniad uchod am gyfeiriad Dafydd ap Gwilym yn y cywydd 'Trafferth Mewn Tafarn' at yr 'hardd wreangyn' a'i dilynai ar ei deithiau.[43] Cyffyrddwyd hyd yma â'r prif ddyfeisiau a ddefnyddid i ddiweddu'r cywydd gofyn. Y nodwedd amlycaf arnynt yw'r anogaeth a oedd yn ymhlyg yn y motiff talu pwyth, ynghyd â'r pwyslais a roid ar yr angen i gynnal y weithred o gyfnewid. Symudir yn awr at thesis y medrir ei gyflwyno yn sgil y canfyddiad fod rhai beirdd yn rhoi'r argraff eu bod yn chwannog i elwa ar bosibiliadau ymarferol y *genre* hwn er mwyn hybu eu buddiannau eu hunain. Ystyrier geiriau Deio ab Ieuan Bŵl yn ei gywydd i ofyn dau gi gan Lywelyn ab Ieuan ap Hywel o Foelyrch dros Wiliam ap Mathew ap Gruffydd:

> . . . Rhoed i gwn yn rhaid ei gâr
> Arched a gofynned fo
> A chywyddau feirch iddo.[44]

Awgryma'r anogaeth hon yn gynnil nad lles y rhoddwr yn unig oedd dan sylw ond lles y bardd ei hun, oherwydd un ffordd y medrai Llywelyn ab Ieuan ap Hywel fod wedi erchi rhodd yn gyfnewid fyddai trwy gomisiynu cywydd gan y bardd. Ystyrier hefyd yn y cyswllt hwn eiriau Huw Arwystl i'r un perwyl yn ei gywydd i erchi pais dew gan Rydderch Wyn dros Siôn ap Huw:

> Mi a gaf os archaf gan Sion
> fry i chwi rhydderch feirch rhyddion.[45]

Trwy gynnig ei wasanaeth i erchi pe bai cyfle, gallai Huw Arwystl fod yn hyrwyddo'i les ei hun yn anuniongyrchol trwy gadarnhau'r arfer o gyfnewid ac yn sgil hynny cadarnhau sail economaidd y gyfundrefn farddol. Meddylier hefyd yn y cyd-destun hwn am y modd y gofalai'r beirdd am ddyfodol y gyfundrefn nawdd mewn cywyddau marwnad pan anogid disgynyddion i fod mor hael gyda'r beirdd ag y bu'r ymadawedig wrthynt.[46] Mae modd casglu ar wynt ambell ddyfyniad mai oherwydd hunan-les y beirdd yr anogid gofyn pwyth y rhodd mor daer. Po fwyaf o gyfnewid a ddigwyddai, mwyaf oll fyddai'r angen am gywyddau i'w glensio.

Mewn datganiad gan Huw Llifon, a oedd yn ei flodau rhwng *c.* 1570 a 1607, y gollyngir y gath o'r cwd megis, am y gwelir yn eglur beth oedd y cymhelliad a oedd wrth wraidd yr anogaeth. O'i gywydd i erchi dagr gan Ifan Llwyd o Feriadog dros Siôn Huws o Lanefydd y daw'r cwpled hwn:

> Jr vn dyn gofyn /y/ gwaith
> kai ddilyn kowydd eilwaith.[47]

Gan ei ddiweddared, ni ellir peidio ag uniaethu'r dyfyniad ag argyfwng y gyfundrefn farddol. Dangosodd astudiaeth D. J. Bowen o ganu cyfnod y dirywiad inni gymaint y cwynai'r beirdd am eu hamgylchiadau, ac ymdriniodd â'r rhesymau paham y llesgaodd y gyfundrefn farddol yn chwarter olaf yr unfed ganrif ar bymtheg a thro'r ganrif ddilynol.[48] Hawdd yw priodoli cymhelliad Huw Llifon i amgylchiadau'r beirdd ar y pryd, oblegid yr oedd yr esgid fach yn gwasgu am nad oedd bob amser yn rhwydd canfod nawdd. Ond trwy ymweld ag aelwyd dau noddwr gydag un gerdd yr oedd modd cael dau daliad, ac wrth annog cyfnewid rhoddion yr oedd cyfle o leiaf i gyfansoddi ail gywydd a chael tâl am hwnnw wedyn. Er hynny, nid oes raid tybio mai yng nghyfnod ymddatodiad y gyfundrefn farddol y meddyliodd y beirdd am droi dŵr i'w melin eu hunain am y tro cyntaf, oblegid buasai'r cyfle yno i ymorol am les y bardd byth oddi ar yr adeg y dechreuodd y beirdd ymddwyn fel canolwyr. Dichon fod y cymhelliad cudd wedi bod yno erioed ond mai yn ystod canrif olaf y Cywyddwyr y brigodd i'r wyneb nes bradychu gwir argyfwng y beirdd ar y pryd. Os âi'n fwyfwy anodd canfod noddwyr, ac os teimlai rhai o'r beirdd yn ddiymgeledd, yna onid oedd yn gwbl naturiol eu bod yn manteisio ar bob cyfle a gynigiai'r *genre* hwn iddynt i sicrhau nawdd?

Nodiadau

1. Gw. Thomas Jones, 'Chwedl yr anifeiliaid hynaf', *CLlGC*, VII, tt. 62–6, a Dafydd Ifans, 'Chwedl yr Anifeiliaid Hynaf', *B*, XXIV, tt. 461–4. Ceir enghreifftiau eraill o ddymuno oedran yr hydd gan Lewys Glyn Cothi yn *GLGC*, rhif 191, ll. 59 a rhif 208, ll. 68.
2. Am enghraifft, gw. *GLM*, rhif IX, ll. 66.
3. *LOPGO*, rhif XIV, llau 51–4. Am enghreifftiau eraill, gw. *GST*, rhif 83, llau 79–80; *GWLl*, rhif 154, llau 95–6.
4. P 112, 161.
5. M 112, 298.
6. *GHDLlM*, rhif 3, llau 67–70.
7. Gw. John Davies, *Hanes Cymru* (Llundain, 1990), t. 197.
8. Gw. LlGC 18164 D, 'The Books of The North Wales Musters'.
9. *Ibid.*, t. 135.
10. *LOPGO*, rhif XV, llau 49–50. Cymh. *ibid.*, rhif VIII, llau 55–6.
11. *LWDB*, rhif CLI, llau 51–2.
12. Ar yrfa Tomas Prys fel milwr yn yr Iseldiroedd, gw. G. J. Williams, 'Wiliam Midleton a Thomas Prys', *B*, XI, tt. 113–14.
13. M 112, 45.
14. *GST*, rhif 38, llau 81–2. Cymh. geiriau Guto'r Glyn wrth ofyn am ffaling gan Elen: 'O chaf yn y Llannerch Wen/Ffaling, cerdd a gaiff Elen' (*GGGl*, rhif LXXVIII, llau 39–40).
15. *GSM*, rhif 61, llau 69–72.
16. Ll 122, 19.
17. BL 46, 64b.
18. Brog 2, 405b. Gw. hefyd D. J. Bowen, 'Two Cwrs Clera Poems', *CLlGC*, VII, tt. 274–6.
19. Dyfynnir o'r testun yn BL 14970, 52a. Ceir testun o'r cywydd hefyd yn Charles Ashton, *Gweithiau Iolo Goch* (Croesoswallt, 1896), tt. 320–4.
20. *GGH*, rhif 101, llau 87–8.
21. P 77, 382.

22. *GLM*, rhif LXVI, 81–2.
23. *GMD*, rhif 25, llau 93–6.
24. *GHA*, rhif XC(b), llau 82–4.
25. *Ibid.*, rhif XCIV, llau 99–100. Ceir yr un fformiwla yn y darn o gywydd gofyn caib a ganodd, *ibid.*, rhif LXXXVIII, ll. 32: 'pvm pvnt fydd pwyth deybwyth dvr'. Ceir enghraifft arall debyg ganddo mewn cywydd i ofyn ugain glaif yn G 1, 43b.
26. *GTA*, rhif CXVII, llau 71–2.
27. *GWLl*, rhif 157, llau 75-80.
28. M 112, 382.
29. LlGC 13062, 537.
30. LlGC 566, 90.
31. *GDIDGIH*, rhif XV, llau 63–8.
32. *GOLlM*, rhif 5, ll. 69.
33. LlGC 1246, 85. Am enghraifft yng ngwaith Maredudd ap Rhys, lle y gwelir defnydd o'r modd gorchmynnol a'r geiryn amodol, gw. BL 23, 7: 'dyro dy gnawd a evrer/dy vwa ith nai divaith ner/os ka im kadw ym hob adwy/yn nhyb y bydda vyw yn hwy.'
34. M 112, 272.
35. M 112, 366.
36. BL 52, 357.
37. *GIF*, rhif 20, llau 57–8.
38. *Ibid.*, llau 63-4.
39. *Ibid.*, ll. 68.
40. *GOLlM*, rhif 5, ll. 67.
41. *GGGl*, rhif XCVI, llau 63–4.
42. *GLGC*, rhif 163, llau 59–64.
43. *GDG³*, rhif 124, ll. 2.
44. LlGC 8330, 17.
45. G 1, 37b.
46. Gw. J. E. Caerwyn Williams, 'Gutun Owain', yn A. O. H. Jarman a Gwilym Rees Hughes (goln), *A Guide to Welsh Literature, volume 2* (ail argraffiad, Llandybïe, 1984), t. 273.
47. He 60b.
48. D. J. Bowen, 'Y Cywyddwyr a'r Dirywiad', *B*, XXIX, tt. 453–96.

Gair i gloi

Bellach, olrheiniwyd datblygiad y cywydd gofyn trwy ymron i dair canrif yn ei hanes a gwelsom na fu'n gwbl sefydlog, er ymddangos ohono'n ddigon gosodedig ei adeiladwaith yn aml. Cafwyd amrywiadau o gyfnod i gyfnod; cafwyd cysondeb hefyd mewn rhai pethau, a hynny am fod y canu â'i ogwydd tuag at y confensiynol a'r ffurfiol. Un nodwedd y sylwyd arni yw'r ymestyn creadigol a fu ar y *genre* yn y bymthegfed ganrif pan ddechreuwyd canu i erchi dros y noddwyr. Datblygiad creadigol arall oedd gosod y gerdd yng ngenau'r eirchiad.

O'r safbwynt llenyddol, yn y disgrifiadau o'r gwahanol wrthrychau a geisid y gorwedd gwerth y canu. Mae'r ymrithiadau crefftus o'r gwrthrychau trwy dechneg dyfalu yn gwneud y cywydd gofyn yn gyfansoddiad artistig cyffrous. Dywed poblogrwydd ymddangosiadol y canu lawer wrthym am chwaeth lenyddol y noddwyr, a dichon mai eu hoffter hwy o ddyfaliadau yn bennaf a gyfrifai am y gefnogaeth frwd a roid i'r *genre* o ganol y bymthegfed ganrif ymlaen. Yr argraff a gawn yw y byddai cynulleidfaoedd y beirdd yn ymhyfrydu yn y dyfaliadau. Oherwydd fod gan fardd ryddid i ddefnyddio'i ddychymyg, ei ddyfeisgarwch a'i ffansi ei hun er mwyn creu delweddau a throsiadau newydd, yr adran a ddisgrifiai'r rhodd oedd rhan fwyaf awenyddol y cywydd; yn y sylwi llygatgraff a'r sylwgarwch cyfewin yn aml yr oedd gwir gyffro a gwefr. Ond fe welsom sut y tueddai hyd yn oed y disgrifiadau cyffredinol a'r dyfaliadau unigol i sefydlogi gyda threigl y blynyddoedd, a hynny am fod y cyfrwng yn un traddodiadol a cheidwadol. Mewn gwirionedd, ni allai pethau fod yn ddim gwahanol.

Thomas Parry yn *Hanes Llenyddiaeth Gymraeg* sy'n sôn am wahanol raddfeydd ffasiynau llenyddol: 'arloesi ac arbrofi, datblygu, penllâd, dynwared, dirywio, darfod.'[1] Diau fod modd olrhain y gwahanol raddfeydd yn fras yn y cywyddau gofyn a diolch: arloesi yng nghyfnod y Cywyddwyr cynnar, datblygu ac arfbrofi yn y bymthegfed ganrif, penllâd yng nghyfnod Tudur Aled – bardd a bontiai ddwy ganrif – ac yna'r dynwared a'r dirywio tua diwedd yr unfed ganrif ar bymtheg. Dichon y gellid ychwanegu graddfa arall at restr Thomas Parry yn achos y canu gofyn, oherwydd gwelsom fod rhai parodïau wedi ymddangos hefyd nad oeddynt o reidrwydd yn arwydd o ddirywiad y *genre*. Ond mae'n rhaid ymyrryd â'r drafodaeth cyn cyrraedd y raddfa olaf, sef 'darfod', gan na ddarfu'r canu ar ôl 1630, sef y flwyddyn a ddewiswyd yn ffin ar gyfer yr astudiaeth hon. Parhaodd y ddefod o erchi ar gywydd ymhell ymlaen i'r ail ganrif ar bymtheg yng ngweithiau beirdd fel Watcyn Clywedog (*fl. c.* 1630–50),[2] Huw Morys Pontymeibion (1622–1709),[3] Owen Gruffydd o Lanystumdwy (*c.* 1643–1730),[4] Siôn Dafydd Las (m. 1694),[5] ac Elis Rowland (*c.* 1650–*c.* 1730);[6] ymlaen i'r ddeunawfed ganrif yng ngwaith beirdd fel Rhys Jones o'r Blaenau (1718–1802)[7] a Thwm o'r Nant (1738–1810),[8] ac ymlaen hyd yn oed i'n canrif ni yng ngwaith bardd fel Dic Jones.[9]

Gwelwyd newid a datblygiad pellach yn yr ail ganrif ar bymtheg. Fel yr enillai'r canu rhydd ei blwyf, fe dynnai'r canu gofyn a diolch yn rhan o'i diriogaeth nes blodeuo ohono ymhellach yn rhan o ganu cymdeithasol go fywiog fe ymddengys, yn gerddi ar fesurau rhyddion a oedd weithiau i'w canu ar wahanol donau. Un enghraifft yw cerdd Huw Morys i ofyn dillad i Ddafydd Richards, a oedd yn fugail defaid, cerdd i'w chanu ar y dôn 'Calon Drom'.[10] Yn yr ail ganrif ar bymtheg hefyd y datblygodd y canu gofyn a diolch yn ganu mwy gwerinol, er bod beirdd caeth y ganrif yn dal i erchi gan foneddigion. Gwelir oddi wrth y math o wrthrychau a erchid ei fod bellach yn ganu'r werin, oblegid gelwid a diolchid am bethau y gofynnai pobl amdanynt at eu gorchwylion: pren plaen, gordd goed, llwy bren, ffon, blwch tybaco, byclau, twca, chwip, mul, cyllell, berwig, botymau a berfa. Un o'r enghreifftiau mwyaf diddorol yw'r gyfres o chwech o englynion a ganodd Robert Edward i ofyn rhaw garthu dros denant tlawd i'w feistr tir, sef Mr G. Parry, Hendreforion. Dyfynnir englyn cyntaf y gyfres:

> Mi rô gwyn achwyn rhag nychu, morghan
> sû/n/ mawrgall ddeisyfu
> na bô i Ruffydd gelfydd gü
> mor gwrthod am râw garthu.[11]

Canodd Dafydd Ellis (1736–95) benillion i ofyn 'speinglass' gan Mr Howel Parry o'r Cae-cerch dros Mr Dafydd Elis o Wanas, a oedd i'w canu ar *Leave Land*.[12] Ceir toreth o gerddi, yn ganeuon, englynion a phenillion gofyn a diolch o'r ail ganrif ar bymtheg a'r ddeunawfed ganrif a deilynga astudiaeth fanylach, ond gorchwyl yw hwnnw sydd y tu hwnt i derfynau'r astudiaeth hon.

Nodiadau

1. Thomas Parry, *Hanes Llenyddiaeth Gymraeg hyd 1900* (pedwerydd argraffiad, Caerdydd, 1979), t. 126.
2. Gw. *MFGLl*, tt. 4179, 4186, 4185.
3. Gw. *ibid.*, tt. 1473, 1489, 1491, 1492.
4. Gw. *ibid.*, tt. 2760, 2774, 2775.
5. Gw. *ibid.*, tt. 3573, 3575, 3576, 3577, 3578.
6. Gw. *ibid.*, tt. 843, 844, 847.
7. Gw. *ibid.*, tt. 3324, 3334, 3335.
8. Gw. *ibid.*, tt. 3873, 3890. Gw. hefyd sylwadau Thomas Parry yn *Baledi'r Ddeunawfed Ganrif* (Caerdydd, 1935), t. 143.
9. Dic Jones, *Storom Awst* (Llandysul, 1978), tt. 72–4: cywydd 'I Ofyn Benthyg Ceffyl'. Am enghraifft arall ganddo, gw. *idem.*, *Sgubo'r Storws* (Llandysul, 1986), tt. 76–7: cywydd 'I Ofyn Benthyg Whilber'. Gw. hefyd gywydd Emyr Lewis, 'Gofyn Byrgyr – *Cyber*cywydd', *Tu Chwith*, 5 (1996), tt. 81–3.
10. Gw. *MFGLl*, t. 1491.
11. S 2, 465.
12. Gw. *MFGLl*, t. 539.

ATODIAD I

*Rhestr, yn nhrefn yr wyddor, o enwau'r beirdd a ganodd
gywyddau gofyn a diolch rhwng c. 1350 a c. 1630:*

1. Bedo Brwynllys (*fl.* 1460)
2. Bedo Phylip Bach (*fl.* 1480)
3. Cynfrig ap Dafydd Goch (*fl.* yng nghanol y bymthegfed ganrif)
4. Dafydd ab Edmwnd (*fl.* 1450–97)
5. Dafydd ap Dafydd Llwyd o Ddolobran (ganed yn 1549)
6. Dafydd ap Gwilym (*c.* 1315–*c.* 1360)
7. Dafydd ap Hywel ab Ieuan Fychan (*fl. c.* 1480–1510)
8. Dafydd ap Llywelyn ap Madog (*fl.* yn yr unfed ganrif ar bymtheg)
9. Dafydd ap Maredudd ap Tudur (*fl.* 1460)
10. Dafydd Benwyn (*fl.* yn ail hanner yr unfed ganrif ar bymtheg)
11. Dafydd Epynt (*fl. c.* 1460)
12. Dafydd Glyndyfrdwy (*fl. c.* 1575)
13. Dafydd Llwyd o Fathafarn (*c.* 1395–1486)
14. Dafydd Llyfni (*fl.* yn niwedd yr unfed ganrif ar bymtheg)
15. Deio ab Ieuan Bŵl (*fl. c.* 1530)
16. Deio ab Ieuan Du (*fl.* 1450–80)
17. Edmwnd Prys (1543/4–1623)
18. Edward ap Hywel ap Gruffudd (*fl.* yn y bymthegfed ganrif)
19. Edward ap Raff (*fl. c.* 1587)
20. Edward Brwynllys (*fl.* yn yr unfed ganrif ar bymtheg)
21. Edward Maelor (*fl.* 1586–1620)
22. Edward Urien (*c.* 1580–1614)
23. Edwart ap Rhys (*fl.* yn y bymthegfed ganrif)
24. Gruffudd ab Ieuan ap Llywelyn Fychan (*c.* 1485–1553)
25. Gruffudd ap Dafydd ap Hywel (*fl.* 1480–1520)
26. Gruffudd ap Dafydd Fychan (*fl.* yn y bymthegfed ganrif)
27. Gruffudd ap Llywelyn Fychan (*fl.* yn y bymthegfed ganrif)
28. Gruffudd ap Tudur ap Hywel (*fl.* 1500–40)
29. Gruffudd Fychan ap Gruffudd ab Ednyfed (*fl.* 1370–90)
30. Gruffudd Hafren (*c.* 1590–?1630)
31. Gruffudd Hiraethog (m. 1564)
32. Gruffudd Owain (*fl.* yn y bymthegfed ganrif)
33. Gruffudd Phylip (m. 1666)
34. Guto'r Glyn (*c.* 1435–*c.* 1493)
35. Gutun Owain (*fl.* 1450–98)

36. Gwilym ab Ieuan Hen (*fl.* 1440–80)
37. Gwilym Tew (*fl.* 1460–80)
38. Huw ap Dafydd (*fl. c.* 1520–40)
39. Huw Arwystl (*fl.* 1542–78)
40. Huw Cae Llwyd (*fl.* 1455–1505)
41. Huw Ceiriog (*c.* 1560–1600)
42. Huw Cornwy (*fl.* 1580–96)
43. Huw Llifon (*fl. c.* 1570–1607)
44. Huw Llwyd o Gynfal (*c.* 1568–*c.* 1630)
45. Huw Llwyd o Wynedd (*fl.* yn yr unfed ganrif ar bymtheg)
46. Huw Llŷn (*fl.* 1532–94)
47. Huw Machno (*c.* 1560–1637)
48. Huw Pennal (*fl.* yn y bymthegfed ganrif)
49. Huw Pennant (*fl. c.* 1565–1619)
50. Hywel ap Syr Mathew (m. 1581)
51. Hywel ap Tudur ab Iocws (*fl. c.* ?1475–*c.* ?1525)
52. Hywel Dafi (*fl.* 1450–80)
53. Hywel Rheinallt (*fl.* 1461–1506/7)
54. Hywel Swrdwal (*fl.* 1430–70)
55. Ieuan (? Fychan) (*fl.* yn ail hanner yr unfed ganrif ar bymtheg)
56. Ieuan ap Huw Cae Llwyd (?1477–1500)
57. Ieuan ap Hywel Swrdwal (*fl.* 1430–80)
58. Ieuan ap Llywelyn Fychan (*fl.* 1460–90)
59. Ieuan ap Siôn Trefor (*fl.* yn y bymthegfed ganrif)
60. Ieuan ap Tudur Penllyn (*fl.* 1465–1500)
61. Ieuan Brydydd Hir (*fl.* 1450–85)
62. Ieuan Deheubarth (*fl.* yn y bymthegfed ganrif)
63. Ieuan Deulwyn (*fl.* 1460)
64. Ieuan Du'r Bilwg (*fl.* 1470)
65. Ieuan Fychan ab Ieuan ab Adda (m. *c.* 1485)
66. Ieuan Llwyd Brydydd (*fl. c.* 1460–90)
67. Ieuan Llwyd Sieffrai (1575–1639)
68. Ieuan Môn Hen (*fl. c.* 1460–80)
69. Ieuan Penllyn (*fl.* yn ail hanner yr unfed ganrif ar bymtheg)
70. Ieuan Tew Brydydd Hen (?1400–40)
71. Ieuan Tew Brydydd Ieuanc (*c.* 1540–*c.* 1608)
72. Iolo Goch (*c.* 1345–1400)
73. Iorwerth Fynglwyd (*fl.* 1485–1527)
74. Lewis ab Edward (*fl.* 1541–67)
75. Lewis Llywon (*fl.* yn ail hanner yr unfed ganrif ar bymtheg)
76. Lewys Daron (*fl. c.* 1495–1530)
77. Lewys Dwnn (*c.* 1550–*c.* 1616)
78. Lewys Glyn Cothi (*c.* 1425–89)

79. Lewys Menai (*fl.* yn ail hanner yr unfed ganrif ar bymtheg)
80. Lewys Morgannwg (*fl.* 1520–65)
81. Lewys Môn (*fl.* 1485–1527)
82. Llawdden (*fl.* 1450)
83. Llywelyn ap Gutun (*fl.* 1480)
84. Llywelyn ap Hywel ab Ieuan ap Gronw (*fl.* ail hanner y bymthegfed ganrif)
85. Maredudd ap Rhoser (*fl. c.* 1530)
86. Maredudd ap Rhys (*fl.* 1440–83)
87. Mathau Bromffild (*fl.* 1520–60)
88. Meurig Dafydd o Lanisien (?1510–95)
89. Morgan Elfael (*fl. c.* 1528–41)
90. Morus Kyffin (*c.* 1555–98)
91. Morus Dwyfech (*fl.* 1523–90)
92. Morys ap Hywel ap Tudur (*fl. c.* 1530)
93. Morys Llwyd ap Wiliam (*fl.* yn ail hanner yr unfed ganrif ar bymtheg)
94. Owain ap Llywelyn ab y Moel (*fl.* 1470–1500)
95. Owain Gwynedd (*c.* 1545–1601)
96. Owen ap Siôn (*fl.* yn ail hanner yr unfed ganrif ar bymtheg)
97. Robert ap Dafydd Llwyd (*fl.* yn yr unfed ganrif ar bymtheg)
98. Robert ap Harri (*c.* 1580)
99. Robert ap Gruffudd Leiaf (*fl.* 1460)
100. Robin Clidro (*fl.* 1545–80)
101. Robin Ddu ap Siencyn Bledrydd (*fl.* 1450)
102. Roger Cyffin (*fl.* 1587–1609)
103. Rhisiart ap Rhys Brydydd (*fl. c.* 1485–*c.* 1515)
104. Rhisiart Cynwal (m. 1634)
105. Rhisiart Fynglwyd (*fl.* 1510–70)
106. Rhisiart Phylip (*c.* 1565–1641)
107. Rhys ap Llywelyn ap Gruffudd ap Rhys (*fl. c.* ?1475–*c.* ?1552)
108. Rhys Brychan (*c.* 1500)
109. Rhys Brydydd (*fl.* yn ail hanner y bymthegfed ganrif)
110. Rhys Cain (m. 1614)
111. Rhys Goch Eryri (*fl.* 1385–1448)
112. Rhys Goch Glyndyfrdwy (*fl. c.* 1460)
113. Rhys Nanmor (*fl.* 1480–1513)
114. Rhys Pennardd (*fl. c.* 1480)
115. Rhys Trem (*fl.* yn yr unfed ganrif ar bymtheg)
116. Siancyn y Ddefynnog (*fl.* yn hanner olaf yr unfed ganrif ar bymtheg)
117. Sils ap Siôn (*fl.* 1589)
118. Simwnt Fychan (*c.* 1530–1606)
119. Siôn ap Huw (*fl.* yn yr unfed ganrif ar bymtheg)
120. Siôn ap Hywel ap Llywelyn Fychan (*fl.* 1530)

121. Siôn Brwynog (m. ?1567)
122. Siôn Cain (*c.* 1575–1613)
123. Siôn Ceri (*fl. c.* 1520–*c.* 1550)
124. Siôn Mawddwy (*c.* 1575–1613)
125. Siôn Phylip (*c.* 1543–1620)
126. Siôn Prys, aer Caerddinen a'r Llwyn-ynn (m. 1640)
127. Siôn Trefor (*fl.* yn yr unfed ganrif ar bymtheg)
128. Siôn Tudur (*c.* 1522–1602)
129. Syr Dafydd Owain (*fl.* yn hanner cyntaf yr unfed ganrif ar bymtheg)
130. Syr Dafydd Trefor (m. ?1528)
131. Syr Huw Roberts Llên (*c.* 1555–?1630)
132. Syr Hywel o Fuellt (*fl.* yn yr unfed ganrif ar bymtheg)
133. Syr Owain ap Gwilym (*fl. c.* 1533–61)
134. Syr Phylip Emlyn (*fl.* yn y bymthegfed ganrif)
135. Syr Robert Miltwn (*fl.* yn yr unfed ganrif ar bymtheg)
136. Syr Siôn Teg (*fl.* yn yr unfed ganrif ar bymtheg)
137. Tomas Derllys (*fl.* yn y bymthegfed ganrif)
138. Tomas Prys o Blas Iolyn (*c.* 1564–1634)
139. Thomas ap Hywel ap Gwilym (*fl.* yn yr unfed ganrif ar bymtheg)
140. Thomas Evans Hendreforfudd (*fl.* 1580–1633)
141. Thomas Fychan (*fl.* yn yr unfed ganrif ar bymtheg)
142. Tudur Aled (*c.* 1465–*c.* 1525)
143. Tudur Penllyn (*c.* 1420–1485)
144. Watcyn Powel o Ben-y-fai (*c.* 1590–1655)
145. Wiliam Alaw (*fl. c.* 1530)
146. Wiliam Cynwal (m. 1587/8)
147. Wiliam Llŷn (1534/5–80)
148. Wiliam Midleton (*c.* 1550–*c.* 1600)
149. Wiliam Byrcinsha (*fl.* 1584–1617)
150. Wiliam Egwad (*c.* 1450)
151. William Gruffudd ap Siôn o Dir Gŵyr (*fl.* yn ail hanner yr unfed ganrif ar bymtheg)

ATODIAD II

*Rhestr o'r gwrthrychau y canwyd i'w gofyn rhwng
c. 1350 a c. 1500*

Anifeiliaid

March	35
Ychen	12
Milgwn	11
Tarw	11[1]
Bytheiaid	6
Cesig	5
Daeargwn	4
Ebol	2
Geifr	2[2]
Siacnâp	2
Âb	1
Carw	1
Dwy fuwch	1
Hobi	1
Maharen	1
Ŵyn	1

Arfau

Bwcled	13
Bwa	7
Cleddyf	3
Pais o Faelys	3
Cleddyf a bwcled	2
Curas	2
Gwisg o arfau gwynion	2
Saeled	2
Wtgnaiff	2
Baslard	1
Pâr o gyffion	1
Arest a gwaywffon	1

Offerynnau Cerdd

Telyn	3[3]
Crwth	2
Corn canu	1
Pâr o bibau	1

Adar

Gwalch	8
Alarch	2
Paun	2[4]
Garan	1
Garan a bytheiades	1
Gosog	1

Dillad a Gwisgoedd

Mantell	4
Gŵn	2
Clog	1
Cwrlid	1
Ffaling	1
Huling gwely	1

Amrywiol Wrthrychau

Cyfrwy	4
Meini melin	3
Gwely	2
Llyfr y Greal	2
Paderau	2
Croen hydd	1
Cwrwgl	1

[1] Un ohonynt yn gofyn tarw a thair ar ddeg o wartheg.
[2] Un ohonynt yn gofyn geifr a bwch.
[3] Un ohonynt yn gofyn gordderch a thelyn.
[4] Un ohonynt yn gofyn paun a pheunes.

Dwy sbectol	1	Rhwyd bysgota	1
Gwregys	1	Ysglatys	1

Rhestr o'r gwrthrychau y canwyd i ddiolch amdanynt rhwng c. 1350 a c. 1500

March	5	Ffon gerfiedig	1
Pwrs	3	Gwin a siwgr	1
Bwcled	2	Gwisg neu len	1
Tarw	2	Gŵn coch	1
Paderau	2	Hugan	1
Amdo	1	Llen gwely	1
Bwa	1	Menig	1
Cleddyf	1	Paun	1
Cyllell neu faslard	1	Rhwyd bysgota	1
Elyrch	1	March, ffrwyn, cyfrwy	
Eurdlws	1	a bwysgyns	1

Rhestr o'r gwrthrychau y canwyd i'w gofyn rhwng c. 1500 a c. 1630

Anifeiliaid

March	102	Defaid cymorth	1
Cesig	17	Gwartheg	1
Tarw	17[5]	Gwenyn	1
Milgwn	14[6]	March a phedair caseg	1
Geifr	8	Moelrhon	1
Bytheiaid	7	Pwg (mwnci)	1
Cŵn	3[7]	Ŵyn	1
Carw	2	Ychen	1
Cwch gwenyn	2		
Heffrod	2		
Hwch	2[8]	### *Arfau*	
Hwrdd	2	Cleddyf	23
Ystalwyn a phedair caseg	2	Bwa	12
Adargi i'r dŵr	1	Dagr	12
Baedd	1	Bwcled	8
Bwch gafr	1	Gwn	7
Chwech ar hugain o ddefaid	1	Baslard	2
Daeargwn	1	Rapier	2

---

[5] Un ohonynt yn gofyn 12 buwch a tharw.
[6] Un ohonynt yn gofyn newid milgwn.
[7] Un ohonynt yn gofyn ci a gast.
[8] Un ohonynt yn gofyn hwch a naw porchell.

Bowliau galai	1
Cleddyf a dagr	1
Cleddyf a gordderch	1
Gleifiau	1
Pais dew	1
Pais ddur	1
Pâr o arfau gwynion	1
Pedair saeth ar hugain	1
Pistolau	1
Rapier a phwynadwy	1

Offerynnau Cerdd

Telyn	19
Corn canu	2
Citarn	1
Crwth	1

Adar

Elyrch	7
Ceiliog y coed	2
Hebog	2
Ceiliog bronfraith a'i gaets	1
Gosog	1
Gŵydd	1
Ieir twrc	1
Paun	1

Dillad a Gwisgoedd

Clog	10
Gŵn	9
Siaced	4
Hugan	2
Sircyn bwffledr	2
Brethyn pais lifrai	1
Bwtias	1
Cob	1
Dillad	1
Galigasgyn	1
Huling gwely	1
Siaced farchog	1

Sined aur	1
Sircyn o groen moelrhon	1
Pilyn Gwyddelig	1
Ysgarff	1

Llyfrau

Y Beibl	3
Cant o gywyddau Dafydd ap Gwilym	1
Llyfr dwned a phrognosticasiwn digri	1
Llyfrau gwasanaeth	1
Llyfr y Salmau	1
Llyfr Titus Livius	1

Pobl

Crythor ac ofni ei gael	1
Elin Rolant	1
Gras	1
Gwasanaethwr	1
Gwraig Eiddig	1
Ieuan Geillie Haearn	1
Merch	1
Rhosier ab Einion	1
Rhys Maredudd ('Rhys Grythor')	1
Wil Hwysgin	1

Amrywiol Wrthrychau

Meini melin	11
Men	5
Bad	3
Bwrdd	3
Cwch	3
Tabler	3
Tybaco	3
Pentannau haearn	2
Ysglatys	2
Aelod o Goch yr Wden	1
Angor	1

Aradr	1	Ffon	1
Cadair	1	Ffyn bagl	1
Caib	1	Gradell	1
Capel o esmwythder	1	Hadyd	1
Cloc	1	Mortwari Syr Thomas Goch	1
Corn yfed	1	Paderau	1
Crib a drych	1	Sbectol	1
Dau faen llifo	1	Clo cont	1

Rhestr o'r gwrthrychau y canwyd i ddiolch amdanynt rhwng c. 1500 a c. 1630

Llyfr	3	Ewig dof	1
Cap	2	Gwn	1
March	2	Meini melin	1
Afal	1	Napcyn	1
Baril gwn	1	Pais neu ddwbled	1
Brws barf	1	Paun	1
Bwa	1	Sircyn bwffledr	1

ATODIAD III

*Rhestr o'r gwrthrychau y gofynnodd y beirdd amdanynt
drostynt eu hunain rhwng c. 1350 a c. 1500*

Anifeiliaid

Bytheiaid	Gwilym ab Ieuan Hen, Ieuan ap Llywelyn Fychan, Ieuan Tew Brydydd Hen
Cesig	Syr Dafydd Trefor, Tudur Aled
Daeargwn	Dafydd ab Edmwnd (2)
Dwy fuwch	Lewys Glyn Cothi
Geifr	Syr Dafydd Trefor, Llywelyn ap Gutun
March	Gruffudd ap Llywelyn Fychan, Guto'r Glyn, Ieuan ap Huw Cae Llwyd, Iolo Goch, Lewys Glyn Cothi (3), Llawdden, Owain ap Llywelyn ab y Moel (2), Tudur Penllyn (2)
Milgwn	Gwilym ab Ieuan Hen, Hywel Rheinallt
Tarw	Ieuan Llwyd Brydydd
Ŵyn	Llywelyn ap Hywel ab Ieuan ap Gronw
Ychen	Dafydd ab Edmwnd, Llawdden

Arfau

Baslard	Rhys Goch Eryri
Bwa	Lewys Glyn Cothi, Maredudd ap Rhys, Tudur Aled, Tudur Penllyn
Bwcled	Huw Cae Llwyd, Llawdden, Tudur Aled
Cleddyf	Gutun Owain, Lewys Glyn Cothi

Offerynnau Cerdd

Telyn	Syr Dafydd Trefor, Gruffudd Fychan ap Gruffudd ab Ednyfed

Adar

Alarch	Syr Dafydd Trefor
Gwalch	Hywel Dafi

Dillad a Gwisgoedd

Clog	Edward ap Hywel
Ffaling	Guto'r Glyn
Huling Gwely	Lewys Glyn Cothi
Mantell	Bedo Brwynllys, Dafydd ab Edmwnd, Ieuan Deulwyn, Lewys Glyn Cothi

Amrywiol Wrthrychau

Croen hydd	Llawdden
Cwrwgl	Ieuan Fychan ab Ieuan ab Adda
Cyfrwy	Ieuan Deheubarth, Lewys Glyn Cothi (2), Rhys Brydydd
Dwy Sbectol	Llywelyn ap Gutun
Gwely	Gwilym Tew, Lewys Glyn Cothi
Gwregys	Rhys Goch Eryri
Llyfr y Greal	Ieuan Du'r Bilwg
Paderau	Lewys Môn
Rhwyd bysgota	Maredudd ap Rhys

Rhestr o'r rhoddion y canodd y beirdd i ddiolch amdanynt drostynt eu hunain rhwng c. 1350 a c. 1500

Amdo	Ieuan Tew Brydydd Hen
Bwa	Tomas Derllys
Bwcled	Dafydd ap Hywel ab Ieuan Fychan, Guto'r Glyn
Cleddyf	Dafydd Llwyd o Fathafarn
Cyllell neu faslard	Iolo Goch
Elyrch	Llawdden
Eurdlws	Edwart ap Rhys
Ffon gerfiedig	Dafydd Llwyd o Fathafarn
Gwin a siwgr	Iorwerth Fynglwyd
Gwisg neu len	Hywel Dafi
Gŵn coch	Ieuan Du'r Bilwg
Hugan	Ieuan ap Hywel Swrdwal
Llen gwely	Lewys Glyn Cothi
March	Dafydd Epynt, Dafydd Llwyd o Fathafarn, Iolo Goch, Guto'r Glyn, Tudur Aled
Menig	Dafydd ap Gwilym
Paderau	Lewys Glyn Cothi, Tudur Aled
Paun	Deio ab Ieuan Du

Pwrs	Guto'r Glyn (2), Syr Phylip Emlyn
Rhwyd bysgota	Maredudd ap Rhys
Tarw	Bedo Phylip Bach, Deio ab Ieuan Du

Rhestr o'r gwrthrychau y gofynnodd y beirdd amdanynt drostynt eu hunain rhwng c. 1500 a c. 1630

Anifeiliaid

Baedd	Huw Arwystl
Bytheiaid	Huw Llwyd o Gynfal
Carw dof	Tomas Prys
Cŵn	Siôn Prys
Geifr	Robert ap Harri
March	Dafydd Benwyn (2), Huw Arwystl (3), Hywel ap Syr Mathew, Ieuan Tew Brydydd Ieuanc (3), Lewys Dwnn, Maredudd ap Rhoser, Mathau Bromffild, Robin Clidro, Rhys Brychan, Siôn Ceri, Syr Siôn Teg, Siôn Tudur, Thomas ap Hywel ap Gwilym, Thomas Evans, Hendreforfudd (2)
Tarw	Siôn Ceri, Tomas Prys

Arfau

Baslard	Edward ap Raff
Cleddyf	Huw Machno, Wiliam Cynwal, Tomas Prys
Dagr	Huw ap Dafydd, Huw Llifon, Tomas Prys
Pâr o arfau gwynion	Tomas Prys

Offerynnau Cerdd

Telyn	Meurig Dafydd o Lanisien, Wiliam Byrcinsha, Tomas Prys

Adar

Elyrch	Tomas Prys
Ieir twrc	Wiliam Cynwal

Dillad a Gwisgoedd

Clog	Dafydd Benwyn, Rhisiart Phylip, Wiliam Cynwal
Gŵn	Edward ap Raff, Huw Llifon, Siôn Tudur, Wiliam Cynwal

Huling gwely	Wiliam Cynwal
Siaced	Wiliam Alaw
Siaced farchog	Rhisiart Cynwal
Sined aur	Sils ap Siôn
Sircyn bwffledr	Siôn Tudur

Llyfrau

Y Beibl	Siôn Tudur
Llyfr dwned a phrognosticasiwn	Edmwnd Prys
Llyfr Titus Livius	Syr Robert Miltwn

Pobl

Rhys Maredudd	Wiliam Cynwal

Amrywiol Wrthrychau

Bad	Tomas Prys
Bwrdd	Wiliam Cynwal (2)
Clo cont	Syr Hywel o Fuellt
Cwch	Tomas Prys
Dau faen llifo	Wiliam Cynwal
Ffon	Dafydd Benwyn
Mortwari	Siôn Tudur
Tabler	Tomas Prys
Tybaco	Huw Machno

Rhestr o'r rhoddion y canodd y beirdd i ddiolch amdanynt drostynt eu hunain rhwng c. 1500 a c. 1630

Brws barf	Roger Cyffin
Bwa	Wiliam Llŷn
Cap	Rhisiart Cynwal
Ewig dof	Tomas Prys
Gwn	Edmwnd Prys
Llyfr	Lewys Menai, Siôn Phylip
Pais neu ddwbled	Lewys Morgannwg
Paun	Wiliam Llŷn
Napcyn	Siôn Tudur

LLYFRYDDIAETH

(a) Llyfrau

Ashton, Charles (gol.): *Gweithiau Iolo Goch* (Croesoswallt, 1896).

Bachellery, É. (gol.): *L'Œuvre Poetique de Gutun Owain*, 2 gyfrol (Paris, 1950–1).

J. Gwynfor Jones (gol.), *History of the Gwydir Family* (Llandysul, 1990).

Bartrum, P. C.: *Welsh Genealogies AD 300–1400* (Caerdydd, 1974).

Bartrum, P. C.: *Welsh Genealogies AD 1400–1500* (Aberystwyth, 1983).

Bergin, Osborn: *Irish Bardic Poetry* (Dulyn, 1970).

Bowen, D. J.: *Gruffudd Hiraethog a'i Oes* (Caerdydd, 1958).

Bowen, D. J.: *Dafydd ap Gwilym a Dyfed*, Darlith Lenyddol Eisteddfod Genedlaethol Cymru, Abergwaun a'r Fro, 1986.

Bowen, D. J. (gol.): *Gwaith Gruffudd Hiraethog* (Caerdydd, 1990).

Bramley, Kathleen Anne *et al.* (goln): *Gwaith Llywelyn Fardd I ac eraill o feirdd y ddeuddegfed ganrif*, Cyfres Beirdd y Tywysogion II (Caerdydd, 1994).

Bremmer, Jan a Roodenburgh, Herman (goln): *A Cultural History of Gesture from Antiquity to the Present Day* (Llundain, 1991).

Bromwich, Rachel (gol.): *Trioedd Ynys Prydein* (Caerdydd, 1961).

Bromwich, Rachel: *Dafydd ap Gwilym: Poems* (Llandysul, 1982).

Bromwich, Rachel: *Aspects of the Poetry of Dafydd ap Gwilym* (Caerdydd, 1986).

Bromwich, Rachel ac Evans, D. Simon (goln): *Culhwch ac Olwen* (Caerdydd, 1988).

Bullock-Davies, Constance: *Menestrellorum Multitudo, Minstrels at a Royal Feast* (Caerdydd, 1978).

Bumke, J.: *Courtly Culture* (Rhydychen, 1991).

Carney, James: *The Irish Bardic Poet: a study in the relationship of poet and patron as exemplified in the persons of the poet, Eochaidh O'hEoghusa (O'Hussey) and his various patrons, mainly members of the Maguire family of Fermanagh* (Dulyn, 1967).

Carr, A. D.: *Medieval Anglesey* (Llangefni, 1982).

Ceiriog, Huw (gol.): *Gwaith Huw Ceiriog ac Edward Maelor* (Caerdydd, 1990).

Corkery, D.: *The Hidden Ireland* (Dulyn, 1925).

Costigan, N. G., Daniel, R. Iestyn a Johnston, Dafydd (goln): *Gwaith Gruffudd ap Dafydd ap Tudur ac Eraill* (Aberystwyth, 1995).

Cummins, John: *The Hound and the Hawk: the Art of Medieval Hunting* (Llundain, 1988).

Curtius, E. R.: *European Literature and the Latin Middle Ages* (cyfieithiad W. R. Trask, Llundain, 1953).

Davies, A. Eleri (gol.): *Gwaith Deio ab Ieuan Du a Gwilym ab Ieuan Hen* (Caerdydd, 1992).

Davies, R. R.: *Conquest, Coexistence, and Change: Wales 1063–1415* (Rhydychen, 1987).

Davies, John: *Hanes Cymru* (Llundain, 1990).

Davies, Wendy: *Wales in the Early Middle Ages* (Caerlŷr, 1982).

Davies, W. Ll.; Lloyd, J. E.; Jenkins, R. T.: *Y Bywgraffiadur Cymreig hyd 1940* (Llundain, 1953).

Delort, Robert: *Life in the Middle Ages* (cyfieithiad Robert Allen, Llundain, 1973).

Denholm-Young, N.: *The Country Gentry in the Fourteenth Century* (Rhydychen, 1969).

Dinneen, P. S. (gol.): *The Poems of Egan O'Rahilly*, Irish Texts Society, Vol. III (Lundain, 1900).

Dronke, Peter: *The Medieval Lyric* (ail argraffiad, Llundain, 1978).

Dwnn, Lewis: *Heraldic Visitations of Wales*, gol. S. R. Meyrick, 2 gyfrol (Llanymddyfri, 1846).

Einarsson, Stefán: *A History of Icelandic Literature* (Efrog Newydd, 1957).

Evans, J. Gwenogvryn: *Report on Manuscripts in the Welsh Language* (Llundain, 1868–1910).

Evans, J. Gwenogvryn (gol.): *The Book of Aneirin* (Llanbedrog, 1910).

Evans, J. Gwenogvryn (gol.): *The Poetry in the Red Book of Hergest* (Llanbedrog, 1911).

Evans, J. Gwenogvryn (gol.): *Llyfr Gwyn Rhydderch* (ail argraffiad, Caerdydd, 1973).

Finnegan, Ruth: *Oral Poetry: Nature, Significance and Social Context* (Caergrawnt, 1977).

Fisher, J. (gol.): *The Cefn Coch MSS.* (Lerpwl, 1899).

Ford, Patrick K. (gol.): *Ystoria Taliesin* (Caerdydd, 1992).

Frank, Roberta: *Old Norse Court Poetry: The Dróttkvætt Stanza* (Ithaca a Llundain, 1978).

Fulton, Helen: *Dafydd ap Gwilym and the European Context* (Caerdydd, 1989).

Goldin, Frederick: *Lyrics of the Troubadours and Trouvères* (Efrog Newydd, 1973).

Gray, Douglas (gol.): *The Oxford Book of Late Medieval Verse and Prose* (Rhydychen, 1985).

Green, Richard Firth: *Poets and Princepleasers: Literature and the English Court in the Late Middle Ages* (Toronto, 1980).

Griffith, J. E.: *Pedigrees of Anglesey and Carnarvonshire Families* (Horncastle, 1914).

Griffiths, J. Gwyn: *Aristoteles: Barddoneg* (Caerdydd, 1978).

Gruffydd, W. J.: *Peniarth 76* (Caerdydd a Llundain, 1927).

Gruffydd, W. J.: *Llenyddiaeth Cymru o 1450 hyd 1600* (Lerpwl, 1922).

Gruffydd, R. Geraint: *Dafydd ap Gwilym*, Cyfres Llên y Llenor (Caernarfon, 1987).

Handlist of Manuscripts in the National Library of Wales (Aberystwyth, 1943–).

Harris, Leslie (gol.): *Gwaith Huw Cae Llwyd ac Eraill* (Caerdydd, 1953).

Haycock, Marged: *Am y Ffin â'r Gorffennol: Golwg ar Lenyddiaeth Gynnar Rhwng Wysg a Thefeidiad*, Darlith Lenyddol Eisteddfod Genedlaethol Cymru De Powys, Llanelwedd, 1993.

Heal, Felicity: *Hospitality in Early Modern England* (Rhydychen, 1990).

Holzknecht, K. J.: *Literary Patronage in the Middle Ages* (ail argraffiad, Efrog Newydd, 1966).

Huizinga, Johan: *The Waning of the Middle Ages* (Llundain, 1950).

Hyde, Douglas: *A Literary History of Ireland* (argraffiad newydd, Llundain, 1967).

Ifans, Rhiannon: *Sêrs a Rybana: Astudiaeth o'r Canu Gwasael* (Llandysul, 1983).

Jackson, Kenneth H.: *Studies in Early Celtic Nature Poetry* (Caergrawnt, 1935).

Johnston, Dafydd (gol.): *Gwaith Iolo Goch* (Caerdydd, 1988).

Johnston, Dafydd (gol.): *Blodeugerdd Barddas o'r Bedwaredd Ganrif ar Ddeg* (Llandybïe, 1989).

Johnston, Dafydd: *Canu Maswedd yr Oesoedd Canol* (Caerdydd, 1991).

Johnston, Dafydd: *Iolo Goch: Poems* (Llandysul, 1993).

Johnston, Dafydd: *Galar y Beirdd* (Caerdydd, 1993).

Johnston, Dafydd (gol.): *Gwaith Lewys Glyn Cothi* (Caerdydd, 1995).

Jones, Bobi: *Guto'r Glyn a'i Gyfnod*, Cyfres Pamffledi Llenyddol Cyfadran Addysg Aberystwyth, Rhif 6, 1963.

Jones, E. D. (gol.): *Gwaith Lewis Glyn Cothi* (Caerdydd, Aberystwyth, 1953).

Jones, E. D.: *Beirdd y Bymthegfed Ganrif a'u Cefndir* (Aberystwyth, 1982).

Jones, E. D. (gol.): *Gwaith Lewys Glyn Cothi (Detholiad)* (Caerdydd, 1984).

Jones, Dic: *Storom Awst* (Llandysul, 1978).

Jones, Dic: *Sgubo'r Storws* (Llandysul, 1986).

Jones, D. G. a Jones, J. E. (goln): *Bosworth a'r Tuduriaid* (Caernarfon, 1985).

Jones, Elin M. a Jones, N. A. (goln): *Gwaith Llywarch ap Llywelyn, Prydydd y Moch*, Cyfres Beirdd y Tywysogion V (Caerdydd, 1991).

Jones, D. Gwenallt: *Yr Areithiau Pros* (Caerdydd, 1934).

Jones, Howell Ll. a Rowlands, E. I. (goln): *Gwaith Iorwerth Fynglwyd* (Caerdydd, 1975).

Jones, Islwyn (gol.): *Gwaith Hywel Cilan* (Caerdydd, 1963).

Jones, J. a Davies, Walter (goln): *Gwaith Lewis Glyn Cothi : the poetical works of Lewis Glyn Cothi* (Rhydychen, 1837).

Jones, Nerys Ann ac Owen, Ann Parry (goln): *Gwaith Cynddelw Brydydd Mawr, Cyfrol I*, Cyfres Beirdd y Tywysogion III (Caerdydd, 1991).

Jones, Nerys Ann a Rheinallt, Erwain Haf (goln): *Gwaith Sefnyn, Rhisierdyn ac Eraill* (Aberystwyth, 1995).

Jones, O.; Williams, Edward; Owen, William (goln): *The Myvyrian Archaiology of Wales, collected out of ancient manuscripts*, Volume I (Dinbych, 1870).

Jones, R. M.: *Llên Cymru a Chrefydd* (Abertawe, 1977).

Jones, R. M.: *Seiliau Beirniadaeth*, 4 cyfrol (Aberystwyth, 1984–8).

Jones, T. Gwynn: *Gwaith Tudur Aled*, 2 gyfrol (Caerdydd, 1926).

Keen, Maurice: *English Society in the Later Middle Ages, 1348–1500* (Llundain, 1990).

Kelly, Frances M. a Schwabe, Randolph: *A Short History of Costume and Armour 1066–1800* (Newton Abbot, 1972).

Kendall, P. M.: *The Yorkist Age* (Llundain, 1962).

Knott, Eleanor (gol.): *The Bardic Poems of Tadgh Dall Ó Huiginn*, Irish Texts Society, Vol. XXII (Llundain, 1922).

Knott, Eleanor: *Irish Classical Poetry* (Dulyn, 1957).

Lake, A. Cynfael (gol.): *Gwaith Lewys Daron* (Caerdydd, 1994).

Lake, A. Cynfael (gol.): *Gwaith Huw ap Dafydd ap Llywelyn ap Madog* (Aberystwyth, 1995).

Lake, A. Cynfael (gol.): *Gwaith Siôn Ceri* (Aberystwyth, 1996).

Lewis, Henry; Roberts, Thomas; Williams, Ifor (goln): *Cywyddau Iolo Goch ac Eraill* (argraffiad newydd, Caerdydd, 1979).

Lewis, Saunders: *Braslun o Hanes Llenyddiaeth Gymraeg* (Caerdydd, 1932).

Lewis, Saunders: *Gramadegau'r Penceirddiaid*, Darlith goffa G. J. Williams (Caerdydd, 1967).

Lloyd, Nesta ac Owen, Morfydd E. (goln): *Drych yr Oesoedd Canol* (Caerdydd, 1986).

Lloyd, Nesta: *Blodeugerdd Barddas o'r Ail Ganrif ar Bymtheg*, Cyfrol 1 (Llandybïe, 1993).

Lloyd-Jones, J.: *Geirfa Barddoniaeth Gymraeg*, 2 gyfrol (Caerdydd, 1931–46).

McKenna, Catherine: *The Medieval Welsh Religious Lyric* (Belmont, Massachusetts, 1991).

McKenna, Lambert (gol.): *The Book of Magauran* (Dulyn, 1947).

McKenna, Lambert (gol.): *The Book of O'Hara: Leabhar í Eadhra* (Dulyn, 1951).

Mackie, W. S. (gol.): *The Exeter Book Part II: poems IX–XXXII*, Early English Texts Society (Llundain, 1934).

Magnusson, Eirikr a Morris, W.: *Three Northern Love Stories and Other Tales* (Llundain, 1875).

Mauss, Marcel: *The Gift. Forms and Functions of Exchange in Archaic Societies* (Llundain, 1970).

Mertes, Kate: *The English Noble Household, 1250-1600* (Rhydychen, 1988).

Morrice, J. C. (gol.): *Gwaith Barddonol Hywel Swrdwal a'i Fab Ieuan* (Bangor, 1908).

Morrice, J. C. (gol.): *Detholiad o Waith Gruffudd ab Ieuan ab Llywelyn Vychan* (Bangor, 1910).

Morris-Jones, J.: *Cerdd Dafod* (Rhydychen, 1925).

Morris-Jones, J. a Parry-Williams, T. H. (gol.): *Llawysgrif Hendregadredd* (Caerdydd, 1933).

Murphy, James J.: *Rhetoric in the Middle Ages* (Berkeley, Los Angeles a Llundain, 1974).

Mynegai i Farddoniaeth Gaeth y Llawysgrifau, 12 cyfrol (Y Bwrdd Gwybodau Celtaidd, 1978).

Norton-Smith, John: *John Lydgate: Poems* (Rhydychen, 1966).

O'Neill, Timothy: *Merchants and Mariners in Medieval Ireland* (Dulyn, 1987).

Outhwaite, R. B.: *Inflation in Tudor and Early Stuart England* (ail argraffiad, Llundain, 1982).

Parry, Thomas: *Baledi'r Ddeunawfed Ganrif* (Caerdydd, 1935).

Parry, Thomas (gol.): *The Oxford Book of Welsh Verse* (Rhydychen, 1962).

Parry, Thomas (gol.): *Gwaith Dafydd ap Gwilym* (trydydd argraffiad, Caerdydd, 1979).

Parry, Thomas: *Hanes Llenyddiaeth Gymraeg hyd 1900* (pedwerydd argraffiad, Caerdydd, 1979).

Payne, Ffransis G.: *Yr Aradr Gymreig* (Caerdydd, 1954).

Pierce, T. Jones: *Medieval Welsh Society* (Caerdydd, 1972).

Raby, F. J. E.: *A History of Secular Latin Poetry in the Middle Ages,* 2 gyfrol (Rhydychen, 1934).

Richards, Melville: *Breuddwyd Rhonabwy* (Caerdydd, 1948).

Richards, W. Leslie (gol.): *Gwaith Dafydd Llwyd o Fathafarn* (Caerdydd, 1964).

Roberts, E. Stanton: *Peniarth MS. 67* (Caerdydd, 1921).

Roberts, Enid: *Braslun o Hanes Llên Powys* (Dinbych, 1965).

Roberts, Enid: *Bwyd y Beirdd, 1400–1600* (Cymdeithas Gelfyddydau Gogledd Cymru, 1976).

Roberts, Enid: *Y Beirdd a'u Noddwyr ym Maelor,* Darlith Lenyddol Eisteddfod Genedlaethol Cymru, Wrecsam, 1977.

Roberts, Enid (gol.): *Cerddi Gregynog Poems 1450–1650* (Gregynog, 1979).

Roberts, Enid (gol.): *Gwaith Siôn Tudur,* 2 gyfrol (Caerdydd, 1981).

Roberts, Enid: *Tai Uchelwyr y Beirdd 1350–1650* (Caernarfon, 1986).

Roberts, Thomas (gol.): *Gwaith Dafydd ab Edmwnd* (Bangor, 1914).

Roberts, Thomas a Williams, Ifor (goln): *Poetical Works of Dafydd Nanmor* (Caerdydd, 1923).

Roberts, Thomas (gol.): *Gwaith Tudur Penllyn ac Ieuan ap Tudur Penllyn* (Caerdydd, 1958).

Robinson, F. N.: *The Works of Geoffrey Chaucer* (Boston, 1933).

Rolant, Eurys (gol.): *Gwaith Owain ap Llywelyn ab y Moel* (Caerdydd, 1984).

Rosenthal, Joel T.: *The Purchase of Paradise: Gift Giving and the Aristocracy, 1307–1485* (Llundain, 1972).

Rowland, William: *Tomos Prys o Blas Iolyn 1564?–1634* (Caerdydd, 1964).

Rowlands, Eurys (gol.): *Gwaith Lewys Môn* (Caerdydd, 1975).

Rowlands, Eurys: *Poems of the Cywyddwyr: A Selection of Cywyddau c. 1375–1525* (Dulyn, 1976).

Ruddock, Gilbert: *Dafydd Nanmor*, Cyfres Llên y Llenor (Caernarfon, 1992).

Salgado, Gamini: *The Elizabethan Underworld* (New Jersey, 1977).

Saul, Nigel: *Scenes from Provincial Life* (Rhydychen, 1986).

Scattergood, V. J.: *Politics and Poetry in the Fifteenth Century, 1399–1485* (Llundain, 1971).

Siddons, M. P.: *The Development of Welsh Heraldry*, 3 cyfrol (Aberystwyth, 1991–3).

Smith, W. J.: *Calendar of Salusbury Correspondence 1553–circa 1700* (Caerdydd, 1954).

Stephens, Meic (gol.): *Cydymaith i Lenyddiaeth Cymru* (Caerdydd, 1986).

Stevens, Catrin: *Arferion Caru* (Llandysul, 1977).

Surber-Meyer, Nida Louise: *Gift and Exchange in the Anglo-Saxon Poetic Corpus: A contribution Towards the Representation of Wealth* (Genefa, 1994).

Thomas, Gwyn: *Eisteddfodau Caerwys* (Caerdydd, 1968).

Thomson, Derick: *An Introduction to Gaelic Poetry* (Llundain, 1974).

Turville-Petre, E. O. G.: *Scaldic Poetry* (Rhydychen, 1976).

Virgoe, Roger (gol.): *Private Life in the 15th Century: Illustrated Letters of the Paston Family* (Llundain, 1989).

Waddell, Helen (gol.): *Mediaeval Latin Lyrics* (Llundain, 1933).

Waddell, Helen: *The Wandering Scholars* (Llundain, 1934).

Watson, W. J.: *Scottish Verse from the Book of the Dean of Lismore* (Caeredin, 1937).

Whicher, George F.: *The Goliard Poets* (Connecticut, 1979).

Wilhelm, James J.: *Seven Troubadours: The Creators of Modern Verse* (Pensylfania, 1970).

Wiliam, Aled Rhys (gol.): *Llyfr Iorwerth* (Caerdydd, 1960).

Wiliam, Dafydd Wyn: *Y Canu Mawl i Deulu Porthamal* (Llangefni, 1993).

Williams, Glanmor: *The Welsh Church from Conquest to Reformation* (Caerdydd, 1962).

Williams, Glanmor: *Recovery, Reorientation and Reformation: Wales c.1415-1642* (Rhydychen, 1987).

Williams, Gruffydd Aled: *Ymryson Edmwnd Prys a Wiliam Cynwal* (Caerdydd, 1986).

Williams, G. J. a Jones, E. J.: *Gramadegau'r Penceirddiaid* (Caerdydd, 1934).

Williams, G. J.: *Traddodiad Llenyddol Morgannwg* (Caerdydd, 1948).

Williams, Ifor (gol.): *Casgliad o waith Ieuan Deulwyn* (Bangor, 1909).

Williams, Ifor (gol.): *Pedeir Keinc y Mabinogi* (Caerdydd, 1930).

Williams, Ifor (gol.): *Canu Llywarch Hen* (Caerdydd, 1935).

Williams, Ifor a Roberts, T. (goln): *Cywyddau Dafydd ap Gwilym a'i Gyfoeswyr* (ail argraffiad, Bangor, 1935).

Williams, Ifor (gol.): *Gwyneddon 3* (Caerdydd, 1931).

Williams, Ifor (gol.): *Canu Aneirin* (pedwerydd argraffiad, Caerdydd, 1978).

Williams, Ifor (gol.): *Armes Prydein* (Caerdydd, 1955).

Williams, Ifor (gol.): *Canu Taliesin* (Caerdydd, 1960).

Williams, Ifor: *The beginnings of Welsh Poetry: studies by Ifor Williams*, gol. Rachel Bromwich (ail argraffiad, Caerdydd, 1980).

Williams, J. E. Caerwyn: *Traddodiad Llenyddol Iwerddon* (Caerdydd, 1958).

Williams, J. E. Caerwyn: *Canu Crefyddol y Gogynfeirdd*, Darlith goffa Henry Lewis, Abertawe, 1976.

Williams, J. E. Caerwyn a Lynch, Peredur I. (goln): *Gwaith Meilyr Brydydd a'i ddisgynyddion*, Cyfres Beirdd y Tywysogion I (Caerdydd, 1994).

Williams, J. Llywelyn a Williams, Ifor (goln): *Gwaith Guto'r Glyn* (Caerdydd, 1939).

Williams, J. Morgan, a Rowlands, Eurys I. (goln): *Gwaith Rhys Brydydd a Rhisiart ap Rhys* (Caerdydd, 1976).

Williams, W. Ogwen: *Calendar of the Caernarvonshire Quarter Sessions Records*, Volume I, 1541-58 (Llundain, 1956).

Williamson, Craig: *The Old English Riddles of the Exeter Book* (Chapel Hill, 1977).

Williamson, Craig: *A Feast of Creatures: Anglo-Saxon Riddle-Songs* (Llundain, 1983).

(b) Erthyglau

Bachellery, É.: 'La Poésie de Demande dans la Littérature Galloise', *Études Celtiques*, XXVII (1990), tt. 285–300.

Bowen, D. J.: 'Two Cwrs Clera Poems', *CLlGC*, VII (1951), tt. 274–6.

Bowen, D. J.: 'Graddedigion Eisteddfodau Caerwys, 1523 a 1567/8', *LlC*, 2 (1952), tt. 128–34.

Bowen, D. J.: 'Nodiadau ar waith Dafydd ap Gwilym', *LlC*, 7 (1963), tt. 244–9.

Bowen, D. J.: 'Dafydd ap Gwilym a Datblygiad y Cywydd', *LlC*, 8 (1964), tt. 1–32.

Bowen, D. J.: 'Agweddau ar Ganu'r Bedwaredd Ganrif ar Ddeg a'r Bymthegfed', *LlC*, 9 (1966), tt. 46–73.

Bowen, D. J.: 'Barddoniaeth Gruffudd Hiraethog: Rhai Ystyriaethau', yn Thomas Jones (gol.), *Astudiaethau Amrywiol a gyflwynir i Syr Thomas Parry-Williams* (Caerdydd, 1968), tt. 1–16.

Bowen, D. J.: 'Nodiadau ar waith y Cywyddwyr: (i) Cywydd y Gwynt, GDG, 117', *LlC*, 10 (1968/9), tt. 113–14.

Bowen, D. J.: 'Agweddau ar Ganu'r Unfed Ganrif ar Bymtheg', *TrCy* (1969), tt. 284–335.

Bowen, D. J.: 'Nodiadau ar waith y Cywyddwyr', *B*, XXV (1972), tt. 19–32.

Bowen, D. J.: 'Dafydd ab Edmwnt ac Eisteddfod Caerfyrddin', *Barn* (Awst 1974), tt. 441–8.

Bowen, D. J. a Fychan, Cledwyn: 'Cywydd gofyn Gruffudd Hiraethog i ddeuddeg o wŷr Llansannan', *TrDinb*, 24 (1975), tt. 117–27.

Bowen, D. J.: 'Disgyblion Gruffudd Hiraethog', *SC*, X/IX (1975/6), tt. 241–55.

Bowen, D. J.: 'Y cywyddau a fu rhwng Gruffudd Hiraethog a beirdd eraill', *B*, XXVII (1977), tt. 362–88.

Bowen, D. J.: 'Y Cywyddwyr a'r Noddwyr Cynnar, *YB*, XI (1979), tt. 63–108.

Bowen, D. J.: 'Croesoswallt y Beirdd', *Y Traethodydd* (Gorffennaf, 1980), tt. 137–43.

Bowen, D. J.: 'Y Cywyddwyr a'r Dirywiad', *B*, XXIX (1981), tt. 453–96.

Bowen, D. J.: 'Canrif Olaf y Cywyddwyr', *LlC*, 14 (1981/2), tt. 3–51.

Bowen, D. J.: 'Dafydd ap Gwilym a Cheredigion', *LlC*, 14 (1983/4), tt. 163–209.

Bowen, D. J.: 'Cywydd Iolo Goch i Syr Hywel y Fwyall', *LlC*, 15 (1987/8), tt. 275–88.

Bowen, D. J.: 'Siân Mostyn, "Yr Orav o'r Mamav ar sydd yn Traethv Iaith Gamberaeg" ', *YB*, XVI (1990), tt. 111–26.

Bowen, D. J.: 'Beirdd a Noddwyr y Bedwaredd Ganrif ar Ddeg', *LlC*, 17 (1992), tt. 60–107.

Bowen, D. J.: 'Graddau Barddol Tudur Aled', *LlC*, 18 (1994), tt. 90–103.

Bowen, D. J.: 'Beirdd a Noddwyr y Bymthegfed Ganrif', *LlC*, 18 (1994), tt. 53–89; *LlC*, 18 (1995), tt. 221–57.

Breatnach, Pádraig A.: 'The Chief's Poet', *Proceedings of the Royal Irish Academy*, 83 (1983), tt. 37–79.

Breatnach, Pádraig A.: 'In Praise of Maghnas O'Domhnaill', *Celtica*, XVI (1983), tt. 63–72.

Bromwich, Rachel: 'Gwaith Einion Offeiriad a Barddoniaeth Dafydd ap Gwilym', *YB*, X (1977), tt. 157–80.

Carr, A. D.: 'The Patrons of the Late Medieval Poets in North Wales', *Études Celtiques*, XXIX (1992), tt. 115–20.

Carney, James: 'Society and the Bardic Poet', *Studies*, LXII (1973), tt. 233–50.

Davies, Catrin T. B.: 'Y Cerddi i'r Tai Crefydd fel Ffynhonnell Hanesyddol', *CLlGC*, XVIII (1973–4), tt. 268–86, 345–73.

Davies, J. Dyfrig: 'Graddedigion ail eisteddfod Caerwys, 1567', *B*, XXIV (1970), tt. 30–9.

Davies, J. Glyn: 'The Welsh bard and the poetry of external nature. From Llywarch Hen to Dafydd ap Gwilym', *TrCy* (1912–13), tt. 81–128.

Davies, J. H.: 'The Roll of the Caerwys Eisteddfod of 1523', *Transactions of the Liverpool Welsh Nationalist Society* (1908– 9), tt. 85–102.

Davies, Sioned: 'Pryd a gwedd yn y Mabinogion', *YB*, XIV (1988), tt. 115–33.

Denholm-Young, N.: 'The *Cursus* in England', *Collected Papers of N. Denholm-Young* (Caerdydd, 1969), tt. 42–73.

Edwards, Huw M.: 'Rhodiwr fydd clerwr: sylwadau ar gerdd ymffrost o'r bedwaredd ganrif ar ddeg', *Y Traethodydd*, CXLIX (1994), tt. 50–5.

Edwards, Ifor a Blair, Claude: 'Welsh Bucklers', *Antiquaries Journal*, LXII (1982), tt. 74–115.

Eliason, Norman: 'Two Old English Scop Poems', *Publications of the Modern Language Association of America*, LXXXI (1966), tt. 185–92.

Eliason, Norman: ' "Deor" – A Begging Poem?', yn D. A. Pearsall ac R. A. Waldron (goln), *Medieval Literature and Civilization* (Llundain, 1969), tt. 55–61.

Evans, Dafydd H.: 'Watcyn Powel o Ben-y-fai', *SC*, XVIII/XIX (1993/4), tt. 171–215.

Evans, Dafydd H.: 'Ieuan Du'r Bilwg (*fl. c.* 1471)', *B*, XXXIII (1986), tt. 101–32.

Evans, Dafydd H.: 'Cywydd i ddangos mai uffern yw Llundain', *YB*, XIV (1988), tt. 134–51.

Evans, Dafydd H.: 'Yr Ustus Llwyd a'r Swrcod', *YB*, XVII (1990), tt. 63–92.

Evans, Dafydd H.: 'Thomas ab Ieuan a'i "Ysgowld o Wraig" ', *YB*, XIX (1993), tt. 86–106.

Fychan, Cledwyn: 'Llywelyn ab y Moel a'r Canolbarth', *LlC*, 15 (1987/8), tt. 289–307.

George, Irene: 'Syr Dafydd Trefor, an Anglesey bard', *TCHNM* (1934), tt. 69–74.

George, Irene: 'The Poems of Syr Dafydd Trefor', *TCHNM* (1935), tt. 90–104.

George, Irene: 'A survey of the poems of Syr Dafydd Trefor', *TCHNM* (1936), tt. 33–48.

Gruffydd, R. Geraint: 'A Poem in Praise of Cuhelyn Fardd from the Black Book of Carmarthen', *SC*, X/XI (1975/6), tt. 198–208.

Gruffydd, R. Geraint: 'Early Court Poetry of South West Wales', *SC*, XIV/XV (1979/80), tt. 95–105.

Gruffydd, R. Geraint: 'Beibl Mawr 1588 – am ddim', *Y Casglwr*, Rhif 15 (1981), t. 16.

Gruffydd, R. Geraint: 'Cri am lyfrau ar ran eglwys newydd', *Y Casglwr*, Rhif 23 (1984), tt. 16–17.

Gruffydd, R. Geraint: 'Wiliam Morgan yn Llanrhaeadr (1578–1596)', *Y Traethodydd* (Ebrill 1990), tt. 74–90.

Harries, Gerallt: 'Araith Wgon', *LlC*, 3 (1954), tt. 45–7.

Haycock, Marged: 'Merched Drwg a Merched Da: Ieuan Dyfi v. Gwerful Mechain', *YB*, XVI (1990), tt. 97–110.

Huws, Bleddyn Owen: 'Astudio *genres* y cywydd', *Dwned*, I (1995), tt. 67–87.

Huws, Bleddyn Owen: 'Golwg ar y Canu Gofyn', *YB*, XXI (1996), tt. 37–50.

Ifans, Rhiannon: 'Y Canu Gwaseilia a'r Gyfundrefn Farddol', *YB*, XV (1988), tt. 142–73.

Jarvis, Branwen: 'Llythyr Siôn Dafydd Rhys at y Beirdd', *LlC*, 12 (1972), tt. 45–56.

Jarvis, Branwen: 'Dysgeidiaeth Cristnoges o Ferch a'i Gefndir', *YB*, XIII (1985), tt. 219–26.

Johnston, Dafydd: '*Cywydd y Gal* by Dafydd ap Gwilym', *CMCS*, 9 (Haf 1985), tt. 70–89.

Johnston, Dafydd: 'Awdl Llywelyn Goch i Rydderch a Llywelyn Fychan', *B*, XXXV (1988), tt. 20–8.

Johnston, Dafydd: 'Lewys Glyn Cothi: Bardd y Gwragedd', *Taliesin*, 74 (Haf 1991), tt. 68–77.

Johnston, Dafydd: 'The Erotic Poetry of the *Cywyddwyr*', *CMCS*, 22 (Gaeaf 1991), tt. 63–94.

Jones, E. D.: 'Simwnt Fychan a Theulu Plas-y-Ward', *B*, VII (1934), tt. 141–2.

Jones, E. D.: 'Lewis Glyn Cothi', yn A. O. H. Jarman a Gwilym Rees Hughes (goln), *A guide to Welsh literature, volume 2* (ail argraffiad, Llandybïe, 1984), tt. 243–61.

Jones, E. D.: 'Three Fifteenth Century Peniarth Poems', *CCHChSF*, 10 (1986), tt. 157–68.

Jones, Bedwyr Lewis: 'The Welsh Bardic Tradition', *Proceedings of the Seventh International Congress of Celtic Studies* (Rhydychen, 1983), tt. 133–40.

Jones, J. Gwynfor: ' "Y Wreigdda Rowiogddoeth" – Y Ferch Fonheddig yng Nghymru Elisabeth I', *Taliesin*, 35 (Rhagfyr 1977), tt. 73–89.

Jones, Nerys Ann: 'The thanking poems of Cynddelw Brydydd Mawr', Darlith anghyhoeddedig a draddodwyd ym Maynooth, Iwerddon, 14 Gorffennaf 1989.

Jones, T. Gwynn: 'Bardism and Romance. A Study of the Welsh Literary Tradition', *TrCy* (1913–14), tt. 205–310.

Lake, A. Cynfael: 'Huw Llwyd o Gynfal', *CCHChSF*, IX (1981), tt. 67–88.

Lewis, Henry: 'Ymrysonau Dafydd Llwyd a Llywelyn ap Gutun', *B*, IV (1924), tt. 310–25.

Lewis, Saunders: 'Tudur Aled', yn R. Geraint Gruffydd (gol.), *Meistri'r Canrifoedd* (Caerdydd, 1973), tt. 98–115.

Lewis, Saunders: 'Y Cywyddwyr Cyntaf', yn R. Geraint Gruffydd (gol.), *Meistri'r Canrifoedd* (Caerdydd, 1973), tt. 56–63.

Lewis, Saunders: 'Gyrfa Filwrol Guto'r Glyn', *YB*, IX (1976), tt. 80–99.

Lewis, Saunders: 'Gutyn Owain', yn Gwynn ap Gwilym (gol.), *Meistri a'u Crefft* (Caerdydd, 1981), tt. 132–47.

Lewis, William Gwyn: 'Herbertiaid Rhaglan fel noddwyr y beirdd yn y bymthegfed ganrif a dechrau'r unfed ganrif ar bymtheg', *TrCy* (1986), tt. 33–60.

Lloyd, D. Myrddin: 'Estheteg yr Oesoedd Canol', *LlC*, 1 (1951), tt. 153–68; 220–38.

Lloyd, D. Myrddin: 'The Later Gogynfeirdd', yn A. O. H. Jarman a Gwilym Rees Hughes (goln), *A Guide to Welsh Literature, volume 2* (ail argraffiad, Llandybïe, 1984), tt. 36–57.

Lloyd-Jones, J.: 'The Court Poets of the Welsh Princes', *Proceedings of the British Academy*, XXXIV (1948), tt. 167–97.

Lloyd-Morgan, Ceridwen: 'The Peniarth 15 fragment of *Y Seint Greal*: Arthurian tradition in the late fifteenth century', *B*, XXVIII (1978), tt. 73–82.

Mac Cana, Proinsias: 'Elfennau Cyn-Gristnogol yn y Cyfreithiau', *B*, XXIII (1970), tt. 316–19.

McKenna, Catherine: 'Molawd Seciwlar a Barddoniaeth Grefyddol Beirdd y Tywysogion', *YB*, XII (1982), tt. 24–39.

Mathias, W. Alun: 'Llyfr Rhetoreg William Salesbury', *LlC*, 1 (1951), tt. 259–68; *LlC*, 2 (1952), tt. 71–81.

Matonis, A. T. E.: 'Nodiadau ar Rethreg y Cywyddwyr: y *descriptio pulchritudinis* a'r Technegau Helaethu', *Y Traethodydd*, CXXXIII (1978), tt. 155–67.

Matonis, A. T. E.: 'Cywydd y Pwrs', *B*, XXIX (1981), tt. 441–52.

Matonis, A. T. E.: 'Barddoneg a Rhai Ymrysonau Barddol Cymraeg yr Oesoedd Canol Diweddar', *YB*, XII (1982), tt. 157–200.

Matonis, A. T. E.: 'The *Marwnadau* of the *Cywyddwyr* – variations on a theme', *SC*, XVIII/XIX (1983/4), tt. 158–70.

Matonis, A. T. E.: 'The Concept of Poetry in the Middle Ages: The Welsh Evidence from the Bardic Grammars', *B*, XXXVI (1989), tt. 1–12.

Morris-Jones, John: 'The *surexit* memorandum', *Y Cymmrodor*, 28 (1918), tt. 268-79.

Morgan T. J.: 'Arddull yr Awdl a'r Cywydd', *TrCy* (1946-7), tt. 276–313.

O'Rahilly, Cecile: 'A Welsh Treatise on Horses', *Celtica*, V (1960), tt. 145–60.

Owen, Morfydd: 'Trioed Hefut Y6 Yrei Hynn', *YB*, XIV (1988), tt. 87–114.

Parry, Thomas: 'Datblygiad y Cywydd', *TrCy* (1939), tt. 209–31.

Parry, Thomas: 'Statud Gruffudd ap Cynan', *B*, V (1929), tt. 25–33.

Peate, Iorwerth: 'Traethawd ar Felinyddiaeth', *B*, VIII (1937), tt. 295–301.

Pennar, Meirion: 'Dryll o dystiolaeth am y glêr', *B*, XXVIII (1979), tt. 406–12.

Powell, Nia M. W.: 'Crime and Community in Denbighshire during the 1590s: the Evidence of the Records of the Court of Great Sessions', yn J. Gwynfor Jones (gol.), *Class, Community and Culture in Tudor Wales* (Caerdydd, 1989), tt. 261–94.

Quiggin, E. C.: 'Prologomena to the study of the Later Irish Bards 1200–1500', *Proceedings of the British Academy*, V (1911–12), tt. 89–142.

Roberts, Brynley F.: 'Dwy Awdl Hywel Foel ap Griffri', yn R. Geraint Gruffydd (gol.), *Bardos: penodau ar y traddodiad barddol Cymreig a Cheltaidd* (Caerdydd, 1982), tt. 60–75.

Roberts, D. Hywel E.: 'Noddwyr y Beirdd yn Sir Aberteifi', *LlC*, 10 (1969), tt. 76–109.

Roberts, D. Hywel E.: 'Rhai o'r beirdd a ganai rhwng dwy eisteddfod Caerwys', *B*, XXIV (1970), tt. 27–30.

Roberts, Enid: 'Teulu Plas Iolyn', *TrDinb*, XIII (1964), tt. 39–110.

Roberts, Enid: 'Eisteddfod Caerwys 1567', *TrDinb*, XVI (1967), tt. 23–61.

Roberts, Enid: 'Cywydd cymod Hwmffre ap Siencyn a'i geraint', *CCHChSF*, IV (1961–4), tt. 302–17.

Roberts, Enid: 'Everyday Life in the Homes of the Gentry', yn J. Gwynfor Jones (gol.), *Class, Community and Culture in Tudor Wales* (Caerdydd, 1989), tt. 39–78.

Roberts, Enid: 'Crefydd yr Uchelwyr a'u Beirdd', *Efrydiau Athronyddol*, LIV (1991), tt. 27–47.

Rolant, Eurys: 'Arddull y Cywydd', *YB*, II (1966), tt. 36–57.

Rowland, Jenny: 'Genres', yn Brynley F. Roberts (gol.), *Early Welsh Poetry: studies in the Book of Aneirin* (Aberystwyth, 1988), tt. 179–208.

Rowlands, Eurys: 'Y Cywyddau a'r Beirniaid', *LlC*, 2 (1953), tt. 237–43.

Rowlands, Eurys: 'Lewys Môn', *LlC*, 4 (1956), tt. 26–38.

Rowlands, Eurys: 'Nodiadau ar y Traddodiad Moliant a'r Cywydd', *LlC*, 7 (1963), tt. 217–43.

Rowlands, Eurys: 'Dilid y Broffwydoliaeth', *Trivium*, II (1967), tt. 37–46.

Rowlands, Eurys: 'Un o gerddi Hywel Swrdwal', *YB*, VI (1971), tt. 87–97.

Rowlands, Eurys: 'Bardic Lore and Education', *B*, XXXII (1985), tt. 143–55.

Rowlands, Eurys: 'The Continuing Tradition', yn A. O. H. Jarman a Gwilym Rees Hughes (goln), *A Guide to Welsh Literature, volume 2* (ail argraffiad, Llandydïe, 1984), tt. 298–321.

Rowlands, Eurys: 'Tudur Aled', yn A. O. H. Jarman a Gwilym Rees Hughes (goln), *A guide to Welsh literature, volume 2* (ail argraffiad, Llandybïe, 1984), tt. 322–37.

Rowlands, Eurys: 'Canu Serch 1450-1525', *B*, XXXI (1984), tt. 31–47.

Ruddock, Gilbert: 'Prydferthwch Merch yng Nghywyddau Serch y Bymthegfed Ganrif', *LlC*, 11 (1971), tt. 140–75.

Ruddock, Gilbert: 'Oes Aur Ein Llên, Cyfnod y Cywydd XI, Gofyn a Dyfalu', *Barn*, (Mehefin 1974), tt. 359–61.

Ruddock, Gilbert: 'Genau Crefydd a Serch', *YB*, X (1977), tt. 230–56.

Ruddock, Gilbert: 'Rhai Agweddau ar Gywyddau Serch y Bymthegfed Ganrif', yn John Rowlands (gol.), *Dafydd ap Gwilym a Chanu Serch yr Oesoedd Canol* (Caerdydd, 1975), tt. 95–119.

Scott, Charles T.: 'Some Approaches to the Study of the Riddle', yn E. Bagby ac Archibald A. Hill (goln), *Studies in Language, Literature and Culture of the Middle Ages and Later* (Austin, 1969), tt. 111–27.

Simms, Katharine: 'Guesting and feasting in Ireland', *Journal of the Royal Society of Antiquaries of Ireland*, 108 (1978), tt. 67–100.

Simms, Katharine: 'Bardic poetry as a historical source', yn Tom Dunne (gol.), *The Writer as Witness*, Historical Studies, 16 (Cork, 1987), tt. 60–7.

Simms, Katharine: 'Bards and barons: the Anglo-Irish Aristocracy and the native culture', yn R. Bartlett (gol.), *Medieval Frontier Societies* (Rhydychen, 1989), tt. 177–97.

Sims-Williams, P.: 'Riddling Treatment of the "Watchman Device" in *Branwen* and *Togail Bruidne Da Derga*', *SC*, XII/XIII (1977/8), tt. 83–117.

Stevens, Catrin: 'Cywydd i ofyn march i Ddafydd Conwy, prior Beddgelert', *Trafodion Cymdeithas Hanes Sir Gaernarfon*, 37 (1976), tt. 43–57.

Thomas, Dafydd Elis: 'Dafydd ap Gwilym y Bardd', yn John Rowlands (gol.), *Dafydd ap Gwilym a Chanu Serch yr Oesoedd Canol* (Caerdydd, 1975).

Thomas, Gwyn: 'Golwg ar gyfundrefn y beirdd yn yr ail ganrif ar bymtheg', yn R. Geraint Gruffydd (gol.), *Bardos: penodau ar y traddodiad barddol Cymreig a Cheltaidd* (Caerdydd, 1982), tt. 76–94.

Thomas, Gwyn: 'Dau fater yn ymwneud â Dafydd ap Gwilym', *Y Traethodydd*, CXLIII (1988), tt. 99–105.

Thomson, Derick: 'Gaelic Learned Orders and Literati', *Scottish Studies*, XII (1968), tt. 57–78.

Thurneysen, R.: 'Colmán mac Lénéni and Senchán Torpéist', *Zeitschrift für celtische Philologie*, XIX (1932), tt. 193–207.

Watkins, Calvert: 'The etymology of Irish *Duan*', *Celtica*, XI (1976), tt. 270–7.

Watson, W. J.: 'Classic Gaelic Poetry of Panegyric in Scotland', *Transactions of the Gaelic Society of Inverness*, XXIX (1914–19), tt. 194–235.

Wiliam, Dafydd Wyn: 'Mawl y beirdd i deulu Castell Bylchgwyn, Llanddyfnan', *TCHNM* (1987), tt. 27–41.

Williams, David Gwilym: 'Syr Owain ap Gwilym', *LlC*, 6 (1961), tt. 179–93.

Williams, Glanmor: 'Addysg yng Nghymru yn ystod yr Oesoedd Canol', *Efrydiau Athronyddol*, XLIX (1986), tt. 69–79.

Williams, Glanmor: 'Poets and Pilgrims in Fifteenth and Sixteenth-Century Wales', *TrCy* (1991), tt. 69–98.

Williams, Gruffydd Aled: 'The bardic road to Bosworth: a Welsh view of Henry Tudor', *TrCy* (1986), tt. 7–31.

Williams, G. J.: 'Eisteddfod Caerfyrddin', *Y Llenor*, V (1926), tt. 94–102.

Williams, G. J.: 'Wiliam Midleton a Thomas Prys', *B*, XI (1944), tt. 113–14.

Williams, G. J.: 'Tri Chof Ynys Brydain', *LlC*, 3 (1955), tt. 234–9.

Williams, G. J.: 'Cerddi'r Nant', *B*, XVII (1957), tt. 77–89.

Williams, Ifor: 'Cerddorion a Cherddau yn Lleweni, Nadolig 1595', *B*, VIII (1935), tt. 8–10.

Williams, J. E. Caerwyn: 'Anglesey's Contribution to Welsh Literature', *TCHNM* (1959), tt. 1–20.

Williams, J. E. Caerwyn: 'Beirdd y Tywysogion: Arolwg', *LlC*, 11 (1970), tt. 3–94.

Williams, J. E. Caerwyn: 'The Court Poet in Medieval Ireland', Sir

John Rhŷs Memorial Lecture, 1971, *Proceedings of the British Academy*, LVII (1971), tt. 85–135.

Williams, J. E. Caerwyn: 'Cerddi'r Gogynfeirdd i wragedd a merched, a'u cefndir yng Nghymru a'r Cyfandir', *LlC*, 13 (1974/9), tt. 3–112.

Williams, J. E. Caerwyn: 'Gutun Owain' yn A. O. H. Jarman a Gwilym Rees Hughes (goln), *A Guide to Welsh Literature, volume 2* (ail argraffiad, Llandybïe, 1984), tt. 262–77.

Williams, J. E. Caerwyn: 'Guto'r Glyn', yn A. O. H. Jarman a Gwilym Rees Hughes (goln), *A Guide to Welsh Literature, volume 2* (ail argraffiad, Llandybïe, 1984), tt. 218–42.

Williams, S. Rhiannon: 'Wiliam Cynwal', *LlC*, 8 (1965), tt. 197–213.

(c) Traethodau Ymchwil

Birt, Paul W.: 'Delweddau estynedig Guto'r Glyn', Traethawd M.A. Prifysgol Cymru, 1978.

Chandler, Helen: 'The will in medieval Wales to 1540', Traethawd M.Phil. Prifysgol Cymru, 1991.

Charles, R. Alun: 'Noddwyr y beirdd yn sir y Fflint', Traethawd M.A. Prifysgol Cymru, 1967.

Davies, Catrin T. B.: 'Cerddi'r tai crefydd', Traethawd M.A. Prifysgol Cymru, 1972.

Davies, Cennard: 'Robin Clidro a'i ganlynwyr', Traethawd M.A. Prifysgol Cymru, 1964.

Davies, Eurig R. Ll.: 'Noddwyr y beirdd yn sir Gaerfyrddin', Traethawd M.A. Prifysgol Cymru, 1977.

Davies, J. Dyfrig: 'Astudiaeth destunol o waith Siôn Mawddwy', Traethawd M.A. Prifysgol Cymru, 1965.

Davies, Elsbeth W. O.: 'Testun beirniadol o waith Hywel Rheinallt ynghyd â rhagymadrodd, nodiadau a geirfa', Traethawd M.A. Prifysgol Cymru, 1967.

Davies, William Basil: 'Testun beirniadol o farddoniaeth Ieuan Tew Brydydd Ieuanc gyda rhagymadrodd, nodiadau a geirfa', Traethawd M.A. Prifysgol Cymru, 1971.

Evans, D. H.: 'The life and work of Dafydd Benwyn', Traethawd D.Phil. Prifysgol Rhydychen, 1981.

Haycock, Marged: 'Llyfr Taliesin: astudiaeth ar rai agweddau', Traethawd Ph.D. Prifysgol Cymru, 1983.

Headley, Mary Gwendoline: 'Barddoniaeth Llawdden a Rhys Nanmor', Traethawd M.A. Prifysgol Cymru, 1938.

Huws, Bleddyn Owen: 'Astudiaeth o'r Canu Gofyn a Diolch rhwng *c.*1350 a *c.*1630', Traethawd Ph.D. Prifysgol Cymru, 1995.

James, Daniel Lynn: 'Bywyd a gwaith Huw Machno', Traethawd M.A. Prifysgol Cymru, 1960.

Jones, Ann Elizabeth: 'Gwilym Tew: astudiaeth destunol a chymharol o'i lawysgrif, Peniarth 51, ynghyd ag ymdriniaeth â'i farddoniaeth', Traethawd Ph.D. Prifysgol Cymru, 1981.

Jones, J. Afan: 'Gweithiau barddonol Huw Arwystl', Traethawd M.A. Prifysgol Cymru, 1926.

Jones, Geraint Percy: 'Astudiaeth destunol o ganu Wiliam Cynwal yn Llawysgrif (Bangor) Mostyn 4', Traethawd M.A. Prifysgol Cymru, 1969.

Jones, Nerys Ann: 'Canu englynol Cynddelw Brydydd Mawr', Traethawd Ph.D. Prifysgol Cymru, 1987.

Jones, Richard Lewis: 'Astudiaeth destunol o awdlau, cywyddau ac englynion gan Wiliam Cynwal', Traethawd M.A. Prifysgol Cymru, 1969.

Jones, Thomas Tegwyn: 'Testun beirniadol o farddoniaeth Edward Urien a Gruffudd Hafren gyda rhagymadrodd, nodiadau a geirfa', Traethawd M.A. Prifysgol Cymru, 1966.

Kerr, Rose M.: 'Cywyddau Siôn Brwynog', Traethawd M.A. Prifysgol Cymru, 1960.

Lake, A. Cynfael: 'Gwaith Dafydd ap Llywelyn ap Madog, Huw ap Dafydd ap Llywelyn ap Madog a Siôn ap Hywel ap Llywelyn Fychan', Traethawd M.A. Prifysgol Cymru, 1979.

Lewis, William Gwyn: 'Astudiaeth o ganu'r beirdd i'r Herbertiaid hyd ddechrau'r unfed ganrif ar bymtheg', Traethawd Ph.D. Prifysgol Cymru, 1982.

Llwyd, Tegwen: 'Noddwyr y beirdd yn siroedd Brycheiniog a Maesyfed', Traethawd M.A. Prifysgol Cymru, 1988.

McDonald, R. W.: 'Bywyd a gwaith Lewis ab Edward', Traethawd M.A. Prifysgol Lerpwl, 1960–1.

Matonis, A. T. E.: 'Medieval topics and rhetoric in the work of the cywyddwyr', Traethawd Ph.D. Caeredin, 1976.

Owens, Owen: 'Gweithiau barddonol Morus Dwyfech', Traethawd M.A. Prifysgol Cymru, 1944.

Phillips, Elizabeth M.: 'Noddwyr y beirdd yn Llŷn', Traethawd M.A. Prifysgol Cymru, 1973.

Roberts, Robert Lewis: 'Noddwyr y beirdd yn sir Drefaldwyn', Traethawd M.A. Prifysgol Cymru, 1980.

Rowlands, William: 'Barddoniaeth Tomos Prys o Blas Iolyn', Traethawd M.A. Prifysgol Cymru, 1912.

Saer, D. Roy: 'Testun beirniadol o waith Owain Gwynedd ynghyd â rhagymadrodd, nodiadau a geirfa', Traethawd M.A. Prifysgol Cymru, 1961.

Saunders, E. J.: 'Gweithiau Lewys Morgannwg', Traethawd M.A. Prifysgol Cymru, 1922.

Scourfield, Nest: 'Gwaith Ieuan Gethin ac eraill', Traethawd M.Phil. Prifysgol Cymru, 1992.

Stephens, Roy: 'Gwaith Wiliam Llŷn', Traethawd Ph.D. Prifysgol Cymru, 1983.

Thomas, Dafydd Elis: 'Y Cywydd Marwnad', Traethawd Ph.D. Prifysgol Cymru, 1987.

Thomas, Gwyn: 'A study of the changes in the tradition of Welsh poetry in North Wales in the seventeenth century', Traethawd D.Phil. Prifysgol Rhydychen, 1964–5.

Williams, David Gwilym: 'Testun beirniadol o gerddi Syr Owain ap Gwilym', Traethawd M.A. Prifysgol Cymru, 1962.

Williams, Iwan Llwyd: 'Noddwyr y beirdd yn sir Gaernarfon', Traethawd M.A. Prifysgol Cymru, 1986.

Williams, J. Morgan: 'The works of some 15th century Glamorgan Bards', Traethawd M.A. Prifysgol Cymru, 1923.

Williams, S. Rhiannon: 'Testun beirniadol o gasgliad llawysgrif Mostyn III o waith Wiliam Cynwal ynghyd â rhagymadrodd, nodiadau a geirfa', Traethawd M.A. Prifysgol Cymru, 1965.

(ch) Casgliadau teipiedig

Davies, J. Dyfrig: 'Gwaith Bedo Hafesb, Huw Cowrnwy, Huw Llŷn a Lewys Menai: pedwar o ddisgyblion pencerddaidd ail eisteddfod Caerwys, 1567/8', Llyfrgell Genedlaethol Cymru (1966).

Roberts, D. Hywel E.: 'Casgliad teipiedig o waith rhai o farwnadwyr Tudur Aled, disgyblion disgyblaidd ac ysbas ail eisteddfod Caerwys (ac eithrio Huw Pennant ac Ieuan Tew) a Robert ab Ifan o Frynsiencyn', Llyfrgell Genedlaethol Cymru (1969).

Mynegai

Bromwich, Rachel, 11, 87, 162, 163–4
brws barf, 75; disgrifiad o, 173
Brycheiniog, 120
bustych, 72; gw. hefyd eidion
bwa, 9, 19, 42, 59, 76, 89, 109, 123, 126, 128–9, 148, 169, 173, 212; trosiadau am, 172
Bwclai, Rhisiart, 214,
bwcled / bwcledi, 67, 69–70, 75–6, 143, 161, 213, 216; disgrifiadau o, 174–7
bwch, 43, 73
bwrdd, 74, 101, 105, 130, 143; bwrdd a chwpwrdd, 75
bwtias, 77
bwysgyns, 215
byclau, 225
Byrcinsha, Wiliam, 173
bytheiaid, 65, 89, 90, 101, 129, 178–9, 218

cadair, 74–5
Cadwaladr ap Robert (o'r Rhiwlas), 33
Cadwgan Ruffudd, 117
cae bedw, 13 n.16, 88
Caer, 148
Calais, 54
Caledfwlch, 173, 177, 178
calennig, 127
Calon Drom, tôn, 225
canu clerwraidd, 9–10, 131; gw. hefyd clêr
canu gwasael, y, 125, 152
Canu Llywarch Hen, 187
'Canu'r Meirch', 67
canu rhydd, y, 124, 225
'Canu y Gwynt', 162
carennydd, gw. rhwymau carennydd
Carnwennan, 178
Carr, A. D., 69
Carw Rhedynfre, 211
caseg / cesig, 58, 66, 67, 73, 98, 101, 134, 141, 149, 151, 218–19

Catrin, gwraig Siôn ap Huw (o Fathafarn), 148
Catrin ferch Maredudd, gwraig Dafydd Llwyd (o Abertanad) 127
Catrin o Ferain, 30, 127–8, 141
Cathal Ó Conchobhair, 41
ceffyl(au), 3, 27, 67, 68, 70, 73, 111–12, 148, 212
ceiliog y coed, 32; ac iâr, 58
ceiliog bronfraith, 150
ceirw, 65, 89
Cemais, cantref, 7
cennad, 55–7, 93, 128, 129, 142–3
cerdd bos, 162–3
cerddi crefyddol, 135
cerddi dadolwch, 88, 135
cerddi i greiriau, 53
cerddi i grogau, 53
cerddi i seintiau, 53
cerddi iacháu, 135
Ceredigion, 57
ci / cŵn, 43, 89, 171, 220; trosiadau am, 172
cist, 18
citarn, 150
Chaucer, Geoffrey, 46
cleddyf / cleddyfau, 7, 18, 40, 58, 60, 71, 76, 103, 109, 140, 173, 178, 212
clêr, 9, 11–12, 17, 18, 21, 30, 70, 117, 168
cloc, 74, 174
clog / clogyn / clogynnau, 18, 19, 44, 71, 77, 130, 131, 132
Clynnog Fawr, gwŷr, 73
Coet, Thomas, 76
Colin Muset, 43
Colmán Mac Lénéni, 40
Complaint to His Purse, 46
Cooper, Thomas, 35
Cormac Ó hEadhra, 41
corn canu, 138
corn hela, 7
corn yfed, 170
croen hydd, 89
Croesoswallt, 180